낯섦과 대화

김문주(金文柱)
2001년 서울신문(평론), 2007년 불교신문(시) 신춘문예로 등단하였다. 저서로 『형상과 전통』, 『소통과 미래』, 『수런거리는 시, 분기하는 비평들』, 『백석전집』(공편) 등이 있다. 현재 영남대학교(국어국문학과)에서 학생들을 가르치고 있다.

낯섦과 환대
초판 발행 2019년 4월 25일
지은이 김문주
디자인 정재완
펴낸이 서길수
펴낸곳 영남대학교출판부
출판등록 1975년 9월 5일 경산 제16-1호
주소 경상북도 경산시 대학로 280
전화 053) 810-1801~3
FAX 053) 810-4722
홈페이지 book.yu.ac.kr
ISBN 978-89-7581-598-0 03800

이 도서의 국립중앙도서관 출판예정도서목록(CIP)은
서지정보유통지원시스템 홈페이지(http://seoji.nl.go.kr)와
국가자료공동목록시스템(http://www.nl.go.kr/kolisnet)에서
이용하실 수 있습니다. (CIP제어번호 : CIP2019014405)

소통과
환대

김 문 주　문 학 평 론 집

열린시선

책머리에

두 번째 평론집을 낸 지 8년 만에 다시 책을 묶는다. 개인적으로나 사회적으로, 그리고 문학 현장도 8년 전과는 많이 달라졌다. 시간이 흐르면 상황이 바뀌고, 따라서 감각이나 생각도 달라지는 것이 순리일 터, 나 역시 그러하다. 삶과 세계는 큰데 할 수 있는 일들은 지극히 제한적이라는 생각이 점점 구체적으로 든다. 평론을 시작한 지 이십 년이 다 되어 가는데도 여전히 나는 어둡고 흐릿하다. 게다가 부지런하지도 성실하지도 못하니 생각은 완고하고 시야는 옹색하다. 밑천을 다시 헤아려보는 일이 누추하기 짝이 없다. 이래저래 책이 늦어졌다.

내게 연구실을 허락한 경산에서 10여 년의 세월을 지나는 동안 뜻하지 않은 인연과 장소들에 접속하면서 문학에 관한 생각들에 다소 변화가 생겼다. 작품에만 머물렀던 관심이 남겨진 글들에로, 그리고 기록하는 작업으로, 나아가 말을 갖지 못했던 이들의 생과 마음으로 이어지면서, 글의 의미, 글쓰기의 가치에 관해 더 자주 생각하게 된다. 이 같은 생각의 변화로 인해 나의 문학 수업은 글을 쓰고 쓴 글을 공유하는 일에 바쳐지는 경우가 점점 빈번해지고 있다. 전통적인 문학작품들은 생의 다양한 정념을 불러일으키고 사유를 이어가는 데 중요한 자양이 되곤 한다.

사람은 존재구속적이어서 서울로부터 떨어진 곳에 거처를 정해 살고 있는 나의 생활이나 공부도 서울의 그것과는 다르리라 생각한다. 때때로 이방인임을 느끼게 하는 이곳에서 나는 작고 힘없는 이들의 고통, 오랫동안 숨죽이며 살아온 이들의 쓸쓸한 삶을, 그리고 그 맞은편에 놓인 거대한 장벽들, 국가와 전쟁, 정치와 제도와 역사를 마주하곤 한다. 경산과 합천(陜川), 제주, 그리고 히로시마와 베트남 등으로 이어진 고통의 지도를 경유하며 그간 내가 해온 문학의 협소함을 재삼 생각하게 된다. 이전에 한 문학의 스승께서 자주 하셨던 말씀, 삶보다 문학이 크지 않다는 말씀의 의미를 종종 생각하곤 한다.

주로 청해서 쓰게 된 글들이지만 글들에는 삶과 문학에 관한 나의 생각들이 범박하지만 적잖게 담겨 있다. 흩어진 글들을 몇 개로 갈래지어 묶었다. 책의 1부는 대체로 청중 앞에서 발표했던 글들로서 시의적(時宜的) 문제들에 관한 생각을 정리한 것들이다. 2부는 지역에 관한 일들을 살피고 생각한 것들로서 지역에 살지 않았다면 씌어지지 않았을 글들이다. 3부는 평단의 어떤 현실들에 대한 작은 생각들이 담겨 있는 글들이고, 4부는 다시 살펴볼만한 지난 시대 시인들에 관한 생각을 적은 글들이며, 5부는 갈래짓기 어려운 글들을 한데 모았다. 묶어놓고 보니 가지런하지 않고 들쭉날쭉이다. 손가락 사이로 빠져나가는 모래를 쥔 듯하다.

갈수록 별 아래서 작은 글을 읽거나 그저 해찰하는 일이 가장 즐겁다. 지금은 작고하신 최하림 선생의 양수리집, 햇볕이 흘러넘치던 그분의 작은 책상이 가끔 생각난다. 두어 권의 책들 위로 가득했던 빛의 향연, 그 호젓하고 충만했던 상(床) 곁에서 당신의 말씀을 들었던 시간이 꿈결같다. 고요하면서도 그윽한 시간에 대한 오랜 소망과 타인들의 고통을 마중하러 나가는 일에 부지런했으면 하는 바람이 함께 깊어지고 있다. 다시 돌아보고 살피게 되니 책을 묶는 일도 괜찮은 일이라는 생각이 든다. 옹색하고 작은, 나의 삶을 가능하게 해준 고마운 이들에게 감사의 마음을 전한다.

2019년 4월
경산에서

차례

1부

2부

3부

4부

5부

1부

문학의 불온성과 시민으로서의 시인

1.

> "문인을 포함한 이 나라의 남성들은 여성을 대하는 방식으로 평가받은 적이 단 한번도 없다"(황수현, 「다행입니다, 문학이 내 영혼을 구원하지 않아서」, 『더 멀리』)

미투(Me Too) 운동은 우리 사회구조의 민낯을 생생하게 조명해주고 있다는 점에서, 전면적이고 발본적(拔本的)이다. 생각해보면 미투 운동이 드러낸 현실은 우리가 모르고 있던 내용이 아니었다. 우리가 자라고 생활해온 가정과 학교와 사회는 여성을 향한 다양한 방식의 폭력이 이루어진 현장(現場)이었다. 가족 구성원들의 성장은 모성의 희생 위에서 이루어졌고, 학교는 가부장적 질서를 내면화하는 핵심 기구였으며, 여성은 남성들로 이루어진 사회(社會)를 윤택(潤澤)하게 하는 보조역할로 동원되어 왔다. 어머니가 차려준 밥을 먹고 학교에 가고, 직장에서는 여성 직원이 타 준 커피를 마시며 회의를 하고, 여성이 따라 주는 술을 마시며 회식을 해왔다. 밥과 차와 술은 으레 여성이 준비하는 것이었다. 중심과 주변, 본 영역과 보조/지원 영역으로 구분된 남-여의 위계 구조는 이미 그 안에 다양한 성폭력의 기제를 마련하고 있었으며, 실제로 적잖은 폭력의 사례들을 우리는 목격하거나 들어왔다. 물론 그러한 사례들은 불편한 것이긴 하지만 심대하고 위중한 것으로 감수되지 않아왔다.

최근 거세게 불고 있는 미투 운동은 과거 우리가 몸담고 있던 일상에 대한 전면적인 성찰을 요구하고 있다. 그것은 일상의 관성과 이를 지탱해주는 의식 전체에 대한 근본적인 수정과 변화를 요청한다는 점에서 가히 혁명적이다. 미투 운동이 위계에 의한 차별과 폭력의 문제를 제기한다는 점에서는 본질적으로 인권의 영역에 속하지만, 진보 진영의 많은 남성 인사들로부터 적극적인 지지 표명이 이어지지 않는 이유는 이 운동이 우리 사회 전체를 떠받치고 있는 일상의 영역을 겨누고 있기 때문이다. 이는 미투 운동이 이념이나 정치의 영역이라기보다 본질적으로 우리의 일상과, 일상을 지배하는 관성적인 의식의 문제임을 뜻하는 것이다.

2000년 전 예수는 종교적 계율이 지배하던 이스라엘 민족에 새로운 윤리적 척도를 제시했다. 강한 선민(選民)의식을 가졌던 이스라엘 민족은 신의 계명을 철저하게 지킴으로써 자신들을 이방의 종족으로부터 구분하는 윤리적 명분을 마련하였는데, 이와 같은 신념은 사회적 신분이 높을수록 강하였다. 이들은 새로운 구원의 가능성을 제시한 예수 앞에 현장에서 간음하다 잡힌 여성을 데려와 그녀의 처분에 대해 물었는데, 예수는 유태교의 계율에 따라 죄를 지은 그녀를 돌로 쳐 죽일 것을 명하면서 그 수행의 자격을 '죄 없는 자'로 한정한다. 인간과 죄에 대한 예수의 관점을 웅변적으로 드러낸 이 사건의 핵심은 '죄'를 드러난 행위에서 찾을 것이냐, 아니면 내면의 영역까지를 포함한 것으로 볼 것이냐 하는 점이었다. 성경은 이들이 모두 돌을 내려놓고 돌아갔다고 적고 있다. 예수의 시대는 바로 이 새로운 윤리학의 출현으로 정리할 수 있다.

"이 나라의 남성들은 여성을 대하는 방식으로 평가받은 적이 없다"는 저 저돌적이고 분노에 찬 여성 작가의 언술 앞에서 돌을 든 유태인들을 돌아가게 만든 "죄 있는 자가 돌로 치라"는 예수의 언명을 생각하게 되는 것은, 최근 광범위하게 벌어지는 미투 운동의 목적이 운동의 계기가 된 일부 가해자들을 처리하는 데 있지 않다고 판단되기 때문이다. 가해자를 '괴물'로 규정하고 그들을 예외적인 개인으로 물어 각 사건을 가해자와 피해자간의 범죄로 정리해버리고 마는 방식은 이 운동이 가닿고자 하는 최종적인 귀착점이 아닐 것이다. "죄 있는 자가 돌로 치라"는 예수의 말이 엄중한 사건이 될 수 있었던 것은 그의 언명이 청중 각 개인에게 자신의 내면을 성찰하는 언어로서 사유되었기 때문이다. 우리의 일상 속에 편만해 있는 불평등하고 왜곡된 성차별의 관행과 인식이 나의 문제로서 진지하게 고민될 때 미투 운동은 우리의 삶을 변화시키는 중대한 사건이 될 수 있다.

최근에 이르러 본격화된 미투 운동과 달리 문단 내 성 차별과 폭력의 문제는 훨씬 이전에 제기되었지만 공론의 장에서 제대로 논의된 적이 없다. 여타의 분야처럼 문단 역시 남성 중심의 사회인데다 성과 관련된 여성의 문제제기를 심각한 폭력의 문제로 인식하지 못했다. 게다가 술이나 기벽(奇癖)을 문학인들의 고유한 정서적 자질로서 생각하고 여러 종류의 일탈과 객기(客氣)를 관대하게 허용하는 문화가 지배함으로써 스스로를 신비화하고 마법화하는 행태를 보여왔다. 그것은 병적인 나르시시즘의 일환이자 욕망의 폭력성을 낭만화하는 자기기만의 일종이었다. 본성과 자유로움에 충실한 낭만적 예술가에 대한 환상은 세속적 가치의 결여에 대한 자기보상의 방법이자 전략적 미망에 속한 것으로써, 어찌 보면 자유주의적 가부장 문화의 성격을 띠고 있는 문단의 분위기가 이 병적 나르시시즘과 환상을 보호하고 육성해온 셈이기도 하다. 문학인들 스스로가 만들어온 신비화와 낭만화는 시민으로서의 자신을 망각하게 하는 온상이었으며, 오랫동안 한국문단에는 문학의 윤리와 시민으로서 문학인의 윤리에 대한 착종(錯綜) 상태가 지속되어 왔다고 할 수 있다. 본성과 자유로움에 충실한 낭만적 예술가에 대한 환상, 여기에서 비롯된 각종 기벽과 객기에 관대한 분위기는 이미 그 속에 폭력을 내장하고 있었으며, 충분히 위험하였다. 문학적 불온(不穩)과 폭력적 위험을 혼동하는 사이 일부 문학인들은 양아치가 되어버렸으며, 망각된 것은 미투 운동의 주된 피해자였던 젊은 여성들의 상처와 고통이었다.

2.

문학은 작가의 구체적인 경험들을 통해 삶에 대한 보편적 각성과 성찰에 도달한다. 문학과 철학이 생에 대한 보편적 인식을 보여준다는 점에서는 유사하지만 철학은 추상과 관념의 언어로서, 문학은 육체적인 물질 언어로서 이를 드러낸다는 점에서 구별된다. 여기에서 문학의 특징이라고 할 수 있는 '구체적인 경험'과 '언어의 물질성'은 단순히 성찰의 내용이나 매개어의 차이만을 뜻하는 것이 아니라 문학의 존재 방식과 심미성의 핵심을 보여준다. 특히 시는 시인의 경험과 삶을 제물로 삼는, 생생한 고백과 제의(祭儀)의 정치학이다.

> 나는 가끔, 내 그것을 물려는 느낌을 받는다 뼈가 유연하면 몸을 둥글게 굽혀 그것을 물 수가 있다고 생각한다 혼자 살 수 있었을 텐데 물론 그게 전부는 아니지만 틀림없이 덜 외로웠을 텐데 여자 앞에서 주눅 안 들었을 텐데 생각한다 여자를 남자처럼 그러니까 여자를 인간처럼 남자를 인간처럼 대했다면 온전한 인생을 살았을 텐데 온전한 인생을 살길 원했는데 생각한다 여자도 그랬을 텐데 생각한다
>
> —박찬일, 「마음에 대한 보고서8」 전문

"내 그것을 물려는 느낌"에서 기인한 이 시의 상상력은 인간 속에 기숙하고 있는 성적 욕망의 도저함과 의미들을 생각하게 한다. "몸을 둥글게 굽혀 그것을 물 수가 있다고 생각한다"는 화자의 고백은 기이하지만 충분히 그럴듯한 핍진성(逼眞性)을 지니고 있다. 그것은 성적 욕망이 지니고 있는 여러 함의들을 환기시킨다. 존재에 들러

붙은 집요한 성적 욕망, 그로 인해 존재는 한없이 초라해지고 쓸쓸해지며, 때로는 풍비박산의 현실에 몰리기도 할 것이고 관계는 왜곡되거나 휘청댈 것이다. 이 시의 불온한 상상력과 그로부터 발원한 시인의 성찰을 통해 우리는 존재 속에 잠복한 욕망의 민낯을 목도하게 된다. 현실이 억압하고 있는 욕망의 맨 얼굴이 기이한 상상력의 배후에 자리한 시인의 사유를 경유함으로써 독자들에게 생생하게 전달된다. 현실원칙의 검열을 뚫고 자신의 내밀한 상상의 내용과 정념(情念)들을 응시하며 이를 고백하고 형상화할 수 있는 용기와 의지, 시인은 자신을 제물로 삼아 생(生)의 진실에 육박해 들어가는 존재이다. 그러한 점에서 문학의 윤리는 '정상'과 모범을 요청하는 사회/도덕의 질서와 충돌하고, 이를 넘어서는 지점에서 자신을 현시(顯示)한다. 사회적 규율이 요구하는 정상성과 규범적 사유를 위반함으로써 생의 비의(秘義)를 드러내는 이러한 문학의 존재 방식은, 그 자체로서 이미, 그리고 현상적으로도 불온한 것이다. 문학의 자리는 기꺼이, 그리고 본질적으로 주류(主流)의 바깥이며, 그러한 점에서 문학은 추방해야 할 블랙 지대(Black-Zone)이다.

> 난 원래 그런 놈이다 저 날뛰는 세월에 대책 없이 꽃피우다 들켜버린 놈이고 대놓고 물건 흔드는 정신의 나체주의자이다 오오 좆같은 새끼들 앞에서 이 좆새끼는 얼마나 당당하냐 한 시대가 무너져도 끝끝내 살아남는 놈들 앞에서 내 가시로 내 대가리 찍어서 반쯤 죽을 만큼만 얼굴 붉히는 이 짓은 또한 얼마나 당당하며 변절의 첩첩 산성(山城) 속에서 나의 노출증은 얼마나 순결한 할례냐 정당방위냐 우우 좆같은 새끼들아 면죄를 구걸하는 고백(告白)도 못 하는 씨발놈들아
>
> —김중식, 「호라지좆」 전문

시인의 사유와 경험을 제물로 삼아 생의 비의를 드러내는 시의 존재 방식은 삶의 진실을 목도하겠다는 의지와 용기 위에서 비로소 기초한다. 그 과정은 덮어두고 우회하고자 하는 욕망을 진압함으로써, 아울러 삶에 대한 진솔한 응시와 성찰을 통해서 진행된다. 고통과 상처를 마주하고 세계의 진실과 대면할 수 있는 이 능력은 일상의 평안과 규범에 길든 자들에게는 허락되지 않는 역량이다. 위의 시가 웅변적으로 드러내는 저 상스러운 욕설과 비어(卑語)들은 "한 시대가 무너져도 끝끝내 살아남는 놈들", 삶과 세계의 민낯을 마주할 수 없는 이들에 대한 조롱이자 질타이다. 여기에는 세속적 삶의 지속과 성공이 결코 바람직한 것일 수 없다는 야유와 더불어 윤리적 우월감이 내장되어 있다. 타락한 현실에 대한 비판을 타락한 방식으로 수행하는 이 비어의 정치학은 시의 자기 폭로와 노출이 윤리적 우월성을 입증하는 전략이자 중요한 근거가 될 수 있음을 시사한다. 여기에서 시의 공간은 타락한 현실과 아무런 반성적 의식 없이 살아가는 독자들을 질타하는 윤리적 무대가 되는 것이다. 노출증 화사를 빙자하여 섬삲은 이 세계의 위선과 이중성을 폭로하는 이 시의 전략은 현실의 도덕을 역설적으로 전복하고 전치(轉置)함으로써 시적 윤리의 의의를 드높이고 있는 셈이다. "고백(告白)도 못하는 씨발놈들" 앞에서 "대놓고 물건 흔드는" 이 "정신의 나체주의"는 시적 고백과 폭로가 어떻게 윤리적 우위의 심리적 메커니즘을 구성하게 되는지, 자기 노출과 폭로가 어떻게 시적 정치학을 구현하는지 생생하게 환기시켜준다. 기억할 점은 이러한 시의 윤리학이 시적 발화의 심리이자 한편으로는 고도의 심미적 전략의 일환일 뿐, 그것이 시인의 윤리성을 담보하는 근거가 될 수 없다는 사실이다. 호메로스의 『오디세이아』에 등장하는 세이렌 신화는 시(인)의 윤리에 대한 매우 의미심장한 지점들을 시사해준다.

『오디세이아』의 영웅 오디세우스는 그 유명한 트로이전쟁을 마치고 고향으로 돌아가던 중에 세 자매가 살고 있는 세이렌의 섬을 지나게 된다. 새의 몸에 여자의 목소리를 지닌 세이렌들은 아름다운 노래로 뱃사람들을 유혹하여 모두 죽게 만들었는데, 이 사지(死地)를 빠져나올 수 있는 방법은 그들의 노래를 듣지 않는 것뿐이었다. 이전의 경유지에서 오디세우스를 사랑했던 마녀 키르케는 그에게 세이렌의 섬을 통과할 수 있는 묘책을 가르쳐주었고, 오디세우스는 그녀의 당부대로 세이렌의 섬을 지날 때 노를 젓는 부하들의 귀를 밀랍으로 막는다. 그리고 세이렌의 노래를 듣고 싶었던 자신의 귀는 열어두되 몸을 돛대에 결박하고 부하들에게 어떠한 일이 있어도 결박한 끈을 풀지 말고 노를 저을 것을 명령한다.

드디어 오디세우스의 배가 섬을 지나가자 세이렌들은 "이곳에 배를 세우고 우리 자매들의 목소리를 들으세요… 우리들의 노래를 즐긴 사람들은 더욱 유식해져서 돌아가지요. 우리는 넓은 트로이아에서 아르고스인들과 트로이아인들이 신들의 뜻에 따라 겪었던 모든 고통을 다 알고 있으며 풍요한 대지 위에서 일어나는 일은 무엇이든 다 알고 있으니까요"라며 그를 유혹하기 시작했고 세이렌들의 노래를 들은 오디세우스는 이성을 잃은 채 노래를 들을 수만 있다면 목숨도 기꺼이 내놓겠다는 생각에 사로잡힌다. 돛대에 묶인 채 몸부림치며 자신을 풀어달라고 고래고래 소리를 질렀지만 밀랍으로 귀를 막은 부하들은 그의 소리를 들을 수 없었고 오히려 힘차게 노를 저었으며, 결국 그들의 배는 달콤한 죽음의 바다를 무사히 빠져나가게 된다.

아도르노와 호르크하이머는 '자기를 얻기 위해 자신을 내버리는' 오디세우스의 처신에서 신화적 자연지배로부터 스스로를 지키기 위해 계몽적 정신을 사용하는 근대인의 모습을 보았지만, 이 세이렌의 신화는 문학과 예술의 숙명, 좁게는 시와 시인의 윤리로도 읽을 수 있을 듯하다.

오디세우스는 키르케의 만류에도 불구하고 세이렌의 노래에 자신의 귀를 열어두었다. 노를 젓는 부하들의 귀는 밀랍으로 막아두고 자신의 몸을 돛대에 묶어 기어코 치명적인 유혹에 스스로를 내어주는 그는, 시인의 화신이라고 할 수 있다. 그것은 세이렌의 노래가 생과 세계의 비밀에 육박하는 진실의 노래이기 때문이다. 시인은 자신을 제물로 삼아 삶의 비의에 육박하는 자이며, 이 세계의 민낯과 대면하는 자[見者]이다. 시인의 자기 폭로와 노출은 세이렌의 노래에 기꺼이 이르고자 하는 시적 헌신이지 결코 욕망에 자신을 방기하는 일은 아닌 것이다. 오디세우스는 세이렌의 노래에 자신을 내어주기 전에 부하들에게 자신의 몸을 돛대에 묶되 노래를 들은 자신의 요청에 절대 응답하지 말 것을 명령하였다. 돛대에 묶인 채 세이렌의 바다를 향해 몸부림치며 고래고래 소리를 질러대는 오디세우스의 모습은 시의 육체와 시인의 삶을 생각하게 한다. 돛대에 몸을 묶는 자만이 생의 진실, 그 민낯을 생생하게 형상화할 수 있다. 스스로를 낭만적 환상과 마법에 맡긴 자들이 어찌 세이렌의 바다를 통과할 것이며, 그들의 노래에 담긴 비의를 온전히 들을 수 있겠는가.

3.

미투 운동과 더불어 문단 성폭력의 문제가 재점화되면서 가해자 문학인들의 문제와 별도로 작품 해석을 둘러싼 논쟁들이 점점 뜨거워지고 있다. 이는 시인이나 텍스트에 따라 좀더 섬세한 해석이 뒤따라야겠지만, 분명한 것은 미투 운동이 바꾸어놓고 있는 의식의 지형이 작품에 대한 평가나 시선에도 심대한 영향을 미치고 있다는 사실이다. 그것은 현재 진행되고 있는 미투 운동이 단순히 잘못된 성적 언행의 교정이나 경종(警鐘)을 넘어 세계에 대한 감수성의 변화를 동반하고 있음을 의미한다.

고등학교 다닐 때 / 버스 안에서 늘 새침하던 / 어떻게든 사귀고 싶었던 / 포항여고 그 계집애 / 어느 날 누이동생이 / 그저 철없는 표정으로 / 내 일기장 속에서도 늘 새침하던 / 계집애의 심각한 편지를 / 가져 왔다 // 그날 밤 달은 뜨고 / 그 탱자나무 울타리 옆 빈터 / 그 빈터엔 정말 계집애가 / 교복 차림으로 검은 운동화로 / 작은 그림자를 밟고 여우처럼 / 꿈처럼 서 있었다 나를 / 허연 달빛 아래서 / 기다리고 있었다 // 그날 밤 얻어맞았다 / 그 탱자나무 울타리 옆 빈터 / 그 빈터에서 정말 계집애는 / 죽도록 얻어맞았다 처음엔 / 눈만 동그랗게 뜨면서 나중엔 / 눈물도 안 흘리고 왜 / 때리느냐고 묻지도 않고 / 그냥 달빛 아래서 죽도록 / 얻어맞았다 // 그날 밤 달은 지고 / 그 또 다른 허연 분노가 / 면도칼로 책상 모서리를 / 나를 함부로 깎으면서 / 나는 왜 나인가 / 나는 왜 나인가 / 나는 자꾸 책상 모서리를 / 눈물을 흘리며 책상 모서리를 / 깎아댔다

—박남철, 「첫사랑」 전문

위 작품은 각종 신문을 비롯하여 여러 매체에 소개된바 있는 작품이다. 시의 내용을 이루는 서사의 행간이 넓은 이 작품은 '그녀'에 대한 나의 폭행의 이유가 무엇인지를 두고 다양한 해석이 개진된바 있다. 이 작품에는 그 이유를 확정할 만한 단서가 실제로 나타나 있지 않으며, 단지 시적 현실의 정황들이 서술되어 있을 뿐이다. 물론 이 시의 제목을 해석에 있어서 중요한 판단의 기초로 삼는 것은 지극히 당연해 보인다. 작품은 '그녀'를 대면하기 전과 직접 마주한 "그날 밤"의 풍경, 그리고 귀가한 후의 나의 모습으로 나눌 수 있는데, 자신의 행동에 대한 자책과 자기-파괴/부정의 모습을 보여주는 결미 부분을 제목과 관련지으면, 이 시는 첫사랑에 내장된 불안하고 통제되지 않는 충동을, 혹은 그러한 충동으로 인해 깨질 수밖에 없는 첫사

랑의 어떤 보편적 속성을 형상화한 것으로 해석할 수 있다. 그런데 이 시에 형상화된 화자의 행동을 첫사랑의 보편적 속성을 드러내는 사례로 해석하는 것은 과연 합당한가?[1]

이 시의 화자가 보여준 행태를 시의 제목인 첫사랑과 관련지어 해석할 수 없다면, 이 작품은 매우 사적이고 특수한 경험을 형상화한 것에 불과할 뿐이며, 인간내면의 병적인 표출의 사례라는 측면에서 인용하지 않고서는 그것의 문학적 가치는 급격하게 휘발되고 말 것이다. 그렇다면, 이 작품에 형상화된 폭력을 첫사랑의 어떤 보편적 속성으로 해석하려는 시선은 누구의 것인가?

2016년 강남역 10번 출구에서 벌어진 여성 살인사건을 수많은 여성들이 자신의 문제로서 호응하고 접속하였다. 이후 한국 사회에서 광범위하게 일어나는 여성들의 운동과 그에 맞선 남성들의 혐오의 전선은 두 성이 생활하는 현실이 전혀 다른 세계임을 생각하게 한다.[2]

---

1 필자는 시 수업에서 이 작품을 '첫사랑'의 보편적 관점에서 여러 해 동안 해석해왔는데, 최근 들어 복수의 여학생들로부터 이러한 해석에 대한 거센 항의를 받은바 있다. 항의의 주된 내용은 이 시의 화자가 자행한 폭력은 사랑의 어떤 보편적 속성에도 포함시킬 수 없다는, 포함시켜서는 안 된다는 매우 절실한 요청이었으며, 이를 얼마 전에도 확인한바 있다.

2 소수자의 문제를 다루었던 한 수업에서 여학생들이 울먹이며 보고한 경험 사례들은 매우 충격적이었다. 그것들은 이미 널리 알려진 사례들보다 일상 깊숙이 편재하고 있어서 실로 성(性)에 따라 전혀 다른 세계를 살고 있다는 느낌을 갖게 하였다. 이를테면, 화장을 제대로 하지 않은 채 알바를 하다가 중년 남성들로부터 심한 욕설을 듣거나 안경을 착용한 상태로 서빙을 했다가 무례하다고 꾸짖음을 당한 경우, 택시요금을 카드로 결재하려다 기사로부터 폭력적인 욕설을 들었다는 경우, 가방에 달아놓은 세월호 리본으로 인해 지하철에서 뺨을 맞았다는 이야기 등등, 이 시대의 젊은 여성들은 남성들과는 전혀 다른 폭력적인 일상을 살고 있는 셈이었다.

남성들이 느낄 수 없는 불안한 치안 현실, 곳곳에서 자행되는 다양한 종류의 폭력에 노출되고 있는 여성들에게 사랑의 어떤 속성으로 충동적인 폭력의 가능성을 꼽는 것은, 그 자체로서 이미 폭력일 수 있다. 문학의 불온성이 주류의 사유와 감각에 저항하는 방식으로 존재해왔던 문학의 역사에서 기인한바, 그렇다면 이러한 해석의 가능성을 회수하고 이와 관련된 사유와 시선을 성찰하는 것이야말로 오늘의 문학에 요청되는 자질이 아닐까?[3]

> 그녀 스스로 속 내보인 적 없다 / 아무도 그녀의 나이를 모른다 / 나는 그녀가 크게 웃거나 우는 것을 / 본 적이 없다 잔주름 많고 검푸른 눈엔 / 그렁그렁 수심이 고여있다 / 수심 깊어서 한낮엔 앞산 뒷산을 담고 / 밤에는 천상의 것들 넉넉히 품는다 / 어느 해인가 빚에 쫓겨 도망다니던, / 성실했으나 불운했던 사내 끌어들여 / 서방으로 삼았다는, 구설 끊이지 않는 / 무서운 여자. 비밀 많은 그녀가 딱 한 번 / 궁금한 속 내비친 적 있다 / 지독한 가뭄이 있던 그 해 여름 / 화냥년 되어 가랑이 쩍 벌리고 누워 / 소문 듣고 온 남정네들 설레게 했다 / 그녀 진흙 같은 자궁 속에는 팔뚝만한 / 잉어며 붕어들이 나뒹굴며 / 쩍쩍 입 벌리고 있었다 / 수심 깊은 여자 / 위기의 사내들이 가장 먼저 떠올리는 / 아무리 나이를 먹어도 늙지 않는 여자
>
> —이재무, 「저수지」 전문

---

3 시대정신은 지나면 사라지는 한때의 유행이 아니라, 우리의 감각을 전체적으로 갱신한다는 점에서 미래적이다. 그러한 점에서 한국의 시단은 현재 진행되고 있는 미투 운동의 문학적 투사를 제한적인 것으로 보지 말고 사유와 상상력의 시적 전환을 도모하는 계기로 삼을 필요가 있다. 이를 여성혐오적 요소로 작품을 평가하는 페미니즘 비평의 편견이나 도덕적 잣대로 예술적 자율성을 훼손하는 검열의 시선으로 타매한다면, 그것은 우리 시대 심미성의 중요한 변화를 읽지 못하고 망각하는 일임을 기억해야 할 것이다.

이 시 역시 여러 신문들을 통해 일반 대중들에게 소개되었던 작품이다. 저수지의 풍경과 내력을 특정한 여성의 이미지로 전환해내는 솜씨는 자유자재하고 능숙하다. 자연의 물질성이 인물의 성격으로 자연스럽게 상호 침투함으로써 소재들의 형상은 동성(動性)으로 출렁이며 보다 생생해졌다. 문제는 대상을 보는 시인의 관점, 이를테면 이 시에 형상화된 저 "남정네들"의 아재스러운 관음증적 시선을 자연화하는 형상력이 이 시를 구태(舊態)로 보이게 한다는 사실이다. 아니 그러한 상상력은 낡은 구태이며, 더 이상 매력적이지 않다는 점이다. 물빠진 저수지의 모습을 "가랑이 쩍 벌리고 누운" 화냥년으로 감수하는 성적 상상력은 더 이상 흥미롭지도 않고 어떤 심미적 능청으로도 읽히지 않는다는 것, 그것은 철지난 음담패설처럼 썰렁하고 불쾌한 상상임을 재삼 기억할 필요가 있다.

> 버드나무 같다고 했다 어탕국수집 그 여자, 아무데나 푹 꽂아놓아도 사는 버드나무 같다고…… 노을강변에 솥을 걸고 어탕국수를 끓이는 여자를, 김이 올라와서 눈이 매워서 고개를 반쯤 뒤로 빼고 시래기를 휘젓는 여자를, 그릇그릇 매운탕을 퍼담는 여자를, 애 하나를 들쳐업은 여자를 // 아무데나 픽 꽂아놓아도 사는 // 버드나무 같다고 / 검은 승용차를 몰고 온 사내들은 / 버드나무를 잘 아는 물고기를 잘 아는 단골처럼 / 여기저기를 살피고 그 여자의 뒤태를 훔치고 / 입안에 든 민물고기 뼈 몇점을 / 상모서리에 뱉곤 했다 // 버드나무, 같다고 했다.
>
> —유홍준, 「버드나무집 여자」 전문

위의 인용 작품 역시 시적 표현의 탁월함으로 널리 알려진 시이다. 지극히 절제된 표현이 시적 장력(張力)을 얻고 있는 사례로서 어탕국수집 여자와 버드나무가 비유 관계를 이루되 평면적인 방식으로 조응하지 않고 무심한 듯한 서술의 전략이 집요한 중층적 시선과 교차 · 배치됨으로써 기묘한 긴장을 성취하고 있는 작품이다. 이 시의 압권은 사내들의 시선을 고스란히 따라가는 화자의 시선과, 틈틈이 사내들의 시선을 가로지르며 그네들의 감각으로 여자를 응시하는 화자의 이중적 시선에서 기인한다. 시의 화자는 세계의 속악성(俗惡性)을 온몸으로 아는 자이며, 사내들과 자기의 시선에 담긴 의미를 명증하게 의식하고 있다는 점에서 위악적으로까지 보인다. 이 시선이 본질적으로 관음증적이라는 점에서는 앞서 살폈던 「저수지」의 화자의 그것과 유사하지만, 시의 화자가 자신의 시선까지 철저히 의식하고 있는데다 이 시선에 대해 전혀 화해롭지 않다는 점에서 분명히 구별된다. 바로 이 대목이 「버드나무집 여자」가 확보한 시적 장력의 주된 요인으로 보인다. 남성적 시선과 그 시선 속에 내장된 욕망의 의미를 따라가되 그로부터 자신을 분리하지 않는 차가운 정신은 현실의 윤리에 쉽게 자신을 내어주지 않으면서도 욕망의 얼굴을 집요하게 목도하는 시적 도저함, 그 폭로와 내적 성찰의 장력을 아슬아슬하면서도 생생하게 현시한다.

○○○

2015년 이후 본격적으로 드러나고 있는 문단내 성폭력의 민낯은 문학 세대를 넘어 문단 전체의 문제임이 확인되고 있다. 그 과정에서 드러난 문학인들의 모습에서 문학하는 일은 매우 각별한 권위로서, 혹은 위계적 권력의 일종으로서 사유되고 있음을 생각하게 된다. 문학을 하나의 힘으로서 사유화(私有化)하는 문학인들의 모습은 완장을 차고 저수지를 폼 나게 거니는 『장마』(윤흥길)의 주인공 임종술을 떠올리게 한다. 술집 작부인 부월이가 완장에 목숨을 건 종술이에게 전하는 다음의 전언은 문학이라는 완장을 찬 이들에게 문학이란 무엇이어야 하는가를 재삼 생각하게 한다.

> "눈에 뵈는 완장은 기중 벨볼일없는 하빠리들이나 차는 게여! 진짜배기 완장은 눈에 뵈지도 않어! (…) 권력 중에서도 아무 실속없이 넘들이 흘린 뿌시레기나 줏어먹는 핫질 중에 핫질이 바로 완장인 게여!"(윤흥길, 『완장』, 현대문학, 1983, 314쪽).

문학은 보이는 완장, 그 주류의 권력을 견제하는 비판적 힘으로서 작용할 때 비로소 그 가치를 발현한다. 문학하는 일을 폼 나는 완장으로 사유화할 때 문학은 "넘들이 흘린 뿌시레기나 주워먹는 핫질 중에 핫질"로 전락한다. 부월이의 말마따나 "진짜배기 완장은 눈에 뵈지" 않는 법이다.

범주 폭력과 혐오의 시대, 균열의 발화(發話)로서의 詩

1.

'기상관측사상'이라는 수식어로 최악의 폭염을 웅변하였던 2018년 여름은 삶의 조건이 갈수록 가혹해질 것임을 예고해주었다. 브레이크 없는 인간 욕망을 떠받쳐온 자본주의의 미래를 우리는 지난 계절에 온몸으로 경험한 셈이다. 먼 인류가 아니라 우리, 바로 나와 당신이 겪게 될 재난의 서막 앞에서 우리가 할 수 있었던 것은 고작 에어컨설비가 잘 되어 있는 곳에 머무르는 일뿐이었다. 그 와중에 우리가 보았던 어떤 장면들, 이를테면 고층빌딩과 자동차들이 발산하는 열기로 열섬이 된 도심의 이곳저곳에서 도로 균열을 보수하는 아스팔트 공사 현장은 우리가 지난 계절에 겪은 재난의 현실과 그 의미를 재삼 돌아보게 한다. 60도를 웃도는 아스팔트 공사장과 고층빌딩, 그리고 그 곁을 지나는 승용차 내부의 온도 차는 이 재난이 시사하는 어떤 함의라고 할 수 있을 것이다.

각종 기상 기록을 갈아치운 폭염 속에서 우리가 목도한 몇 개의 장면들은 이 재난의 사회적 의미에 관해 생각하게 한다. 목동 열병합 발전소 굴뚝에서 9개월째 계속되고 있는 파인텍 노동자들의 고공농성과 '쌍용차노동자 복직기원 오체투지'의 현장은 자본-국가의 민낯과 완강한 현실을 생생하게 보여준다. 40도의 폭염 속 75m 높이의 굴뚝, 폭 80㎝의 공간에서 이루어지는 노동자들의 농성과 두 무릎 두 팔꿈치 그리고 이마를 차례로 땅에 대는 오체투지(五體投地)의 모습에서 우리는 불변의 현실과 마주한 노동자들의 간절함, 그 생의 절실함을 보게 된다. 408일간의 농성에 뒤이은 9개월간의 고공농성,

2600여 명이 해고되고 무려 서른 명의 노동자를 자살에 이르게 한 쌍용차사태, 이들 사회적 재난의 맞은편에는 벌거벗은 생명(호모 사케르, 아감벤)에도 한치 흐트러짐 없는 반(反)생명의 자본 - 현실이, 그리고 우리들의 무관심이 가로놓여 있다.

자본주의의 결절점이라고 할 수 있는 이러한 가혹한 노동 현실과 다소 비켜선 자리에 이른바 '혜화역 시위'가 놓여 있다. '강남역 살해 사건' '넥슨 성우 교체 사건' '미투(Me-Too)' 그리고 '홍대 누드모델 사건' 등을 발화(發火/發話)의 계기로 삼으면서 점점 거세지고 있는 여성들의 목소리는 이번 여름을 지나면서 또 다른 국면으로 전환되고 있다. 혜화역을 거쳐 광화문광장으로 이어진 시위 현장은 생물학적 남자들을 철저히 배제하고 붉은 옷, 마스크와 선글라스로 얼굴을 가린 여성들만으로 꾸려졌다는 점에서 이전의 양상이나 다른 사회적 운동과 변별되는 차이를 분명하게 노정한다. 뿐만 아니라 이들의 모임이 인터넷 공간에서 임의적으로 만들어진 주체들에 의해 기획되고 자발적으로 참여한 익명의 여성들로 꾸려졌다는 점은 이 운동의 성격이 여성들의 일상-감각에 직핍(直逼)한 것이었음을 웅변해준다. 많은 논란을 불러일으킨, 생물학적 성으로서의 '남자'에 대한 전면적인 거부 양상과 연계하여 전개된 이들의 행동은 남성지배구조 사회의 도저함에 대한 분노와 불신의 일환이었다.

'홍익대 누드모델 몰카사건'으로 격화된 혐오와 성별전선(性別戰線)은 착종된 우리 사회의 현재적 모순과 젠더 감수성을 둘러싼 발본적(拔本的)인 인식의 필요성을 시사한다. '혜화역 - 시위'의 주된 이슈인 '동일 범죄 동일 처벌'에 앞서 자신의 몸/생명에 대한 여성들의 근본적인 위기의식과 공포, 그리고 여성의 성적 대상화와 차별에 침윤된 우리 사회의 법적·정서적 불감증과 관행 사이의 격차는 성 - 감수성을 둘러싼 이 싸움의 해결이 지난한 것임을 예고해준다. 몰카

[1]를 비롯해 여성을 상대로 한 무차별적이고 광범위한 범죄들에서 남

1 몰카범죄에 대한 사회적 대응 방식은 혜화역 시위의 주된 발단이었다. 시위가 격발된 '홍대 남성 누드모델 사건'은 몰카에 대한 남녀의 감수성의 격차를 드러낸 계기로서 오랫동안 여성(의 육체)을 성적 대상으로 소비해왔던 우리 사회의 남성중심적 관행과 여성차별적 인식을 상징적으로 보여주는 사건이었다. 여성들은 익명의 대상을 상대로 자행되는 살인과 성폭력, 그리고 광범위한 장소에서 벌어지는 몰카범죄가 특정 여자들에게만 일어나는 재앙이 아님을 '강남역'과 '혜화역' 행동을 통해 매우 분명하게 표현한바 있다. 경찰청의 자료에 의하면, 2017년 여성을 상대로 한 살인·성폭력 범죄는 3만 270건으로 2016년에 비해 10% 증가하였는데, 이와 같은 증가율 자체보다 실제로 여성들에게 더 큰 공포를 주는 것은 불특정 여성을 상대로 한 강력 혐오범죄가 빈번해졌다는 사실이다. '강남역'에 모인 많은 여성들은 이러한 무차별적 폭력이 특별하거나 예외적인 사례가 아니라 언제든지 자신에게도 동일하게 일어날 수 있는 상시적 일상이라는 데 자매적 연대를 한 것이었다. 이러한 불안과 위기의식이 증폭되는 상황에도 불구하고 국가에 의한 해결이나 조처가 제대로 이루어지지 않는 현실에 대해 여성들은 강한 분노를 표출한 것이었으며, 이와 같은 상황들이 누적되면서 혜화동시위의 기폭제가 되었고, 한편에서는 워마드 출현의 정서적 계기가 마련된 것으로 생각된다.

경찰청 통계에 의하면, 2012년부터 2017년까지 불법촬영(몰카) 범죄로 검거된 인원은 총 21,447명, 그 가운데 남성은 전체의 99.2%에 해당하는 2만924명으로 그 중에 구속된 인원은 피의자의 2.6%에 해당하는 538명뿐이었다. 피해 여성에게는 심대한 불안과 두려움, 치명적 상처를 주는 범죄에 대해 지극히 관대한 우리 사회의 법적 인식과 관행을 단적으로 보여주는 지표라고 할 수 있다. 이는 헌법이 보장하는 신체에 대한 자기결정권이 우리의 사법체계내의 여성에게는 공소한 것임을 노정한다. 홍대 누드모델 몰카사건으로 인해 촉발된 혜화역시위의 주된 이슈가 남녀에 대한 차별적인 인식과 법 적용/집행이었다는 사실은 몇 가지 내용에서도 쉽게 확인된다. 수많은 사이트에 등록된 몰카를 통해 확보한 사진·영상에 대해 우리의 사법기관들은 오랫동안 철저히 방치·방관해왔으며, 이들 사이트에 접속한 대부분의 남성들은 별다른 죄의식 없이 이를 소비해옴으로써 여성의 육체를 성적 대상으로 바라보는 인식은 자연스럽게 뿌리 깊게 자리 잡을 수 있었다. 그러한 상황에서 몰카는 당연히 중대한 범죄가 될 수 없었던 셈이다. 홍대 남성누드모델 사진이 워마드에 올라온 뒤 우리 사회와 언론의 소요(騷擾),

성혐오 사이트 워마드(WOMAD)[2]를 향한 포화로 옮겨가고 있는 언론/여론의 형국은 달이 아니라 손가락을 문제 삼는 보수의 정치학과 닮았다. 이는 역설적으로 일련의 여성 – 운동들이 이 사회의 판을 흔드는 발본적인 성격의 것임을 반증한다. 경계와 혐오로서 중신을 빗겨가는 이러한 대응은 건강한 사회를 향한 고민과 모색을 휘발시킨다. 문제의 본질에 집중하려는 힘이야말로 촛불혁명의 시대에 요구되는 가장 긴요한 진보의 능력일 것이다.

그리고 이를 중대한 범죄로 규정하고 신속하게 수사에 돌입한 경찰의 태도는 성에 대한 우리 사회의 인식을 적나라하게 노정해준 것이었다. 그동안 여성을 상대로 한 무차별적 불법촬영 범죄에 대해, 우리 사회와 언론이 이처럼 집중적인 관심을 쏟은 적이 있었던가. 2016년 몰카범죄로 구속된 피의자 151명 중 사회적 관심과 조명을 받은 남성은 거의 없었다. 뿐만 아니라 몰카범죄로 기소된 피의자들에 대한 양형 내용은, 참으로 경이롭다. 2012월 10월부터 2015월 4월까지 몰카 범죄로 형이 선고 · 확정(1심)된 216건 중 벌금형은 약 8%(147건), 집행유예 17%(36건), 실형 9%(20건), 선고유예 5%(11건), 300만원 이하의 벌금은 77%(113건)이었데 반해, 실형은 피의자 중 단 9%인 20건밖에 되지 않았다. 이와 같은 양형 내용은 우리 사회가 여성을 향한 성 범죄에 대해 얼마나 관대한가를, 반면 여성들의 두려움과 불안 그리고 상처에 대해서는 철저하게 무관심하고 좌시했던가를 단적으로 보여준다. 최근 워마드 사이트 운영자에 대한 경찰의 신속한 검거 조치는 남성 몰카범죄에 기반하여 운영된 사이트들을 방치해온 그간의 역사(?)와 극적으로 상반된다.

2 워마드(Womad)는 Woman과 Nomad(유목민)을 합성한 말로서 여성우월주의를 주장하는 남성혐오 사이트. 강령에 의하면, 워마드는 여성운동이나 소수 인권 단체가 아니라 여성만을 위해 도덕은 버리고 '모든 남성을 혐오한다'는 것을 모토로 탄생한 사이트이다.

2.

2018년 상반기 한국사회를 충격한 미투 – 운동은 성(행동)에 대한 새로운 각성과 자의식을 불러온 중요한 계기가 되었다. 사회 전체에 만연한 남성중심주의 문화에 경종을 울리고 여성들에게는 부당한 행태들에 대해 말할 수 있는 용기를 갖게 한 것, 이는 한국 사회의 젠더감수성에 매우 중대한 변곡점이 되었다. 법조계로부터 시작된 '미투'가 정계를 거쳐 예술계에까지 확대되면서 우리 사회를 주름잡던 남성들은 몸을 짐짓 낮춘 형국이지만, 미투운동이 가닿기를 원하는 지점에 이르기 위해서는 여성을 성적 대상화하는 일상의 문화 전체에 대한 전면적인 개혁이 진행되어야 할 것이다. 물론 남성들의 분명한 자각과 행동의 변화는 이 운동이 성취해야 할 핵심 내용이지만, 이는 오랫동안 의식과 내면 깊숙이 자리한 것이라는 점에서 운동의 궁극적인 목표 중의 하나가 되어야 할 듯하다.

미투 – 운동 이전에 이미 한국 문단은 여러 문학인들의 성폭력의 이력들이 폭로됨으로써 숨겨진 민낯이 백일하에 드러났다. 예측가능할 만큼 문단과 문학인의 성(性) 문화나 의식의 관행은 충분히 남성중심적이었으며, 위험한 것이었다. 문단 역시 다른 조직처럼 남성-권력중심의 위계관계가 지배하는 곳이며, 이러한 관계의 수직성은 문학인들 내부를 넘어 예비문학인들과의 관계로까지 확대되었다. 다른 분야의 젊은 세대에서 일어나는 성폭력이 물리적 힘의 행사와 혐오 감정의 표출이라는 성격을 띠고 있는 데 반해, 문단의 경우 예비 여성문학인들을 향한 위계적 폭력의 성격을 띤 것이라는 점에서 권력적이고 지능적인 것이었다. 이는 권력지향적인 문단의 성격을 웅변해주는 것으로써 문단을 둘러싼 성폭력이 본질적으로 권력의 문제임을 시사해준다. 문단 내부의 권력 관계가 등단 시인과 예비문학인들의 관계로 확대된 셈이다.

한편 문학이 드러내는 생의 민낯을 사회적 성규범의 담을 낮추는 의식적·정서적 기지로 삼음으로써 성적 방종과 일탈을 예술가의 낭만성이나 기벽(奇癖)으로 호도하는 문단의 문화적·정서적 관행 또한 여성을 대상으로 한 성폭력의 한 자양이 되었던 것으로 보인다. 이는 문학의 자유를 문학인의 방종으로 환치함으로써 왜곡된 젠더 감수성에 대한 비판적 성찰과 반성이 제대로 작동하지 못하도록 만든 셈이었다. 이와 같은 풍토는 정치적으로는 진보의 목소리를 내온 문단이 남녀의 성적 평등에 관해서는 답보상태에 머물게 한 주된 원인이 되었으며, 이는 최근 예술인 블랙리스트와 문학인 성폭력에 대한 문단의 상반된 대응 태도에서도 잘 드러난다. 적어도 젠더 문제에 있어서 한국문단은 문학의 윤리와 시민의 윤리 사이에 큰 착종과 간극이 있는 셈이다.

여기에서 재고할 대목은, 여성을 대상으로 한 성적 폭력을 특정 문학인의 문제로 제한하여 보는 시각은 사태의 본질을 빗겨가는 주변적이고 임시방편적인 대응이라는 것. 미투나 젠더 관련 문제들에 대해 문단이나 문학인들의 발언이 극히 조심스럽고 소극적인 것은 우리 문단 전체가 이 문제에 관해 불편해할 뿐만 아니라 구조적으로 자유롭지 못함을 시사하는 반증이기도 하다. 특정 개인의 문제라는 관점을 넘어 의식의 측면에서 이들 문제에 새롭게 접근할 필요가 있다. 그러한 점에서 최근 집중적으로 부각되고 있는 과거 문학작품들에 대한 새로운 문제제기를 좀더 적극적인 시각에서 참조할 필요가 있어 보인다. 이를테면 김수영의 시에 대한 페미니즘 진영의 비판이나 문학작품을 둘러싼 학생들의 문제제기를 적극적으로 수용하여 작품을 젠더적 감수성에 대한 인식의 전환과 토론의 장(場)으로 활용하자는 것이다. 이때의 교육과 토론은 마땅히 독자와 문학인 모두를 대상으로 한 것일 테고, 이는 자신의 인식에 대한 반성적 성찰과 수정이 동반되는 과정이어야 할 것이다. 그러한 점에서 이 작은 글은 우리 시를 둘러싼 어떤 해석의 관점을 반성적으로 성찰해보고자 한다.

최근에 대학의 문학교육 현장에서는 학생들의 문제제기가 많아 작품을 택하거나 해석할 때 각별하게 신중을 기한다는 이야기가 적잖게 들리고 있다. 나의 경우에도 사정은 다르지 않다. 스무 해 동안 문학수업을 진행해오면서 작품에 대한 해석에 관해 항의를 받은 적이 거의 없었는데 최근 들어 일부 여학생들로부터 어떤 반격(?)을 겪고 있다. 작품 해석이 남성적 관점 위에 기초하고 있다는 지적이었고, 때로는 작품에 대한 해석의 수정을 공식화해달라는 요청도 있었다. 이와 같은 변화야말로 오늘날 우리 사회가 경험하고 있는 성 감수성의 핵심 내용이며, 그 문제적인 지점이야말로 문학작품이 사회적 의식의 변화와 간극을 받아내는 논의의 장(場)으로서의 가능성을 보여주는 대목이라고 할 수 있다. 대상이 된 작품을 소극적으로 배제하는 부정의 방식이 아니라 어떤 점이 문제적인가를 논의하는 과정에서 작품과 독자, 독자와 독자 사이의 간극과 경험의 이질성이 반성적으로 사유되는 장으로 만들어보자는 것이다. 이것이야말로 시적 진화(進化/鎭火)의 발전적 방향이리라.

그러한 점에서 간략하게 작품 해석을 둘러싼 몇 가지 문제들을 살펴보고자 한다.

> 나 보기가 역겨워 / 가실 때에는 / 말없이 고이 보내 드리우리다 // 영변(寧邊)에 약산(藥山) / 진달래꽃 / 아름 따다 가실 길에 뿌리우리다 // 가시는 걸음걸음 / 놓인 그 꽃을 / 사뿐히 즈려밟고 가시옵소서 // 나 보기가 역겨워 / 가실 때에는 / 죽어도 아니 눈물 흘리우리다
>
> —김소월, 「진달래꽃」 전문

> 님은 갔습니다. 아아, 사랑하는 나의 님은 갔습니다. / 푸른 산빛을 깨치고 단풍나무 숲을 향하여 난 작은 길을 걸어서 차마 떨치고 갔습니다. / 황금의 꽃같이 굳고 빛나던 옛 맹세는 차디찬 티끌이 되어서 한숨의 미풍에 날아갔습니다. / 날카로운 첫 키스의 추억은 나의 운명의 지침을 돌려놓고 뒷걸음쳐서 사라졌습니다. / 나는 향기로운 님의 말소리에 귀먹고 꽃다운 님의 얼굴에 눈멀었습니다. / 사랑도 사람의 일이라 만날 때에 미리 떠날 것을 염려하고 경계하지 아니한 것은 아니지만, 이별은 뜻밖의 일이 되고, 놀란 가슴은 새로운 슬픔에 터집니다.
>
> —한용운, 「님의 침묵」 부분

1920년대 자주 등장하는 이별과 슬픔을 노래한 이들 시편은 독특한 어법으로 인간 내면의 미묘함과 힘을 형상화한 작품들이다. 한국의 시적 전통을 만들어가는 시기에 창작된 이들 작품에는 당대적 삶이 시의 리듬과 담화 형식으로 반영되어 있다. 20년대 초반을 달구었던 자유연애 열풍과 이를 담아낸 연서(戀書) 형식의 간행물들은 사랑의 정념을 구성하는 데 필수적인 내면공간의 확장에 많은 기여를 하였으며, 위의 시편들은 이러한 당대의 정서적 환경을 시의 형식으로 구체화한 셈이었다. 그 형식이란 이 시편들에서 볼 수 있는 것처럼 본질적으로 연극적이다. 이별의 상황을 가정한 「진달래꽃」의 화자는 임을 사랑하는 자신의 현재적 내면을 역설적인 발화로서 형상화하였고, 「님의 침묵」은 사랑과 이별이 바꾸어놓은 화자의 내면, 그리고 현재적 슬픔을 넘어서는 내면의 힘을 그리고 있다.

위의 시편들은 화자의 정서와 내면, 그리고 그 추이를 담아낸 작품으로 시작(詩作)의 관건은 화자의 형상화라고 할 수 있다. 넓게 보면 20년대 자유연애와 사랑의 내면을 구성하는 당대적 과정은 기본적으로 근대교육을 이수한 이들의 몫이었으며, 그들의 대부분은 남성이었다. 물론 당대 결혼제도와 변화하는 감수성 사이에는 큰 격차가 있어서 그들은 정념과 현실의 괴리를 겪었으며, 그러한 점에서 사랑의 연극적 형상화는 매우 자연스러운 것이었으리라 짐작할 수 있다. 이러한 당대적 배경이나 작품의 내적 구조와 달리, 우리는 인용 작품들의 화자를 '여성'으로 규정하고, 이를 교육의 현장에서 그대로 가르친다. 위 시편의 화자를 어떤 근거로 '여성'이라 특정할 수 있을까?

「진달래꽃」의 어조는 과연 여성의 것인가, 어떤 점에서 화자의 태도를 여성적이라고 할 수 있는가? 「님의 침묵」 역시 어떤 대목을 들어 여성화자로 특정할 수 있을까? 경어체는 여성의 어조인가? 강하고 격정적인 이 시의 리듬과 전환적 사유가 시인이 참조했을 당대적 여성성, 혹은 여성적 이상에 속한 것이라고 할 수 있는가? 이들 시에 형상화된 복잡 미묘한 심리에 대한 인지와 부정적 현실을 넘어서는 사유의 힘이 당대적 여성성에 기초하고 있을 화자의 내면에 부합하는 것이라고 할 수 있을까? 화자의 성별에 대한 내면적 관념은 시인이나 당대에 속한 것인가, 아니면 우리 시대의 특정한 관점인가?

이러한 의문에 제대로 답하지 않고 위의 시의 화자를 여성으로 특정하는 일은, 이들 시편에 형상화된 화자의 태도와 행태를 은밀하게 여성들의 존재방식으로 규정하는 것이다. 이는 이데올로기이다. 떠나고 버리고 지나가고 기다림의 대상이 되는 이는 남성이고, 남고 버려지고 기다리고 더 많이 사랑하고 헌신(獻身)하는 이는 여성이다. 사랑의 관계 속에서도 남자와 여자는 이렇게 위계적인 방식으로 존재하는 범주인 셈이다. 단선적이고 폭력적이며 이데올로기적인 이러한 젠더 감각이 이들 시편의 것이라고 볼 만한 증거는 없다. 그것은 해석의 관점이다. 오히려 위의 시편을 한 인간의 내면을 이루는 복합적 정념들, 젠더 관념으로 수렴할 수 없는 이질적 감수성의 사례로서 접근한다면, 이 시편들은 가부장제에 기초한 성－감각/관념에 균열을 내는 의미 있는 텍스트로서 활용될 수 있다. 하나 더 첨언하자면, 현실의 젠더 감수성에 세례를 입은 남성 시인들에 의해 이 시의 화자가 구성되고 연기된 존재임을 기억할 필요가 있다. 이는 詩가 현실과 진실, 남성과 여성의 관점의 차이를 비판적으로, 그리고 다시 수평적으로 성찰하고 조정할 수 있는 탁월한 텍스트임을 기억하자는 것이다.

최근 젊은 시인들의 시에 나타나는, 완강한 사회적 관념을 가로지르는 혼종의 감각은 범주 짓기에 따른 폭력과 혐오를 넘어 개별 존재의 다양한 차이와 고유성을 그 자체로서 존중하는 물적 토대라 할 수 있다.

> 구름에 대해 나는 할 말이 없는 사람이다 구름의 너머에 대해 나는 입술이 없는 사람이다 구름의 이쪽에 대해 나는 수천 개의 입술을 비우고 단 하나의 입술로 포개지는 구름에 대해 나는 입술을 다루는 쪽이다 구름의 저쪽을 보고 나는 미음을 찾은 언어, 술을 만드는 사람의 입맛, 나는 오랫동안 나를 뭉친 손의 살결만 기억하고 살고 있는 눈사람이다 그러나 나는 구름에 대해 할 말이 없는 사람이다 나는 수천 개의 물기로 만든 생식기, 가령, 내 생식기로 유인하고 싶어지는 창백한 펭귄들, 밤의 낱말들, 정교한 횡설수설이 있다 하지만 천년전으로 바람이 눈을 감을 때 배반은 인간에게 가장 잘 어울리는 서사이고 샘은 벌레에게 가장 어울리는 무덤이다 구름이 걷히면
>
> —김경주, 「질감3」 전문

구름에서 발상하여 입술과 살결 등으로 이어지며 '나'의 존재감각을 그려가고 있는 시는 경계와 구획으로서의 정체성을 구성하는 현

실을 철저하게 배반한다. 이 시의 고유한 심미성은 뭐라 규정할 수 없고 범주화할 수 없는 시적 주체의 독보적인 감각에서 기인한 것이다. 그것은 현실의 완강한 범주관념을 무력화하는 상상력의 아름다움이자 새로운 정체성의 감각으로, 어떤 범주로도 가둘 수 없는 개별자의 물적 감각을 형상화하고 있다. "나는 수천 개의 물기로 만든 생식기", 이 기묘한 성적 정체성의 감각은 어떤 범주에도 수렴될 수 없는 개별자의 감수성을 웅변적으로 형상화한다. 시의 아름다움이란 완강한 현실에 균열을 내는 이러한 상상력과 감각 위에, 집요한 고정관념과 이데올로기를 넘어서는 지점 위에 건설되는 것이다.

3.

최근에 쓴 한 글에서 나는 변화된 시 교실의 분위기와 해석의 오류에 대해 밝힌바 있다.[3] 동일한 시를 여러 해 동안 다루었지만 한 번도 없었던 문제제기에 직면한 후, 비로소 해석의 객관성과 관점의 보편성에 관해 다시 생각하게 되었는데, 이와 같은 강의실의 변화는 인식의 각성에서 온 것일 수도 있고 느낀 것을 말해야겠다는 발언의 용기로부터 온 것일 수도 있다. 어찌 되었든 이와 같은 상황은 변화된 현실로부터 기인한 것일 텐데, 문제는 이러한 현실에 대한 성별 감수성의 격차가 너무 커서 혐오의 감정을 키우는 원인이 되고 있다는 점이다.

> 고등학교 다닐 때 / 버스 안에서 늘 새침하던 / 어떻게든 사귀고 싶었던 / 포항여고 그 계집애 / 어느 날 누이동생이 / 그저 철없는 표정으로 / 내 일기장 속에서도 늘 새침하던 / 계집애의 심각한 편지를 / 가

---

3 「문학의 불온성과 시민으로서의 시인」, 『형평문학상 수상작품집』, 사람과 나무, 2018.

져 왔다 // 그날 밤 달은 뜨고 / 그 탱자나무 울타리 옆 빈터 / 그 빈터엔 정말 계집애가 / 교복 차림으로 검은 운동화로 / 작은 그림자를 밟고 여우처럼 / 꿈처럼 서 있었다 나를 / 허연 달빛 아래서 / 기다리고 있었다 // 그날 밤 얻어맞았다 / 그 탱자나무 울타리 옆 빈터 / 그 빈터에서 정말 계집애는 / 죽도록 얻어맞았다 처음엔 / 눈만 동그랗게 뜨면서 나중엔 / 눈물도 안 흘리고 왜 / 때리느냐고 묻지도 않고 / 그냥 달빛 아래서 죽도록 / 얻어맞았다 // 그날 밤 달은 지고 / 그 또 다른 허연 분노가 / 면도칼로 책상 모서리를 / 나를 함부로 깎으면서 / 나는 왜 나인가 / 나는 왜 나인가 / 나는 자꾸 책상 모서리를 / 눈물을 흘리며 책상 모서리를 / 깎아댔다

—박남철, 「첫사랑」 전문

시인의 자전적 경험을 바탕으로 한 작품은 첫사랑의 좌절 과정을 형상화하고 있는데, 이 시의 특이점은 "어떻게든 사귀고 싶었던" 사랑의 대상을 마주한 "그날 밤"에 "계집애"를 향해 시적 주체가 폭력을 행사했다는 사실이다. 물론 시는 이 폭력을 "얻어맞았다"로 표현함으로써 행위의 표층과 심층 사이의 간극을 역설적으로 표현한다. 표면적으로는 "계집애"를 때린 것이지만, 이 행위의 심부에는 자기 환멸과 부정의 내면이 자리 잡고 있다는 것이다. 이와 같은 시적 주체의 견해는, 물론 사후적인 것이다. 시의 제목을 보편적인 것으로 확대하면, 이 시에 그려진 화자의 폭력을 첫사랑에 내장된 불안하고 통제되지 않는 충동의 발현으로 해석할 수 있지만, 이러한 해석이 과연 보편적일 수 있는가 하는 점이다. 여학생들의 문제제기는 바로 이 지점에 놓여 있었다. 이 시의 폭력은 그저 폭력일 뿐, 사랑과 무관하다는 것이다. 이러한 해석의 가능성을 나는 그 동안 고려하지 않은 것이었다. (일부) 여학생들의 입장에서, 이 시의 폭력은 아무리 너그

럽게 헤아려보아도 첫사랑의 내면으로 수렴할 수 없는, 그저 병적인 범죄에 불과하다. 그렇게 볼 때 이 시의 첫사랑은 지극히 특수한, 시적 주체에게만 용인된 사적 경험이 된다. 이 비판적 견해의 단호함과 간절함에는 최근 광범위하게 일어나고 있는 여성들을 상대로 한 여러 형태의 혐오－폭력에 대한 불안과 거부가 배후에 가로놓여 있다. 이 시는 첫사랑의 경험에 대한 여러 사례의 하나로서, 만약 확장이 가능하다면 첫사랑에 내장된 통제되지 않은 충동의 매우 부정적인 사례로서, 그러나 그것이 분명한 범죄임을 논의하는 장(場)으로서 다루어지는 것이 온당했다. 첨언하자면 시의 결미에 나타난 화자의 자기 파괴 행위의 의미를 좀더 진지하게 사유하는 관점의 도입도 요긴한 것이라는 생각이 든다. 이 시에 대한 그간의 나의 해석은 오래된 남성－중심적 사유에서 비롯되었으며, 한 남성 화자의 개별적 사례를 인간 일반의 정념으로 보편화하는 오류에 기초한 것이었다.[4]

---

4 김수영의 시를 둘러싼 논쟁 역시 이렇게 변화된 성적 감수성에 의해 적시(摘示)된 경우인데, 그 동안 여성에 대한 부정적 의식을 무겁게 거론하지 않았던 분위기와 달리 그의 시 전반에 깔려 있는 여성－비하적인 표현이 집중적 타깃으로 재조명되고 있다. 물론 그의 시에서의 여성이란 실제적 대상이 아닌 방법적 대상으로 활용되고 있다는 (남성) 연구자들의 시각이 여전히 팽팽하게 존재하지만, 그렇다고 여성에 대한 시인의 가부장적 관점을 부정하는 것은 사실상 어려워 보인다. 다음의 시는 김수영의 시에 나타난 여성관의 일면을 상징적으로 보여주는 작품이다. "남에게 犧牲을 당할만한 / 충분한 각오를 가진 사람만이 / 殺人을 한다 // 그러나 우산대로 / 여편네를 때려눕혔을 때 / 우리들의 옆에서는 / 어린놈이 울었고 / 비오는 거리에는 / 四十명 가량의 醉客들이 / 모여들었고 / 집에 돌아와서 / 제일 마음에 꺼리는 것이 / 아는 사람이 / 이 캄캄한 犯行의 現場을 / 보았는가 하는 일이었다 / --아니 그보다도 먼저 / 아까운 것이 / 지우산을 現場에 버리고 온 일이었다"(「죄와 벌」 전문). 이 시와 관련된 견해는 졸고 「김수영 시의 性의 정치학」(『우리어문연구』45, 2013) 379~382쪽을 참조할 것.

시 해석의 문제와 달리 남성 시인들의 시에 빈번하게 등장하는 시적 사유와 상상력 역시 반성적으로 살펴볼 만한 지점이다.

> 네 살은 홍시처럼 붉디 치솟는 젓무덤, 부푼 엉덩이 머리칼을 흩날리며 달려오는 너는 강이다 산이다 기름진 들이다 그러면 나는? 나는 미칠 것 같은 마음 하나로 복사빛 뽀얀 네 허벅지 마구 파헤치는 살쾡이, 아직도 네 허리춤 와락 끌어안고 있다 // 네 둔덕은 거칠다 네 계곡은 여전히 어둡다 숲의 나무들 암말처럼 뛰어오른다 하여, 나는 봉두난발의 네 들뜬 앞이마, 오래오래 끌어안는다 그러면 너는, 너는 미칠 것 같은 마음 하나로 다시 내 귓밥 핥는다 볼때기 물어뜯는다 // …… 오늘은 나도 폭포처럼 쏟아져내리는 물줄기, 날아오르는 물안개……마침내 네 부푼 엉덩이, 네 검붉은 아궁이 뚫고 나도 일어서고 있다 온갖 생명들, 우르르 몸부림치는 강이여 산이여 기름진 들이여 너로 하여 한세상 다시 환해지고 있다 // 강이여 산이여 오오, 흐벅진 들이여 네 속에 길이 있다니, 사랑이!
>
> —이은봉, 「강, 산, 들」 진문

자연을 성애(性愛)의 대상으로 전유한 작품이다. 시의 리듬이 상징적으로 형상화하고 있는 것처럼 시는 에로스의 충동과 격정에 휩싸여 있다. 시에서 자연은 여성으로, 여성적 관능의 대상으로 다루어지고 있다. 이와 같은 상상력은 90년대 이후 남성 시인들에 의해 씌어진 적잖은 작품들의 주된 발상으로 작용했으며, 이 무렵 유행했던 생태시나 자연을 소재로 한 작품들에 빈번하게 등장해왔다. '자연 – 여성 – 대상화'라는 근대 남성 주체의 사유가 고스란히 시적 주체의 관능적 상상력으로 환치되었는데, 여성 시인들의 작품에서 자연이 남성적 관능의 대상으로 상상되는 사례가 거의 없다는 점을 고려하면 자연을 성애의 대상으로 삼는 이러한 발상은 이데올로기적 성격을 띤 것임을 반증한다. 자연을 관능의 대상으로 전유/전시(展示)하는 이러한 상상력에는 여성의 성적 대상화라는 사유의 관성이 내재되어 있다. 이는 자연을 성애의 대상으로 삼는 시적 상상력에 비판적 성찰이 요청되는 이유이다.

한편, 다음의 시에서 우리는 자기 내면에 대한 진지한 성찰을 바탕으로 여성 존재의 내면에까지 이르려는 시적 도약의 한 사례를 보게 된다. 그것은 앞에서 살폈던 해석의 문제와 달리 시적 성찰의 보편적 가능성에 대해 재삼 생각하게 한다.

> 나는 가끔, 내 그것을 물려는 느낌을 받는다 뼈가 유연하면 몸을 둥글게 굽혀 그것을 물 수가 있다고 생각한다 혼자 살 수 있었을 텐데 물론 그게 전부는 아니지만 틀림없이 덜 외로웠을 텐데 여자 앞에서 주눅 안 들었을 텐데 생각한다 여자를 남자처럼 그러니까 여자를 인간처럼 남자를 인간처럼 대했다면 온전한 인생을 살았을 텐데 온전한 인생을 살길 원했는데 생각한다 여자도 그랬을 텐데 생각한다
>
> —박찬일, 「마음에 대한 보고서8」 전문

〈마음에 대한 보고서〉 연작 중의 한 편인 이 작품에서 우리는 자신의 은밀한 내면에 대한 핍진한 성찰을 통해 욕망의 도저함과 그것이 필연적으로 동반하는 존재의 결여를 형상화하고자 하는 시적 주체의 연민에 찬 감수성을 목도하게 된다. "뼈가 유연하면 몸을 둥글게 굽혀 그것을 물 수가 있다고 생각하"는 시적 주체의 상상력은 그 자체로서 성적 욕망에 포획된 인간 존재의 결핍과 고독을 생생하게 드러낸다. "물론 그게 전부는 아니지만"이라는 단서는 이미 욕망 쪽으로 기울어진 존재의 한계를 반증하는 표현으로서, 이성(異性)과의 진정한 결합의 가능성을 생각하는 표현, 즉 "여자를 인간처럼"에

이어지는 "남자를 인간처럼"에 탁월하게 반영되어 있다. 여기에는 호모 에로티쿠스(Homo eroticus)로서의 인간, 성적 존재로서의 자신의 욕망이 이성뿐만 아니라 동성과의 진정한 관계 형성에도 걸림돌이 된다는, 다시 말해 성(性)이 관계를 압도하는, 존재 내면의 현실에 대한 진솔한 고백이 담겨 있다. 성적 욕망으로 인해 부단히 실패하게 되는, "온전한 인생"과 전인적 관계 형성의 불가능성이라는 테마를 시는 자기 환멸이 내장된 연민과 우수의 어조로 표현하고 있다.

그런데 시는 이러한 주체의 욕망을 동성인 남성뿐만 아니라 여성에게도 확대한다. "여자도 그랬을 텐데 생각한다". "나는 가끔"으로 시작하여 도달한 이 시의 결미는 문학적 인식의 한 구조를 충실하게 드러내준다. 개인의 경험과 생각이 인간 존재의 보편적 생의 내용으로 발견·각성되는 것은 대개의 창작과 감상 과정에서 자연스럽게 일어나는 의식 작용이다. 구태여 아리스토텔레스를 들지 않더라도 문학은 구체를 경유하여 추상(抽象)에 이르는 작업일진대, 그때의 구체는 몸(에 속한 것)이라 할 수 있다. 몸은 감수성의 원천이자 문학적 소통과 교감의 토대로서, 우리는 몸을 통해 타자를 이해하고 生의 민낯과 마주하게 된다. 우리가 시대와 장소를 넘어 타자의 슬픔과 고뇌에 공감할 수 있는 것은, 본질적으로 육체의 물질성을 공유하고 있기 때문이다. 문제는 공유하는 육체의 물질성에 차이가 있다면, 마땅히 경험의 내용은 달라질 것이다. 우리가 다른 육체적 조건을 가진 사람들의 사정을 헤아리고자 하는 것은 '그'가 나와 다르기 때문일 것이다. 이러한 점들을 고려하면, 문학은 몸의 물질성 위에 기초하고 그로 인한 경험들이 나누어지는 공감의 장(場)이자, 서로 다른 육체적 조건 위에 선 존재들의 이질성이 교환되는 이해와 앎의 장이다. 하여 문학의 공간은 연민과 경이, 연대(連帶)와 환대(歡待)가 교차하는 장소가 되는 것이다.

"여자도 그랬을 텐데 생각한다"는 인용 시편의 결미는 성(性)과 관련된 남성 세계의 한 감수성을 시사한다. 이는 남자와 여자의 육체적 물질성을 동일하게 보는 생각이 전제되어 있지만, 여기에는 성 인식에 대한 만연한 남성중심주의가 내재되어 있다. 성별에 대한 감각과 범주 관념은 대개 사회적·문화적 의식의 소산이지만, 남자와 여자를 구분하는 생물학적 기준인 성(性) 기관과 구조, 그에 따른 물질적 감각의 차이는 명징한 실체이다. "여자도 그랬을 텐데"라는 생각에서 우리는 남성주체인 화자의 성기(pennis) – 중심주의적 성 욕망이 여성 존재에게도 동일하게 투사되어 있음을 확인할 수 있다. 이와 같은 생각, 남성들의 욕망을 여성의 것으로 확대하고 나아가 인간의 성 욕망으로 보편화하는 과정은 우리 사회의 성 관념에 기초를 이루는 구조라고 할 수 있다. 물론 이때의 남성의 성 역시, 가부장제와 '자본'에 의해 왜곡된 것이고, 이 시의 화자 또한 연민과 우수라는 관점에서 성 욕망을 다루고 있지만, 이 구절에 내장된 남성중심주의적 사유와 상상력은 차이를 지우고 여성 육체의 물질성을 남성의 욕망으로 수렴하는 남성 – 보편주의의 폭력 구조 위에 기초한 것임을 상기할 필요가 있다. 같은 것은 같게 다른 것은 다르게 보는 것이 진정한 평등임을 생각한다면, 다른 것을 같은 것으로 동화하려는 이러한 의식은 한쪽의 욕망이자 폭력이 되는 것이다. "여자도 그랬을 텐데 생각한다". 과연 여자들도 그렇게 생각할까?

> 젓가락과 사타구니 사이 / 여자라는 상징이 있다 / 벌린다는 것, 좋든 싫든 벌려야 하는 / 그런 구조가 있다 / 여학교 때 체육선생은 / 개각(開脚)하는 아이들 등을 꾹꾹 눌러 / 나무젓가락 가르듯 기절시키곤 했다 / 꼭 그래야 했을까 / 간혹 젓가락이 반듯하게 나눠질 않고 / 비뚤어지거나 엇나가는 건 / 젓가락의 저항이다 / 말 못하는 다리의 저

> 항이 / 삐끗 다른 길로 들게 했을까 / 와리바시라는 이름 딱지 영 못 떼고 / 생을 마감하는 불운처럼 / 사타구니 불안을 영 마감할 수 없는 / 여자이야기, / 참 길고 질긴 이야기
>
> —이규리, 「와리바시라는 이름」 전문

참으로 적나라하고 건조하게 '여성성'을 형상화한 시편이다. 시인은 일회용 젓가락 "와리바시"를 들어 쓰고 버려지는 도구로서의 여자, 남성들의 성적 욕망의 도구로서 대상화되어 온 여성들의 역사적 상징으로서 압축한다. "와리바시라는 이름 딱지 영 못 떼고 / 생을 마감하는 불운처럼 / 사타구니 불안을 영 마감할 수 없는 / 여자이야기, / 참 길고 질긴 이야기". 시가 다루고 있는 것은 특별하고 예외적인 일부 여성들의 생의 비극이 아니라 여성 일반의 비극적인 삶의 역사이다. "와리바시라는 이름"의 "길고 질긴" 이야기는, "길고 질긴" 남성들의 위계적인 욕망의 역사이기도 하다. '와리바시'에서 성적 대상으로서의 삶을 살아온 여성의 역사를 독도하는 이 시의 시선은 남성들의 작품에서는 포착된 적도 없고, 포착될 수도 없는 경험적 감각 위에서 탄생한 것으로서 한국 사회를 지배하고 있는 페니스중심주의 성 – 욕망을 무겁게 돌아보게 한다.

> 이제 나는 남자와 자고 나서 홀로 걷는 새벽길 / 여린 풀잎들, 기울어지는 고개를 마주하고도 울지 않아요 / 공원 바닥에 커피우유, 그 모래빛 눈물을 흩뿌리며 / 이게 나였으면, 이게 나였으면! / 하고 장난질도 안 쳐요 / 더 이상 날아가는 초승달 잡으려고 손을 내뻗지도 / 걸어가는 꿈을 쫓아 신발 끈을 묶지도 / 오렌지주스가 시큼하다고 비명을 지르지도 / 않아요, 나는 무럭무럭 늙느라 // 케이크 위에 내 건조한 몸을 찔러 넣고 싶어요 / 조명을 끄고 / 누군가 내 머리칼에 불을 붙이면 경건하게

> 타 들어갈지도 / 늙은 봄을 위해 박수를 치는 관객들이 보일지도 / 몰라요, 모르겠어요 // 추억은 칼과 같아 반짝 하며 나를 찌르겠죠 / 그러면 나는 흐르는 내 생리혈을 손에 묻혀 / 속살 구석구석에 붉은 도장을 찍으며 혼자 놀래요 // 앞으로 얼마나 많은 새벽길들이 내 몸에 흘러와 머물지 / 모르죠, 해바라기들이 모가지를 꺾는 가을도 / 궁금해 하며 몇 번은 내 안부를 묻겠죠 / 그러나 이제 나는 멍든 새벽길, 휘어진 계단에서 / 늙은 신문배달원과 마주쳐도 / 울지 않아요
>
> —박연준, 「얼음을 주세요」 전문

성 경험 이후의 내면의 변화를 매우 생생하게 그린 작품이다. "이제 나는"으로 시작되는 시는 시적 주체의 자기정체성을 성 경험이 어떻게 바꾸었는지를 극적으로 형상화한다. 소녀의 치기(稚氣)나 낭만적 꿈이 완전히 휘발되고 "무럭무럭 늙"어가는 존재로 전락했음을 보여주는 주체의 내면 형상은 여성의 성에 대해 재삼 생각하게 한다. "케이크 위에 내 건조한 몸을 찔러 넣고" "머리칼에 불을 붙이며" "생리혈을 손에 묻혀 속살 구석구석 붉은 도장을 찍으며 혼자 놀"겠다는 화자의 자폐적이고 자기 - 파괴적인 내면은 가히 페니스 - 중심주의 성 욕망을, 우리 사회의 만연한 남성중심주의 성 의식과 감수성을 서늘하게 한다(과문한 탓이기도 하겠지만 나는 이 작품에 상응할 만한 남성 주체의 성 경험을 형상화한 시 작품을 아직 알지 못한다).

○○○

시는 서로 다른 존재들의 내밀한 경험들이 교환되는 장소이다. 우리는 시를 통해 타자와 이 세계에 대해 알게 된다. 보고 싶은 것만 보고 아는 것에만 접속하며 익숙한 것들로만 향하게 될 때, 혐오는 커

질 수밖에 없다. 시는 의식의 관성에 대한 저항으로서 존재하는 말의 육체이다. 낯설고 불편한 것들이 우리를 돌아보게 하며, 그 성찰의 시간 속에서 존재들의 이질성은 우리 안에 깃들게 된다. 나누고 구분 짓고 범주화하려는 관성과 다자를 향한 동화(同化)의 욕망은 존재들의 개별성과 차이를 지운다. 경계를 가로지르고 차이를 드러내는 능력으로 인해 시는 폭력의 정념과 자본의 쓸모를 넘어선다. 눈길을 건네고 귀를 열어 다른 것들을 내 안으로 받아들이는 실천적인 성찰의 능력 없이, 시는 그 무엇이 될 수 있을까. 서로 다른 존재들이 자신의 개별성을 고백하고 드러내는 말의 장소, 하여 그 말의 육체 속에 깃든 타자성들이 교환되며 수런거리는 풍경, 그것이 혐오의 시대를 넘어서는 시의 오랜 자리이자 방법일 것이다.

바깥에서, 그리고 사이에서

1.

플라톤의 『Politeia－國歌·政體』에는 국가에 대한 그의 이상(理想)이 담겨 있습니다. 정의란 무엇이며, 왜 철인(哲人)이 치자(治者)가 되어야 하는지, 교육의 목적과 방향에 대해, 그리고 행복의 심급에 관하여 그는 이야기합니다. 모두가 알고 있는 것처럼, 시인추방론도 이 책의 중요한 테마 중의 하나입니다. 그것은 당시 그리스에서 비극이 차지하는 위상을 역설적으로 웅변해줍니다. 그 유명한 모방론에서 출발하여 추방론으로 이어지는 그의 논리는 관념적 실재(實在)와 국가－이데올로기 위에 자리하고 있습니다. 플라톤은 '침대'를 통해 예술(회화와 시)의 속성에 관해 정리합니다. Eidos[Idea]로서의 침대, 목수가 만든 침대, 그리고 화가가 그린 침대가 있는데, 세 번째 단계인 화가의 침대는 목수가 제작한 사물의 가상(假象)이라는 것입니다. 그림으로서의 침대는 대상의 일부를 다루는 데다 본질적으로 '상(象)'에 불과하기 때문입니다. 예술이 본질적으로 가상에 속한 것이라는 논리 위에 그는 시가 개인과 사회에 유익하지 않다는 여러 이유를 제시합니다. 당시 최고 시인인 호메로스와 헤시오도스가 이리저리 떠돌아다니는 음유시인으로 방치되었다는 사실은 그들이 사회적으로 유익한 존재가 아님을 드러내는 강력한 현실적 증거라는 점, 그러나 이보다 더 중요한 것은 시의 본질적 속성들입니다.

플라톤에 따르면 시는 두 가지 대립되는 부분을 지닌 인간의 혼 가운데 열등한 것에 접속하는 영역입니다. "측정된 것과 계산된 것을 신뢰하는" "우리 안의 이성에서 멀리 떨어진 부분"과 교제하고 우정을 나누는 이 모방술은 "열등한 것으로서 열등한 것과 결합하여 열등한 것들을 낳"는 기술[techne]에 불과하며, "무수한 대립으로 충만해 있는" 인간의 혼을 시는 열등한 쪽으로 기울게 한다는 것입니다. 플라톤은 인간의 내면에 충동하는 '열등한 것', 이를테면 고통과 슬픔은 "남들이 보고 있을 때", 즉 이성과 관습에 의해 훨씬 잘 통어되고 극복될 수 있다는 것, 한편 시인은 "혼의 열등한 부분을 깨워 가꾸어주고 강하게 만들어줌으로써" "개개인의 혼 안에 나쁜 정체를 만든다"고 말합니다. 혼자 있을 때 인간은 자신의 부정적인 상태와 대면하게 되고 이로 인해 슬픔 속으로, 그리고 궁극적으로는 불행하게 된다는 것입니다. 관습은 그리고 훈련된 이성은, 인간을 불행과 비참함으로부터 구원하고 개인을 국가의 건강한 구성원으로 환원시켜주는 덕[절제]의 핵심 요인임을 그는 강조합니다. 반면 시는 타인의 고통을 주시함으로써 "연민의 정을 느끼는 부분을 타인의 불행 속에서 가꾸어주고 강하게 만들어" 결국에는 고통과 불행이 개인과 사회 속에 군림하게 한다는 점, 그리고 시인은 작은 것과 큰 것, 좋은 것과 나쁜 것을 구분하지 못한 채 그의 작업을 지속함으로써 사회에 부정적인 영향력을 끼치기 때문에 시인을 추방해야 한다는 것입니다. 플라톤은 철학자를 완고하고 세련되지 못한 것으로 비판하는 시인들을 당대의 표현을 빌려 우회적으로 호명하는 것으로써 이 논의를 마무리합니다.

"주인을 향해 깽깽 짖어대는 개" "어쩌다 거지가 되고 말았는지 섬세하게 사색하는 자들".[1]

플라톤은 모방술로서의 시의 특성과 시작(詩作)의 부정성을 분석

1 이하 글에서 플라톤과 관련된 직접 인용은 천병희 역 『국가』(도서출판 숲, 2013)에서 가져온 것임.

함으로써 당시 그리스에서 인기를 모았던 비극의 폐해를 지적하였습니다. 그의 논의는 이상적인 국가 건설을 염두에 두고, 국가-공동체의 건전한 존립과 발전이라는 현실적이고 공리적인 목적에 정향되어 있어 시에 관해 부정적이고 비판적이었지만, 시의 본질과 관련하여 여전히 경청하고 사유할 만한 내용을 담고 있습니다. 플라톤에 따르면, 시인은 국가의 이익에 반하는 자입니다. 그는 상반된 충동을 가진 인간의 혼 중 '열등한 부분'에 관심을 갖는 자이고, 건강한 시민을 육성하는 데 필요한 이성과 관습을 무력하게 만드는 자입니다. 홀로 있을 때 드러나는 열등한 본성을 시는 마주하게 함으로써 인간을 참담하게 하고, 시인은 남의 불행을 주시함으로써 그것을 자신의 것으로 경험하고, 타인에게 경험하게 합니다. 시인은 국가의 입장에서 좋은 것과 나쁜 것, 작은 것과 큰 것을 구별하지 못한 채, 정념(情念)과 생의 민낯을 모방하는 작업에 몰입하는 자입니다. 이러한 플라톤의 관점에서 볼 때, 역설적으로 시의 가장 큰 적은 관습이고 통념입니다.

플라톤이 강조한 세 개의 덕—지혜, 용기, 절제—은 국가를 구성하는 치자(治者)와 수호자와 피치자에게 각각 요구되는 미덕이고, 이들이 저마다 자신의 역할을 제대로 감당하는 조화로운 상태를 그는 정의라고 보았습니다. 물론 플라톤은 수호자와 피치자를 교육하는 데 시가 유용하게 쓰일 수 있는 가능성을 열어놓았지만, 그 때의 시는 "신에 대한 찬가와 훌륭한 인간들에 대한 송가(頌歌)", '절제된 음악성을 띤 운문'으로 제한된 것이었습니다. 그가 위험하게 본 당대의 시는 이와 정확하게 상반된 것이었습니다. 시가 불온한 것이라는 의식은, 국가-공동체 안에서 시인의 자리가 마련되어 있지 않다는 사실과 무관하지 않습니다. 시인은 수호자도 아니고, 생산계급으로서의 피치자에 속하지도 않습니다. 이리저리 떠돌아다니며 타인의 고통에서 생을 대면하고 이를 모방하는 자입니다. 그는 플라톤의 국가에서 영토 바깥의 존재입니다. 공동체 구성원으로서의 정체성 외부에서 벌거벗은 인간, 인간의 벌거벗음을 마주하는 자가 시인입니다. 시는 열등한 것과 교류하고 우정을 나누는 장(場), 바깥의 시선과 열등한 부분이 결합하는 장, 그것이 시의 자리입니다.

플라톤이 적시한 바에 따르면, 예술은 이데아로부터 한 단계 떨어진 사물(事物)을 모방하지만, 그것조차도 사물 그대로가 아니라 일부만을 드러내는 가상(假想)에 불과합니다. 제작자가 만든 침대와 달리 화가가 그린 침대는 특정한 시각에서 포착된 상(象)입니다. 이는 역으로 이데아에 포획되지 않는, 이데아로 흡수되지 않는 영토입니다. 시는 존재의 근원으로서의 이데아의 바깥에서 펼쳐지는 지평인 셈인데, 이는 역으로 시가 펼쳐낼 수 있는 무한한 가능성을 시사해주는 것이기도 합니다. 플라톤에게 시는 이데아에 수렴되지 않는 존재의 땅 바깥의 영역이며, 이는 정치적인 관점에서 국가 바깥으로 추방되어야 할 시인의 성격과 맞닿아 있습니다. 시는 국가 – 공동체의 구성적 위계의 바깥에서 특정 관념으로 포섭되지 않는 현실 세계의 상(象)과 생의 열등한 민낯을 마주하는 게토입니다.

○○○

내재적 비평이 문학작품 분석에 중요한 역할을 했던 20세기 후반은 아리스토텔레스의 『시학』이 중요한 참조점이 된 시기였습니다. 문학작품의 내적 구조와 수사의 구성 원리, 그리고 작품의 심미적 효과 등, 『시학』으로 대표되는 일련의 문학주의는 적어도 2000년대 이후 한국문단에서 진행되고 있는 어떤 변화들에 대해서는 유효성이 떨어져 보입니다. 국가 – 자본의 막강한 영향력 속에서 점점 무력해

지고 있는 개인들과 더불어 확장되고 있는 소셜네트워크, 불안과 우울이 미만한 사회적 정조 속에서 개진되고 있는 낯선 문학적 개성과 한편에서 벌어지는 문학인들의 다양한 참여는 문학을 좀더 중층적인(다른) 차원에서 사유할 것을 요청하고 있습니다. 심미적 구성이나 미학적 완결성 등의 단일한 문학주의적 잣대는 더 이상 우리 시대 문학을 평가하고 고민하는 핵심 요인이 되기 어려워 보입니다.

위에서 플라톤을 다시 생각해보고자 한 것은, 시에 대한 플라톤의 부정적 진단들이 우리 시대 문학 – 현상을 사유하는 데 유효할 수 있다는 생각 때문입니다. 그 하나는 이데아로부터 두 단계 떨어진 모방술로서의 문학은 본령이나 본질 등의 어떤 관념으로 통어할 수 없는 영역이라는 점, 아울러 시작(詩作)은 유용성 등의 척도와 무관하게 진행된다는 점입니다. 나머지 하나는, 문학이 국가 – 공동체의 기율(紀律)의 바깥에서 생의 정념과 현실의 적나라(赤裸裸)를 형상화하는 모방술이라는 점입니다. 이와 같은 견해는 전혀 새로운 것이라고 할 수 있지만, 국가 – 자본의 구조 속에서 벌거벗겨진 개인의 문제가 중요한 미학적 관심사로 확대되어 가고 있는 현실 상황에서 문학의 성격을 국가 – 자본 현실과의 관계 속에서 재구성하는 것은 중요한 입점이라고 판단됩니다.

2.

2000년대 중반 이후 새로운 시들로 인해 우리 시단은 큰 변화를 경험하였습니다. 본질적으로 자기파괴적 속성을 띠고 있는 예술 세계에서 새로운 작품들이 등장하여 기존의 장에 균열을 가져오는 것은 지극히 자연스러운 현상이지만, 2000년대 들어 시작된 시적 폭발은 이전과는 전혀 상이한 양상으로 진행되었습니다. '실험적' 혹은 '전위적'이라는 용어 자체가 환기하는 것처럼 낯선 시들은 주류를 전제로 한 것이고 그것의 영향력은 부분적이고 일시적이지만, 2000년대 이후 등장한 시들은 주류와 비주류에 대한 통념을 현저하게 약화시켰고, '실험적'이거나 '전위적'이라는 수사가 무력해지고 더 이상 유효하지 않을 만큼 우리 시단을 저마다의 개성들로 분화(分化)시켜 놓았습니다. 2000년대 이후 출현한 일련의 시들을 '미래파'라는 잠정적 호명으로 한데 묶어 논의하던 시기를 지나 최근의 한국 시단은 상이한 개성들을 좀더 개별적으로 존중하고 살피는 시기로 접어든 것처럼 보입니다.

90년대 이후 한국시단은 이념이나 정치·사회적 이슈로부터 상대적으로 자유로워졌습니다. 자본주의를 대신할 대안 체제의 현실적 말소와 더불어 최소한의 절차적 민주주의가 확보되고, 소득 수준의 향상과 함께 진행된 매체 환경의 급격한 변화 속에서 한국시단은 서정과 여성성, 생태, 일상 등의 주제에 집중했습니다. 90년대 말에 당도한 IMF체제 이후 고용시장의 불안정과 경제적 불평등이 깊어지면서 한국사회는 고독과 상시적 불안이 지배하는 황폐한 위기의 사회로 전락했습니다. 시는 정치체제의 변화를 요청하던 시기에 사람들을 이어주는 정념(情念)의 가교 역할을 수행했지만 경제적 사막이 확대되는 과정에서 궁극적으로 스스로에게 몰입하는 양상으로 전개되었는데, 문학의 위기론이나 사망론이 제기되던 시기도 바로 이 즈음이었습니다. 그러한 징후 담론들은 과거에 문학이 담당했던 사회적 역할이 현저하게 줄어들었으며 문학 스스로도 더 이상 이를 감당할 의지가 없음을 비판하면서 난해와 소통의 문제를 제기하였습니다.

2000년대 중반 이후 대거 출현한 시들은 기존의 시문법과는 다른 언술 체계와 상상력으로 종전의 시세계에 익숙해 있던 독자들을 곤혹스럽게 했습니다. 문제는 이러한 시들이 한시적이거나 부분적인데 그치지 않고 점차 다양한 개성으로 확대되고 있다는 사실입니다.

특히 젊은 시인들의 시는 정도의 차이는 있지만 편안히 읽을 수 있는 작품이 별로 없습니다. 2000년대 등장한 시들이 기존에 익숙한 서정의 문법을 상투로 돌려세우는 데 일조한 것은 분명해 보입니다. 그들의 시로 인해 기성 시인들의 작품은 확실히 밋밋하게 느껴집니다. 2000년대 시들을 읽으며 습작을 했을 최근 등단한 시인들의 작품은 그 문학 선배들의 영향력을 받은 것은 분명해 보이지만, 그들과 상이한 개성을 보여주고 있고, 아울러 이러한 개성의 교체나 변화의 속도도 점점 빨라지고 있는 듯 보입니다. 젊은 시인들은 한결같이 2~3년 안에 시집을 발행해야 될 것 같은 강박에 시달리고 있습니다. 이는 우리 시단이 젊은 시인들에게 많은 지면을 할애하고 있다는 사실의 방증이면서, 동시에 이들의 시가 소비되고 있다는 어떤 혐의를 갖게 합니다. 청탁이 와야 시를 쓴다는 고백은 어떤 특정한 시인의 것이 아니라 젊은 시인들 상당수가 공감하는 이야기입니다.

우리 시대 문학을 둘러싼 환경은 이전과 분명히 달라졌고, 창작에 대한 자의식이나 감수성도 변했습니다. 사회·정치적 현실이 개인을 압도했던 7,80년대 문학의 역할이나 성격을 '지금 – 이곳'의 문학에 기대하는 것은 난센스지만, 이 평범한 사실을 우리는 자주 망각하고 있습니다. 당위가 현실을 넘어설 수는 없습니다. 시의 시대라 불렸던 80년대의 진지한 고민과 물음의 자리에는 상시적 불안과 우울이 드리워져 있고, 사람들을 일으켜 세우던 의지와 성찰의 언어는 다른(낯선) 감각의 언어들로 채워지고 있습니다. 자신을 경유하여 타자를 향하는 언어들의 유효성은 현저하게 미약해졌으며 서정적 감동이나 깊이의 메시지보다 내밀한 생(生)의 현재적 감각이 환대되고 있습니다.

우리 시대가 그러한 것처럼 '어른'의 언어는 더 이상 유력한 언어가 아닌 것처럼 보입니다. 평면의 감각, 감각의 민주주의가 위계적 감수성에 기초한 언어들을 밀어내고 있는 형국입니다. 당위가 현실을 넘어설 수는 없습니다. 미학적 내용이나 성격의 변환을 의도적으로 시도하는 것은 바람직하지 않을뿐더러, 무엇보다 가능하지 않아 보입니다. 플라톤이 지적한 것처럼, 시는 측정과 계산에 의해 씌어지는 것도 아니고, 좋은 것과 나쁜 것, 작은 것과 큰 것을 헤아리는 과정이나 산물의 결과와도 무관하기 때문입니다. 사회의 공리적 척도 바깥에서 시는 씌어지고, 그것이 시의 존재 이유이기도 합니다. 시는 말할 수 없는 것들을 말하고자 하는 내발적 욕망으로 열리고 그것을 읽어내는 내면에서 자신의 삶을 살게 됩니다. 공적 역할이 가장 약화된 오늘의 시들에서 우리는 플라톤이 적시하였던 문학의 반사회적 삶을 보게 됩니다. 현재 생산되고 있는 시작품들에 주목하면서 소통의 문제를 사유할 필요가 있어 보입니다.

소통은 문학뿐만 아니라 우리 사회 전 영역에서 오늘날 가장 자주 이야기되는 주제 중의 하나입니다. 이쪽과 저쪽 모두 소통을 강조하고 있지만, 여전히 통한다는 느낌을 공유할 수 없는 것은 소통에 대한 이해가 다른 데서 비롯된 것입니다. '소통(疏通)'이란 막힌 부분을 트고 서로 오가는 것, 즉 서로의 견해가 수평적으로 교환되는 과정을 뜻합니다. 소통은 막힌 것을 트는 작업이지만, 한쪽의 의견을 다른 쪽에 강요하여 자신의 뜻을 일방적으로 관철시키는 것을 의미하지는 않습니다. 자신의 의견을 철회할 수 있다는 전제가 있을 때, 비로소 소통은 이루어집니다. "자신의 의견을 철회할 수 있다는 전제", 이것은 소통이 탑다운(Top-down)이 아니라 수평적인 상호 교환(com-mutual) 위에 이루어지는 과정임을 뜻합니다. 소통의 영어 표현(come to understand)은 이를 좀더 명확하게 드러내주는데, 그 핵심어 'understand'는 소통의 전제가 (상대의 자리로) 내려서는 일임을 재삼 환기시켜 줍니다. 그것은 하심(下心)이며, 절할 때와 두 손

을 모을 때의 심정이고, 시의 마음입니다.[2]

문학에서의 소통이 사회에서 요청되는 그것과 동일할 수는 없습니다. 물론 소통의 핵심이 언어라는 점에서 둘 사이는 공통의 기반을 가지고 있지만, 일반적인 소통이 공동체의 현실적 과제를 해결하기 위한 과정적 통로라면 문학에서의 소통은 작품이라는 공간에서 이루어지고, 그 '무엇'을 위한 소통이 아니라 소통 그 자체를 목적으로 하며, 소통을 통해 꾸려지고 소통을 위해 형성되는 '공동체 아닌 공동체'내의 내밀한 행위라는 점에서 변별됩니다. 협의와 합의를 위한 도구적 과정으로서의 일반적 소통 행위와 달리 문학의 소통은 어떤 목소리가 만들어내는 공간에 '함께-있는' 과정 그 자체입니다. 그것은 어떤 전제 조건도 붙지 않고 목적도 없는, 온전히 자발적이며 과정 그 자체로서 충족되는 행위입니다.

문학에서 실현되는 소통은 크게 두 가지입니다. 하나는 창작 과정에서 일어나는 의식의 작용이고, 나머지 하나는 작품을 감상하는 과정에서 이루어지는 사태입니다. 이데아로부터 두 단계 떨어진 '시의 침대'는, 이데아의 구심력에 더 강하게 지배되는 '목수의 침대'보다 풍요롭습니다. 시는 가시적 현실에 묶여 있지 않고 가능성을 현시(顯示)하는, 열린 세계입니다. 하심(understand/下心)이자 "시의 마음"이라고 했을 때의 소통은 현실의 척도, 현실의 중심과 구심(求心)을 넘어 어떤 세계로 넘실거릴 수 있는, 아니 넘실거리는 의식의 작용을 말합니다. 고통 속에 있는 사람의 내면이 되기도 하고 대상의 시선이 되기도 하는 가상(假象)의 능력이 여기에 해당될 것입니다. 플라톤이 비판했던 당대의 매력적인 시인 호메로스는 여러 인간

---

2 졸고, 「소염(所染)과 소통(疏通)을 생각하다」, 『발견』, 2014·봄.

들의 삶과 마음으로 자신을 이양(移讓)할 수 있는 능력을 가진 모방자였습니다. 그런데 이 문학적 소통의 능력은 본질적으로 어떤 의지의 소산이라기보다 내발적(內發的)인 것입니다. 그것은 의지를 넘어선 지점에서 비로소 열리고 발화(發化/發話)되는 사태이며, 당위(當爲)로서 요청할 수 없는, 어찌 해 볼 수 없는 능력입니다. 최근 이와 관련하여 주목할 만한 시단의 변화들이 있습니다.

> 지상에서 하늘나라를 세우는 일에 이의가 없을뿐더러, 그 일을 위해 새로운 노래, 더 나은 노래를 짓는 것이야말로 진심으로 희망하는 일이지만, 막상 펜을 들면 지금도 이 일만큼 힘들게 느껴지는 것이 없다. 이주노동자와 비정규직 노동자들의 투쟁을 지지하며 성명서에 이름을 올리거나 지지 방문을 하고 정치적 이슈를 다루는 논문을 쓸 수도 있지만, 이상하게도 그것을 시로 표현하는 것은 쉽지가 않다. 사회참여와 참여시 사이에서의 분열, 이것은 창작 과정에서 늘 나를 괴롭히던 문제이다.[3]

우리 시단에서 문학과 정치의 관계에 대해 다양한 논의를 촉발시킨 진은영 시인의 글입니다. 〈문학과 정치〉라는 이 오래된 테마와 관련하여 여러 철학자들의 논의를 소개하고 논문과 평문들을 발표하면서 여러 형태의 정치적 참여를 해오고 있는 그녀지만, 사회 참여와 참여시 사이의 균열을 고백하고 있습니다. "이상하게도 그것을 시로 표현하는 것은 쉽지가 않다". 이념적 지평의 시를 쓰는 일이 뜻대로 되지 않는다는 고백입니다. 사회적 문제에 개입하는 것과 이를 시로

---

3 진은영, 「감각적인 것의 분배」, 『창작과비평』, 2008 · 겨울, 69쪽.

형상화하는 작업은 무관하지는 않지만 같은 지평에 속하지 않는다는 인식이 여기에는 담겨 있습니다. 시작(詩作)이 이성이나 의지에 의해 전적으로 통제되는 작업은 아니라는 점, 그녀가 최근에 적극적으로 개진하고 있는 '문학의 정치성'에 대한 랑시에르적 논의는 이러한 고민에서 찾은 하나의 출구라고 할 수 있다. 이는 크게 둘로 나눌 수 있는데, 하나는 정치적 참여가 요청되는 공간을 문화적 소통의 장으로 바꾸는 데 시인으로서 참여하는 일, 이를테면 용산참사 현장이나 홍대철거현장 식당 두리반에서 여러 문화예술인들과 함께 낭독회 등을 꾸림으로써 정치적 공간에 문학이 접속하는 방식입니다. 그것은 종전의 투쟁의 공간을 사람들이 함께 사유하고 소통하는 문화적 공간으로 바꾸는 데 문학이 참여하는 방식입니다. 이는 국가나 자본의 폭력으로부터 벌거벗겨진 삶의 장소들을 지속적인 사건의 공간으로 환기하는 일이며, 고통의 공간을 좀더 친근한 환대의 장으로 전유하는 작업입니다. 그것은 문학을 정치화하는 종전의 참여문학과 달리 추방된 삶의 현장에 문학이 함께 – 있음으로써, 투쟁의 공간을 따뜻한 소통의 판으로 변화시킴으로써 고민과 연대를 확대하는 정치적인 일이라고 할 수 있습니다. 이는 '투사의 문학'이 아니라 '시민의 문학'으로서 정치에 참여하는 방식인 셈입니다. 이른바 '감성적인 것의 분할'이라는 랑시에르적 명제의 장소적 버전이라고 할 수 있습니다. 이는 종전의 참여시를 구성하는, 광범위한 의미에서 각성되고 선도적이고 계몽적인 주체가 현실을 구성하는 많은 생의 주체 곁에서 함께 실제적인 정치의 공간 속에 들어와 있는 양상입니다. 사회 참여와 참여시 사이의 균열을 보여주는 일군의 젊은 시인들의 고민과 모색은 우리 시대 광범위한 감성 주체의 변화가 가로놓여져 있는 것으로 생각됩니다. 그러한 점에서 정치적 현실의 문제나 생태 등 다소 뻔한 언술들이 전망되는 영역들은 생활세계에서는 시민으로서 참여할 수 있는 현실적 장이지만 그것의 시적 실천은 쉽지 않은 것이라고 생각됩니다.

소통과 관련하여 생각할 두 번째 문제는 문학작품을 통해 이루어지는 소통이라고 할 수 있습니다. 작품은 범박하게 말하자면 시인과 독자가 만나는 공간이지만, 엄밀하게 생각하면 특정한 사태 속에 구성된 어떤 목소리에 독자의 내면이 접속하는 내밀한 장입니다. 어떤 예외적 상황 속에서 자신의 안팎을 경유하는 한 의식의 교유(交遊) 과정이 목소리로서 그 흔적을 드러내는 무대가 작품이라면, 시 읽기는 그 목소리가 읽는 이의 내면에서 공명(共鳴)되는 과정일 것입니다. 시(詩)는 쓰는 자와 읽는 자가 참여하는 개방된 공간이지만, 그 공간은 목소리를 공유할 수 있는 능력과 영혼을 가진 자들에게만 허용되는 '동사적 사건'의 장소입니다.

그렇다면 문학의 소통이라는 관점에서 쓰는 자와 읽는 자의 문제에 관해 간략하게 생각해보자면, 문학의 언어는 원론적으로 그렇게밖에 말할 수 없는 목소리의 구성체입니다. 고유한 어떤 사태 속에서 생성되는 시의 언어는 본질적으로 이성과 의지의 바깥에서 발화됩니다. 그것은 쓰는 자가 전적으로 통제할 수 있는 언어가 아닙니다. 창작의 신비는 창작 과정에서 겪게 되는 바깥의 경험에서 비롯됩니다. 그 경험은 목소리의 주체가 겪게 되는 의식의 작용과 관련된 것이기도 하고 언어의 문제이기도 합니다. 이러한 창작의 작업에 소통되기 용이한 방식으로 써 줄 것을 요청하는 것은 사태의 본질이 아닙니다. 문제는 특정 경향의 시를 부양하는 비평적 후원 세력과 이를 고스란히 승계하는 비개성적 시단의 편집 관행일 것입니다. 이러한 제도로서의 시단이 결국 시적 트렌드와 패션을 유행시키고 '의사(擬似)-목소리'를 생산하게 만들며 시인들의 조바심과 강박을 초래하게 만드는 것입니다. 시적 개성들의 생태계가 왜곡되지 않는 환경을 조성하는 것이 보다 실제적인 방안이라 생각됩니다.

소통의 대상으로서 독자의 문제에는 크게 두 가지 내용이 담겨 있습니다. 하나는 그 독자란 과연 누구를 지시하는가 하는 점이고, 나머지 하나는 소통과 문학의 위상에 관한 것입니다. 문학적 소통의 위기라고 할 때, 대상은 구체적으로 어떤 집단을 가리키는 것일까요? 본질적으로 문학적 소통 행위는 작품의 공간에서 이루어지고, 그 과정은 지극히 내밀한 양상으로 진행됩니다. 읽는 이가 시에서 울려나오는 목소리의 정념과 의식을 공유하는 과정에서 소통은 이루어지지만, 그 양상과 수준은 독자에 따라 다르게 나타납니다. 그러한 점에서 시의 소통은 읽는 과정에서 시작되어 독자의 의식 속으로 잠복하는 내면적 사건입니다. 만약에 소통해야 할 대상으로서 현실적 문학독자를 상정한다면, 그것은 문학만의 문제가 아니라 사회적 환경과의 연관성을 충분히 고려한 진단일 때 의미 있는 것이 될 것입니다.

문학이 쉬워지면 의미 있는 문학적 소통이 원활해지고 독자들이 은어떼처럼 귀환할지는 미지수입니다. 소통의 위기는 난해성에서 올 수도 있지만, 잠재적 독자층을 형성하게 할 수 없는 사회적·시대적 환경에서 기인하는 문제이기도 할 것입니다. 이는 역으로 시의 시대라 불리는 연대가 전적으로 시인들의 역할이나 시적 소통의 결과에서 비롯된 것이라기보다 시를 통해 자신의 과제를 부려놓았던 시대에서 기인한다고도 할 수 있을 것입니다. 근대문학의 종언은, 근대문학이 담당했던 시대의 폐막을 뜻하는 것이지 문학의 소멸이나 죽음을 의미하는 것은 아닙니다. 그러한 점에서 시의 위상 역시 본질적으로 시단의 문제라기보다 변화된 현실에서 기인하는 것으로 보는 것이 온당할 것으로 보입니다. 물론 시단의 변화 역시 현실의 한 반영일 테고, 그러한 점에서 변화된 현실에 대응하는 새로운 시적 대응 같은 것들을 모색할 필요가 있을 것입니다.

3.

2000년대 중반 이후 낯설고 도발적인 시의 언어들이 대거 출현하였습니다. 실험적이고 새로운 언어들의 출현은 어느 시대나 있었지만 그것이 시단의 중요한 흐름으로 자리 잡고 기존의 시적 지형과 시에 관한 인식에 중대한 균열을 불러온 것은 이례적이었습니다. 이러한 시단의 현상은 세대적인 성격을 띤 것이었고 기존의 서정적 주류들을 부분적으로 상투화하면서 시의 영토들을 확장하는 데 기여했습니다. 이러한 현상에 대한 시단의 반응은 우려와 찬사로 나뉘었지만, 새로운 시적 흐름이 비평적 관심을 지배하면서 어떤 시인들은 자신의 시를 고민하였고, 일부 시인들은 시적 패션(fashion)을 변화시켰습니다. 물론 습작기의 예비 시인들은 이러한 흐름을 보면서 시를 공부하고 썼습니다. 그리고 10년이 지났습니다. 우리 시단의 시적 개성은 이전보다 다양해졌고 10년 전과 또 다른 양상을 보이고 있습니다. 2000년대 중반 무렵 본격화된 시에 관한 주요 쟁점 중 하나는 '서정'에 관한 것이었는데, 이 시기에 주목을 받지 못했던 서정적 계열의 작품들이 최근 들어 집중적인 조명을 받고 있습니다. 이들의 작품을 살피는 것은 '지금-이곳'의 시를 생각하는 데 여러 가지로 시사적이라 판단됩니다. 여기에서는 박준과 황인찬과 서대경[4]의 시 몇 편을 함께 읽어보고자 합니다.

---

4 여러 시인들 중에 이들을 주목한 이유는 시단의 높은 관심과 더불어 무엇보다 문학시장에서 좋은 반응을 얻고 있기 때문입니다. 박준과 황인찬의 시집은 현재 젊은 시인들의 시집 중에서 가장 많이 판매되고 있습니다. 두 시집은 모두 2012년 12월에 판매되어 발간된 지 21개월(2014년 9월 현재)이 지났지만 판매량이 줄지 않는다는 점에서 공통적입니다. 박 준(1983년 서울 출생, 경희사이버대 미디어문창과 졸업, 2008년 『실천문학』으로 등단)의 『당신의 이름을 지어다가 며칠은 먹었다』(문학동네)는 발행 6개월 만에 2800부, 발행 1년 시점 누적부수 4400부, 발행 1년 10개월 현재(2014.9) 총 누적부수 8100부를 기록하고 있습니다. 황인찬(1988년 경기 안양 출생, 중앙대 문창과 졸

업, 2010년 『현대문학』으로 등단)의 『구관조 씻기기』는 발행 1년만에 5100부가 판매되었고, 현재까지 총 7200부가 판매되었습니다. 이외에 문학시장에서 주목할 만한 시집은 이문재의 『지금 여기가 맨 앞』(문학동네, 2014년 5월 발간, 발행 4개월만에 5000부 판매), 성동혁(1985년 서울 출생, 대진대 국문과 졸업, 2011년 『세계의 문학』으로 등단)의 『6』(민음사, 2014년 9월 발간, 발행 1개월이 안된 현재 1400부 판매), 오은의 『우리는 분위기를 사랑해』(1982년 전북 정읍 출생, 서울대 사회학과 졸업, 2002년 『현대시』로 등단, 2013년 4월 발간, 발행 1년 6개월 현재 총 판매 부수 4500부) 등입니다. 서대경(1976년 서울출생, 한양대 영문과 졸업, 2004년 『시와 세계』로 등단)의 시집 『백치는 대기를 느낀다』(문학동네, 2012.8)는 발행 6개월 시점 450부, 발행 1년 시점 1000부, 현재까지 누적 판매 부수 1600부(기관 매입 2000부 제외)를 기록하고 있습니다.

참고로 현재 인터넷 서점 〈알라딘〉에 등재(2010.10.10 현재)된 판매 부수 상위 개인시집의 순위를 정리하면 다음과 같습니다. ①고은, 『순간의 꽃』(문학동네, 2001) ②하상욱, 『서울시』(중앙books, 2013) ③윤동주, 『하늘과 바람과 별과 시』 ④기형도, 『입 속의 검은 잎』(문학과지성사, 1989) ⑤류시화, 『나의 상처는 돌 너의 상처는 꽃』(문학의 숲, 2012) ⑥이문재, 『지금 여기가 맨 앞』(2014) ⑦나희덕, 『말들이 돌아오는 시간』 ⑧김수영 시전집(민음사) ⑨이병률, 『눈사람 여관』(문학과지성사, 2013) ⑩최승자, 『이 시대의 사랑』(문학과지성사, 1981) ⑪한강, 『서랍에 저녁을 넣어 두었다』(문학과지성사, 2013) ⑫박준, 『당신의 이름을 지어다가 며칠은 먹었다』(문학동네, 2012) ⑬이성복, 『뒹구는 돌은 언제 잠깨는가』(문학과지성사, 1983) ⑭정본백석시집(문학동네, 고형진 편) ⑮도종환, 『흔들리지 않고 피는 꽃이 어디 있으랴』(랜덤하우스, 2007) ⑯ 정호승, 『외로우니까 사람이다』(열림원, 1998) ⑰이성복, 『어둠 속의 시』(열화당, 2014) ⑱문정희, 『응』(2014) ⑲심보선, 『슬픔이 없는 시』(문학과지성사, 2008) ⑳박노해, 『그러니 그대 사라지지 말아라』(느린걸음, 2010). 개인 시집 외에 가장 많이 판매된 시집은 신현림 편, 『딸아 외로울 때는 시를 읽으렴』(걷는나무, 2010), 그리고 김소월, 윤동주를 비롯하여 최근의 젊은 시인들까지 70명의 작품 중 한두 개의 문장을 그림과 함께 편한 『순간을 읊조리다』(세계사, 2014) 등입니다. 『순간을 읊조리다』에 수록된 사례를 들어보면 다음과 같습니다. "밤은 네가 잠들기를 바란다. 밤은 혼자 있고 싶은 것이다"(황인숙, 『밤』), 너에게로 가지 않으려고 미친 듯 걸었던 그 무수한 길로, 실은/네게로 향한 것이었다"(나희덕, 『푸른 밤』).

그때.

(작은 냄비에 두 개의 라면을 끓여야 했던 일을 열락[悅樂]이나 가는귀라 불러도 좋았을 때, 동짓날 아침 미안한 마음에 "난 귀신도 아닌데 팥죽이 싫더라"하거나 "라면 국물의 간이 비슷하게 맞는다는 것은 서로 핏속의 염분이 비슷하다는 뜻이야"라는 말이나 해야 했을 때, 혹은 당신이 "배 속에 거지가 들어앉아 있나봐"하고 말해올 때, 배 속에 거지가 들어앉아 있어서 출출하고 춥고 더럽다가 금세 더부룩해질 때, 밥상을 밀어두고 그대로 누워 당신에게 이것저것 물을 것도 많았을 때, 어린 당신이 서랍에서 바늘을 꺼낼 때, 등을 두드리고 팔을 쓰다듬고 귓불을 꼬집을 때, 맥을 잘못 짚어올 때, "맥박이 흐린데? 심하게 체한 것 같아" 바늘 끝으로 머리를 긁는 당신의 모습이 낯설지 않을 때, 열 개의 손가락을 다 땄을 때, 그 피가 아까워 아름다울 가[佳] 자나 비칠 영[暎] 자를 적어볼 때, 당신을 인천으로 내보내고 누웠던 자리에 그대로 누웠을 때, 손으로 손을 주무를 때, 눈을 꼭 감을 때, 눈을 꼭 감아서 나는 꿈도 보일 때, 새봄이 온 꿈속 들판에도 당신의 긴 머리카락이 군데군데 떨어져 있을 때)

—박준, 「동지(冬至)」 전문[5]

최근 시집 중에서 발행 부수가 가장 많은 박준 시인의 『당신의 이름을 지어다가 며칠은 먹었다』(문학동네, 2012.12)는 난해하고 산문적인 최근 시인들의 일반적 경향과 달리 평이한 서정의 어법 위에 생의 애틋한 정념을 형상화하고 있습니다. '사랑의 기억'을 담고 있는

5 이 시집의 표기 형태는 제목 밑에 "그때" 아래가 여백으로 한 면을 이루고 있고 나머지 내용이 다른 한 면을 채우고 있다(『당신의 이름을 지어다가 며칠은 먹었다』, 문학동네, 2012, 20~21쪽).

〈美人시편〉을 포함하여 그의 많은 시들은 삶에서 만나게 되는 정서적 농축의 순간을 길어냅니다. 평이한 언어에도 불구하고 그 언어가 부려놓는 정념의 효과가 길고 깊은 것은 이 때문입니다. 그의 시는 감염력 높은 정서적 순간을 포착해내는 서정시의 유서 깊은 능력 위에 현세적이면서 고고학적인 육체적 감각, 그 감각에 깃든 기묘한 생의 정념을 그려냅니다. 가까운 생의 기억과 종족의 생에 기숙한 이 '고고학적인 육체적 감각'은 그의 시가 본질적으로 시간의 테마 위에 건설되어 있음을 시사합니다. 육체의 감각은 과거의 어떤 순간에 대한 기억이고, 그것은 지나간 것입니다. 생을 돌아보는 자의 슬픔이 그의 시에는 깊이 드리워져 있습니다. 박준 시의 우수와 처연(凄然)은 여기에서 기원합니다. 하여 육체적 감각들을 소환할수록 그의 시는 더 쓸쓸해지고 애틋해집니다. 이를테면 15개의 시간의 부사절("~때")만으로 이루어진 인용 시에는 본문장이 없습니다. 그 비워있는 문장은 과거의 기억이 깃드는 자리이거나 말로 형상화할 수 없는 생의 정념의 자리입니다. 이 시의 제목이면서 중첩된 부사절을 품은 "그때." 저 '동지(冬至)'의 멀고 깊은 시간 감각은, 생의 육체성을 기억으로서 되사는, 이미 과거로 기운 자의 감각을 보여줍니다.

> 나는 유서도 못 쓰고 아팠다 미인은 손으로 내 이마와 자신의 이마를 번갈아 짚었다 "뭐야 내가 더 뜨거운 것 같아" 미인은 웃으면서 목련꽃같이 커다란 귀걸이를 걸고 문을 나섰다 // 한 며칠 괜찮다가 꼭 삼 일씩 앓는 것은 내가 이번 생의 장례를 미리 지내는 일이라 생각했다 어렵게 잠이 들면 꿈의 길섶마다 열꽃이 피었다 나는 자면서도 누구 보고 싶은 듯이 눈가를 자주 비볐다
>
> —박준, 「꾀병」 2연

사람의 울음을 / 슬프게 하는 것은 / 통곡이 아니라 // 곡과 곡 사이 / 급하게 들이마시며 내는 / 숨의 소리였다

—박준, 「오늘의 식단 : 영(暎)에게」 부분

위의 인용 시들 역시 지금 곁에 없는 존재들에 관한 기억을 복기하고 있는 작품들입니다. 꾀병은 병든 몸을 빙자하여 생의 감각을 사는 일이고, 죽음으로 인한 슬픔은 육체적 현재 속에 깃든 이월된 과거의 기억에서 기원하는 것입니다. 위의 시들에서 현재는 과거에 속한 영토이며, 육체적 감각은 부재하는 과거를 현재화하는 풍요로운 자양입니다. 이러한 감각 위에서 과거로서의 현재는 죽음을 기억하는 "생의 장례"가 되고, 그러한 관점에서 삶 전체는 통째로 애도(哀悼)의 풍경이 되는 것입니다. 슬픔은 죽음에서 오는 것이 아니라 부재를 기억해야 할 삶으로부터 오는 것입니다. 우리가 종종 주검 앞에서 경험하게 되는 열렬한 그윽함은, 슬픔이 현재를 부양(扶養/浮揚)하는 감각이 될 수 있음을 시사합니다. 박준의 시가 복기하는 애틋한 육체적 감각은 부재하는 과거를 현재로 견인하는 방법적 자원이며, 기억은 현재적 삶을 현실로부터 게토화하는 의식입니다. 문학시장으로부터 환대 받고 있는 이 젊은 시인의 고고학적 생의 감각은 시인 백석과 허수경 등의 시에 드리워진 청승과 우수와 슬픔을, 그리고 그 시의 몸에 새겨진 신산한 현실을 생각하게 합니다.

지하철을 타면 편하다 / 노인이 앞에 서면 불편하다 // 지하철이 지상에 도달하자 빛이 쏟아진다 / 눈이 부셔서 / 눈을 감았다 // 노인은 여전히 앞에 서 있다 / 눈은 빛에 익숙해졌고 // 지하철이 흔들리고 있었다 // 노인의 뒤에서 빛이 쏟아지고 있었다 // 노인들은 왜 낮에만 지하철을 타는가? / 열차는 내선 순환하며 어둠 속으로 빨려 / 들어가

고 // 눈은 다시 어둠에 익숙해지고 // 선릉역, 선릉역 말하자 선릉역에 서 서는 것

—황인찬, 「서클라인」 전문

박준의 시가 대체로 익숙한 서정의 어법과 방식으로 생의 우수와 감각을 표현하고 있는데 반해, 황인찬의 시는 주체의 정서를 최대한 배제하는 '反인간주의' 방식으로 일상 현실의 문제에 관해 말합니다. 이와 같은 간결하고 투명한 어법은 시 주체의 위상을 현실세계의 사물들과 동일한 지평에 배치시킨 데서 기인합니다. 위의 시에서 시의 주체는 용언들의 배후에 자리하고 있으면서 '편하다' '불편하다' '쏟아진다' '감았다' 등의 감각 반응으로서만 존재하고 있습니다. 주체의 의식이 자신을 가장 선명하게 드러내는 물음—"노인들은 왜 낮에만 지하철을 타는가?"—도 더 이상의 진전 없이 종료되고, 서두 부분에서 본격화될 수 있는 윤리적 의식 역시 어떤 깊이도 만들지 않은 채 감각된 사물들의 뒤로 사라집니다. 이 시에서 의식은 감각처럼 처리되어 있습니다. 사물들과 (주체의) 의식이 같은 수준으로 참여하는, 아니 명멸해가는 어떤 평면의 세계가 이 시에는 펼쳐져 있는 것입니다. "서클라인"(순환선)은 위계가 사라진 평면적 현실 세계의 시간적 이미지인 셈입니다.

바다에 있는데, 겨울이었다 잘못 들은 소리가 들려왔다 당신 아이가 바다에 빠졌습니다 당신 아이가 바다에 빠졌다구요 // 빠졌다구요? // 바닷가에는 사람이 없다 이 한적함을 증오하는 사람이 있다 // 희고 둥근 돌이 파도를 따라 구른다 먼 곳을 볼 수 있었다 소리가 들려오지 않았다 짠물이 자꾸 입에 들어왔다

—황인찬, 「파수대」 전문

시의 언술들을 가로지르는 서사가 있지만 관련 정보들을 생략함으로써 상황 자체가 명료하게 파악되지 않는 작품입니다. 성긴 서사적 간극을 메우려는 의식의 관성이 작동함에도 불구하고, 궁극적으로 남는 것은 세 가지입니다. 아이가 바다에 빠졌다는 사실, 한적한 바다, 그리고 입으로 밀려들어오는 짠물. 여기에서 눈여겨 볼 대목은 "짠물이 자꾸 입에 들어왔다"는 언술입니다. 이 언술의 주체 역시 표면에는 드러나지 않지만, 시 전체의 맥락으로 볼 때 주체는 빠진 아이이거나 언술의 배후에 잠복하고 있는 '나'입니다. 시의 언술은 이 두 주체를 겹쳐놓음으로써 물에 빠진 아이의 고통의 감각을 겪고 있는 '나'의 윤리적 의식을 이미지로서 그려냅니다.

황인찬의 시는, 발견의 형식을 통해 주체의 정념을 드러내고 이를 시 안에서 발전시키는 종전의 서정적 주체와 달리, 사물들의 세계에 자신의 (윤리)의식을 물질적 이미지로서 평면화함으로써 의식의 주체를 드러내는 게 아니라 물질화된 의식을 현상해냅니다. 종전의 서정시를 구성하는 가장 강력한 중심이 그의 시에는 이미지로 사물화되어 있습니다. 언술의 배후에 감광(感光)된 이미지로서 겨우 몸을 얹은 주체의 의식은 현실 속에 배치된 주체의 위상을 간접적으로 시사해줍니다. 이른바 '반인간주의' 계보에 속하는 것으로 보이는 황인찬의 시에는 일상 현실에서 겪는 의식에 관한 형상화가 적지 않은데, 물질의 이미지로서 의식을 현상하는 그의 시법은, 주체의 현실에 대한 한 반영으로 보입니다.

> 어느 날 나는 염소가 되어 철둑길 차단기 기둥에 매여 있었고, 아무리 생각해봐도 나는 염소가 될 이유가 없었으므로, 염소가 된 꿈을 꾸고 있을 뿐이라 생각했으나, 한없이 고요한 내 발굽, 내 작은 뿔, 저물어가는 여름 하늘 아래, 내 검은 다리, 내 검은 눈, 나의 생각은 아무래도 염소적

인 것이어서, 엄마, 쓸쓸한 내 목소리, 내 그림자, 하지만 내 작은 발굽 아래 풀이 돋아나 있고, 풀은 부드럽고, 풀은 따스하고, 풀은 바람에 흔들리고, 나의 염소다운 주둥이는 더 깊은 풀의 길로, 풀의 초록, 풀의 고요, 풀의 어둠, 풀잎 매달린 귀를 간질이며 기차가 지나고, 풀의 웃음, 풀의 속삭임, 벌레들의 푸른 눈, 하늘을 채우는 예배당의 종소리, 사람들 걸어가는 소리, 엄마가 날 부르는 소리, 어두워져가는 풀, 어두워져가는 하늘, 나는 풀 속에 주둥이를 박은 채, 아무래도 염소적일 수밖에 없는 그리움으로, 어릴 적 우리 집이 있는 철길 건너편, 하나둘 켜지는 불빛들을 바라보았다

—서대경, 「차단기 기둥 곁에서」 전문

『변신』의 서정적 버전이라고 할 만한 위의 시는 염소가 된 '나'의 내면을 적고 있습니다. 카프카의 작품이 환상을 통해 소외된 현실을 그리고 있다면, 서대경의 시는 '염소적인 것'을 빌어 스스로를 유일한 구원으로 삼는, 지극히 쓸쓸한 존재를 그려냅니다. 시에서 '나'의 시선은 기둥에 박힌 염소처럼, 극도로 제한되어 있습니다. 자신의 육체와 "발굽 아래 풀" 근처에서 머문 시야, 과거의 기억으로만 길을 내는 내면은 더 이상 갈 곳 없는 존재의 모습을 형상화합니다. 검정색 염소로 상징된 이 지극한 내면성은, 서정의 어떤 끝을 보여줍니다. 자신을 시선과 사유의 유일한 대상으로 삼을 수밖에 어떤 내면이 이 시에는 생생하게 그려져 있습니다.

할머니의 영혼은 비밀스러운 고독에 잠겨 홀로 돌아다닌다. 할머니는 나를 보러 내려오지 않는다. 하지만 나는 그것이 할머니의 방식이란 걸 안다. 나는 창가에 팔꿈치를 괴고 어둑어둑해지는 백야의 길거리를 내려다본다. 그가 다시 나를 찾아와줄까? 세상엔 내가 이해할 수 없는 것

들이 있다. 그리고 나는 사람이란 이해할 수 없는 것만을 진정으로 이해할 수 있다는 사실을 알고 있다. 내가 왜 이럴까 / 오늘따라 내 방은 왜 이리도 끝없이 슬퍼 보일까? 오늘 밤에도 그는 광대 모자를 쓰고 눈가에 붉은 물감을 칠한 채 어느 어두운 밤거리의 축축한 열기 속을 걷고 있을 것이다. 커다란 북을 둥둥 울리며, 안나- 안나- 안나- 속으로 속삭이면서. 나도 눈을 감고 안나- 안나- 내가 모르는 그녀의 이름을 불러본다. 다락방에서 바스락거리는 소리가 들려온다. 물건들이 쓰러지는 소리. 다락방 창문이 깨지는 소리. 깨진 틈으로 백야의 열기가 밀려드는 소리. 할머니의 영혼이 헐떡이는 소리. 안나- 안나- 안나- 할머니의 영혼이 속삭이는 소리.

—서대경, 「상트페테르부르크의 여름」 5연

검정색 염소의 내면성은 서대경의 시 전체를 가로지르는 특징입니다. 그의 시에서 현실은 대체로 내면적이고, 시에서 벌어지는 사태들, 서사들은 내면의 일입니다. 이를테면 위의 시는 부재하는 할머니에 대한 기억과 소설의 풍경, 그리고 서사가 함께 섞여 있습니다. 여기에는 대상에 대한 주체의 이중(과거/현재)의 정념과 서사의 체험 내면이 함께 참여하고 있습니다. 그것들이 서정적 주체의 내면 현실을 구성하고 있는 셈입니다. "커다란 북을 둥둥 울리며, 안나- 안나- 안나- 속으로 속삭이면서. 나도 눈을 감고 안나- 안나-". 서대경의 시가 만들어내는 서정과 음악성은 온전히 내면적인 것이지만, 그의 시에서 이들은 현실입니다. 자신의 내면으로 길을 낸 아름다운 서정의 서사들은 자신의 발굽 아래 자라난 풀에 입을 대고서 "하늘을 채우는 예배당의 종소리, 사람들 걸어가는 소리, 엄마가 날 부르는 소리" 등의 기억 속을 주유하는 검정색 염소의 것입니다. 2000년대 중반에 대거 등장했던 환상의 살풍경이 자신을 유일한 지평으로 삼은 어떤 서정의 어법과 정서로서 귀환한 듯합니다. “아무래도 염소적일 수밖에 없는 그리움”, 그것은 우리의 현실과 ‘지금-이곳’의 시가 도착한 서정의 한 지점으로 생각됩니다.

낯선 것에 대한 환대(歡待)

내게 시를 읽고 공부하는 일은 '나'의 경계를 낮추고 열어서 낯선 것을 맞아들이는 일입니다. 몸이 기억하고 있거나 배워서 알고 있는 것, 평상시 하던 생각이나 생각의 길들은 익숙해서 편합니다. 일상(日常)은 반복과 연속성 위에 기초하고, 삶은 이러한 일상으로 이루어지지요. 사람들은 유사한 것들이 반복되는 일상의 틀에서 안락함을 느끼지만, 때때로 무료와 공허를 경험하기도 합니다. 일상에 대한 사람들의 이중적인 태도를 고려하면, 삶은 일상적인 것과 그것에 반하는 것이 섞여 있을 때 비로소 살만한 세계가 됩니다.

노동이 일상을 지탱하는 핵심 요소라고 한다면 그 반대에 속하는 것은 여가가 될 것이고, 일상이 틀이라면 그 맞은편에는 틀을 해체하는 영역들이 배치될 수 있을 것입니다. 여행, 예술, 놀이 등의 세계가 여기에 포함될 것입니다. 실직이나 천재지변 등의 경우는 일상을 영위할 수 없게 하는 바깥의 현실이 되겠지요. 물론 이들은 본질적으로 틀과 화해할 수 있는 것인가에 따라 나누어집니다. 여행을 예로 든다면 일상을 충전하는 여행이 있는 반면 이전의 일상을 해체하는 여행도 있습니다. 예술의 경우 전자에 속하는 것들을 우리는 상업예술이라고 합니다. 그들은 일상에 기울어져 있고 본질적인 점에서 세속적 현실을 배반하지 않습니다. 시도 여기에 속하는 작품들이 있습니다. 이들은 대체로 일상의 현실을 충전하는 정서적 공급책으로서의 역할, 나아가 기존 질서를 정서적으로 승인해주는 기능을 수행합니다.

이와 달리 이른바 우리가 본격예술, 본격문학이라고 구별해서 부르는 예술 영역의 본질은 일상과 현실을 흔들고 다시 돌아보게 하는 바깥의 사유에 가깝습니다. 그것은 충전하고 승인하는 구심력으로 작용하기보다 정지하고 회의하는 원심의 힘으로 작용합니다. 익숙한 것에 깃들지 않는 본성, 넘어서려는 욕망, 거리를 두고 처소(處所)를 사유하는 힘이 예술을 구성하는 유전자일 것입니다. 그러한 형질을 갖고 있는 작품들을 통해 우리는 삶을 새롭게 경험하고 사유하게 되는 것이지요.

특정한 이유가 있어서 시를 읽는다기보다 시를 읽고 싶게 만드는 어떤 작품들이 있다고 하는 게 적절할 듯합니다. 그러한 시들은 독자들을 자신 앞에 오래 머물게 만드는 능력을 갖고 있습니다. 오래 머물게 하는 힘은 단순한 자극이나 볼거리에서 나오지 않습니다. 여기에서 '오래'라는 부사어는 시간의 길이만을 뜻하지 않고 심리적인 영향력까지를 포함하는 것이겠지요. 그러한 점에서 오래 머물게 하려면 읽는 이로 하여금 자신의 내면에 깃들 수 있는 능력을 지니고 있어야 합니다. 독자 자신의 내적 삶으로 살아내는 데 필요한 시간을 확보할 수 있을 때, 시는 비로소 온전한 생을 살 수 있을 것입니다. 이를테면 웃음을 적고 있는 아래의 작품에서 우리는 하루에도 수십 차례 경험하는 웃음에 관해 새삼 생각하게 됩니다.

> 웃음은 활력 넘치는 사람들 속에 장치되어 있다가 / 폭발물처럼 불시에 터진다 / 웃음은 무섭다 / 자신만만하고 거리낌없는 / 남자다운 웃음은 배워두면 좋지만 / 아무리 따라해도 쉽게 안 되는 것 / 열성인자를 물려받고 태어난 웃음은 어딘가 일그러져 / 영락없이 잡종인 게 들통난다 / 계층재생산,이란 말을 쓰지 않아도 / 얼굴에 그려져 있는 어색한 웃음은 보나마나 / 가난한 아버지와 불행한 어머니의 교배로 만들어진 것 / 자신의 표정을 능가하는 어떤 표정도 만들 수 없기 때문에 / 웃다가

제풀에 지쳤을 때 문득 느껴지는 허기처럼 / 모두가 골고루 나눠갖지 않는 웃음은 배가 고프다 / 못나고 부끄러운 아버지들을 뚝뚝 떼어 / 이 사람 저 사람의 낯짝에 공평하게 붙여주면 안될까 / 술만 먹으면 취해서 울던 빼드렁니 / 가난한 아버지의 더러운 입냄새와 땀냄새와 / 꼭 어린애 같은 부끄러움을 코에 귀에 달아주면 / 누구나 행복할까 / 대책없이 거리에서 크게 웃는 사람들이 있다 / 어깨동무를 하고 넥타이를 매고 / 우르르 몰려다니는 웃음들이 있다 / 그런 웃음은 너무 폭력적이다, 함께 밥도 먹고 싶지 않다 / 계통이 훌륭한 웃음일수록, / 말없이 고개 숙이고 달그락달그락 숟가락질만 해야 하는 / 깨진 알전구의 저녁식사에 대한 이해가 없다 / 그러므로 아무리 참고 견디려 해도 / 웃음엔 민주주의가 없다

—최금진, 「웃는 사람들」 전문

웃음을 폭발물로 사유하는 이 시에서 우리는 웃음에 관한 오랜 통념이 해체되는 것을 목격하게 됩니다. 소란 속에 찾아와 곁을 주지 않을 것 같은 웃음에서 존재의 허기와 슬픔, 나아가 숙명의 문제, 그리고 그것들의 배후로서 사회적 불평등을 읽어내는 이 시는 웃음에 관한 우리의 관성적 인식을 정확하게 타격합니다. 웃음에 기입되어 있는 뿌리 깊은 슬픔과 대물림되어 내려온 고통의 흔적들을 우리는 「웃는 사람들」을 통해 보게 되지요. 그렇습니다, 가끔씩 목격하였던, 그리고 한두 마디 평도 덧붙였던 어떤 이의 어색한 웃음에 관한 기억이 그래서 소환되는 것이지요. 우리 안에 기숙하고 있는 웃음의 국면들이 시를 통해 시와 더불어 우리 앞에 놓이게 됩니다. "웃음은 무섭다"는 저 화자의 진술 앞에서 웃음에 관한 생각들, 반응들, 그간의 양태들이 수배됩니다. 나의 웃음은 어느 계층에 속해 있는지, 혹여 나의 웃음이 "어깨동무를 하고 넥타이를 매고 우르르 몰려다니는 웃음들" 속에 끼어 "어딘가 일그러진" 어떤 웃음에 상처를 주는 폭력

의 형질을 갖고 있는 것은 아닌지 등등, 이 시로 인해 나는 웃음의 존재론과 유전학, 그리고 웃음의 사회학을 생각하게 됩니다. 반쪽밖에 안 되는 적은 분량이지만 이 시는 그간 내가 구체적으로 연관해서 생각해 본 적이 없는 요소들을 하나의 관계 속에 사유하게 합니다. 내게 기억에 남는 시들은「웃는 사람들」처럼 지나쳤던 일상·현실의 어떤 대상들을 다시 생각하게 하고, 관계 속에 사유하게 하고, 그리고 나를 반성하게 합니다. 이러한 작품들은 내게 생각의 타래들을 제공해 주고, 나를 한동안 우두커니 있게 합니다. 나의 바깥에 있던 것들, 무심히 지나쳤던 낯선 것들이 시를 통해 나의 생각과 정서의 영역으로 들어오게 되는 것이지요.

내 바깥의 사유를 받아들이는 작업은 설레는 일이지만, 한편으로는 불편하고 두려운 일이기도 합니다. 일상(日常)의 본성과 달리 문학을 포함한 예술은 이 낯선 것에 대한 환대(歡待)를 공식적인 본성으로 표방하는, 기이한 영역이라고 할 수 있습니다. '나'의 바깥에 있는 것들을 마주하기 위해 우리는 문학의 공간으로 들어섭니다. 그 속에서 우리는 다른 이들의 삶과 내면을 살게 됨으로써 미답(未踏)의 영역을 경험하게 되지요. 이는 타자를 이해하는 과정이면서, 동시에 내 안에 기숙하고 있는 '다른 나'를 마주하는 일이기도 합니다. 그래서 문학하는 일은 넓어지고 깊어지는 일이면서, 다른 한편으로는 맨얼굴을 목도하는 불편한 일이 되기도 합니다. 보고 싶지 않은 영역과 맞닥뜨리는 그 도저한 욕망으로 인해 문학은 근본적인 것이 되고, 혁명 같은 것이 되는 것이겠지요. 이때 문학의 능력은 불편하고 두려운 진실이 (우리가 암묵적으로 동조하는) 모종의 인간주의에 닿아 있다는 윤리적 감각 위에 터하고 있는 것입니다. 다음과 같은 여성 시인의 작품은 남성 독자들에게 매우 낯선, 여성적 내면에 관해 생각하게 합니다.

이제 나는 남자와 자고 나서 홀로 걷는 새벽길 / 여린 풀잎, 기울어지는 고개를 마주하고도 울지 않아요 / 공원 바닥에 커피우유, 그 모래빛 눈물을 흩뿌리며 / 이게 나였으면, 이게 나였으면! / 하고 장난질도 안 쳐요 / 더 이상 날아가는 초승달 깁으려고 손을 내뻗지도 / 걸어가는 꿈을 쫓아 신발 끈을 묶지도 / 오렌지주스가 시큼하다고 비명을 지르지도 / 않아요, 나는 무럭무럭 늙느라 // 케이크 위에 내 건조한 몸을 찔러 넣고 싶어요 / 조명을 끄고 / 누군가 내 머리칼에 불을 붙이면 경건하게 타 들어갈지도 / 늙은 봄을 위해 박수를 치는 관객들이 보일지도 몰라요, 모르겠어요 // 추억은 칼과 같아 반짝 하며 나를 찌르겠죠 / 그러면 나는 흐르는 내 생리혈을 손에 묻혀 / 속살 구석구석에 붉은 도장을 찍으며 혼자 놀래요

—박연준, 「얼음을 주세요」 부분

'화성 남자 금성 여자', 한때 출판시장에서 히트를 쳤던 베스트셀러의 책제목이기도 한 이 구절은 남녀의 성차(性差)를 단적으로 표현한 말인데, 위의 작품에 그려진 여성적 내면에 대한 남성의 이해에도 고스란히 적용될 수 있을 듯합니다. 「얼음을 주세요」에 그려진 성 경험 이후의 여성의 내면 형상은 매우 충격적입니다. 소녀적 감성의 파탄과 상실감, 그리고 깊은 조로(早老)의 감각은 남성들로 하여금 성적 감수성에 관한 근본적인 이질성을 생각하게 합니다. 특히 "케이크 위에 내 건조한 몸을 찔러 넣고 싶"다거나 "머리칼에 불을 붙"인다는 상상력, "생리혈을 손에 묻혀" "붉은 도장을 찍으며 혼자 놀"겠다는 진술 등 성 경험이 동반하는 자학성과 자기파괴적 이미지는 남성들에게 불편할 뿐만 아니라 깊은 두려움을 불러옵니다. 이 시에 그려진 여성 내면 형상은 여성성을 사유하는 남성들에게 철저한 이역(異域)입니다. 이 낯섦과 생소함이 이 시 앞에 오래도록 머물게 합니다. 그 머무는 시간 속에서 남성들은 여성적 삶을 되살게 될 터이

고, 이를 통해 남녀가 공유하는 영토는 넓어지게 될 것입니다. 여성성의 내면을 통해 남성의 사유지가 좀더 부드러워지고 풍요로워질 것입니다. 그러한 점에서 좋은 시는 일상과 상투에 대한 성찰 위에서 비롯되며, 그러한 성찰력은 읽는 이들에게 미답의 영토를 사유하는 힘으로 작동될 것입니다. 시는 읽는 이들을 일상의 식민(植民)이 아닌 시민(市民)으로서 살아가게 하는 내면을 눈 뜨게 합니다.

수잔 손택의 책(『문학은 자유다』)에 인용된 세르주의 글에서 나는 이와 유사한 생각을 다시 확인합니다.

> 가장 깊은 원천은 놀라운 삶이 지나가고 날아가고 가차 없이 사라진다는 감정, 그리고 그걸 붙들고 싶다는 욕망일 것이다. 열여섯 무렵에 그 소중한 순간을 기록하도록 자극한 것, (인간적, '신적') 존재가 기억이라는 것을 발견하도록 한 것이 그 절박한 감정이었다. 나중에 인격이 성숙하면서 존재의 한계, 자아의 빈곤함과 속박을 깨닫게 되면 인간에게는 하나의 삶밖에 없다는 것, 개인성은 제한적이라는 것, 그러나 삶에는 여러 가지 운명을 이룰 가능성이 있으며 다른 인간 존재, 지구, 생명체, 모든 것과 뒤섞인다는 것을 알게 된다. 그러면 글쓰기는 다중인격의 추구, 다양한 운명을 사는 방법, 다른 사람의 삶에 침투하는 법, 그들과 대화하는 법, (…) 자아의 한계로부터 탈출하는 법이 된다.

"글쓰기는 다중인격의 추구, 다양한 운명을 사는 방법, 다른 사람의 삶에 침투하는 법, 그들과 대화하는 법", 그래서 "자아의 한계로부터 탈출하는 법이 된다"는 세르주의 생각은 내게 깊은 충만감을 주는 시들이 지니고 있는 공통된 형질입니다. "지나가고 날아가고 가차 없이 사라지"는 것들을 나는 시를 읽으면서 다시 살게 됩니다. 그리고 그러한 경험들이 나의 옹색한 존재감에 길을 내주어, 그 길로 다른 이들의 삶에 마실 다니게 합니다. 다른 존재들이 없는 삶은 감옥이나 정신병동과 매한가지이겠지요. "말없이 고개 숙이고 달그락 달그락 숟가락질만 해야 하는 깨진 알전구의 저녁식사"나 "케이크 위에" "건조한 몸을 찔러 넣고 싶"다는 내면에 대한 이해 없는 삶은 그야말로 빈약한 자폐의 생을 사는 것이겠지요. 어찌 보면 그러한 삶은 자신의 정체성마저 망각하는 알츠하이머의 생을 사는 것일지도 모릅니다. 지극히 예민한 감수성으로 삶과 이 세계에서 울려나오는 미세한 주파수를 포착하는 귀 밝은 시인들로 인해 한없이 옹색한 나의 존재는 빈곤과 속박으로부터 조금은 벗어나 있는 듯합니다. 낯선 땅으로 나를 인도하는 고마운 시인들 덕분에 나는 내 속에 갇혀 있지 않고 사는 것같이 살아삽니다. 좋은 시들로 인해 삶은 내게 생생한 현실이 되고, 구체적인 실감으로 경험됩니다.

> 잎들은 와그르 빛 아래 저녁 빛 아래 물방울은 동그르 꽃 밑에 꽃 연한 살 밑에 넌 곳에서 벗들은 술사리에 앉아 고기를 굽고 저녁 스며드네. // 한때 저녁이 오는 소리를 들으면 세상의 모든 주막이 일제히 문을 열어 마치 곡식을 거두어들이는 것처럼 저녁을 거두어들이는 듯했는데, // 지금 우리는 술자리에 앉아 고기를 굽네 양념장 밑에 잦아든 살은 순하고 씹히는 풋고추는 섬덕섬덕하고 저녁 스며드네, // 마음 어느 동그라미 하나가 아주 어진 안개처럼 슬근 슬근 저를 풀어놓는 것처럼 이제 우리를 풀어 스며드는 저녁을 그렇게 동그랗게 안아주는데, // 어느 벗은 아들을 잃고 어느 벗은 집을 잃고 어느 벗은 다 잃고도 살아남아 고기를 굽네 불 옆에 앉아 젓가락으로 살점을 집어 불 위로 땀을 흘리며 올리네, // 잎들은 와르르 빛 아래 저녁 빛 아래 빛 아래 그렇게 스며드는 저녁, 저녁 스며드네
>
> —허수경, 「저녁 스며드네」 전문

"어느 벗은 아들을 잃고 어느 벗은 잃고 어느 벗은 다 잃고도 살아남아 고기를 굽"는 이 시의 풍경은 육체를 받아 사는 삶의 한없는 쓸쓸함과 고단함을 생생하게 경험하게 합니다. 그것은 어떤 장황한 산문으로도 말할 수 없는 생의 아이러니와 슬픔을 구체적으로 그려냅니다. "양념장 밑에 잦아든 살은 순하고 씹히는 풋고추는 섬덕섬덕한", 기가 막힌 사연들을 배후로 삼고 있는 이 저녁의 풍경은 어떤 경험의 내면보다 삶의 생생함을 핍진하게 살게 합니다. 이 시에서 나는 생의 민낯을 봅니다. 그 맨얼굴은 일상 속에 갇힌 나의 시선을 돌려놓습니다. 하여 나는 내 생이 처하고 있는 밑자리와 더불어, 동일한 생을 살아가고 있는 이들의 삶을 잊지 않게 됩니다. 시는 그렇게 지나친 삶의 감각들을, 생생하게 우리 앞에 현현(顯現)하게 합니다. 시를 읽는 순간은 그래서 살아 있음을 실감하는 시간이 됩니다.

기억의 정치학과
국경을 지우는 고통의 연대

1.

현재 우리가 있는 이곳 영남대학교는 대한민국의 제5대~9대 대통령을 역임(1963.12~1979.10)한 박정희가 (구)대구대학과 청구대학을 합병하여 설립한 대학입니다. 5.16 군사쿠데타(1961)로 권력을 얻게 된 박정희는 1967년 7월 대통령 재선(再選)에 성공한 이후, 영남대를 설립(12월)하고 이 대학의 교주(校主)가 되었습니다. 영남대학의 전신인 (구)대구대학은 노블레스 오블리주(Noblesse Oblige)를 실천한 명문가 경주 최부자를 비롯하여 영남지역 유림들의 기부와 헌신으로 설립된 민족대학이었으며, 청구대학은 공부할 여건이 되지 않은 근로자들을 위해 야간대학으로 출발한 시민대학이었습니다. 이 두 대학 20년의 역사는 현재 영남대학의 연혁에 아무런 내용 없이 단 한 줄씩 기록되어 있습니다. 영남대학은 자신의 전신(前身)이었던 두 대학을 최대한 배제하고자 하는 것입니다.

기억은 정체성의 핵심입니다. '나'라는 존재는 기억의 산물이며, 다양한 경험에 기초한 수많은 기억들과 이를 바탕으로 한 사유 속에서 '나'는 비로소 내가 됩니다. 어떤 내용을 자신의 과거로서 기억하느냐는 자기-정체성을 구성하는 핵심 작업입니다. 과거 없는 현재는 없으며, 정리되지 못한 과거는 좀비처럼 귀환하여 존재를 흔들 것입니다. 그것은 개별 존재뿐만 아니라 공동체에도 마찬가지입니다. 기억을 둘러싼 투쟁과 갈등은, 기억이 종결(終結)된 과거가 아니라 현재에 속한 것임을 뜻하며, 기억 그 자체보다 그것을 어떻게 처리할 것인가가 중요한 문제임을 시사(示唆)합니다. 그러한 점에서 보존·

저장하는 일[記]과 떠올리는 작업[憶]으로 구성된 '기억(記憶)'이라는 말은, 본질적으로 '명사'가 아니라 동사인 것입니다.

영남대학에서는 종종 전투기의 비행 소리 때문에 수업을 멈춰야 할 때가 있습니다. 서울에서는 경험할 수 없는 일이 250만이 거주하는 대한민국 제3의 도시 대구에서는 매우 자주 일어납니다. 대한민국 공중전투사령부와 미 태평양공군 예하 제7공군이 주둔하고 있는 K2비행장은 대한민국 공군력의 핵심 기지 중에 하나입니다. 하루 몇 차례씩 경험하게 되는 전투기의 소음은 이곳이 예비 전장(戰場)임을 상기시키는 신호인데, 이곳의 거주민들은 그 사실을 잊은 채 살아가고 있습니다. 대한민국의 주력 전투기들이 내리고 오르는 K2비행장이 있고 가까운 곳 성주에는 사드가 배치되어 있는데, 이곳 사람들은 후방이어서 안전하다는 생각을 하고 있는 듯합니다. 이 작은 글을 준비하면서 읽은 텍스트들의 전장(戰場) 묘사 부분은 저에게 이곳의 전투기 소음을 생생하게 떠올리게 해주었으며, 대구로부터 가까운 곳에 늘어선 동해안 원전 벨트를 환기시켜주었습니다. 무엇보다 최근 한반도에 조성되고 있는 핵-위협의 실제성에 관해 생각하게 해주었습니다.

지난 겨울 학생들과 일주일 동안 히로시마를 다녀온 뒤 원폭의 문제가 처음으로 사유의 대상 안으로 들어왔습니다. 부끄럽게도 원폭은 그전까지 저의 문제가 아니었습니다. 히로시마의 전쟁관련 유적지와 조선학교를 방문한 뒤에 비로소 히로시마와 나가사끼에 떨어진 원폭이 동북아시아의 역사에 매우 중요한 결절(結節) 지점임을 생각하게 되었습니다. 이는 히로시마에서 청취했던 피폭자 증언보다 한국에 거주하고 있는 원폭피해자들의 증언을 통해 보다 본격화되었습니다. 히로시마와 나가사끼에 투하된 원폭은 한국인 피폭자들의 관점에 설 때 비로소 문제적인 지점이 돌올하게 드러나며, 비로소 국가 단위에서 해결할 수 없는 동북아시아의 공포와 갈등의 역사를 해결할 수 있는 어떤 가능성을 모색할 수 있으리라 생각합니다. 이 글은 이러한 문제에 대한 유의미한 결실이라기보다 이제 막 시작하는 사유의 단상(斷想), 난초 정도에 해당되는 것입니다.

2.

한국인 위안부 문제는 1991년 김학순 할머니의 용기 있는 증언으로 시작되어 관련 단체들이 꾸려지고 많은 사람들의 관심을 받으면서 한·일간의 가장 첨예한 과거사 문제로 부각되었습니다. 국제적으로도 일본의 만행과 역사 인식을 보여주는 사례가 되었으며, 위안부 문제를 상징적으로 보여주는 소녀상이 한국뿐만 아니라 미국을 비롯하여 캐나다와 호주, 중국 등지에까지 세워지고 있습니다. 그런데 위안부 문제와 거의 같은 총동원시기에 벌어졌던 강제징용, 그리고 이어지는 원폭피해자에 관해서는 한국의 시민 단체나 정부에서도 적극적인 조치를 강구하지 않은 채 대체로 개인/민간 차원에서 일본 정부나 기업을 상대로 한 배상 문제가 진행되고 있습니다. 1965년 6월 박정희 정권이 조인한 한일기본조약의 부속 규정 '한일청구권협정'에 구체적인 적시가 되어 있지 않지만, 일본 정부는 이 청구권 속에 담긴 포괄적인 전후 배상이 마무리되었다는 주장을 반복하고 있습니다. 일본군위안부의 대략적인 규모는 많게는 20만명 정도로 추산되고 있는데, 그 가운데 현재까지 257명(2017년 기억의 터)의 피해자 명단이 공개된 상태입니다.

한편 태평양전쟁 시기 일본에 강제동원 된 조선인 노무자의 규모는 일본 정부가 전달한 자료에 따르면 군인·군속(11만)을 포함하여 17만 4천, 한국정부의 추산치는 대략 20만 정도이며 현재 화폐가치로 환산한 미수금의 규모는 4조원 정도로 알려져 있습니다.[1] 이러한 강제동원에 따른 피해와 미수금 건과는 다른 차원에 놓인 한국인 원폭피해자 문제는 그 피해가 심대한데다 고통이 대물림되는 지속적인 현재의 문제임에도 불구하고 대중에게 알려진 게 거의 없습니다. 해방된 지 45년이 지난 뒤에 수면 위로 오른, 전쟁 관련 피해자들의 고통과 참상은 우리에게 국가란 무엇인지를 새삼 생각게 합니다. 그간 피해자들이 겪은 고통의 실체에 접근하는 데 가장 큰 걸림돌은 한국 정부였으며, 그 잘못된 첫 단추는 박정희 정권이 체결한 한일협정[2]이었습니다. 물론 그 배후는 권력과 자본의 욕망이었으며, 이는 현재까지도 이 문제적 사태를 가리고 봉합하려는 가장 중대한 힘입니다. 박정희 정권의 공(功)으로 내세우는 경제적 발전은 강제동원된 위안부와 전쟁 관련 피해자들을 포함하여 한국 근현대사의 수많은 벌거벗은 생명들(homo sacer)의 깊고 오랜, 그 끔찍한 고통 위에 기초한 것이었습니다.

해방된 지 45년 이상 그늘 속에 감추어져 있었던 위안부, 강제동원 피해자들, 그리고 한국인 원폭피해자들의 참상은 일본은 말할 것도 없이 한국 정부의 정체성과 한국 근현대사에 깊이 드리워져 있는 어떤 어둠을 되묻게 합니다. 그들은 한국의 역사에서 그동안 의도적으로 망각되고 배제된 자들이었습니다. 그 어둠을 들여다보는 일은, 우리의 공동체는 무엇인지, 우리는 어디로 갈 것인지를 묻는 작업입니다.

---

1 최영호 외, 『강제동원&평화총서 8 : 강제동원을 말한다』, 도서출판 선인, 2015.

2 1965년에 조인한 한일기본조약의 부속문서 〈청구권·경제협력에 관한 협정〉은 당시 협정 체결로 일본 정부로부터 받은 금액을 무상자금 3억불, 장기저리 정부차관 2억불로 정하고 있습니다. 이 금액은 1966년부터 10년간 분할 지원되었으며, 1965년 당시 한화 가치로 약 3조 7천억 정도로 추산되고 있습니다.

1945년 8월 15일은 한국인들에게는 광복절(光復節)이지만, 일본인에게는 패전일(敗戰日)입니다. 히로시마와 나가사끼에 떨어진 원폭의 참상이 한국인들에게 하나의 실체로서 경험될 수 없는 것은, 원폭을 패선의 결정적인 이유로 한국인들이 생각하기 때문입니다. 원폭의 경험은 끔찍한 일일 테지만, 그러한 참상이 없었다면 우리의 참담한 고통이 끝나지 않았을 것이라고 믿기 때문입니다. 원폭은 한국인들의 내면에서 멀리 밀쳐둔 정념의 판도라입니다. 그 속에는 고통에의 연민과 함께 일본에 대한 숙원(宿怨)이 담겨 있습니다. 일본을 여행하는 한국인 여행객 수가 600만에 육박함에도 불구하고 히로시마나 나가사끼를 방문하는 사람은 매우 적어 방문 도시 순위에도 없습니다.

지난 겨울 히로시마를 방문한 여러 명의 학생들은 생의 가장 중요한 여행이었다고 저에게 고백하였습니다. 히로시마에서 우리는 원폭의 참상을 보았습니다. 6일 동안 히로시마의 전쟁 관련 시설들을 돌아보면서 학생들은 어떤 일이 있어도 전쟁은 안 된다는 생각을 자연스럽게 하게 되었고, 그곳의 대학생들과 저녁마다 허물없이 만났습니다. 그리고 조선학교에서는, 여전히 지속되고 있는 일본 내에서의 조선인 차별의 경험과 조우했습니다. 원폭의 참상에 접속하였지만 일본에 대한 중층(重層)의 감정들은 완전히 해소되지 않았습니다. 이러한 상태는 우리들 모두를 위해 나쁜 것입니다.

한국인 원폭피해자들의 문제가 대중들에게 알려지기 시작한 것은 2000년대 초반 '한국 원폭2세환우회'를 조직하고 관련 법안 제정을 위해 노력한 김형률(1970~2005)씨에 의해서입니다. 2010년 8월에는 한국인 원폭피해자들의 고통이 방송(대구mbc / KBS진주)을 탔지만 지방 방송의 작은 기획에 그쳤습니다. 한국인 원폭피해자들의 실태는 1970년대 후반 '한국교회 여성연합회'와 '한국 원폭피해자 협회'가 중심이 되어 최초로 정리되었고, 정부 차원의 실태조사가 1990년 노태우 대통령의 방일에 대비하여 2개월 동안 이루어진 바 있지만, 졸속이었습니다. 55년 동안 원폭피해자 문제는 정부로부터 완전히 외면 받아온 사안이었습니다. 그 동안 피해자들을 도운 것은 일본의 시민단체였고, 이들의 도움으로 한국인 피폭자들에 대한 치료와 지원이 이루어졌으며,[3] 이와 관련한 내용들이 구체적인 자료로서 기술되었습니다. 물론 이 과정은 조선인에 대한 일본정부의 차별을 넘어서는 일이었으며, 이는 한국인 원폭피해자 소송의 대표적 상징인 '손진두(孫振斗)재판'의 핵심 모토 "피폭자는 어디에 있어도 피폭자다"라는 사실을 현실로서 확정하는 일이었습니다. 히로시마와 나가사끼에 투하된 원폭피해자는 대략 70만명, 그 중에 조선인 피해자는 약 7만 명, 사망자는 4만, 살아서 고국으로 돌아온 사람은 2만 3천 명 정도로 추산되고 있습니다.[4] 피해자 대비 전체 사망률이 33% 가량인데 반해, 한국인 피해자의 사망률이 60%에 가까운 것은 폭심지로부터 가까운 곳에 조선인들이 있었거나 적절한 구호를 받지 못했음을 시사하는 것입니다.

일본내 한국인 원폭피해자들의 수가 6,005명으로 비교적 정확하게 파악·관리되고 있는데 반해, 한국으로 귀환한 피해자들의 실태

---

3 이와 관련된 내용은 許光茂의 「韓國人 原爆被害者에 대한 諸研究와 問題點」(『韓日民族問題研究』 6, 2004)을 참고할 것. 이 자료에 따르면 1981년부터 한국인의 도일치료가 시작되어 1986년까지 모두 349명의 피폭자가 일본에서 치료를 받은 것으로 집계되어 있습니다.

4 이 중에 그 소재지가 확인된 사람의 국가별 인원은, 한국에 약 2,700명, 북한에 900명, 미국에 약 천 명, 브라질에 약 150명으로 파악되고 있습니다(곽귀훈, 「한국인 원폭피해자의 수난과 승리」, 『황해문화』 50, 2006·봄).

는 현재까지 제대로 규명된 바 없습니다. 한국인 원폭피해자들은 3중의 피해자입니다. 그들은 강제로 끌려갔고, 피폭되었으며, 너무 오래 방치되었습니다. 한국인 피해자들은 인류가 최초로 겪은 원폭의 신실을 규명할 핵심지대입니다.

히로시마 평화공원의 자료관은 중요한 하나의 메시지를 담고 있습니다. 시민들의 평화로운 일상이 원폭으로 인해 송두리째 파멸되었으며, 원자폭탄이 얼마나 끔찍한 무기인가를 생생하게 현시(顯示)하는 것, 그것이 히로시마 평화공원의 메시지입니다. 그러나 여기에 빠진 것이 있습니다. 그것은 가장 결정적인 내용입니다. 왜 히로시마와 나가사끼에 원폭이 투하되었는가 하는 점입니다[5]. 이 점에 대한 성찰과 반성 없이 히로시마는 결코 '평화의 도시'가 될 수 없습니다. '전쟁의 도시'로서 히로시마와 나가사끼에 대한 깊은 반성 없이 평화를 말할 수는 없는 것입니다. 반전(反戰)은 전쟁의 기억을 복원하고 돌이키는 일로부터 시작되어야 할 것입니다.

한국인 원폭피해자 문제는 바로 이 지점에 놓여 있습니다. 한국인 피폭자 문제는 '왜 그들이 거기에 있었는가', '그들은 그곳에 있지 않으면 안 되었는가' 하는 도일(渡日)의 배경과 이유로부터 시작됩니다. 이 대목이 일본인 원폭피해자와 갈리는 지점입니다. 대개의 한국인들은 원폭의 피해가 우리와 무관한 것이라고 생각하고 있는데, 이는 원폭에 대한 실태나 역사적 무지에서 비롯된 것이지만 본질적으로 일제의 만행에 대한 응징과 처벌이라는 관점에서 원폭을 인식하고 있기 때문입니다. 이 점을 직시하지 않으면 히로시마와 나가사끼에서 얻을 수 있는 평화의 교훈은 없습니다. 한국인 피폭자들의 실

---

5 1970년에 세워진 한국인 원폭희생자 위령비가 30년만인 1999년 7월 평화기념공원內로 이전하게 된 과정은 이를 웅변해주는 사건입니다.

태가 제대로 알려지지 않은 데는 피해자들의 적극적인 문제제기가 부족했기 때문이기도 합니다. 한국인 원폭피해자들은 그들의 고통을 자신의 입으로 말하지 못한 서발턴(Subaltern)이었으며, 이 점이 위안부 피해자들과 차이가 나는 대목입니다. 원폭피해자들은 질병으로 인해 제대로 노동하지 못했으며, 한센병과 유사한 증상과 유전병의 가능성으로 인한 차별의 두려움 때문에 자신들의 고통에 대해 적극적으로 나서지 못했습니다. 차별과 배제의 중심에 한국인 원폭피해자의 과거와 고통이 가로놓여 있는 것입니다. 여기에서 눈 여겨보아야 할 점은, 위안부 할머니들이 한국의 시민단체와 함께 두 나라 정부를 상대로 하여 진정한 과거사 청산을 요청한 것과 달리, 원폭피해자들의 경우 일본 시민단체의 도움을 받아 일본 정부로부터 지원과 치료 문제를 해결하고자 하였다는 사실입니다. 이 점은 주목할 만한 부분입니다.

한국인 원폭피해자들의 문제를 소재로 한 한국문학사의 자산은 매우 적습니다. 필자의 과문함에서 비롯된 것일 수도 있지만 원폭피해자 문제를 다룬 것은 한수산의 장편소설 『군함도』(2016)와 고형렬의 장시(長詩) 『리틀보이』(1995) 정도입니다. 한수산의 『군함도』를 원작으로 하여 류승완 감독이 영화 〈군함도〉(2017)를 제작·개봉하여 징용자 문제에 대한 대중적 관심을 견인했지만 상당히 많은 비판에 시달렸으며, 고형렬의 장시는 한국평단의 주목을 거의 받지 못했습니다. 부끄러운 일이지만 저 역시 이 두 작품을 알고 있지 못했습니다. 한국인 원폭피해자 문제에 대해서 한국문학은 놀랍게도 철저히 무지했으며, 별다른 관심이 없었던 셈입니다.

3.
1946년 강원도 인제에서 태어난 작가 한수산은 춘천고등학교를 졸업하고 1967년 〈강원일보〉 신춘문예에 시가 당선된 뒤 체계적인 문학공부를 위해 경희대 국문과에 입학합니다. 1972년 〈동아일보〉 신춘문예에 소설 「사월의 끝」이 당선·등단한 뒤 시간 속에서 소멸되어 있는 존재의 문제를 감각적인 문체로 형상화하였는데, 그에게 작가로서의 입지를 확고히 해준 것은 떠돌이 곡마단 단원들의 애환을 다룬 『浮草』(1976)였습니다. 이 작품으로 1977년 '오늘의 작가상'(민음상)을 수상한 한수산은 이후 여러 신문에 소설을 연재하면서 대중작가의 길로 접어들게 됩니다.

1981년 봄 중앙일보에 연재 중이던 「욕망의 거리」의 일부 내용이 정부 고위 관료와 군인을 부정적으로 그렸다는 이유로 안기부에 끌려가 모진 고문을 당한 뒤에 삶의 중대한 전환을 맞게 됩니다. 본인 이외에도 여러 명의 시인·작가들이 연루된 필화사건(筆禍事件)을 치른 뒤 1988년 일본으로 건너간 한수산은 1989년 도쿄의 한 서점에서 『원폭과 조선인』(原爆と朝鮮人)을 접하고, 이후 오까 마사하루(岡政治) 목사와 '나가사끼 조선인의 인권을 지키는 모임'의 멤버들과 함께 진행한 군함도 취재여정, 그리고 오까 마사하루 목사의 군함도 사망자 관련 자료들을 바탕으로 「해는 뜨고 해는 지고」라는 제목의 장편을 1993년 『중앙일보』에 연재합니다. 3년간의 연재가 참담한 실패로 끝난 후 전작의 대부분 내용을 버리고 같은 내용을 소재로 한 5권 분량의 장편 『까마귀』를 완성하였고, 이후 분량을 1/3로 축소하여 2009년 일본어판 『군함도』, 2016년에 한국어판 『군함도』를 간행하게 됩니다.

소설은 군함도에 끌려오게 된 다양한 인물들의 과거와 군함도에서의 삶을 함께 배치하는 방식으로 강제동원자들의 삶을 형상화합니다. 군함도를 탈출하기 위한 조선인 징용자[應徵士]들의 모의와 그들 삶의 다양한 곡절들, 그리고 군함도內 여러 인물들간의 관계 양상들이 그려지는데, 소설의 결미 부분에서 군함도를 탈출한 이들이 나가사끼에서 생활하다가 겪게 되는 원폭의 체험을 기술하고 있어 강제동원과 피폭까지를 두루 다루는 서사라고 할 수 있습니다. 이 소설은 군함도에 대한 소상한 취재와 오까 마사하루(岡政治) 목사에게서 건네받은 군함도 사망자의 〈死亡診斷書〉〈火葬認許証下附申請書〉를 서사적 상상력의 자양으로 삼아 구성된 허구로서, 작가가 졸업한 춘천고등학교의 실제 인물들을 배경으로 한 역사적 사실(상록회 사건)들이 서사 라인에 투영되어 있습니다.

실제로 이 작품에는 너무 많은 인물들이 등장하고 그들의 여러 곡절들이 다양하게 소개되어 있는데다 인물들간의 관계 양상이 산만하게 펼쳐져 있어서 플롯의 힘이 약하고, 서사가 추동해가는 당대적 진실이 제대로 그려지지 못한 것으로 생각됩니다. 전체적으로는 역사적 실체로서의 '군함도'가 단순히 소재로서 다루어지고 있는 듯 보입니다. 군함도를 둘러싼 역사적 진실이 아닌 당대적 인물의 전형들을 군함도 사건에 배치하고 있는 형국이라고 할 수 있습니다. 영화 〈군함도〉에 쏟아진 비판들은 영화의 문제라기보다 원작의 문제였던 것입니다.

이 소설이 다루고 있는 주요 인물은 친일파 2세의 인간적인 고뇌를 보여주는 김지상, 불온한 독서회 상록파 일원이었던 최우석, 최우석을 사랑하는 위안부 금화, 지상의 아내로서 인내의 삶을 살아가는 서형과 그 가족들, 탈출을 감행하다 잡혀 모진 고문을 당한 뒤 일본인 순사에게 중상을 입히고 형무소에 수감되는 저항형 인물 장태복, 하시마탄광의 노동쟁의와 시설파괴에 앞장을 서는 신철과 조승도, 일본에 먼저 정착한 뒤 공사 도급을 맡아 조선인들을 고용하여 큰 부를 얻게 되는 육손이, 그리고 강제동원된 조선인들에게 선의를 베푸는 야스꼬, 이시까와, 노인 에가미와 딸 부부 등입니다.

이러한 인물들을 통해 작가는 당대를 구성하는 군상(群像)들의 삶을 그리고 있는 셈인데, 문제는 이러한 형상들이 군함도로 상징되는 강제동원의 실체를 가려버리고 있다는 사실입니다. 작가가 그리고 있는 것은 강한 욕망과 선의(善意)입니다. 전자에는 강제동원된 조선인들의 탈출의 욕망과 동족을 통해 이익을 얻고자 하는 친일파-조선인업자들의 욕망, 후자는 참담한 현실 속에서도 우정과 의리를 교환하는 인물들의 모습과 조선인에게 다양한 양상으로 선의를 제공하는 일본인들의 선량함이 배치되어, 이 소설은 마치 진흙 속에서 피어오르는 연꽃의 아름다움을 독자에게 경험하게 하려는 의도 위에 기초된 것이 아닌가 하는 생각을 갖게 합니다. 영화 〈군함도〉에 대한 비판은 이러한 작가적 의도에 대한 불쾌감에서 기인한 것으로 판단됩니다. '조선놈들은~'으로 시작되는 조선인을 폄하하는 일본인의 시선을 내면화한 인물들의 발언들, 조선인을 동정하고 그들에게 선의를 베푸는 일본인들의 형상은 어디에서 온 것인지, 한수산의 『군함도』가 일본에서 먼저 출간된 현실을 다시 돌아보게 만드는 대목입니다.

4.

1995년도에 출간된 고형렬의 장시(長詩) 『리틀보이』는 민중적·민족적·문명비판적 관점에서 원폭의 문제를 총체적으로 그리고 있습니다. 소년 화자 김중휘와 히로시마 미쓰비시조선소에 파견된 조선청년동맹원 이옥장의 시선을 교차하며 그려내는 강제동원과 원폭의 참상은 서사와 관련된 구체적인 사실(事實)들을 바탕으로 하여 원폭을 둘러싼 사태의 진실에 육박해 들어갑니다. 우리는 이 작품을 통해 원폭과 관련된 객관적인 사실들을 알게 될 뿐만 아니라 그것이 얼마나 두렵고 참담한 일이었는가를 생생하게 경험하게 됩니다.

> 그들의 고통이 어찌 / 우리들의 고통이 되어야 하는가. / 전쟁은 끝나고, 그들은 내몰리듯이 / 조선으로 돌아왔지만 / 그들의 고통은 이때부터 시작되었다. // 그 고통은 일본의 내부를 통하여 / 저 작은 폭탄, / 리틀 보이로부터 왔다. / 아메리카 미합중국으로부터 왔다. (14쪽)

〈서장〉에 속하는 이 부분은 조선인 원폭피해의 핵심 문제를 매우 분명하게 묻고 있습니다. "그들의 고통이 어찌 우리들의 고통이 되어야 하는가." 이 고통의 절규야말로 조선인원폭 문제의 핵심 언명입니다. 그 고통이 "일본의 내부를 통하여" "아메리카 미합중국으로부터" 온 것이라는 점은 한반도 현대사의 질곡을 가로지르는 지점입니다. 이 문제에 대한 아무런 청산 작업도 없이, 여전히 한국 – 일본 – 미국은 동북아시아의 맹방입니다.

시는 일제강점기에 벌어진 조선민족의 참상뿐만 아니라 일본 땅에서 지배계급과 미군들에 의해 자행된 민중들의 수난상을 낱낱이 적음으로써 전쟁의 실체에 대해 되묻고 있습니다. 이와 같은 서술의 방향은 사회주의 – 독립운동조직 조선청년동맹원인 이옥장을 또 하나의 핵심 화자로 삼고 있는 이 시의 전략에서도 확인할 수 있습니다. 민중과 민족의 관점 위에 이 시는 원폭의 문명사적 의미를 더하고 있습니다.

> 나를 만든 아버지여, / 나를 싣고 태평양으로 가게 하신 아버지여, / 눈이 희미한 거구의 아버지여, / 안경을 써도 빛이 희미한 아버지여, / 히로시마로 나를 가져가게 한 아버지여, / 이 일을, 어찌할 작정입니까. (…) 어찌하여 나를 악마의 아이로 만들었나요 (202쪽)

'리틀보이'를 마왕(pluto)의 아이로 명명하면서 시는 문명 속에 담긴 악마적인 것, 모든 생명을 파괴하는 이 문명의 무지와 어둠을, 반복되는 격렬한 탄식으로 비판합니다. 이는 원폭이야말로 근대문명의 자식이라는 것, 그것은 반생명적인 문명에 대한 강한 거부입니다. '리틀보이'의 이러한 자기존재 부정의 목소리는 원폭으로 인해 벌어진 인류의 참상, 그 비극성을 매우 생생하게 그려냅니다.

> 반나절을 기다려서 잡은 일본 노고지리, / 수수만년 일본 산 밑에서 알을 낳고 새끼를 치고 / 푸른 하늘을 날고 어른이 되고 / 다시 짝을 지어 알을 낳고 알을 품어, / 자신의 또다른 생명을 부화해왔을 아름다운 / 히로시마 해변가의 노고지리 (…) 얘, 그 새를 놓아주려무나, 하나님이 기르는 새를, / 아무도 그 새를 잡아서는 안 된단다. (…) "여보, 저 아이 조센징 아이 같아요 / 말을 듣지를 않네요"하는 소리가 / 뛰어가는 내 등뒤에서 따갑게 들려왔다. (…) 따가운 햇살이 눈속에 들어왔다. 순간 / 문득 노고지리를 죽이고 싶었다. / 돌을 들어서, 노고지리 머리를 / 땅바닥의 돌에 대어놓고 내리쳤다. / 머리뼈가 으스러지는 소리가 났다. / 꽁지와 가느다란 다리를 잠시 떨더니 / 이윽고 날개가 처지면서 머리를 떨궜다 (38~39쪽)

일본인에게 차별과 치욕을 경험한 소년 화자 김중휘가 반나절을 기다려서 잡은 "일본노고지리"를 참혹하게 죽이는 이 대목은 차별과 혐오가 어떠한 양상으로 전염되며, 그것이 얼마나 두려운 것인가를 실감나게 형상화합니다. 일본 땅에서 자란 노고지리라는 이유만으로 투사되는 소년 화자의 증오의 감정과 복수의 행위는, 낭만적 인간주의나 보편적인 인간애로서 해소할 수 없는, 어떤 숙원(宿怨)을 생각게 합니다. 평화는 어디에서 오는가. 이 분노와 혐오의 감정을 치유하지 않고서 평화의 자연은 과연 임재(臨在)할 수 있는가.

> 그들은 대부분 알몸이었다 / 여자는 가슴을 보고 알 수 있었고 / 남자는 샅을 보고 알 수 있었지만 / 남자나 여자나 모두가 그을린 개처럼 새까만 알몸들이었다 (…) 그곳에서는 일본 사람, 조선 사람이 / 구분되지 않았다. / 울부짖음만이 그들을 하나로 만들었다. / 지옥의 거리였다. // 살아서 날뛰면서 여기저기 / 남편과 자식을 애타게 찾는 여인이나 / 폐허가 된 길에서 입이 찢어지게 / 어머니를 부르는 어린이나 / 죽어 이미 검게 변해버린 사자나 / 모두 알몸이었다. (246~247쪽)

원폭 투하 이후 시의 화자들이 히로시마의 폐허를 정처 없이 걷는 장면은 지상의 모든 것을 사라지게 한 원폭의 참혹함을 그 어떤 묘사보다 생생하게 그려내고 있습니다. 아무런 목표의식 없이 어디론가 걸어가는 사람들의 저 착란의 모습에서 우리는 열린 지옥의 참상을 목도하게 됩니다. 그 가운데 화자의 시선에 포착된 참혹한 시신들의 모습, 모든 경계를 지워버린 지옥의 형상들, "남자나 여자나 모두가 그을린 개처럼 새까맣"게 변해버린 알몸들, "일본 사람, 조선 사람이" 더 이상 "구분되지 않는" 이 날것의 형상은 우리에게 고통과 죽음이 전해주는 각별한 의미를 환기시켜줍니다.

○○○

레비나스는 고통과 죽음의 얼굴을 '나'의 이념과 자유를 회수하는 윤리적 사건으로 규정한바 있습니다. 우리는 죽음 앞에서, 그 고통의 얼굴 앞에서 무한한 책임을 질 수밖에 없는 노예들이라는 것입니다. 그것이 고통과 죽음이 인간에게 주는 의미일 것입니다.

원폭피해자 문제는 오랜 숙원이 가로놓인 한국과 일본이 국가적 경계를 지우고 접속할 수 있는 매우 중요한 역사적 사안입니다. 그것은 한 대(代)에 그치지 않고 대물림되는 끝나지 않는 고통이라는 점에서 심대한 문제이며, 전쟁의 근원을 돌이켜 생각게 한다는 점에서 반전(反戰)과 평화의 거점이 될 수 있습니다. 증오의 감정을 넘어 한국과 일본이 생산적으로 만나게 되는 길, 그리고 한번도 제대로 묻지 않았던 미국의 문제를, 원폭피해자 사건을 통해서 우리는 진지하고, 깊이 있게 물어야 할 것입니다.

2부

지역문학의 곤궁(困窮)과 가능한 미래

무릇 사대부 집안의 법도는 벼슬길에 높이 올라 권세를 날릴 때에는 빨리 산비탈에 셋집을 내어 살면서 처사(處士)로서의 본색을 잃지 않아야 한다. 그러나 만약 벼슬길이 끊어지면 빨리 서울 가까이 살면서 문화(文華)의 안목을 잃지 않도록 해야 한다. 지금 내가 죄인이 되어 너희들에게 아직은 시골에 숨어서 살게 하였다만, 앞으로의 계획인즉 오직 서울의 십리 안에서만 살게 하겠다. 만약 집안의 힘이 쇠락하여 서울 한복판으로 깊이 들어갈 수 없다면 잠시 서울 근교에 살면서 과일과 채소를 심어 생활을 유지하다가 재산이 조금 불어나면 바로 도시 복판으로 들어가도 늦지는 않다. (…) 옛날부터 화를 당한 집안에서 살아남은 사람들은 반드시 먼 곳으로 도망가 살면서도 더 멀고 깊은 곳으로 들어가지 못했음을 걱정하곤 했다. 그리하면 마침내 노루나 산토끼처럼 문명에서 멀어진 무지렁이들이 돼버릴 뿐이다. (…) 그 이유를 살펴보면 대개 그늘진 벼랑 깊숙한 골짜기에서는 햇볕을 볼 수가 없고 함께 어울려 지내는 사람은 모두 버림받은 쓸모없는 사람이라 원망하는 마음만 가득하기 때문에 그들이 가진 견문이란 실속 없고 비루한 이야기뿐이다. 그러하기 때문에 한번 멀리 떠나면 영영 다시 돌아오지 않게 된다.

—정약용, 「유배지에서 보낸 편지」(박석무 譯)

1.

'지역문학'의 주제 중에 과거사, 이를테면 한국문학사가 기억할 만한 특정 인물이나 동인지, 혹은 어떤 사건에 관한 연구는 통상적인 문학 연구처럼 자료를 살피고 분석하는 객관적인 시각이 가능하겠지만, 현재의 '지역문학', 한정하여 '지역문단'의 문제는 사실(fact)이 아니라 입장(立場), 즉 말하는 사람이 어디에 서 있는가, 심정적 소속과 지향이 어디인가에 따라 전혀 다른 차원의 문제가 된다. 서울에 살고 있고 이른바 '전국지(全國誌)'에 작품을 발표하는 주류 시인이나 작가들에게 '지역'과 관련한 일체의 것들은 사유의 영역 바깥에 있다. 그들이 지역문단에 관심을 가질 이유나 계기는 단언컨대, 없다. 문단(文壇)을 특정한 사람들로 구성된 조직이라고 한다면, 그때 '특정(特定)'이 지시하는 범위는 '문학적 글쓰기 능력'과 관련된 자격일 테고, 이 '문단'이라는 말에 '지역'이 붙는다면, 그때 '지역'은 '거주나 생활 공간이 같은'이라는 또 하나의 한정사로 쓰인다. 하여 '지역문단'은 '지역에 거주하는 문학적 글쓰기 능력을 갖춘 이들의 모임' 정도로 규정할 수 있다. 이 규정은 물론 지극히 제한적이다. 그것은 한국사회에서 '지역'이라는 기표가 갖는 함의와 관련되어 있고, '문단'이라는 말에 대한 글쓰는 이들 내부에서의 의식의 차이에서 기인한다. 결론적으로 말하자면 서울의 '젊은' 시인이나 작가들에게 '서울'이라는 지역 개념이나 '문단'이라는 소속관념은, 없다. '서울'은 특정 지역이 아닐뿐더러, 문학은 떼를 이루는 것과는 어울리지 않는 지극히 개별적인 행위이기 때문이다. 그저 자주 어울리는, '가까운' 문학하는 친구들이 있을 뿐이다. 물론 그 친구들 중에는 다양한 성격의 '유력(有力)한' 이들이 여럿 있을 수 있고, 그래서 '바깥'의 사람들로 하여금 이 친구들이 모이는 자리에 끼고 싶은 욕망을 갖게 만들 수 있다. 여기에 '특정' 문예지의 필자 모임이 서울에는 계절별로 있다. 이 모임에 참석한다는 것 자체가 개인에게는 뜻 깊은 일이고 이러한 자리들을 통해 소위 '일급'의 문학하는 친구들이 자연스럽게 생기게 되는 것이다. 이들의 관점에서 보자면 문학은 작품으로 승부하는 것이지 떼로 하는 것이 아니고, 자신들이 특정 지면에 작품을 발표할 수 있던 것은 문학적 능력을 인정받았기 때문인 것이다.

'지역'은 우리 모두 알다시피 한국사회에서 점점 깊어지는 어둠이다. 12%의 면적을 가진 수도권에 인구의 절반(2016년 통계, 49.43%)이 살고 있고 정치·경제·사회·문화 각 영역이 서울로 집중되어 있다. 문학 영역과 관련한, 90%의 언론출판매체도 서울에 모여 있다. 더 심각한 것은 이러한 양적인 수치보다 그러한 현상의 내적 의미로서, 부정적인 상황을 변화시킬 수 있는 내적 동력이 지역에는 거의 고갈되어가고 있다는 점이다. 그것의 핵심은 인적 자원의 문제와 관련되어 있는데, 거의 대부분의 지역은 자기 지역의 청년 유출률(流出律)이 가장 높다는 사실을 심각하게 개탄한다. 대한민국의 모든 지역에서는 대학입시와 취업 시즌이 지나면 대규모의 엑소도스(exodus)가 일어난다. 지역의 능력 있는 청년들이 자신들의 고향을 떠나 수도권으로 '올라간다'. 당연히 지역에 남아있는 청년들은, '남겨진' 자들이다. 아이러니한 것은 모든 지역의 교육당국이 서울 주요 대학 진학률에, 목숨을 건다. 지역의 이익과 지역민의 이익이 갈리는 지점이다.

하나 더 생각할 대목은 서울로 '올라간' 청년들이 둘로 나뉜다는 사실인데, 한 부류는 지역 상류층의 자녀들로서 이들은 부모의 경제적·사회적 기반을 자양으로 삼아 서울 생활에 잘 정착하는 데 반해, 다른 부류는 서울의 하위 노동시장에 편입하거나 높은 주거생활비용으로 난민처럼 살아간다. 지역의 문제는 지역의 리더들이나 상류층이 해결할 수 있는 문제도 아니지만 이를 꼭 해결하겠다는 절실함이 그들에게는 없다. 지역의 지도층이나 상류층은 지역을 자신들의 정치적·사회적·경제적 기반으로 삼는 자들이지만, 이들의 정체성은 지역민이 아니다. 이들은 서울에 실제적인 적을 두고 있는 서울사람이거나 언제든지 서울로 갈 수 있는 사람들이다.

'지역문학'을 이야기하는 자리에서 이미 알려진 '지역'의 현실을 거론하는 것은 '지역문학'의 문제가 이러한 구조와 크게 다르지 않기 때문이다. '지역문학'의 현실은 지역의 일반적인 문제와 더불어 '문학적' 특수성이 함께 결합되어 있어서 긍정적인 미래를 기획하고 전망하는 것이 거의 불가능해 보인다. 그렇다면 여기에서 말하는 지역문학의 문제는 무엇인가. 그것은 '지역문학', 아니 '지역문단'이라고 호명할 때 '지역'이 환기하는, '촌스럽고', '열등한', '변방의' 등의 부정적 함의에 단적으로 담겨있다. 대부분의 사람들이 느끼면서도 발화되지 않은 이 '지역'이라는 고질(痼疾)은, 그러나 이성적으로 사유되기보다 정서적으로 경험되고, 그러한 점에서 이를 문제로 삼는 것 자체가 부정적인 감정과 대면하는 일이며, 무엇보다 이를 문제화하는 것이 쉽지 않다는 데 사안의 핵심이 있다. 이 '지역문학'의 문제는 넓은 의미에서 '문학권력'의 문제에 닿아 있지만, '문학권력' 담론에서 지역이 쟁점의 하나로 거론된 적은 거의 없다. '문학권력'의 문제가 문학장을 달구는 뜨거운 쟁점 중의 하나로 지속적으로 부각될 수 있는 것은, 이른바 '권력'을 가진 그룹이 지극히 소수라는 것과 이를 문제로 삼는 집단이 사안을 쟁점화할 수 있는 힘을 갖고 있다는 데 있다. 그러한 점에서 쟁점화하는 작업 역시 '힘'을 소유한 이들이 '힘'을 만들어가는 과정이라고 할 수 있다. 이는 역설적으로 힘을 나누어 가질 수 있는 주체로서 '지역'이 호출될 가능성이 거의 없음을 뜻한다.[1] 지역은 서울의 일극 체제에서 고려의 대상으로 전혀 산입

1 여기에서 눈여겨 볼만한 대목은 서울-지역의 불균형 문제를 이슈화하는 유일한 지역이 부산이고, 그것을 주도하는 이들이 대학 강단에 적을 두고 있는 비평가들이라는 점, 그리고 대한민국의 유일한 문학비평전문지 『오늘의 문예비평』이 25년 이상(2016년·봄, 통권100호) 부산에서 발간되고 있다는 사실 등은 지역문학과 관련하여

되지 않는 별외(別外)의 존재이며, 이 점에서 '지역'은 발화의 언어를 갖지 못한 서발턴(subaltern)인 셈이다.

2.

지역문학 혹은 지역문단의 문제가 담론의 장에서 배제되는 이유는 무엇인가. 이는 '지역주의'의 한국적 현실과 부분적으로 관련되어 있다. 한국에서 '지역주의'는 정치적 맥락에서 다루어지고 소환된다. '지역'은 주로 영남과 호남, 혹은 충청 등 거대 광역 지역간의 정치사회적 의식의 문제이지 서울-지역의 문제로 다루어지지 않는다. 이는 담론의 주도권이 온전히 서울에 독점되어 있음을 뜻한다. 지역은 자연이 잘 보존된 여행지이자 축제가 열리는 곳, 인구가 적고 유휴지

많은 지점들을 시사한다. 부산은 문학 담론들을 개진할 수 있는 비평그룹이 존재한다는 점에서 타지역과 구별된다. 물론 부산에서 진행하고 있는 '로컬리티'를 비롯하여 생태, 모더니티, 마이너리티 등의 논의들이 주류문단의 핵심 의제로 다루어지고 있지는 않지만 이러한 차별화된 논의들을 지속적으로 축적하고 있는 것은 상당히 의미 있는 작업으로 판단된다. 시전문지 『신생』과 『시와 사상』, 그리고 한국에서 발행되는 유일한 비평전문문예지 『오늘의 문예비평』, 지역의 젊은문학인들의 비평공동체 〈해석과 판단〉에서 발행하는 무크지 등에 이러한 논의들이 개진되고 있다. 아울러 1985년 요산 김정한 선생의 주도로 부산지역 문인들이 모여 결성한 진보문학단체 '5·7문협'의 이름을 딴 무크지가 최근 부산에서 발간되고, 그 첫 번째 기획이 '다시 지역이다'라는 사실은 부산문단의 정신적 지향과 거점을 상징적으로 보여준다.

한 가지 사실을 하나 덧붙이자면 서울중심의 문단 구도가 부분적으로 해소되었던 시기가 크게 두 번 있었는데, 첫 번째는 전쟁으로 인해 문인들이 대구와 부산 지역 등에서 피난생활을 했던 한국전쟁기, 두 번째는 정권에 의해 창비와 문지가 폐간되고 각 지역에서 다양한 성격의 무크지가 발간되었던 80년대였다. 수난의 상황이 아이러니하게도 지역문단이 호황을 누렸던 시기가 되었다는 점은 한국문단의 현실을 생생하게 웅변해주는 역설적 사실이다.

가 많아 대단위 혐오시설이 들어설 만한 곳이다. 이와 같은 중앙 vs 지역의 역학관계는 동심원적이어서 지역내에서도 이러한 중심과 주변의 정치학이 중층적으로 작동한다. 최근 사회적 문제가 되고 있는 싸드(thaad)의 성주 배치는 이러한 의식구조가 단적으로 드러난 사례이다. 문학권력의 문제가 지속적으로 제기되고 있지만 지역문학의 소외는 담론의 장에서 언급된 적이 거의 없다. 소외의 정도로 말하자면 지역문학인들보다 더 소외된 집단은 없지만, 그것은 그들의 문학적 자질에서 기인한 것이지 힘의 문제에서 기인한 것이라고 생각되지 않는다. 이는 부분적으로는 맞지만 전체적으로 잘못된 관점이다. 문학성의 문제를 따지자면 논쟁은 한정 없고, 반박의 사례를 들기 시작하면 논의는 유치해질 것이다. 지역에 거주하면서 이른바 전국구 시인도 있고 서울을 들락거리지 않으면서도 오롯이 '일급'인 시인도 지역에 있다. 과거와 달리 공간을 초월하는 매체들로서 문학행위가 이루어지는 판에 '지역'을 문제 삼는 것은 그 자체가 촌스러운 일이고, 작품만 좋으면 눈 밝은 평론가들이 읽어줄 것이라는 말들은, 지역문학 문제의 바깥에 있다. 이와 같은 관점은 일부의 성공 사례로서 불평등한 사회구조의 문제를 덮는 방식과 다르지 않다. 인간은 철저히 존재-구속적이어서, 서울의 문학인들에게 지역문학은 문제로서 발견될 수 없다.[2]

---

2 이 글을 쓰는 나의 경우, 지역문학이 문제로서 발견된 것은 대구로 직장이 결정된 이후이다. 물론 그전에 지역문단의 문제에 관해 생각한 적은 없다. 지역문학을 문제로서 사유한다고 해서, 내 자신이 지역문단의 일원이 된 것은 아니다. 지역문단에서도 나를 지역문학인으로 생각하지는 않아 보인다. 그것은 출신이 지역과 무관한데다 대학에 적을 두고 있는 나의 위치와 관련되어 있을 것이다. 지역에는 다양한 성격의 문학인과 문학 그룹이 있고 가끔 지역문학 모임에 불려나가 문학에 관한 이야기를 하곤 하는데, 참석자 중에 나보다 나이가 적은 사람은 찾아보기 힘들다. 지역의 문학인 중에서 나보다 나이가 적은 이를 헤아리는 데는 두 손이면 충분하다. 이는 오늘날 지역의 현실을 함축적으로 보여주는 사례이다.

지역문학에 대한 서울의 무관심은 갑질의 일종이거나 덜 윤리적인 데서 비롯된 것이라고 볼 수만은 없다. 소위 '문학권력'을 비판하는 쪽의 논리도 일리가 있지만, 맞은편 진영의 논리에도 나름의 충분한 이유가 있는데, 하물며 우수한 능력과 강도 높은 문학적 수련을 거친 서울 문학인들이 지역문학을 대접하지 않는다면 거기에는 분명한 이유가 있는 것이다. 이러저러한 이유를 차치하고 관심을 가져달라는 것은 지역 문제의 진정한 해결책이 될 수 없다. 지역문학의 문제는 결국 지역문학인들이 풀어야 할 과제이다.

문제는 이 과제를 해결해야 할 지역 문학인, 지역문단의 구도이다. 앞에서 인간은 존재-구속적이라고 하였는데, 이 '존재-구속성'은 지역문단의 경우 실정적(實定的)인 장소 관념을 기반으로 하지만 여기에는 의식(지향)적인 차원이 중층적으로 작동한다. 지역에서 살고 있다고 지역문학인으로서 동일한 정체성을 갖고 있는 것은 아니다. 지역문단을 살갑고 따뜻한 고향 같은 지대로 생각하는 사람들도 있지만, 어떤 이들은 지역에 거주하면서도 지역문학인의 정체성을 거부하거나 다르게 상상한다. 이를 옳고 그름의 문제나, 윤리나 책임의식의 문제만으로 접근하는 것은, 촌스러운(!) 일이다. 전자의 문학인들에게 지역문단은 현재적 삶을 제고·향유하게 하는 준거집단인데 반해, 내세울 만한 문학적 이력을 갖고 있거나 상대적으로 나이가 젊고 문학적 열망이 강한 후자의 문학인들은 지역문단에 귀속되지 않으려는 경향이 강하다. 이들이야말로 현재의 지역문학, 지역문단의 문제를 발전적으로 모색할 수 있는 관건이 되는 그룹이다. 뒤에서 좀더 소상하게 언급하겠지만 지역문학의 미래는 지역이 이들의 비전을 어떻게 다루느냐에 달려 있다.

앞에서 언급한바 있는 것처럼, 서울은 자본과 사람과 정보와 매체가 집중되어 있는 곳이다. 이와 같은 수도권으로의 집중은 기술이 발전할수록 점점 심화되는 추세를 보이는데, 이를테면 KTX노선이 확대되면서 수도권의 범위가 넓어지고 지역 자원의 서울 유입은 점차 심화되고 있는 듯 보인다. 특히 지역 청년들의 유출은 지역 사회의 역동성을 저해하는 핵심 요인이자, 지역문단의 서울 종속성을 심화시키는 중요한 요인 중의 하나라고 할 수 있다. 개성과 창조적 능력을 핵심으로 하는 문학예술 영역에서 새로움과 변화를 추동하는 능력을 지니고 문학적 열망으로 무장한 '젊은' 층이 모인, 게다가 이를 담아낼 수 있는 '강한' 매체들을 가진 서울이 문단을 주도하는 것은 지극히 당연하고 자연스러운 일이다. 그것의 웅변적인 사례를 우리는 2000년대에 이르러 본격화된 소위 '미래파' 문단에서 생생하게 목격한바 있다. '젊은' 시들의 빅뱅을 통해 한국의 주류 – 서정시들이 전복되고 시적 관념의 창조적 해체와 시 영토의 무한 확장성을 목도하였고, 그러한 작업은 여전히 진행 중이다. 그들의 문학적 공과(功過)를 따지는 것은 이 자리에 적합하지 않을 뿐만 아니라 그러한 창조적 행위 자체를 공과의 대상으로 삼는 것 자체도 별로 적설해 보이지 않는다. 다만 그러한 현상 속에 작동했던 비평적 감각과 힘에 대해서는 충분히 비판적으로 사유할 필요가 있어 보인다.

문제는 이러한 '미래파' 문단에서 지역의 현실이 적나라하게 노정되었다는 점이다. 한국문단을 강타했던 새로운 격동에 대해 지역문단은 속수무책이기도 했고, 한편으로는 무풍지대(無風地帶)이기도 했다. 근본적으로 비평 그룹이 미약한, 아니 부재한 지역에서 새로운 변화에 대응하는 것은 사실상 불가능하다. '미래파' 문단에서 지역의 문예지들은 주류 잡지들의 논의와 리스트를 고스란히 받아쓰는 하청 작업을 수행하였으며 주류 담론을 가로지르는 대항담론이나 새로운 논의를 전혀 제출하지 못하였다. 지역의 문단은 자신들의 무능력과 '주변성'을 생생하게 목도하였을 것이다. 강준만 교수가 지역의 현실을 드러내기 위해 사용하였던[3]'내부식민지(internal colony)' 논의는 지역문학의 현실에도 매우 유효하다. 오늘날 지역은 서울과 다른 논의를 할 수 있는 역량을 전혀 갖고 있지 못하다. 그러나 이러한 사태는 지역문단 뿐만 아니라 한국문학 전체에도 결코 유익하지 않다. 갈수록 심화되고 있지만 문학판에서 전혀 의제화되지 않는 지역문학의 문제는 불편하고 고통스럽지만 냉정하게 되짚어야 할 생생한 현실이다.

3.

지역문학의 문제는 거시적인 '지역'의 문제와 독립해서 사유될 수 없다. 주지하다시피 서울공화국, 서울제국이라고 할 만큼, 사회 전 영역에서 서울 집중이 이루어지고 있는데다 수도권 중심의 개발 정책이 국가에 의해 주도되고 지자체가 운용할 수 있는 지방세가 국세의 1/4밖에 되지 않는 현실에서 지역이 선택할 수 있는 도생(圖生)의 방법은 극히 제한적이다. 특히 문학 영역은 다른 분야보다 인적 자원이 거의 모든 것을 결정하는 절대 요인임에도 불구하고 문학인을 유인할 수 있는 요소를 지역은 거의 갖고 있지 못하다. 문학을 함으로써 얻을 수 있는 현실적 보상이 매우 적은 상황에서 글쓰기가 주는 거의 유일한 보상이자 동력은 문학적 명성이다. 자신이 쓴 작품이 여러 매체에 실리고 그 작품을 읽는 독자가 많아지는 일, 특히 같은 일에 종사하는 집단에서 이름을 얻어가는 일은 매력적인 것을 넘어, 마력에 가까운 에너지를 준다. 인정 투쟁이 없는 분야가 없겠지만 현실적 보상이 거의 없는 문학 분야에서 지명도(知名度)는 절대적이

---

3 서울 중심의 문단에서 다른 담론을 낼 수 있는 지역은, 거의 유일하게 부산뿐이다.

다. 그러한 점에서 문학권력 논쟁은 다소 상이한 양상을 띨 수 있지만, 문학장의 본성상 필연적이다. 지역문학의 크레바스(crevas)도 바로 이 지점에서 발생한다.

문하은 물론 개인이 하는 일이다. 그것은 떼로 할 수 있는 성격의 일이 아닐 뿐만 아니라 매체의 발달로 인해 지역에 있더라도 작품을 발표하는 데는 크게 어려움이 없다. 이미 문학적 명성을 확고하게 얻은 문학인의 경우, 지역 거주가 창작 활동에 지장을 주는 법은 거의 없는데다, 오히려 한 지역을 대표하는 문학인으로 각인이 되어 지역과 전체 문단 양쪽에서 이득을 얻을 가능성이 높다. 이미 문학적 개성을 인정받은 이들은 스스로를 지역문학인으로 사유하지 않을 것인데, 이는 지극히 당연한 일이다. 실정적(實定的) 현실태로서의 '지역문학'이 아닌, 사람으로서 '지역문학인'을 구분한다면 그때 '지역문학인'은 정도나 양태의 차이는 있을지라도 중심 - 주변의 정치학을 어떤 방식으로든 내면화한 이들이다. 물론 그러한 자의식은 중심과 주변, 양방향에서 이루어진다. 문학적 토호(土豪)들은 자신의 문학적 기반을 바탕으로 하여 지역문단의 현재를 지속시키고자 한다는 점에서, 이 글이 염두에 두는 문제적 '지역문학'의 대상이 아니다. 지역문학의 현재와 미래를 고민할 때 사유의 중심이 되어야 할 거점은, 앞에서 언급한바 있듯이, '지역'을 문학적 주변부로서 깊이 자각하는 이들, 자신의 문학적 열망에 도전과 자극이 필요한 '젊은' 문학인들이어야 한다.

현재까지 지역, 특히 지자체가 중심이 되어 펼친 문학 관련 사업은, 주로 출향(出鄕) 문인을 기리는 사업, 문학관을 짓고 문학상을 제정하며 문학제를 운영하는 일들이었다. 그것은 지자체의 문학적 자산을 안팎으로 알리고 사람들을 불러들여 지역을 기억하게 하였다는 점에서 부분적으로 성과를 내었지만, 이제는 지역문단의 문학적 역량을 제고하는 기획으로 확대·전환할 필요가 있다. 과거를 넘어 지역의 생산적 현재와 건설적인 미래를 위해 필요한 게 무엇인지, 지역문학의 현실과 실재(實在)를 냉정하게 살피고 실제적이고 지혜로운 실천 방법을 고안해야 할 것이다. 중앙-주변의 정치학을 공고히 하는 방식, 출향문학인 등의 과거 유산을 지역의 문학적 역량으로 오인(誤認)하는 자기도취와 마당을 깔아주고서는 정작 놀이판에서는 객(客)으로 전락하는 '이벤트-호스트(event host)'로서의 역할은 이제 창조적으로 청산할 필요가 있다. 주인과 손님이 가진 것을 나누되 필요한 것들을 함께 기획하고 교환하는 수평적이고 상생적인 방식의 전환이 있지 않고서는 지역에서 진행되는 전국단위 문학 관련 행사는 '내부식민지성'을 확인하는 열패의 반복적 진원이 될 수 있다. 물론 현재 진행되는 지자체 지원의 문학 관련 행사는 지역의 문학적 역량을 제고하는 계기라고 할 수 없다. 문학적 체질을 변화시키는 좀더 근본적인 노력 없이 주변부로서의 지역성을 벗어날 방법은, 단언컨대 없다.

앞에서도 언급한 것처럼, 인적 자산이 절대적으로 부족한 지역이 현재의 난처(難處)를 해소할 수 있는 방법은 실제로 마땅치 않다. 한국문단의 현실에서 현재 가장 유력한 문학의 터는 대학과 주류-문예지이다. 문학적 열망을 가진 (예비)문학인들이 모여서 공부하며 문학적 역량과 친분을 쌓아가는 대학은 한국문단의 가장 강력한 수원(水源)이고, 주류-문예지 역시 이러한 대학의 인적 네트워크와 무관하지 않다. 이전에도 열악한 상황이었지만, 지역의 추락과 더불어 지역 대학, 특히 인문학 분야의 몰락이 가속화되고 있는 상황에서 지역 대학은 문학적 역량을 생산적으로 만들어내는 기능을 제대로 수행하기 어려운 게 현실이다. 그렇다고 해서 전국적 명성을 갖고 있는 지역 거주 문학인이나 대학에 적을 두고 있는 문학인을 중심으로 한 문학 모임 역시 창조적 대안이라고 볼 수 없다. 한 개인에게 의존하는 비대칭적인 관계는 지역문단의 현상태를 그럭저럭 지속하는 데는 도움이 되겠지만, 지역의 식민성을 해소하는 데는 적합하지 않은 구조이다. 그것은 의존적이고 비대칭적인 관계에 바탕을 둔 중앙－주변의 정치학을 재생산하는 구조가 될 가능성이 높다.

그렇다면 무엇이 가능한가.

대안은 필요한 사람이 주체로서 나서는 방법뿐이다. 특정 문학인의 책임감이나 윤리의식에 의존해서 지역의 문학적 역량을 높이는 일은 결코 지속적이고 근본적인 방법이 될 수 없다. 그것은 책임 의식이 아니라 '필요'에 의해 조직되고 모색되어야 한다. 문학적 열망을 가진 사람들이 모여 현재의 한국문단의 생산물들에 관해 의견을 나누고, 서로의 문학적 모색과 성취를 함께 논의하는 장을 마련함으로써 창작에 지속적인 자극과 도전이 되는 계기가 구축되어야 한다. 그것은 친목적 동호회의 성격을 띠고 있는 문학인들의 모임을 학인(學人)의 성격으로 전환하는 것이고, 이는 친소와 사적 관계가 지배하고 있는 지역문단에 목적과 동기에 기초한 공적 성격을 불어넣는 일이다. 여기에 도움이 되거나 활력을 줄 수 있는 안팎의 사람을 모임이 주체가 되어 다양한 형식으로 초청하되 여러 문학적 경향을 두루 접할 수 있도록 고려하는 게 필요할 것이다. 가능하다면 주변 지역 문단과의 교류나 연대도 생각해볼 만하며, 아울러 서울과 만나는 장에서도 지역문단에 도움이 될 수 있는 방향에서의 좀더 적극적인 참여와 기획이 요청된다.

창작은 개인이 하는 것이지만, 창작의 원천은 현실적 삶에서 오는 것이며, 이를 자극하고 격려하는 환경을 만드는 일은 사회의 몫이다. 그러한 점에서 지역은 난처(難處)하고 지역의 현실은 우울하다. 구원의 가능성은 요원하되, 행여 그 구원이 외부에서 온다면 이는 썩은 동아줄이 될 가능성이 높다. 인간은 자신의 현실에서 사유하고 상상한다. 서울이 지역을 고민하는 것은 가능하지도, 그리고 적절하지도 않다. 지역을 주변부로서 호명하는 것은 '중앙'이다. 스스로 역량을 키워 곤경(困境)을 뛰어넘는 힘을 만드는 게 맞다. 그리고 현실적이다. 한때 여러 분야의 중요한 모토가 되었지만, 한국사회에서는 한 번도 구체적으로 사유되지 않았던 말—"Think globally, Act locally"(全지구적으로 사고하고, 지역적으로 행동하라)—은 차이와 타자성이 21세기의 가치이자 중요한 생존의 전략임을 웅변한 것이었다. 문학이 가치가 있다면 이는 차이와 타자성, 개별과 다양성에 대한 문학의 한없는 존중과 환대 때문일 것이다. 수도권에서만 생산적인 문학이 가능한 현실은, 묵시록처럼 우울하다.

80년대 운동의 시절에 녹색에 대한 사유와 상상력이 뜨거운 열도 대구에서 시작되어 한국사회 전체로 확산되었고, 녹색당에 대한 득표수나 지지도는 예상외로 정치적 보수지역인 대구에서 가장 높다. 이 낯설은 현실, 그래서 또 다른 가능성을 만드는 뜻밖의 출구는 언제나 지역에서 온다. 그것은 수많은 역사적 사례들이 증언하는 진실이다. 바람은 중심에서 일지 않고 주변에서 불어 중심을 흔들고 마침내 전체를 변화시키는 법이다. '서울이 지배하고 지역이 복종하는' 이 내부-식민체제, 종속적인 일극체제는 지역과 한국사회 전체에 결코 유익하지 않다. 그러나 무엇보다 지역의 변화, 지역문학의 역량을 높이는 일은, 문학적 열망을 가진 존재 스스로를 위해 필요하며, 이는 그들이 적극적인 주체로서 구성될 때 의미 있는 새로운 문학성의 도래를 견인할 수 있을 것이다. 서울지역 문학이 가는 길을 모든 지역이 답습하는 경로 의존(path dependency)의 현실에서 지역문학, 지역문단이 도생할 수 있는 가능성은, 단언컨대 없다. 남은 것은, 지역문학인들 스스로가 지역의 문학적 동료들을 자극하고 각성시켜, '지금 - 이곳'의 삶에 기초한 문학적 개성을 실천적으로 구체화하는 작업뿐이다.

반시(半詩), 반시(反時), 반시(反詩)

1.

한국문화예술위원회에서 발행하는 〈2011년 문예연감〉이 대상으로 삼은 이른바 '주요 문학잡지'는 모두 69종이며 그 중 시전문지는 22종, 여기에 작품을 실은 시인은 집계된 전체 문인 6170명 중 38%에 해당하는 2328명, 그들이 한 해 동안 발표한 시는 평균 5.3편이다. 〈문예연감〉이 문학간행물 통계를 정리·분석하면서 '주요 문학잡지'로 대상을 한정한 것은 그만큼 현재 발행되는 문예지가 많음을 시사한다. 대상 잡지를 선별하기 이전에 정리된 통계는 항목별로 위의 수치에 3~5배 정도를 가리키는데, 이와 같은 내용은 오늘날 한국의 문학현실을 생각하게 하는 중요한 지표인 셈이다. 이들 항목 외에 의미있는 통계를 하나 더 꼽자면, 이른바 '주요 문학상'의 수가 161개, 그 중 시 분야 문학상이 72개라는 점 정도이다.

〈문예연감〉의 '주요 문학잡지' 69종 중 지역에서 발행되는 잡지는 11종, 그 가운데 시전문지는 6종이다. 『시와 반시』도 그 중에 하나, 다시 정리하면 『시와 반시』는 '주요 문학잡지' 69종 중 지역에서 발행되는 11종, 시전문지 22종 가운데 하나이다. 이러한 통계는 잡지의 현재적 위치를 가늠할 수 있는 지표지만, 한 문예지의 문학적 위상을 종합적으로 평가하는 데는 분명히 미진하다. 『시와 반시』와 관련한 저 통계 수치 바깥의 역사는 이 잡지의 현재를 생각하는 중요한 참조점이 될 것이다.

『시와 반시』가 창간된 해는 1992년이었다. 이보다 한 해 앞서 비평전문지 『오늘의 문예비평』이 부산에서, 한 해 뒤인 1993년에 『황해문화』가 인천에서 발행된다. 비슷한 시기에 지역별로 서로 다른 성격의 문예지가 창간된 것은 지역의 문화적 성격과 지형을 반영하면서, 동시에 공통의 역사적 필요와 요청이 개진되었기 때문일 것이다.

1) 지방자치제의 시대가 열렸다고 하나 아직 갈 길이 먼 형편에, 지역에서 비평전문지를 만드는 일이 고달픈 것이기는 하나 기존 서울 중심의 문학구조로부터 탈중심화를 지향하는 지역문화운동이 민족문학을 풍요롭게 하는 길이라 생각하며 이 일을 시작했다. […] 부산지역 문학의 활성화와 함께 지역문화의 질적 제고를 기대한다.(『오늘의 문예비평』, 1991)

2) 우리는 『시와 반시』가 서울이 아닌 이 지역에서 창간되었다는 사실이 주목되기를 바란다. 한국문학사의 오늘은, 이른바 중앙시단의 그것과는 다른, 신선한 산소와 양질의 영양을 공급할 제삼의 심장이 요청되는 시점인 것이다. 고정된 관념들은 우리의 적이다. 각질의 이네올로기, 그 진영화에 의해 기존의 핏줄이 간단없이 막혀 있고 신선해야 할 공기 또한 자본주의의 폐해에 턱없이 오염되어 있음을 본다. 우리는 많은 것을 아깝게 여기지 않을 것이다. 오히려 많은 것들을 밀어낼 것이다.(『시와 반시』, 1992)

3) 『황해문화』는 우선, 냉전과 분단의 고착 속에서 분해된 인천 지역의 구심을 광범한 연합 속에서 재건하는 데 주력할 것이다 .[…] 우리는 지역적 토대 없는 사이비 보편주의의 횡행을 경계하지만 그에 못지않게 보편성이 부족한 소박한 향토주의를 함께 극복하고자 한다.(『황해문화』, 1993)

1990년대 초는 분권(分權)에 대한 논의가 본격적으로 개진된 시기였다. 민주화에 대한 사회적 요구가 거세었던 1980년대를 통과하면서 행정적으로는 1991년, 실질적으로는 1995년에 이르러 지방자치제가 부활한다. 당시 대한민국 제2, 제3, 제4의 도시였던 부산·대구·인천에서 창간된 이 잡지들은 공히 서울 중심의 문화구조를 비판하면서 지역의 문화적 역할을 강조하는데, 세 잡지의 논점은 지역별로 분명한 시차(視差)를 노정하고 있다. 『오늘의 문예비평』이 탈중심, 지역문화의 질적 제고, 민족문학의 기여를 주요 가치로 내세운 데 반해 『시와 반시』는 관행적 중심주의 비판과 고정된 문학 관념의 해체를, 『황해문화』는 지역적 토대에 기초한 보편주의를 강조한다. 『창작과 비평』이나 『문학과 사회』와 동일한 체제로써 인문적 종합문예지를 지향했던 『황해문화』가 이른바 '세방화'(世方化, Glocalisation)의 관점에서 동북아시대 문화 담론을 선도해가려는 의지를 보이고 있는 반면, 『오늘의 문예비평』은 당대 문학담론의 주류였던 민족문학론에 대한 논의를 지역문화 운동과 더불어 개진하겠다는 입장을 취하고 있다. 전자가 보편성을 지역의 관점에서 사유하려는 인문적 입장을 띠고 있다면, 후자는 민족문학의 시각에서 지역문화의 운동력을 제고하고자 하는 입장이라고 할 수 있다. 반면 『시와 반시』는 주류문학의 경직성과 편견을 비판하면서 문학적 관행과 고정관념을 부정하는 진정한 문학정신의 발현, 문학적 관성과 기득권에 대한 타격이 잡지의 명확한 목표임을 분명히 하고 있다. 『오늘의 문예비평』이나 『황해문화』보다 선명한 장르적 집중력과 열렬한 부정의 문학정신을 보여주는 『시와 반시』의 창간은, 이후 지역 시전문지(『시와사상』, 1994, 부산 / 『시와사람』, 1996, 광주)의 발흥시대를 여는 문학사적 사건이 된다.

2.

> "자신이 발 디딘 땅이 삶의 중심이며 자신의 문학적 상상력이 역사의 한 가운데임을 확신하는 자존과 오만이 참된 시인의 요건일 때 갈증과 허기는 고독한 그늘반의 몫이있기 때문이다 (중략) 한국문학사의 오늘은, 이른바 중앙시단의 그것과는 다른, 신선한 산소와 양질의 영양을 공급할 제삼의 심장이 요청되는 시점인 것이다. 고정된 관념들은 우리의 적이다."

부정의 정신을 통해 시단의 새로운 심장이 될 것임을 천명한 『시와 반시』의 창간사는 지역문학의 도전적인 역할을 진정한 문학정신으로 묶어냄으로써 현실의 하중(荷重)에서 벗어나기 시작한 한국문단에 의미심장한 이정표를 제시하였다. 특히 "자신이 발 디딘 땅이 삶의 중심이고 자신의 문학적 상상력이 역사의 한 가운데임을 확신하는 자존과 오만이 참된 시인의 요건이"며 "고정된 관념은 우리의 적이"라는 구절은 그 자체로서 잡지의 성격을 매우 분명하게 선언한 것이었다.

『시와 반시』를 주류(主流) 문단의 건강한 수혈지대이자 전복의 기지로 삼겠다는 이 격렬한 자기-규정은 강렬해서 매력적이지만, 사실은 그 열도만큼 부담스러운 것이기도 하다. 강한 자기규정은 자신에 대한 통찰 능력을 갖추지 못할 때 스스로에게 올가미가 될 수도 있고, 적이 될 수도 있다. 냉철하되 열렬한 자기-반성 없이, 진정한 부정과 전복은 가능하지 않은 법이다. 『시와 반시』는 이제, 스스로에게 되물어야 한다. 우리 시대 '反詩'는 무엇인지, 그래서 혹여 '우리'라고 지칭하는 내부가 하나의 '각질'이 되지 않았는지를 "엄정한 눈"으로 살펴야 한다. 무릇 성년(成年)은 자기 정체에 대한 물음에서 시작되어야 할 것이다. 이를 위해 먼저 작금의 문학 현실을 살펴볼 필요가 있다.

『시와 반시』가 창간되던 시기의 문단의 현실과 오늘의 문학, 그리고 문학을 둘러싼 환경은 크게 달라졌다. 거대 이념의 붕괴를 목격하던 1990년대 초는 여전히 80년대적 가치가 잔존하던 시기인데 반해, 세계화와 극심한 자본주의 폐해를 사회 전 분야에서 겪고 있는 우리 연대는 상시적 불안이 지배하는 몰가치의 시대이다. 초국적 자본의 전지구화와 일상의 시스템을 뒤흔드는 테크놀러지의 진화, 이에 따른 급속한 사회 변화와 붕괴되는 생태계 등, 문학을 둘러싼 모든 현실이 급격하게 변화하고 있다. 이러한 사회적 변화와 더불어 문학적 현실도 크게 바뀌었으며, 『시와 반시』 창간의 결정적인 두 가지 요인, 즉 서울 중심주의 문단의 폐해와 "제삼의 심장"의 필요성도 좀더 복잡한 차원의 문제로 달라졌다. 문학을 둘러싼 현실의 변화와 지역 잡지의 역할에 관해서 나는 몇 년 전 아래와 같이 견해를 밝힌 바 있다. 다소 길지만 필요한 부분이라고 판단된 내용을 아래와 같이 인용하고자 한다.

> 문학의 사회적 영향력이 현저하게 약화되고 시를 읽는 독자들이 줄어들었음에도 불구하고 시전문지들이 많다는 것은, 시가 점차 동호회적인 차원에서 유통되고 있음을 시사한다. 물론 이러한 현상은 권력화한 문학지들에 대한 대항의 측면, 혹은 수도권 중심 문단에 대한 지역 문단의 반발이라는 성격과 닿아 있다. 이제 시 잡지는 시를 쓰거나 시 비평에 관여하는 사람들을 제외하고는 읽는 이들이 별로 없다. 아니, 이들조차도 자신과 관련된 특정 잡지만을 선택해서 읽을 수밖에 없는 것이 현실이다. 이러한 현실은 결과적으로 지명도 있는 일부 잡지의 영향력을 전국적으로 확대하는 결과를 낳게 되는데, 그것은 지방지들이 일부 문예지의 기획을 펴 나름으로써 본격화된다. 현상적으로는 풍요롭지만 실질적으로는 자족적이면서 종속적인 현실이 오늘날 우리 시단의 내면

풍경이다. 시단의 집중과 편중을 해소하려는 목적이 정확하게 반대 방향을 향해서 움직이는, 참으로 아이러니한 사태가 벌어지고 있다. 일부 잡지의 기획을 지방지들이 퍼 나르고 변주하는 과정에서, 특정 주제와 시인들, 그리고 평론가들이 짧은 기간에 시단 전체를 장악하게 되는 사태를 우리는 최근의 '미래파 논쟁'에서 목격한 바 있다. 많은 시인들이 미래파가 되려 하였고, 많은 비평이 미래파에 관해서 말해야 했다. 그 과정에서 어떤 이들은 이름을 얻었지만, 많은 작품들은 간과되었다. 시 잡지가 많아지고 지역 문단이 활성화 되는 것은 좋은 일이다. 그러나 그러한 현상이 시단의 다양성과 다원화에 기여하지 못한다면, 그것은 매우 불행한 일이다. 지역에서 발간되는 문예지가 이른바 '메이저 잡지들'의 우산 속에 편입되려는 욕망을 버리지 못하는 한, 지역 문예지는 '메이저 잡지'의 시녀로 남을 수밖에 없음을 기억해야 한다. 물론 지방 문예지가 독자적인 기획과 작품들로 의미 있는 목소리를 지속적으로 만들어가는 일은 결코 쉬운 일이 아니다. 이는 기성(既成)의 권력을 이용하는 것이 인정 투쟁에서 살아남는 가장 쉬운 방법임을 모두가 알고 있기 때문이다.

지역 문예지들에 부과된 소중한 책무 중의 하나는 지역의 문인들에게 발표 기회를 제공함으로써 좋은 작품을 소개하고 이를 통해 지역 문단이 활성화 될 수 있도록 돕는 일이다. 지역 문단에 자극제가 되지 못하는 지역 문예지는 존재할 이유가 없다. 이를 위해서 전제 되어야 할 것은 작품성을 기준으로 작품을 선정하는 일이다. 그리고 이를 통해 시인들이 자극 받을 수 있어야 한다. 그러한 자극은 잡지 편집자와 지역 시인들의 자질에 의해서 생성되는 것이다. 결코 쉽지 않은 일이다. 엄정해야 하고 좋은 시에 대한 열정이 있어야 할 것이다. 그리하여 새로운 시인들과 작품들이 시단에 수혈되고 다양한 작품들이 수런거릴 때 한국 시단은 동호회로서의 시단에서 벗어날 수 있을 것이다. 동호회로서의

> 시단이 좋다면 그저 그렇게 하면 된다.
>
> 잡지들이 다원화 되고 다양한 시인들의 작품이 수록될 때, 잡지간의 영향 관계는 쌍방향으로 진행될 것이며, 시는 삶에 기숙하고 있는 다양한 요소들에 귀 기울일 수 있을 것이다. 오늘날 시의 무게 중심은 정치·사회적 현실에서 개인의 영역으로 이동하고 있다. 이는 삶에 대한 좀더 깊이 있는 천착을 시에 요구하는 환경으로 작용하고 있다. 거대한 이야기, 계몽의 욕망, 상투적 상상력과 관성적인 발화 등, 시적 주체에 밀착되지 않은 사유와 표현들은 자극의 대상이다. 이들은 삶에 내장된 문학적 욕망을 더 이상 호출할 수 없다.
>
> —「수런거리는 시, 수런거리는 욕망」(『수런거리는 시, 분기하는 비평들』) 중에서

앞에서 살펴보았던 것처럼, 지역 문예지의 가장 중요한 역할은 거의 예외 없이 지역 문단의 활성화와 그를 통한 다양한 문학적 생태계의 보존이라고 할 수 있는데, 이 과제는 『시와 반시』가 창간되던 무렵보다 오늘날 더욱 절실한 문제가 되었다. 한국사회의 수도권 집중이 심화되면서 모든 자원의 빈부차가 심해졌고, 이는 문학 인적 자원의 불균형으로 이어지면서 심각한 폐해들을 양산하고 있다. 지역에서 활동하는 문인들의 양과 질도 문제지만, 더욱 치명적인 것은 지역문단을 활성화하고 문학적 생명력을 재생산할 인재들의 부족이다. 이는 지역에서 발행되는 대부분의 문예지들이 겪는 매우 무참한 상황이다. 수도권 문단이 지역의 빨대 기능을 하면서, 많아진 문학잡지들이 특정한 방향으로 통합되고 문학적 생태계가 붕괴되는 역설적 상황이 벌어지고 있는 셈이다. 앞에서 살펴보았던 〈문예연감〉의 통계는 2,300여 명의 시인이 한 해 평균 5.3편의 작품을 발표하는 것으로 집계하고 있지만, 실제로는 일부 젊은 시인들에게 상당한 지면이 할

애된다는 것은 모두가 알고 있는 현실이다. 젊은 시인들의 시집 간행 주기도 짧아졌고 발표된 시 중에 시집에 수록되지 않는 작품이 많아졌다는 사실은, 오늘의 문학 현실이 매우 비생산적이고 불행한 국면임을 웅변하는 증표이다. 한국의 연예계나 체육계처럼 우리 시단도 스타시스템의 우산 아래 편입되는 것은 아닌지 성찰할 필요가 있다. 다양한 시적 개성들이 수런거릴 수 있는 장(場)을 어떻게 마련할 수 있을지, 이제 지역 문단이 냉철하고 열렬하게 고민해야 할 시점이다.

4.

문학잡지가 문단에 기여하는 방법을 크게 둘로 나누면, 하나는 의미 있는 담론을 생산하는 일이고, 나머지 하나는 가능성 있는 작가를 발굴·지원하는 일이다. 전자가 기존의 인적 자원을 활용하여 비평적 논의를 풍요롭게 하는 일이라면, 후자는 해당 잡지의 문학적 관점을 새로운 작가를 통해 확대·갱신하는 좀더 도전적이고 매력적인 일이라고 할 수 있다(물론 이 둘은 연계되어 있기도 하고 분리하여 진행되기도 한다). 문예지와 작가는 서로 영향을 주고받으며 함께 성장하는 공생 관계에 있으며, 그러한 점에서 신인 발굴은 문예지의 방향과 위상을 제고하는 전략적으로 매우 중요한 일이라고 할 수 있다.

22명의 등단작과 신작시를 함께 묶어 수록한 '창간 20주년 기념 신작 특집'은 잡지의 색깔과 배출 시인들의 면모를 살필 수 있는 의미 있는 자리이다. 문예지가 배출한 시인은 한 잡지의 얼굴이고 역사이며, 등단을 준비하는 예비 시인들에게는 투고를 가늠하는 중요한 판단 기준이 된다. 그러한 점에서 이번 특집은 20주년을 맞이하는 『시와 반시』의 현재와 미래를 조망할 수 있는 좋은 장(場)이라고 생각된다.

'20주년 기념 신작 특집시'를 일별하면서 들었던 생각 중의 하나는 이른바 '주류 서정시 계열'의 작품이 별로 없다는 점이다. 종전의 시론에서 말하는 대상세계를 1인칭 화자의 내면 속에 통합하여 시적 주체의 정서를 드러내거나, 절제와 장력의 언어에 대한 시적 노력이 희박하다는 것이다. 1인칭 서정적 주체나 전통적 서정의 언어에 대한 관성이 약하다는 사실은 이번 '신작 특집시'의 가장 중요한 특징이라고 할 수 있다. 주류적 서정시의 전통에 대한 암묵적 거리 감각이 이들의 시에 내재되어 있는 듯하다. 대신 전체적으로 이미지에 대한 강한 경사와 언어 방출의 욕망이 강하게 작동하고 있는 듯 보인다.

> 어둠 속에서 뼈의 줄기들이 빛난다 / 빛나는 것들이 환하게 길을 열어 보인다 / 부러진 뼈마디, 철심 박힌 척추, / 피맺힌 갈비뼈에서 자라는 꽃들 / 시속 백사십 킬로의 자동차에서 튕겨져 나온 사내, / 몸의 흔적은 무성했다 / 살점이 뚝뚝 떨어질 것 같은 잎사귀들, / 진흙 속을 헤집고 나온 듯한 푸른 꽃들, / 살갗을 뚫고 날아갈 것만 같은 은빛 나비들, / 잠에서 깨어나는 애벌레들, 눈이 부시게 / 오랫동안 몸속에 불이 켜져 있다 / 부러진 뼈마디에 뿌린 씨앗들이 꽃을 피운다 / 살아있는 시체의 얼굴을 한 / 핏빛 냄새를 풍기는 붉은 정원 / 형광 불빛 아래서 살아나는 낮은 신음들을 / 하나씩 벽에 건다
>
> —권오영, 「뢴트겐의 정원」 부분

> 벽에 물걸레를 대자 굳은 피딱지가 금세 녹아내리며 수채화처럼 번진다 온몸이 매질로 액션페인팅 된 여자가 소리죽여 울며 벽을 연신 닦아내린다 점점 크게 핏물이 배어가는 벽을 바라보며 여자는 습관처럼 이번이 마지막이라고 중얼거린다 // 사내가 뒤척이며 물을 찾는 새벽, 검은 타액으로 범벅된 알몸의 여자가 여전히 붉은 벽을 닦고 있다
>
> —김지유, 「액션 페인팅」 부분

> 오래전부터 여자의 몸은 봉방(蜂房)이다 그 구멍마다 꿀처럼 감춰진 교성을 흡혈하듯 즐기는 사내가 취해 돌아오는 밤이면, 여자는 지레 놀라 본능적으로 옷을 벗는다 사내가 휘두른 허리띠가 뱀처럼 더 깊고 집요하게 살과 뼈 속으로 파고든다 / 벽에 물걸레를 대자 굳은 피딱지가 금세 녹아내리며 수채화처럼 번진다 온몸이 매질로 액션페인팅 된 여자가 소리죽여 울며 벽을 연신 닦아 내린다 점점 크게 핏물이 배어가는 벽을 바라보며 여자는 습관처럼 이번이 마지막이라고 중얼거린다
>
> —류충남, 「안개 사생활」 부분

> 그는 파도에 밀려간 돌섬을 그렸네 / 밀물과 썰물로 지나가는 지하철 / 사람들은 모래 산을 밟고 지나갔네 / 발밑에는 간기가 와삭거리며 / 아직 물이 뚝뚝 떨어지는 / 살아 있는 바다였네 / 따개비 붙어 있는 바위도 / 덤이라며 듬뿍 얹어 주었네 / 빛이 남쪽으로 들어와 / 양옆 사선으로 짙푸르게 덧칠 되었네 / 액자 밖으로 쏟아진 정어리떼 / 지하철을 갈아타고 떠나갔네
>
> —이효림, 「벽걸이용 바다」 부분

시적 주체의 내면을 1인칭 화자의 서정적 목소리로 형상화하려는 관성이 매우 드물게 보이는 대신, 많은 등단작들이 대상 세계의 형상을 한편의 그림처럼 이미지화하려는 경향이 명확하게 드러난다. 화자가 직접 자신의 정서와 이야기를 말하기보다 관찰자의 입장에서 세계를 그리려는 양상은 『시와 반시』 출신 시인들의 등단작에 나타나는 주목할 만한 특징이다. 그리고 여기에서 그려지는 세계는 정적인 대상이나 풍경이 아니라 주로 한 인물의 삶을 품고 있는 서사적 세계라고 할 수 있다. 서정적 목소리로 독자의 내면을 향해 육박해 들어가기보다 삶의 풍경을 이미지화하는 이러한 방식은 『시와 반

시』 등단작들이 감각에 기울어 있음을 웅변해준다. 이는 비단 등단작뿐만 아니라 다수의 신작시(김영호의 「호퍼 씨와 머물렀던 몇 개의 일상」, 성향숙의 「스틸 라이프」, 조병완의 「옴니버스 회화」)에서도 발견되는 특징이다. 게다가 적지 않은 작품들이 실제 회화작품을 발상의 근거로 삼고 있다는 점도 흥미로운 대목이다.

문제는 어떤 사건과 사연을 담고 있는 이러한 형상들이 독자를 충격할 만한 내적 공간을 얼마나 확보하고 있는가 하는 점이다. 다시 말해 시가 그리고 있는 이러한 이미지들이 형상 너머의 의미들, 혹은 삶에 대한 새로운 생각들을 충분히 소환하고 있는지를 물어야 한다는 것이다. 말로 된 그림이 형상 바깥의 사유를 동반하고 있지 못하다면, 감각적 이미지들은 텅 빈 것이 된다. 적지 않은 작품들에서 묘사의 피상성이나 관능적 상투성을 보게 되는 것은 그들이 소재주의적 한계로부터 자유롭지 않음을 뜻한다. 감각적 이미지들이 시적 도약과 성취를 얻기 위해서는 이미지를 그리는 언어가 언술로 표현할 수 없는 뜻을 품고 있어야 한다. 말로 된 그림은 단순히 대상을 감각적으로 그려내는 일이라기보다 말로 형언할 수 없는 뜻을 담아내는 작업임을 기억할 필요가 있다. 말의 품과 침묵에 대한 섬세한 감각이나 사유 없이, 그 일은 불가능하다.

특집 신작의 또 다른 특징 중 하나는 다수의 시편들에서 (중년적) 일상이 형상화되고 있다는 점이다. 특집에 실린 작품들이 대체로 정태적인 느낌을 주는 이유는, 앞에서 살펴본 것처럼 거리를 두고 대상을 이미지화하거나 또는 대상 세계가 중년의 감수성을 반영하는 정서적 성격을 띠고 있기 때문이다.

사내 혼자 들여다보는 tv화면 속, 어스름을 접수한 사막의 태양은 낙타 눈꺼풀 속에 갇힌다 눈꺼풀의 그림자가 먹어치우는 모래 언덕과 담배 속지 같은 하늘의 경계가 뚜렷하다 낮과 밤의 교역으로 이정표를 잃은 불빛들이 긴 최면에서 하릴없이 부화한다 어둠은 불빛의 반대쪽으로 비스듬히 기운다

—성향숙, 「스틸 라이프」 1연

흰 몸의 겨울 사막 / 그는 얼음낚시를 하고 있다 / 웅크린 등, 숙인고개가 / 구멍 안을 들여다보는 것인지 알 수는 없지만 / 돌돌말린 시간을 오후 내내 풀어내고 있다 / 살 속 깊이 비린내 배인 민물고기를 / 분명 그의 아내는 / 반기지 않을 것이므로 / 살려준다는 넉넉한 호기, 쌍 소주의 / 반반한 안주로 삼았을 것이다 / 얼음을 뚫고 바라본 물밑 세상은 달랐을까 / 빠끔거리는 물살을 잡아당기며 / 숨겨진 오아시스라도 건져 올리려는 것이었을까 / 까슬까슬한 햇살이 모래알로 뒹굴고 / 지친 바람만이 오고갈 뿐 / 술렁이며 무너지는 사막 안에서, 그는 / 꼼짝도 않고 있다

—이세경, 「앉은뱅이 신기루」 부분

투명 유리로 둘러 싸여진 사각의 건물 속 / 아무 일도 일어날 것 같지 않은 / 입을 다문 텅 빈 허공을 / 표정 없이 사람들은 달리고 있다. // 닿아야할 목적지도 없이 / 달리는 것에 젖은 몸들이 / 꼬리를 무는 자동차 불빛 위를 반듯하게 달리고 있다.

—정원근, 「공중에 매달린 런닝머신」 부분

인용한 작품 중에서 위의 두 편은 (중년) 사내의 건조하고 삭막한 일상을, 세 번째 작품은 휘트니스 센터의 실내 풍경을 그리고 있다. 세 작품 모두 관조자의 입장에서 답답하고 권태로운 삶의 풍경을 잘

담아내고 있다. 인물이 화자가 되어 자신의 내면을 직접 표현하지 않고 바라보는 화자에 의해 대상을 형상화하는 이러한 태도는, 과도한 감정 노출을 통제하고 대상 세계의 주관적 개입의 수위를 조절함으로써 작품이 형상화하려는 생기 없는 삶의 권태를 그려내는 데 효과적이다.

그런데 작품들의 개별적 성취와는 별개로 유사한 주제를 비슷한 관점과 언어로 다루는 시들이 많아서 전체적으로 시적 상투와 지루함을 갖게 만든다. 앞에서 언급했던 것처럼 이는 시적 주체가 대상 세계에 직접 개입하지 않고 관찰자로서 대상 바깥에 머무는 태도에서 기인하는 것이기도 하지만, 동시에 형상화하는 대상 세계가 그만큼 시적 주체에게 구체적이지 않다는 뜻이기도 하다. 물론 40여 편의 시 중에서 구체적인 체험을 기반으로 한 작품(박언숙의 「참새 가볍게 만진 날의 일기」, 이기선의 「귀뚜라미 우는 새벽」 등)이 없지는 않지만, 감동과 새로운 사유를 주기에는 시상을 밀어내는 힘이 부족해 보인다. 관조하면서 이미지로 표현되는 대상은 시적 주체의 바깥에 놓인 소재에 불과할 가능성이 높다. 40여 편이 넘는 작품 중에서 시적 격동이나 깊은 울림을 주는 작품이 거의 없다는 점은 문제적이다.

그러한 점에서 생각할 대목은 22명의 작품 중에서 가장 이질적인 게 유홍준의 시라는 점이다. 그의 시는 '신작 특집'에 수록된 다른 시인들의 작품과 확실히 변별된다. 유홍준은 개성적인 시인이지만 시적 언어나 스타일의 측면에서 매우 각별한 경우에 속하지는 않는다. 상대적으로 그의 언어가 『시와 반시』 등단 시인 중에서는 가장 확실한 마이너리티라고 할 수 있다. 위의 인용시들과 비슷하게 현대적 일상의 불모성을 형상화한 그의 등단작은 시적 개성이란 강한 자기 언어에서 연원하는 것임을 웅변해 준다.

벤자민과 소철과 관음죽 / 송사리와 금붕어와 올챙이와 개미와 방아깨비와 잠자리 / 장미와 안개꽃과 튤립과 국화 / 우리 집에 와서 다 죽었다 // 죽음에 대한 관찰일기를 쓰며 / 죽음을 신기해하는 아이는 꼬박꼬박 키가 자랐고 / 죽음의 처참함을 바라보며 커피를 마시고 / 음악을 듣는 아내는 화장술이 늘어가는 삼십대가 되었다 // 바람도 태양도 푸른 박테리아도 / 희망도 절망도 욕망도 끈질긴 유혹도 / 우리 집에 와서 다 죽었다 // 어머니한테서 전화가 왔다 / 별일 없냐 / 별일 없어요 // 행복이란 이런 것 / 죽음 곁에서 / 능청스러운 것 / 죽음을 집 안으로 가득 끌어들이는 것

—유홍준, 「우리 집에 와서 다 죽었다」 부분

일상의 불모성과 허위의 삶을 건조한 언어와 반복되는 리듬 속에 형상화하고 있는 이 시는 삶에 대한 구체적인 자기 인식과 체험 위에서 서늘한 우리 일상의 '생얼'을 목격하게 만든다. "별일 없냐 / 별일 없어요 // 행복이란 이런 것 / 죽음 곁에서 / 능청스러운 것 / 죽음을 집 안으로 가득 끌어들이는 것". 이 시적 언술이 주는 묵중한 울림은 그것이 구체적이고 치열한 자기 체험에 기반한 것이기 때문에 가능한 것이다. 나는 유홍준에게서 김수영의 그림자를 보지만, 그 그림자는 '김수영式'의 어떤 모방의 흔적이 아니라 구체적인 자기 현실과 자기 고민 속에서 도달한 치열한 시정신 같은 것이다. 1인칭 언어로 말하는 것은 가장 유서 깊은 서정시의 발화 방식이지만, 여전히 낡지 않은 생생한 전위이고 실험이 될 수도 있다. 문제는 형식이나 방법이 아니라 정신에 있다.

"『시와 반시』가 단순한 지역문예지의 의미를 넘어서 서울이라는 거대한 중앙집권화를 반대하고 대구라는 지역적 입장에서 독자적인 존립근거를 지켜낸"(강현국) '잡지'라는 선언이 여전히 현재적 명

제가 되기 위해서는 '反詩'가 무엇이어야 하는가에 대한 날선 물음이 〈반시〉 내부에서 간단(間斷) 없이 개진되어야 한다. 그렇지 않으면 '반시'는 '半詩'로 남을 것이다. 시류를 거스르는[反時] 오만한 힘은, 그리고 자존의 정신은, 정실화하려는 자신을 "바깥으로 내밀어내는" 힘에서 나올 것이며, 그것은 구체적인 말[反詩]의 실체에서 나오는 것이어야 한다.

무크지 출현의 배경과 맥락

— 『마산문화』를 중심으로 —

1. 들어가면서

한국 최초의 무크지[1] 『실천문학』이 출간된 것은 1980년 봄이었지만 최초 발행하려 했던 시점은 1979년 하반기였으며, 통념상 '무크지 시대' 개막의 직접적 계기가 되었다고 알려져 있는 『창작과비평』(이하 『창비』), 『문학과지성』(이하 『문지』)의 폐간은 1980년 7월이었다. 두 잡지는 여름호(1980.6)가 출간되고 가을호를 준비하던 7월에 폐간을 통보 받았고[2], 이후 1980년 12월 공표된 '언론기본법'에 의해 정

---

1 무크(Mook : magabook / bookerzine)는 잡지(Magazine)와 책(Book)의 중간 형태로서, 잡지에 담을 내용을 단행본 형식으로 엮어 낸 것을 말한다. 형식은 유사하지만 부정기적으로 발행된다는 점에서 잡지와는 상이한 간행물이다. 정기성(定期性)에 구속되지 않으면서 일정한 방향성을 띤 잡지 스타일의 책을 발간할 때 활용된 무크지는, 1973년 미국출판계에서 최초로 출현하였고, 우리나라에서는 비교적 이른 시기인 1980년 3월 『실천문학』으로 처음 등장한다.

2 1980년 7월 31일 문화공보부는 '사회정화'라는 명목으로 172개 정기간행물의 등록을 취소했다. 이는 전체 정기간행물의 12%, 유가지(有價誌)의 1/4에 해당하는 것으로서, 등록취소 사유는 1)비위·부정·부조리 등 각종 사회적 부패 요인 제공 2)음란·저속·외설적 내용으로 청소년 정서에 유해한 내용 게재 3)계급의식 격화 조장, 사회불안 조성 등이었다. 등록이 취소된 간행물 중에서 신군부에 가장 껄끄러웠던 잡지는, 월간지의 경우 함석헌의 『씨올의소리』, 신학자 안병무의 『현존』 그리고 『뿌리깊은나무』, 『월간중앙』, 『기자협회보』 등이었고, 계간지의 경우 『저널리즘』, 『창작과비평』, 『문학과지성』 등이었다. 이 가운데 『창작과비평』은 신군부에 가장 문제적인 잡지로 인식되었으며, 다소 의외로 받아들여진 『문학과지성』의 폐간은 "일부 불온한 지식인 집단들

기간행물—연2회 이상 발행되는 계속간행물—의 발행이 어려워지면서 무크지의 간행은 본격화된다. 시기적으로 『실천문학』의 출간이 두 잡지의 폐간보다 앞서 이루어졌다는 점은 무크지의 첫 출현이 후자의 직접적인 계기로 인해 일어난 것이 아님을 뜻한다. 물론 『실천문학』 이외의 많은 무크지들이 두 잡지의 폐간 이후 생긴 일정한 공백으로 인해 자극을 받았고[3] 여기에 참여한 편집진들이 이들 잡지로부터 적지 않은 영향을 입었음을 고려할 때, 『창비』, 『문지』의 폐간은 무크지 등장에 한 요인이었던 것은 분명해 보인다. 여기에서 두 잡지의 폐간을 무크지 출현의 여러 원인 중의 하나로 그 의미를 제한한 것은, 넓게 보아 문제의식을 상당 부분 공유하고 있던 『실천문학』이 『창비』가 간행 중이던 1979년 발간을 계획했다가 1980년 봄에 출간되었고, 폐간 이후 30종[4]이나 되는 다양한 양상의 문학 관련 무크

의 활동 근거지가 되는 잡지"라는 이유에서 이루어졌다. 「파시즘적 언론·문화탄압 '한국판 문서갱유' : 실록민주화운동44」(경향신문, 2004.2.15)와 「신군부 언론 압제에 맞선 '문화게릴라' : 실록 민주화운동50」(경향신문, 2004.3.28.), 그리고 김병익의 「문학과지성 폐간당하다」, 『글 뒤에 숨은 글』(문학동네, 2004)을 참조할 것.

3 두 잡지의 폐간으로 인해 생긴 공백은 단순한 발표 지면의 축소라기보다 이들 잡지가 보여주었던 진보적 경향의 가시적 소거라고 할 수 있는데, 이후 간행된 무크지들이 두 잡지의 한계를 지적하며 등장한 것을 고려하면 그 공백은 『창비』와 『문지』가 만들어놓은 장(場)과 관련된 것이라고 할 수 있다. 두 잡지가 폐간된 당대에도 『현대문학』, 『월간문학』, 『현대시학』, 『문학사상』 등의 잡지는 여전히 간행되고 있었다.

4 처음으로 문학 관련 무크지의 성격을 본격적으로 검토한 원재길이 문학-무크지로 꼽은 것은 〈실천문학, 우리 세대(시대)의 문학, 언어의 세계, 지평, 삶의 문학, 문학의 시대, 여성문학, 전망, 창작과 비평, 민족현실과 지역운동, 정통문학, 우리문학, 문학예술운동, 노동문학, 민족과 지역, 마산문화, 공동체문학, 포항문학, 민족과 문학, 분단시대, 민족과 지역, 오늘의 문학, 여성운동과 문학, 표현, 민의, 문화비평〉 등 26종이었고, 이후 관련 주제를 재검토한 임헌영은 이 중에 〈여성문학, 정통문학, 포항문학, 분단

지들이 발행되었다는 점에서 기인한다. 이는 기존의 『창비』나 『문지』를 통해 담을 수 없는 시대적 요구가 있었고, 이러한 요구를 담아낼 수 있는 역량이 형성되고 있었음을 시사하는 것이다.

> 양대 계간지 모두 엘리트 중심의 폐쇄적인 소통구조와 비대중적인 동인지 성격의 한계를 동시에 갖고 있었죠. 그런데 수용문학의 측면에서 1970년대 문학을 바라보면 놀라운 문화변동 양상이 나타납니다. 1970년대 문학이 나름 건강할 수 있었던 이유이기도 한데 학생운동, 언론운동, 종교운동, 그리고 뒤늦게 동참하게 되는 노동운동의 연대가 이뤄지고 있었어요. 문화운동의 장이 필요하게 되었기 때문입니다.[5]

『실천문학』 창간에 참여하였던 박태순이 잡지 발간의 전후 사정을 설명하는 자리에서 밝힌 이와 같은 내용은 실제로 많은 무크지들의 창간사에서도 유사하게 등장한다. "엘리트 중심의 폐쇄적인 소통구조와 비대중적인 동인지 성격"으로 적시된 두 잡지의 한계는 그동안 『창비』와 『문지』가 일구어낸 성과들을 반증하는 것이면서, 동시에 이들 잡지의 영향을 받은 수용자층의 욕구와 의식이 성장하였고 점차 분명해지고 있음을 시사하는 것이다. 다시 말해 당대의 문학 독자층은 더 이상 두 잡지의 내용을 고스란히 받아들이고 학습하는

시대, 오늘의 문학, 여성운동가 문학, 표현, 민의, 문화비평〉을 빼고 〈노동해방문학, 르뽀시대, 땅의 사람들, 현장문학〉 등의 4종을 새로 추가하였다. 원재길의 「80년대 문학 종합 무크지의 실태」(『문화예술』 124호, 1989), 임헌영의 「1980년대 무크지를 통한 문학운동」(『작가연구』 15호, 깊은샘, 2006)을 참고할 것.

5 박태순·이명원, 「소설가 박태순에게 들어보는 1980년대와 『실천문학』, 그리고 문학운동」, 『실천문학』 105호, 2012·봄, 107쪽.

독자, 순종하는 수용자가 아니라, 말하고 싶은 욕망과 참여하고자 하는 의식을 갖춘 비판적 수용자로 성장하였음을 뜻한다. 그런 점에서 무크지 출현의 당대적 필연성으로 박태순이 꼽은 "놀라운 문화변동 양상", 즉 다양한 운동 계층과 세력들의 연대, 그래서 필요하게 된 "문화운동의 장"은 무크지시대의 도래가 시대적 요청의 산물임을 웅변해준다. 문학 무크지들의 성격을 총정리한 원재길이 "80년대 무크지들이 이 두 개의 잡지를 계승한 것이라기보다는 이 두 잡지가 지니고 있었던 문제점 내지 한계를 발전적으로 극복하려는 경향을 공통적으로 보여주고 있다"[6]고 했던 것 또한 이 부분을 지적한 것이다. 소통과 참여, 연대와 운동에 대한 갈망은 언론 통제에 의해 만들어진 공백을 새로운 열림의 장(場)으로 전환하는 가장 중요한 핵심 요인 중의 하나였던 것으로 보인다.

이 글은 위에서 박태순이 지적한 "문화운동의 장"으로서 무크지를 요청하였던 당대의 문화변동 양상을 '마산'을 통해 구체적으로 살피고자 한다. 여기에서 '마산'이라고 한 것은 1970년대 중반부터 본격화되어 80년대 『마산문화』에 이르는 과정까지 진행되었던 일련의 지역 운동의 양상을 임의적으로 총칭하는 것으로서, 이는 무크지로서의 『마산문화』가 우발적 계기에 의해 등장한 것이 아니라 지역의 변혁 운동의 과정 속에서 출현한 것이라는 인식에서 기인한다. 이 작업은 『마산문화』를 꾸린 문화운동 주체들의 역량 형성 과정을 살피고, 이들이 지향하고 성취하고자 했던 문화운동 내용의 세부를 확인하는 일이 될 것이다. 이는 우리에게 무크지시대의 의미와 환경을 구체적으로 사유할 수 있는 계기가 되리라 판단된다.

---

6 원재길, 앞의 글, 144쪽.

원재길에 따르면 80년대 간행된 무크지 26종 가운데 지방에서 발행된 것은 13종이었다.[7] 전체 무크지 중에 절반이 지역에서 발행되었는데, 이는 무크지 시대 이전/이후의 상황과 비교해 볼 때 문학잡지의 지역 발행 비율이 현저하게 상승한 것이었다.[8] 앞서 기존 문단의 한계로 박태순이 지적한 "엘리트 중심의 폐쇄적인 소통구조와 비대중적인 동인지 성격"의 문제가 무크지의 지역 발행이라는 현상에서도 반증되고 있는 셈이다. 지역에서 발간된 무크지들은 공히 문화/문학의 지방주의 시대를 선언하고 있는데, 이는 서울 중심의 문학, 민중들의 삶과 무관한 자기도취적 문학주의, 그리고 지식인과 특정 문학엘리트 위주의 폐쇄적 문학시스템에 대한 강한 부정의 발로였다. 소수 문학인들의 독점과 서울-중앙집중화, 그리고 담론중심주의는 함께 결연된 현상으로서, 이는 현실과 현장, 삶과 민중, 다양성과 개방성을 지향하는 지역 무크지들이 타개하고자 한 현실이었다.[9] 문학 매체들의 지역 분산이나 지역 무크지들의 방향성은 서

---

7 무크지의 지역 간행 현황을 살펴보면, 광주에서 4종, 부산·대전·대구에서 각 2종, 마산·포항에서 각 1종이 발행되었다(원재길, 앞의 글, 147쪽).

8 80년대 이전 대부분의 문학잡지가 서울에서 발행되었으며, 지역의 출판 역량이 그나마 개선된 시기였던 무크지시대 이후 문학매체의 서울 집중현상은 다시 심화된다. 2000년 기준, 전체 간행된 문학지 178종 가운데 지방에서 발행된 것은 45종에 불과하다. 서울에서 간행된 문학잡지의 비율은 77%이다(황국명,「부산지역 문예지의 지형학적 연구」,『한국문학논총』제37집, 한국문학회, 2004.8).

9 김문주,「1980년대 무크지운동과 문학장의 변화」,『한국시학연구』제37호, 한국시학회, 2013.8, 97쪽. 다음에 인용할『삶의 문화』(대전)와『地平』(부산)의 발간사는 당대 지역무크지의 성격을 잘 보여준다.

"문학의 민주화가 갖는 일차적 의의는 그것의 창작 및 향수, 계층의 보편화, 즉 민중화에 있다고 할 수 있다. (…) 따라서 우리는 그 구체적 방안의 하나로 문학의 신비화에 대

울에서 발행된 무크지들의 중심 가치 - 민중성, 현장성, 다양성 등과 도 넓은 의미에서 다르지 않다. 그것은 '문학성의 민주주의', '다른 문학의 가능성' '복수의 문학성'의 요청이었던 것이다.[10]

이 글이 『마산문화』에 주목한 이유는, 1970년대 중반부터 개진되어 1980년대 이르러 본격화된 문화변동의 양상과 문화운동의 성과들을 구체적으로 확인할 수 있고 무크지로 수렴된 이 시기의 시대정신을 전체적으로 조망할 수 있는 사례라는 점에서이다. 무크지시대의 가장 중요한 특징 중의 하나가 '지역성'[11]이며 실제로 지역에서 발행된 최초의 무크지라는 점, 그리고 매체가 당대적 가치를 실현하고자 하는 문화 운동의 실천들을 수렴하고 매개하는 구체적 역할들을 수행하였다는 점, 아울러 이러한 운동의 실천성을 위해 문학뿐만 아니라 다양한 장르들을 포함한 종합무크지라는 점[12] 등을 고려하여

한 거부와 함께 그것이 전문 기능인의 장인적 전유물이 되거나 소수 지식인 및 학자들의 안가한 소일거리가 되는 것을 배격한다."(『삶의 문화』 5집)

"이제 우리는 우리의 문학태도와 삶의 방식을 분명히 하여 지방문학으로서 한국문학, 한국 민족문학으로서 세계문학이라는 관점을 정립하고자 한다. 이러한 관점의 정립은 ⅰ) 중앙/지방, 서울/지방에 의한 한국문학 이해태도 ⅱ)순수/참여의 이원론적 경직성 ⅲ)삶의 편향성 등에 대한 극복의지와 극복행위가 그 구체적인 기반이 된다"(『地平』 2집).

10 위의 글, 86~95쪽을 참조할 것.

11 지역무크지들이 중요하게 표방했던 서울중심주의 타파, 문화의 지방주의는 당대 무크지의 핵심 가치인 민중성이나 현장/현실성, 그리고 실천성과 긴밀하게 연동된 것으로서 무크지시대의 성격을 상징적으로 보여주는 개념이다. '지역성'은 현장과 긴밀하게 소통하고 다양한 운동들의 연대와 실천의 중요한 계기로서 문학매체가 활용될 수 있는 가장 중요한 기반이며, 이전 시대의 엘리트/이론 중심의 추상적 논의를 지양(止揚)하고자 하는 문화주체들의 핵심 가치인 셈이다.

12 문학잡지가 다양한 성격의 글을 함께 수록한 것은 7,80년대 문학이 기본적으로 운동적 흐름 속에, 혹은 운동적 성격을 띠고 있었음을 웅변해준다. 복간된 『창비』의 서

『마산문화』를 무크지시대의 성격을 살필 수 있는 중요한 사례로 검토하였다.

2. 서울·마산의 상생 네트워크와 지역 운동의 기반 만들기

『창비』, 『문지』 등의 폐간이 무크지 출현의 결정적인 인과적 계기가 아니었던 것으로 볼 수 있는 근거는 크게 두 가지인데, 하나는 앞서 살펴본 것처럼 최초의 무크지이자 이후 간행된 무크지들의 발행에 중요한 계기가 되었던 『실천문학』이 기존 잡지들의 폐간 1년 전에 이미 창간을 기획하고 있었다는 점, 이는 이전의 잡지들과 다른 형식/내용의 간행물이 요청되고 있었음을 뜻하는 것이다. 나머지 하나는 간행된 무크지들의 내용이나 지향으로 볼 때, 신군부의 폭압에 의해 초래된 이 뜻밖의 상황을 새로운 운동의 계기로 전환할 수 있는 어떤 의식과 역량들이 이미 그 시대 속에 잠복되어 있었다는 점이다.

1982년 12월에 간행된 『마산문화』 역시, 변화된 시대에 응전할 수 있는, 의식 있는 주체들이 이미 형성되어 있었고, 이들은 돌발적인 상황에서 단기간에 소집되거나 조직된 게 아니라 상당 기간 동안 지역사회의 역량을 키우는 과정들을 통해서 준비된 존재들이었다. 그것의 첫 출발은 '재경마산학우회'였다.

재경마산학우회가 발족된 것은 1965년이었고 그것의 결정적 계기가 된 것은 경남도청 유치의 건이었다. 당시 학생들 사이에서 학생

문은 이를 단적으로 보여준다. "문학계간지가 인문사회과학 여러 분야의 논의를 수용하는 것도, 무슨 호사취미나 구색맞추기가 아니다. 문학 본래의 변증법적 성격이 자연스럽게 실천되는 과정의 일부인 것이다"(「책머리에」, 『창작과비평』, 1988.3, 3쪽).

회활동을 위해 단체 결성 논의가 있던 중이었는데, 경남도청 이전 문제가 부각되면서 학우회 발족이 급물살을 타게 된 것이었다. 이듬해 1월 마산시청회의실에서 재경마산학우회 임원들이 참여한 시정좌담회를 시작으로 서울과 마산을 오가며 학우회 활동이 진행된다. 여느 학우회처럼 당시 재경마산학우회의 주된 활동은 음악회, 미술전, 시화전, 초청강연회, 체육대회 등의 친목활동과 지역고등학생들을 대상으로 한 대학설명회, 그리고 지역 교도소 방문 등이었다.[13]

이 무렵 한국사회는 1969년 3선개헌 저지투쟁, 1970년 11월 전태일의 분신, 1972년 10월 유신, 1974년 봄 민청학련을 중심으로 한 유신반대투쟁 등이 이어지면서 변혁에 대한 요구가 거세지던 상황이었다. 특히 전태일의 죽음은 그때까지 "추상적 대의에 입각하여 전개되던 학생운동을 일거에 민중의 고통에 대한 응답으로 전환시킨"[14] 중요한 계기였다. 긴급조치 발동으로 집단행동이 불법화되어 표면적으로는 운동의 활력이 약해졌지만, 이를 계기로 학생들이 민중 속으로 침투해 들어감으로써 학생운동과 노동운동이 하나의 흐름으로 합류하게 된다는 점에서, 70년대 후반기는 중요한 시기였다. 학생과 노동자, 그리고 진보적 지식인과 종교계가 지속적으로 만나고 연대하는 거대한 흐름이 시작된 것이었다.

재경마산학우회의 성격이 변화한 것도 이러한 사회적 분위기, 학생운동권의 변화와 맞물려 있다. 그동안 지역출신 엘리트들의 친목

---

13 재경마산학우회 결성이나 활동과 관련한 내용은 재경마산학우회지 『南都』의 '연혁', 박철규의 「부마민주항쟁과 학생운동」(『부마민주항쟁 연구논총』, 2003), 〈경남도민일보〉(2001.3.13) 등을 참조할 것.

14 김상봉, 「귀향, 혁명의 시원을 찾아서」, 서중석 외, 『부마민중항쟁의 역사적 재조명』, 부마민주항쟁기념사업회 부설 민주주의사회연구소, 2009, 89쪽.

모임 성격을 띠고 있던 재경마산학우회는 1974년 4월 고려대 이념서클인 '청년문제연구회'에서 활동하던 한철수(72학번)가 10대 회장을 맡으면서 변화하기 시작한다. 당시 한철수 주위에는 서울대 이념서클인 '한국사회연구회'에서 활동하던 주대환, 서익진, 감정기, 그리고 김진식 등과 재경마산학우회보 『南都』 창간호에 편집을 맡은 연세대 박진해(국문), 그리고 이후 운동권에 투신하게 되는 설훈(고려대), 황성권(외국어대) 등이 있었다. 이후 재경마산학우회는 학생운동에 직간접적으로 관여하던 이들에 의해 주도되면서 이전과 달리 현실참여적 성격의 모임으로 변화한다. 학우회 집행부는 재경학우회 회지 『南都』(1975.2)를 창간하여 회원들의 결속을 다지는 한편, 지역 마산에서 강만길, 한완상 교수 등의 초청학술강연회와 재경학우회 소속 회원들의 학술발표의 장을 지속적으로 갖음으로써 지역의 의식을 깨우는 작업을 본격화한다.[15] 이러한 학우회의 공식적인 활동들은 서울과 지역을 매개함으로써 침체해 있던 마산을 각성시키는 데 일조한다. 그러나 보다 중대한 영향은 재경학우회의 비공식적인 스터디 모임에서 시작된 것으로 보인다. 『남도』 창간호가 발행되고 서익진이 회장을 맡은 이후(1975) "무엇인가를 도모할 수 있

15 재경마산학우회의 많은 회원들은 지역에 대한 자부심과 엘리트 의식을 지니고 있었다. 특히 집행부는 박정희 체제 이후 침제한 마산지역의 시민/민주 의식의 고취를 위해 무엇인가를 해야겠다는 생각을 갖고 있었고 대학운동권 진영의 전체적인 분위기도 현장과 민중을 가장 중요한 거점으로 인식하고 있었다. 이러한 점들은 재경학우회의 진보그룹들이 지역 마산에서 여러 활동들을 기획하고 실천할 수 있는 중요한 환경이 되었다. 마산 지역은 3·15의 도시라는 자부심이 매우 강했고, 이는 이 지역 출신 대학생들로 하여금 지역에 대한 사명의식을 갖는데 중요한 의식적 자양이 되었던 것으로 보인다.

는"[16] 소모임에 대한 필요성이 제기되어 일부 회원들을 대상으로 한 공부 모임이 결성된다.[17] 이들은 학기 중에는 서울에서, 방학 때는 마산에서 공부 모임을 갖고 그 결과물을 『南都』 등에 발표하였으며, 1976년에는 지역을 책임질 경남대 후배들을 참여시킴으로써 지역사회의 운동 역량을 조성하는 결정적인 계기를 마련한다.[18] 이 소모임에 참여한 학생들[19]이 중심이 되어 1977년 하반기에 경남대의 첫 이념서클인 〈사회과학연구회〉가 결성되고, 이들은 훗날 10·18마산민주항쟁을 포함하여 지역의 시민사회 운동 역량을 발휘하고 성장

---

16 박진해, 「긴 역사에 대한 낙관론」, 『부마민주항쟁 증언집』, 불휘미디어, 2011, 195쪽.

17 이 모임의 초창기 회원은 한철수, 주대환, 황성권, 김진식, 서익진, 박진해, 김종철 등이었고 이후 30명에 가까운 모임으로 확대된다. 장동훈, 김영조, 김상진(이상 고려대), 송정환, 허원, 차양호, 이호철, 신권철, 신종신, 오진환, 오영보, 이명희, 박정좌, 김준(이상 서울대), 우기동, 이문봉(이상 성균관대), 배기룡, 변효순(이상 연세대), 정혜란, 송은희, 김애림, 심경희, 이민진(이상 이화여대) 등이었으며, 이 가운데 일부는 지역에서 전개되는 경남양서협동보급회 집현전, 부마민주항쟁, 『마산문화』 발행 등에 관여한다.
이외에 재경마산학우회가 지역에 끼친 영향 중 하나는 1975년 〈마산학생연극회〉의 결성이었다. 김진식·하영화(서울대), 이재용(고려대), 최낙경(성균관대), 이나경(이화여대), 주정숙(경북대), 이윤도·전재용(경남대) 등이 참여하여 사회성이 강한 작품들을 무대에 올렸고, 이것이 지역사회에 강한 자극이 되어, 이듬해(1976)에는 경남대 극예술연구회, 1977년에는 가톨릭여성회관의 지원을 받아 공장노동자들을 중심으로 한 불씨극회 창립으로 이어진다[박진해의 「경남양서보급회를 돌아보다」(민주주의사회연구소 편, 『양서협동조합운동』, 대성, 2011, 61~64쪽)와 『부마민주항쟁 증언집』 중 이윤도·신용수 등의 인터뷰].

18 한철수는 한 인터뷰에서 대학 재학 중에 참여한 '청년문제연구회'의 주요 활동 중의 하나가 '지방대학에 이념서클을 만드는 것이었고, 그러한 활동의 일환으로 경남대 후배들과 소모임을 갖게 되었다'고 밝힌바 있다(『부마민주항쟁 증언집』, 784쪽).

19 이 모임에 참여한 이들은 정성기, 이윤도, 최청호, 윤기수, 박재석, 이신모, 박성원, 한석태(1기), 박인준, 강정근, 박성원, 제부원, 김용현(2기) 등이었다.

시키는 중추적인 역할을 하게 된다. 다음 장에서 살펴보겠지만, 재경학우회와 함께 공부 모임에 참여한 경남대학생들은 〈경남양서협동보급회 – 집현전〉 활동을 통과하면서 학내와 종교계, 야학과 노동현장에 접속함으로써 지역사회의 운동 역량을 결집·제고하는 데 중요한 역할을 한다.

재경마산학우회 회보 『남도』를 살펴보면, 그 구성은 축사/격려사, 특집, 편집위원칼럼, 타지방 학우란, 회원논단, 번역논문, 특별기고, 좌담, 시론(時論), 〈南都文苑〉(시·소설·수필·꽁트·번역·독후감) 등으로 이루어져 있다. 의례적인 글이나 신변잡기를 적은 회원들의 에세이, 그리고 다양한 종류의 문학적 감성이 투영된 글들은 그 무렵 비슷한 종류의 회지들에서 볼 수 있는 것들이지만, 이 가운데 눈에 띄는 편집진이나 '회원논단'에 수록된 일부 회원들의 글은 상당한 수준의 식견을 갖춘 것들이었다.

다음은 4호까지 간행된 『남도』 중에서 주목할 만한 글의 목록이다.

	특집 / 권두논문	편집위원 칼럼 /시론	회원논단	기타
1호 (1975.2)	〈특집 : 후진국 민족주의〉 •후진국 민족주의 개념(편집부) •경제적 측면에서 본 후진국 민족주의(서울대 서익진) •후진국 민족주의에 대한 정치적 고찰(건국대 조봉래)	•3·15의거 기념탑(연세대 박진해) 〈時論〉 •대학생과 사명(한양대 안창근) •민권의 역사적 고찰과 현실(서강대 이봉조) •한국사관에 대한 우리의 자성(서강대 임창섭)	•연극과 관객(고려대 김성수) •대학의 개혁(연세대 남원철) •우리나라의 경제성과 외채부담(중앙대 강영재) •사회과학으로서의 사회사업학(서울대 감정기)	•권두시(이은상) •특별기고(시/이선관) •특별좌담(학우회의 바람직한 진로를 모색한다 : 박진해·조남규·차철환·구미화·김치옥·한철수·전영이·김진식)

	특집 / 권두논문	편집위원 칼럼 /시론	회원논단	기타
2호 (1976.2)	〈권두논문〉 •지식인과 행동 (중앙일보기자 설동환)		•비교문학의 한국적 적용(연세대 박진해) •19세기 러시아 작가와 사회상(고려대 이재용) •역사의 이해와 객관성(서울대 박길순) •학문일반에 대한 자연과학과 인문과학의 구분에 관한 문제(서울대 하영화)	•특별기고(시/이선관)
3호 (1977.3)	〈권두논문〉 •인간화와 문제의식(서울대 서익진)		•상황과 지성(고려대 김종철) •청년문화로서의 대학탈춤(연세대 박진해)	•특별기고(후배에게 주는 글/경남매일편집국장 이광석) •특별기고(시/이선관)
4호 (1978.3)	〈특집〉 •포토칼럼 : 인생 시장의 하루(연세대 정연구/이대 허경)		•연극의 본질(서울대 하영화) •한국경제발전과 임금구조에 관한 연구(경남대 정성기) •인간화를 위한 시론(고려대 김종철) •(번역논문) 아시아 사회정체론 비판의 방법론적 반성(서울대 송정환)	•특별기고(시/이선관)

앞서 언급한 것처럼 1976년부터 재경학우회는 전체 회원들(재적 1300여 명)의 친목을 도모하는 공식적인 전체 모임과 이념적 성향을 띤 비공식적 소모임으로 이원화되어 운영되었는데, 위 표에 정리된 기획논문이나 시론들은 소모임의 산물로서 상당한 공부가 축적된, 전문적 식견을 갖춘 것들로 판단된다. 『남도』 창간호의 편집책임을 맡은바 있고 이후 양서협동조합의 〈집현보〉, 그리고 『마산문화』(1,2호)를 꾸린 박진해에 따르면[20], 76년부터 시작된 공부 모임의 성과들은 스터디에 참여한 회원 중 한둘이 맡아 정리하여 발표하였다고 한다.[21] 서익진, 하영화, 박진해, 감정기, 김종철 등 위의 필진 중 다수가 이 모임에 참여한 인물들이다. 특기할 만한 것은 76년부터 재경학우회 공부모임에 참여하고 77년 하반기에 경남대 최초의 이념서클인 〈사회과학연구회〉 결성을 주도한 정성기의 글이 재경학우회 소속이 아님에도 불구사고 4호(1978)에 수록되어 있다는 것, 아울러 강한 사회적 비판의식을 보인 지역시인 이선관의 시가 한 차례도 빠지지 않고 특별기고 형식으로 수록되었다는 점이다.

『남도』를 창간·간행한 재경마산학우회는 소모임을 통해 서울과 지역의 연계고리를 구축함으로써 지역의 운동 기반을 조성하고 이후 지역사회에서 개진되는 다양한 문화운동의 밑거름을 마련하였다. 1970년대 폭압적인 유신체제 속에 진행된 이와 같은 서울－지역의 상생적인 움직임은 80년을 전후로 하여 펼쳐진 마산 지역의 문화

---

20 박진해 인터뷰 : 2014.8.13(수), 경남사회적기업지원센터.

21 스터디 모임의 공부 결과를 한 두 사람이 정리하고 함께 논의하여 수정·발표하는 이러한 글쓰기 방식은 『남도』에서 『마산문화』에 이르는 기간 동안 지속되었다. 『마산문화』의 편집 책임을 맡았던 박진해나 박영주가 공히 이 무크지에 수록된 글들을 '공동집필'이나 '집체창작'의 관점에서 설명하려 한 것도 이와 관련된다.

운동, 나아가 민주화운동을 가능하게 한 중요한 동력이 되었던 것으로 판단된다.

3. 경남양서보급회(집현전)와 지역 운동 역량의 대중적 확산

양서협동조합(이하 양협)은 1978년 4월 5일 부산에서 처음 결성된 이후 마산, 대구, 서울, 울산, 광주, 수원 등으로 전파·확산되었다가 권력의 탄압에 의해 80년대 초반 해산된 소비자협동조합이다. 양서(良書) 유통을 목적으로 한 협동조합이지만 일반적인 소비자협동조합과 달리 경제적 목적보다는 양서 보급을 통한 문화운동체 육성의 성격을 띤 양협은 지역차는 있지만 양서를 매개로 하여 조합원 교육과 강연회, 그리고 내부 소모임 등을 병행함으로써 조합원들의 의식을 각성시키는 역할을 수행한 운동체 조직이다. 지역에 따라 정도의 차이는 있지만 양협의 가장 중요한 핵심적 성격은 유신체제하에서 단절되어 있던 민주화운동가들이 대중과 만날 수 있는 합법적 공간을 제공했다는 데 있다.[22]

1974년 민청학련 사건으로 15년형을 선고받고 복역하다가 1975년 2월 출옥한 후, 이듬해 7월 부산으로 이주, 당시 부산인권변호사로 활동하던 김광일변호사 사무실에서 근무하며 부산지역 민주화운동의 주요 거점인 중부교회 전도사로 활동하던 김형기의 착안으로 시작된 부산양서협동조합[23]은 지역의 기독청년들과 서울지역 유

---

22 차성한, 「양서협동조합운동의 재조명」, 『기억과 전망』 8권, 2004·가을, 68~69쪽.

23 부산양협과 양서협동조합운동의 전모에 관해서는 차성환의 「양서협동조합운동의 재조명1·2」(『기억과 전망』 8/9권, 2004·가을/겨울)과 김형기의 「양서협동조합 운

학생 그룹, 지역의 명망가와 시민들이 참여한 조직이었다. “공개적이고 합법적이며 도덕적으로 온건한” 조직체로서 한국사회의 변화를 도모하려는 취지에서 발족한 부산양협은 1년 6개월만에 500여명의 조합원을 거느릴 만큼 성공적으로 정착하였다. 기본적으로 협동서점 운영을 통한 양서 보급을 비롯하여 분야별 소그룹 스터디 모임, 협동도서실 운영, 저자 초청 및 대중강연회, 농촌활동 등을 전개한 부산양협은 지역사회에 신선한 바람을 불어넣었으며, 다양한 인적 네트워크를 통해 양협의 전국적 확산에 중요한 전범이 되었다.

부산에 이어 두 번째로 결성된, 마산을 기반으로 한 ‘경남양서보급회 – 집현전’(이하 집현전)는 뜻밖의 인물에 의해 처음 제안된다. 마산고를 졸업한 후 한국철강(마산 소재)에서 수년간 절상노동자로 근무하던 이광두는 직장을 사직한 뒤 서점 개업을 위해 사전 준비 작업을 하던 중이었는데, 마침 부산양협에 관한 소식을 듣고 이곳을 직접 방문·견학한 뒤, 고등학교 1년 후배이자 마산 완월성당을 함께 다닌 서울의 김진식(서울대4년 재학)을 1978년 6월경에 찾아간다. 이광두의 제안에 졸업을 얼마 남겨두지 않았던 김진식과, 함께 자취를 하고 있던 박진해가 의기투합하였고, 이들은 서울의 한철수, 주대환, 황성권, 하영화, 마산의 이윤도, 정성기 등과 협의한 후, 재경마산학우회 선후배와 학우회의 학습소모임, 마산의 연극/탈춤 모임, 그리고 완월성당과 지인들을 규합하여 1978년 8월12일 창립총회를 갖고 운영방침과 조직 구성을 결정한다.[24] ‘집현전’은 매월 1회 회보 〈집현보(集

동을 회고한다」/김희욱의 「부산양서조합」(『양서협동조합운동』, 민주주의사회연구소 편, 대성, 2011) 등을 참고할 것.

24 집현전의 성격은 〈집현보〉 창간호에 실린 창간사에서 확인할 수 있다. “지난 시대에 당대 지성의 집결처로서의 집현전이 있었다. (…) 이들은 새 왕조를 이끌어 갈 이

賢報)〉[25]를 발행하였는데, 첫 회보에 수록된 회원 명단은 무려 128명이었다.[26] 부산양협과 달리 집현전은 재원 마련이 순조롭지 않은 대신, 회원들이 소장하던 책들을 기탁하여 대출도서로 활용하였다. 주요 도서 기탁자들[27]은 대체로 집현전의 핵심 회원이었고, 이전부터 재경학우회와 관련하여 소규모 공부모임에 참여한 사람들이었다. 도서대출 업무 이외에 집현전에서 주력했던 사업은 일반교양강좌와 여러 형태의 공부 모임이었으며, 집현전에 참여한 회원들은 마산 출신 대학생들, 경남대 학생, 지역의 각급학교 교사, 회사원, 세무서직원과 공무원, 그리고 고등학생 등 다양하였지만 전체적으로 젊은 층이 많았다.

념과 문화는 우리 고유의 전통에 뿌리박은 독자적인 것이어야 함을 절감하고 이의 창조에 모든 힘을 기울였거니와 그 성과는 강한 민족적 성향을 띠면서 광범한 민중지향적인 훈민정음 창제로 대표되어 나타났다. (…) 여기서 우리는 수많은 노동자들이 형편없는 저임금 지대에 방치되어 있는 일방 이른바 호화맨션 아파트와 유흥접객업소의 현저한 등장을 목격한다. 소비지향과 물질우선 감각 위주의 풍조 속에서 이미 이 고장의 슬기로운 전통유산은 발붙일 곳을 잃었다. (…) 그러나 더 이상 뿌리를 뽑힌 채 갈피를 잡지 못하는 이 고장의 부끄러운 전락을 방치해 둘 수만은 없다. 이를 위해 우리는 여기에 모였다." 비판적 지성의 제고를 통해 상업적이고 반민중적인 문화를 견제하고 추방하겠다는 의도가 선명하게 드러나 있다.

25 〈집현보〉는 18×24㎝ 정도 크기로 모두 네 번 발행되었다. 이광두가 발행인을, 박진해가 편집인을 맡은 회보는 손으로 직접 쓴 형태의 팜플렛으로서 12~24면으로 발행되었다. 매월 1회 간행을 목적으로 하여 1978.8~10월까지 3호를, 최종 4호는 이듬해 1월에 발행되었다.

26 2호(1978.9)에 소개된 신입회원은 42명, 3호(1978.10)에는 52명, 4호(1979.1) 20명 등, 준회원인 고등학생(마산고/여고) 16명을 포함하여 4호까지 등재된 회원은 모두 242명이다.

27 주요 도서기탁자는 박진해, 주대환, 김진식, 한철수, 김종철, 정성기, 하영화, 이윤도, 이광두, 이홍정, 백승태, 이광두, 한옥진, 윤성도, 주정숙, 우기동 등이었다.

〈집현보〉의 양서선정위원회가 선정한 도서들은 다음과 같다.

『전환시대의 논리』(리영희), 『이데올로기의 정체』(이규호), 『불확실성의 시대』(갈브레드), 『소유냐 삶이냐』(프롬), 『사람됨의 뜻』(이규호), 『지식인과 허위의식』(한완상), 『국제정치이론』(C.E 블랙), 『후진국 경제론』(조용범), 『민족경제론』(박현채), 『근대화이념과 한국경제』(임종철), 『한국경제의 실상과 허상』(유인호), 『한국근대농업사 연구』(김용섭), 『우주와 역사』(엘리아데), 『한국근대사론』(안병직), 『민족과 역사』(이기백), 『한국의 역사인식』(이우성·강만길), 『조선 지배층 연구』(김영모), 『한국가면극의 미학』(조동일), 『문학과 예술의 사회사』(하우저), 『한국현대회화사』(김윤수), 『일차원적 인간』(마르쿠제), 『하늘을 우러러』(김동길), 『일하는 아이들』(이오덕), 『민속종교와 한국문화』(유동식), 『한국 노동문제의 구조』(김윤환 외), 『교육과 의식화』(프리에), 『피억압자에 대한 교육학』(프리에), 『객지』(황석영), 『아홉켤레 구두로 남은 사내』(윤흥길), 『난장이가 쏘아올린 작은 공』(조세희), 『제3병동』(김정한), 『광장』(최인훈), 『거대한 뿌리』(김수영), 『농무』(신경림), 『나』(강은교 외), 『자기앞의 생』(아자르), 『제8요일』(플라스코)

양서선정위원회가 추천한 도서들은 정치·사회·경제·역사·예술·문학 등 다양한 분야의 책들로서, 당시 다른 양협에서도 많이 읽혔던 도서들이었다. 그 목록을 살펴보면 사회적 현실을 사유하고 고민할 수 있는 도서들로서, 앞서 살폈던 재경마산학우회 회보 『남도』와 다음 장에서 살필 무크지 『마산문화』에 중복·거론되는 책들이 적지 않다. 이는 책을 기탁한 집현전의 핵심 회원들이 재경학우회나 『마산문화』에 직간접적으로 관여한 이들이었기 때문으로 보인다. 재경마산학우회 일부 회원들에게서 시작된 소규모 공부 모임이 지역 속에

창구를 만들고 그것이 좀더 광범위한 인적 네트워크로서 확산되어 가는 양상을 우리는 여기에서 확인할 수 있다. 유신 체제로 인해 겉으로는 침체되었던 사회 변혁의 움직임은 의식을 일깨우는 다양한 계몽프로그램과 인적 네트워크의 확산 과정을 통해 보다 근본적이고 광범위한 동력을 형성해간 것이었다고 할 수 있다. 재경학우회와 지역대학생들이 함께 한 소규모 공부 모임이 양서보급회의 소모임 등으로 이어지고 이것이 종교계와 노동계, 일반 시민들 속으로 확산되는 과정은 지역의 시민의식과 민주 운동 역량이 성장하는 중요한 계기가 된 것이다.

〈집현보〉에 수록된 주요 기사 내용을 통해 당시 집현전 집행부의 방향을 생각해 볼 수 있다.

	주요 기사	기타
1호	〈서평〉 민족문학과 세계문학(백낙청) 〈양서추천목록〉	창간사, 발기문, 경남양서보급회 회칙, 회원명단, 회보 마크해설
2호	〈독후감〉 아무도 미워하지 않는 자의 죽음(정성기) 나세르와 아랍혁명(김종철) 〈도서안내〉 민속종교와 한국문화 /국제정치이론 /전환시대의 논리 /후진국 경제론 /제3병동 /피억압자에 대한 교육학 /한국현대회화사 /거대한 뿌리 /민족과 역사 〈연재마산문화사1〉 마산의 개항(박진해)	권두언, 신입회원 명단 기탁 도서목록
3호	〈서평〉 분단시대의 역사인식(정성기) /제8요일(이홍점) 〈한국근대사관계참고문헌〉 조선후기 경제의 변화 /실학사상 /민중문화의 성장 /민중의 항거와 동학혁명 /독립협회와 애국계몽운동 /의병의 항일투쟁 〈연재마산문화사2〉 일제 때의 항일운동(박진해)	신입회원 명단, 기탁도서 목록 대출도서 현황

	주요 기사	기타
4호	〈논단〉 에리히 프롬(김종철) /사회철학에 관하여(우기동) 〈연재마산문화사3〉 마산의 지신밟기(박진해) 〈양서소개〉 한국노동문제의 구조 /팡찡 /이데올로기의 정체 /교육과 의식화 /불확실성의 시대 /조선 지배층 연구	신입회원 명단, 도서대출 상황 기탁 도서, 구입도서 목록

〈집현보〉 창간호는 회원들에게 양서목록을 추천하는 데 그쳤지만, 2호부터는 양서에 대한 집중적인 서평과 독후감을 제공하였고, 아울러 '마산문화사' 연재를 통해 지역문화에 대한 구체적인 관심을 환기시켰다. 3호에는 한국근대사와 관련한 주제별 참고문헌 목록을 제공하고, 4호에서는 특정 작가와 주제에 관한 집중적인 논단 기사를 싣고 있다. '에리히 프롬'이나 '사회철학'에 관한 집중논단은 건강한 시민과 지역공동체 살리기를 도모한 집현전의 의도를 잘 드러낸 글이라고 할 수 있다. 〈집현보〉에 수록된 서평의 대상은 주로 정치·사회·경제 등 사회과학 분야의 도서들로서, 집현전의 사회과학세미나 모임에서 다룬 책들로 판단된다. 이들 서평 대상이나 기사 내용은 부분적으로 『남도』의 내용과 겹치며, 필진—박진해, 김종철, 정성기, 이홍점, 우기동 등—역시 『남도』 창간 이후 다양한 양상으로 지속된 소모임에 관여한 인물들이 주축을 이루고 있다. 이는 경남양서조합 운동이 재경학우회에서 시작된 소모임의 연속적 계승이자 확산의 성격을 띠고 있음을 시사한다.

집현전은 심각한 재정난과 창립에 주요 역할을 했던 박진해(해군장교 입대) 등의 이탈로 1979년 7월 자진해산한다.

4. 『마산문화』와 지역, 그리고 '작은 언론'

1982년 12월에 창간된 『마산문화』[28]는 지방에서 발행된 첫 무크지이다. 『실천문학』(1982.3/고은·박태순), 『우리 세대의 문학』(1982.5/이성복·이인성·정과리)에 이어 세 번째로 간행된 『마산문화』는 마산의 소극장 맷돌사랑과 도서출판 맷돌의 대표인 김종석을 발행인으로, 『남도』와 〈집현보〉 편집을 맡았던 박진해를 편집인으로 하여 창간된다. 『마산문화』의 편집 책임을 맡았던 박진해(필명 박명윤)에 따르면[29], 당시 지역의 진보적 운동 역량의 제고를 위해 고민하고 있던 중이었고 '대학서림'[30]을 중심으로 팜플렛 발간을 기획하고 있던 차에 무크지 형태로 발간된 『실천문학』을 보고 『마산문화』 창간을 기획하게 된다. 『마산문화』는 몇 명의 편집동인 체제로 발간된 것이라

28 4권까지 발행된 『마산문화』는 국판(15×22㎝)형의 크기로 1500부를 인쇄(창간호는 3000부 – 재판 발행)하였고 거의 전량 유가판매하였다. 1권은 도서출판 맷돌(발행인 김종석), 2,3권은 청운(발행인 서익진), 4권은 마산문화사(발행인 박영주)에서 간행되었고, 제작비용은 도서 판매 수입으로 거의 회수되었으며 편집진이 직접 제작에 참여하였기 때문에 크게 문제가 되지 않았다.

29 박진해 인터뷰.
(좌담) 김정환·박명윤(본명 박진해)·이은봉·하영권, 「80년대와 지방문화운동」, 『실천문학』 5호, 1984.10.

30 마산의 '대학서림'은 재경마산학우회와 집현전 활동에 깊이 관여하였던 서익진이 대학을 졸업한 후 마산에 정착하여 꾸렸던 서점이다. 당시 '대학서림'을 운영한 서익진은 도서 구입뿐만 아니라 서울 등지의 여러 도서관과 연결하여 (학위)논문 등의 자료 서비스를 제공하였고 인문사회과학 계통의 원서복사판을 구비·판매함으로써 서점을 지역의 중요한 문화공간으로 자리하게 만들었다(『마산문화』 창간호 「문화탐방」 기사 참조). 서익진은 이후 '도서출판 청운'을 등록하여 『마산문화』 2·3권을 발행하였고, '대학서림'은 『마산문화』 3·4권의 편집진으로 참여한 이태수가 1984년 인수한다.

기보다 70년대 중반부터 지속된 스터디 그룹, 그리고 농촌이나 노동 현장과 다양하게 접속되어 있던 인적 네크워크의 쌍방향 소통을 통해 원고가 수합되고 선택·결정되는 과정을 거쳐 간행되는 형태를 취하였다. 이러한 제작 과정으로 인해 당시 『마산문화』의 편집진(박진해, 박영주)은 여기에 수록된 적지 않은 원고들이 '공동창작'의 성격을 띤 것이라고 강조하였다. 취재 기사나 논문 형태의 글은 소규모 스터디 모임의 소산으로서 한 두 사람이 원고를 쓰고 함께 고치는 방식으로 정리되었고, 일부 문학 작품조차도 필자의 동의하에 부분적으로 수정되었다.[31]

무크지 자체가 문화게릴라적 경향을 띠고 있다는 점에서 80년대 무크지의 성격을 단선적으로 규정할 수는 없지만, 가장 뚜렷한 전제적 특징 중의 하나는 '분권으로서의 탈중심'이라고 할 수 있다. 개성과 열린 문학을 추구하거나 민중과 현장을 지향하는 무크지들 역시 본질적으로는 갇힌 문화·문학에 대한 타개를 선언하고 있는데, 지역에서 간행된 거의 모든 무크지들이 문화의 서울집중을 반대하고 '지역문화' 건설을 한목소리로 주장하였으며, 『마산문화』 역시 이 부분을 가장 핵심적 과제로 강조하였다.

우리는 한국문화의 서울 집중현상에 대해 이의를 제기한다. 모든 문화

31 이러한 원고 정리 형태의 성격을 단적으로 보여주는 사례로서 『마산문화』 2권에 수록된 3편의 '특집'을 들 수 있는데, 원래 이 글은 안윤봉(경남매일 논설위원)과 여진(마산일보 편집국장)에게 청탁한 것이었지만 글의 함량이 미흡하여 서익진, 박명윤(본명 박진해), 유종영(본명 주대환)이 나누어 대폭 수정해서 수록하게 된다. 『마산문화』에는 이와 관련된 경위가 생략된 채, 두 사람을 자료 제공자로 밝히고 사의를 표하는 것으로 정리되어 있다(『마산문화』 2권, 「독자에게」를 참조할 것).

> 시설과 문화기관은 서울에 집중되어 있고 문화인의 대부분이 서울에 몰려 있다. (…) 우리는 마산시민의 독자적, '지방자치적' 문화의 형성을 주장한다. 마산시민의 생활과 정서가 이러한 새 마산문화의 튼튼한 기초가 되어야 하며, 그 문화는 시민의 힘겨운 삶에 활력과 위안을 주어야만 할 것이다. 그러기 위해서는 마산 문화인과 그 관계자들의 어떠한 종류의 문화적 열등감이나 소외감도 타기되어야 하며, 새로운 의욕과 작품이 진작되어야 한다.[32]

> 그러므로 시민대중의 정신적 양식의 창고에 한 알의 곡식도 보태지 못하면서 문인, 예술가연하고 있는 사람들의 자기도취적인 행동과 태도들은 우리가 맨 먼저, 가장 단호하게 배격하고자 하는 바입니다. 뿐만 아니라 과거 서울을 중심으로 있어 왔던 어떤 종류의 지식인 중심의 문화운동도 우리의 모범이 될 수 없습니다.[33]

창간의 첫머리에서 주장한 것은 '지방자치적' 문화의 형성이다. 이는 '지방주의'나 '자연주의'를 주창하는 것이 아니라 서울중심주의로 인해 지역이 겪는 열등감과 소외감에서 벗어나 스스로의 삶에 중심이 되는 건강한 문화의 창건을 뜻한다. 이는 현장과 민중을 역사의 주역으로 인식한 당대적 세계관의 일환으로서, 시대가 간절히 요청했던 진정한 민주사회 실현 열망의 현실적 버전이라고 할 수 있다. 작고 초라하고 버려진 민중들의 생활공간으로서의 지역이 자신의 삶을 회복하는 것, 그래서 각 지역들이 독자성과 자부심을 갖고 저마다의 현장을 귀중한 생의 토양으로서 인식하며 살아가는 삶을 요청

---

32 「책을 내면서」, 『마산문화』 1권, 맷돌, 1982.12, 4쪽.

33 「독자에게」, 『마산문화』 2권, 1983.10, 청운, 4쪽.

하고 있는 것이다. 이는 민중과 현실, 현장에 대한 소환을 지역을 통해 수렴하고자 한 셈이며, 이러한 관점에서 기성문화인들에 대한 신랄한 비판과 배제가 개진된 것이다. 문협이나 예총으로 상징되는 기성문화인들에 대한 부정은 그늘의 문학뿐만 이니라 그들이 가지고 있던 중앙콤플렉스에 대한 거부였으며, 이는 70년대 후반부터 거론되던 제3세계문화의 건강함이나 중심부를 변화시킬 수 있는 지역문화의 가능성을 인식한 데서 비롯된 것이었고, 아울러 계승해야 할 민중적이고 민족적인 것이 서울보다 지역의 삶 속에 살아 숨쉬고 있다는 믿음에서 기인한 것이었다. 이와 같은 중심주의에 대한 거부와 지역문화의 가능성에 대한 신뢰는 『마산문화』의 편집에서 가장 중요하게 고수된 원칙 중의 하나였다. 실제로 간행된 네 권의 『마산문화』에서 청탁 받은 기성시인은 광주의 문병란과 마산의 토박이 시인 정진업, 이선관 정도였으며, 대부분은 지역에서 동인활동을 하던 젊은 자가들의 작품을 논의 과정을 거쳐 수록하였다.[34]

아래의 표는 『마산문화』에 수록된 원고 목록이다.

34 『마산문화』의 편집을 맡았던 박진해에 따르면, 당시 지역에서 활동하던 원로·중견 문인들은 『마산문화』의 이러한 편향에 대해 매우 불쾌한 반응을 보였고, 젊은 층은 열광적으로 호응했다고 한다. 『마산문화』 3권 「마산의 새로운 문학운동을 생각한다」는 평론에서 박영주는 『마산문화』의 가장 큰 영향으로 지역의 문청들을 "기성문인들의 독점적 영향권으로 해방시킴으로써, 그들의 문학세계를 넓히고 발전시킬 수 있는 새로운 환경을 조성하였다"고 평가한바 있다(89쪽).

	특집	문학	논문/서평
1권 (1982.12) 겨울언덕 에 서서 (169쪽)	〈특집〉마산문화의 현황 •마산의 동신제와 지신밟기(박진해) •마산 연극의 흐름(박영주) •마산의 청년문화 동인활동(이재업) (문화탐방) 소극장 맷돌사랑과 대학서림을 찾아서(강영혜)	〈시〉 •술 외 2편(최명학) •신마산 댓거리 외 3편(이재업) •그렇게 우리, 가포본동에서 외 3편(조성래) 〈소설〉 •수출자유지역의 하루(최순임/**고경엽**) 〈평론〉이선관시론(박진해)	〈논문〉마산지역 경제의 실태와 전망(이우태) 〈사회과학 주요개념의 이해〉 민족·민주주의·민족해방운동(서익진) 〈역사연구〉 •알제리 민족해방전쟁(김종철) •한국근대사 연구자료(편집부) 〈서평〉 •철학의 쉽고 올바른 이해 – 務台理作『철학개론』(고창규) •해방전후사를 보는 눈 – 서대숙 외 •『한국현대사의 제조명』(제부원) 〈시사/뉴스위크〉 나카라구아에서의 비밀전쟁
2권 (1983.10) 다시 수풀을 헤치며 (260쪽)	〈특집 :한국근대사 속의 마산〉 •제국주의의 침략과 마산 민중의 저항(서익진) •일제하 마산의 항일민족운동(박명윤/**박진해**) •3·15마산의거의 배경과 경과(유종영/**주대환**)	〈시〉 •비석 외 6편(故정진업) •1982년의 가을 외 2편(문병란) •기자 외 2편(김종석) •철새보호구역(이종찬) •어둠에 서서(정완희) •만날노래(장시500행/최명학) 〈평설〉정진업선생의 문학과 그 배경(편집부)	〈논문〉 •형평운동의 형성과 전개(김남규) •한국경제의 전개과정 속의 마산수출자유지역(재경마산학우회)

	특집	문학	논문/서평
2권 (1983.10) 다시 수풀을 헤치며 (260쪽)	〈특별기고〉 마산지방의 연혁과 명승고적(김종원)	〈소설〉 낮게 날으는 작은 새(최명학) 〈수필〉 농업생산활동의 문제들을 생각한다(천규석) 〈해외문학 소개〉 •카멜루운 – 탈라랜드의 영혼 구하기(몽고 베티/신권철 역) •남아공화국–서두르세 검은 자들이여(쟉크 알바레즈 페레이르/김진식 역)	
3권 (1984.12) 전진을 위한 만남 (164쪽)	〈이 땅을 우리 손으로〉 •전(前) 신기농민회 회원들과의 대화(편집부) •삼성 라이에타 노조의 외로운 몸부림(편집부) •관방마을 농민들의 수세현물 납부 투쟁(농풀이패)	〈마당극 대본〉 마당극 농풀이(농풀이패) 〈소설〉 떠도는 땅(최명학) 〈시〉 •배추꽃 외 1편(유동열) •남쪽나라 외 1편(정완희) •공단지역에 내리는 눈 외 1편(이재업) 〈평론〉 마산의 새로운 문학운동을 생각한다(박영주) 〈수필-살아가는 이야기〉 •어디로 가야 하나(김해자) •제5문화권(윤재철)	〈논문〉 •지방자치제란 무엇인가(이호민/**이태수**) •일본의 대한군사진출의 배경과 전망에 대하여(강진영/**강정근**) •신채호 선생의 민족주의 사상(김병화/？) 〈책소개〉 •철학에세이, 철학의 기초이론(김영찬) •소외된 삶의 뿌리를 찾아서, 알기쉬운 오늘의 한국경제(서익진) 〈시사/뉴스위크〉 마르코스에 도전하는 반란국

	특집	문학	논문/서평
4권 (1985.12) 희망과 힘 (238쪽)	•㈜통일노조의 임금인상투쟁 및 민주노조수호투쟁기(김일산/**김영찬**) •진양군 피망고추 재배농의 집단 피해보상 투쟁(김영찬) •마산 택시기사들의 노동조합운동사례(김진옥) •10·18마산민중항쟁의 전개과정(박영주)	〈소설〉 파견근무(김원철/**정정화**) 〈시〉 •마산 외(정규화) •송년 외(유동렬) •텅빈 고향엔들 뭘 하나 외(정인은) •동학, 4·19, 그리고 그리움이여 외(김종우) •첫사랑 외(이소리/**이종찬**) 〈수필〉 어느 농사꾼의 편지(윤정인)	〈논문〉 •한반도에서의 핵전쟁을 막아내자(오민혁/**강정근**) •농민은 질병 앞에 무방비상태다(조윤돌/**한갑현**)

* 이름 뒤의 굵은 글씨는 본명.

'새 마산문화의 형성을 위한 부정기간행물'이라는 부제를 달고 4권까지 간행된 『마산문화』는 그 취지에 맞게 지역의 문화·역사·노동 현장을 알리는 작업에 충실하게 구성되어 있다. 전체적으로 1,2권은 마산의 문화와 역사에 관한 내용을 중요하게 다루고 있고 3,4권은 지역 노동·농민 운동의 투쟁현장을 취재하여 보도하고 있다. 『마산문화』에 수록된 글들의 이러한 변화는 기본적으로 1984년 봄에 이루어진 전두환정권의 유화정책, 즉 '학원자율화조치'로 인해 운동권 진영의 장(場)이 커지면서 학생·노동·농민 운동이 크게 활성화된 시국상황의 변화와 관련되어 있다. 박영주에 따르면, 이러한 변화된 시국 상황을 좀더 적극적으로 책에 담아야 한다는 내부 논의가 대두되었고 이에 따라 민중적 관점을 보다 선명하게 드러내기로 했다는

것이다.[35]

총 네 권이 발행된 『마산문화』의 주요 필진은 재경마산학우회에서 활동하던 박진해, 서익진, 주대환, 김종철, 김진식, 이태수 등과 이후 지역에서 스터디 모임에 참여한 박영주, 김영찬 등이었는데, 특히 『마산문화』 3,4권의 경우 박영주와 김영찬을 비롯한 지역 인물들의 활동이 좀더 주도적이었던 것으로 보인다. 이러한 결과는 70년대 중반부터 시작된 지역 운동역량을 제고하기 위한 다각적인 노력의 결실이었으며, 이는 『마산문화』 1,2권과 다른 3,4권의 양상에서도 확인할 수 있다. 지역의 노동·농민 운동 현장을 취재한 기사들은 내용상으로는 현장의 모습을 담아내고 알리는 역할을 하면서도, 실제로는 성공한 사례와 과정들을 상세하게 소개함으로써 유사한 현장들의 운동성을 제고하고 조직하는데 중요한 역할을 하려 했던 것으로 보인다. 이는 『마산문화』가 단순히 어떤 정념을 담아내는 단순한 그릇으로서의 도구적 기능을 넘어 현실과 생산적으로 교호하는 변증법적 발전 관계를 구축함으로써 현실 변혁에 역동적으로 기여하는 역할을 수행하고자 했음을 시사한다. 뿐만 아니라 이러한 시도는 관방마을에서 일어난 농민들의 수세현물 납부 투쟁을 취재한 기사가 실린 3권에 함께 수록된 「마당극 대본 – 마당극 농풀이」에서도 확인할 수 있다. 농민운동의 성공적인 투쟁 사례를 마당극으로 극화한 이 글은 현실 반영을 통해 현실의 변혁을 추동하고자 한 현실주의 문학의 모범적 사례로 판단된다. 역사를 정리하고 이론을 소개하는 데서 한 걸음 나아가 현실을 반영하고 현실 변화에 생산적으로 기여하

---

35 『마산문화』의 변화 원인에 대해 박진해는 주요 편집진의 교체를 들었는데, 박진해, 서익진 등이 뒤로 물러나고 이들보다 몇 년 후배인 박영주, 김영찬, 이태수 등이 좀더 주도적으로 편집에 참여한 결과라는 해석을 내놓았다(박진해 인터뷰).

는 방향으로 『마산문화』의 큰 흐름은 변화한 것으로 보인다. 이와 관련하여 3,4권의 편집에 참여했던 박영주는 『마산문화』가 부정기간행물로서의 '무크'를 넘어 대중 운동의 활성화에 기여하는 '작은 언론' 매체로서 기능하기를 기대했다고 밝힌바 있다.[36] 이는 80년대 전반기 한국사회 전체의 운동역량의 제고 상황을 웅변적으로 보여주는 사례이자, 80년대 무크지의 한 성취라고 할 수 있을 것이다.

『마산문화』에 수록된 문학작품은 대체로 선명한 역사의식과 민중지향적 성격을 띠고 있으며, 주로 마산을 배경으로 하고 있거나 삶의 현장을 노래한 작품들이 대부분이다. 지역에서 동인활동을 한 이재업, 조성래, 해직 교사 출신의 유동열, 노동자출신 시인 이종찬, 정완희, 농민시인 김종우 등 운동 현장이나 지역과 연관된 시인들의 작품을 수록하였고, 문학평론은 지역출신의 시인 정진업과 이선관을 다룬 글, 그리고 지역의 젊은 문단을 조명한 글이 수록되어 있다.

> 밝은 날일수록 소리나지 않게 울고 싶었다 / 남성도 지하도를 건너 어시장 선창가 / 아무리 세상 궂은 날에도 비 한번 쏟아지지 않아 / 우리는 사랑할 수 없었다 / 소금에 절은 목쉰 노랫가락 / 어시장 공동위판장 천정에 매달려 흔들리고 / 피처럼 질척이며 밟히는 생활의 무게 / 갯바람 몰아치는 포장집에서 우리는 / 낮게, 그리움에 젖어 들었다 / 비틀린 속까지 다 솎아내면서 피를 토했으나 / 누구도 먼저 노래 부르지 않아 / 우리들 가슴앓이의 병 / 온몸 부딪치며 깨어나는 파도만 바라보았다 / 꿈마저 젖은 밤바다에서 / 젖지않는 바람을 맞으며
>
> —이재업, 「船艙 – 1980년 10월」 전문[37]

36 박영주 인터뷰, 2014.8.18(월).

37 『마산문화』 1권, 52~53쪽.

저녁부터 밤 늦도록 / 아랫층 공장 앞에서 / 웅성거리고 있는 아가씨와 아줌마들 / 밀린 월급을 받기 위해서다 / 사장은 며칠 전 밤에 / 가게를 몽땅 싣고 날라 버렸다는데…… / 차가운 길바닥에서 / 무작정 기디리고 있는 그들의 연말은 / 말 한 번 붙일 수 없을 만큼 / 얼어붙어 있다 / 폐업해 버린 공장의 이층 검정고시학원에서 / 국어강의를 한답시고 지껄이고 있는 난 / 자꾸만 그 사람들의 일이 / 마음에 걸린다 / 공장 다니며 공부하는 얼굴들 앞에서 / 어쩌면 노동이란 / 가난하거나 공부를 못하면 하게 되는 / 부끄럽고 천한 짓이라고 / 은근히 얘기해대는 페이지들을 팔고 있는 / 나는 풀이 죽는다 / 새해를 하루 앞둔 밤에

—유동렬, 「送年」 전문[38]

『마산문화』에 수록된 문학작품의 경향을 단적으로 보여주는 위의 시편들은 모두 어두운 당대 현실을 형상화하고 있다. 이재업의 「선창」은 마산의 구체적인 장소들을 호명하며 암울하고 억압적인 현실, 울분과 그리움으로 가능한 민중들의 정서를 담아냄으로써 1980년 무렵의 시대적 분위기를 그려낸다. 마산의 실제 장소를 배경으로 하여 그려진 이 시의 암담한 정념은 지역의 독자들로 하여금 깊은 정서적 밀착감과 연대감을 느끼게 했을 것이다. 이 시가 취하고 있는 장소의 구체성과 암시된 화자의 내면은 『마산문화』에 수록된 다수의 작품들의 특징이라고 할 수 있다. 유동렬의 「송년」은 당대 민중을 둘러싼 엄혹한 자본의 현실을 화자의 성찰적인 내면을 통해 그려낸 작품이다. "폐업해 버린 공장" 위에 개설된 "검정고시학원"의 강의실은 가난한 노동의 현실과 이를 자신의 것으로서 성찰하는 당대적 감성을

38 『마산문화』 4권, 마산문화사, 1985.12, 219~220쪽.

상징적으로 보여주는 공간인 셈이다. 민중들의 삶의 현장과 현실, 그리고 이들과 연대하려는 지성들의 성찰의 감수성은 『마산문화』의 문학작품들을 관통하는 주요 인자들이며, 노학(勞學)연대가 본격화되고 있던 당대의 분위기에 대한 문학적 반영이라고 할 수 있다.

『마산문화』의 이러한 편집 방향은 수필에서 보다 직접적으로 드러난다. 2권부터 실리기 시작한 수필은 민중들의 애환과 그들이 처한 현실 상황을 진솔하게 그려내면서 국가와 자본의 본질을 담아낸다. 농업생산의 특수성과 농정의 기만성, 소수독점재벌과 우유가공업자의 이익 등을 우선하는 국가 정책의 문제 등이 농민이 쓴 수필을 통해 생생하게 형상화된다. 네 권에 각 한 편씩 수록된 소설은 모두 노동자의 현실에 주목한 것으로서 가혹한 노동 조건과 기업의 기만적인 태도, 그리고 다양한 노사 갈등을 다루고 있다. 이는 공단이 몰려 있는 마산과 창원의 지역적 특수성을 감안한 것이면서 그 시대의 가장 중요한 이슈들에 대한 지속적인 문제제기라고 할 수 있다. 앞서 지적했던 것처럼, 운동의 현실을 담아내는 것을 넘어 현장의 운동성을 제고하고 조직하는 데 기여하고자 했던 『마산문화』의 편집방향을 잘 보여주는 대목이라고 할 수 있다.

끝으로 『마산문화』의 권별 특징들을 살핌으로써 전체적인 흐름을 간략하게 정리하고자 한다. '겨울 언덕에 서서'라는 제하를 달고 간행된 창간호에서 중요하게 다룬 기획은 지역 마산의 문화 현장이다. 그동안 조명되지 않았던 지역의 젊은 문화예술인들의 활동을 세 개의 꼭지에 매우 소상하게 담아냄으로써 『마산문화』가 지향하는 지역에 대한 신뢰와 가치를 전면에 내세우고 있다. '겨울 언덕에 서서'라는 부제가 상징하는 암담한 시대, 이를 넘을 수 있는 가능성을 지역과 지역의 문화에서 찾고 있는 것이라 할 수 있다. 1권이 지역문화의 현재에 대한 조명이라고 한다면, 2권은 지역의 역사에 대한 고찰,

그 중에서도 저항의 근대역사를 집중적으로 다루고 있다. 이는 마산의 지역적 정체성을 환기시키는 역사적 사실들을 복원함으로써 운동의 현재적 동력을 재건하고 강화하고자 하는 일종의 '기억의 정치학'이라고 할 수 있다.[39] 이 기획 속에 누락된 10·18마산 민주항쟁(1979)에 관한 기록은 4권에 수록된다. 1984년 12월에 간행된 3,4권에는 1,2권과 달리 노동·농민 운동 현장에 관한 소식이 상세하게 담겨 있다. 그것은 『마산문화』의 편집진이 도모하고자 한 변혁운동 역량 제고의 가장 핵심적인 테마 중의 하나일 것이다. 3,4권이 '전진을 위한 만남', '희망과 힘'이라는 부제를 달고 있는 것은 암담한 현실을 돌파할 수 있는 방법이 연대와 투쟁 속에 있음을 뜻하는 것이다. 3권에 수록된 「신기농민회 회원들과의 대화」 말미에 덧붙인 다음과 같은 내용은 글을 실은 편집진, 나아가 80년대 초반의 민주운동 세력의 분명한 지향을 함축적으로 보여준다.

39 마산 지역은 4월혁명의 결정적 계기가 되었던 3·15의거가 일어난 곳이다. 1960년 4월혁명의 도화선은 대구의 2·28의거였지만 이를 중대한 혁명의 계기로 전환시킨 곳은 마산이었다. 학생들이 벌였던 대구의 2·28과 달리 마산에서는 학생을 비롯해 시민과 노동자, 도시빈민 등이 대거 시위에 참여함으로써 폭력적인 시위로 발전하였고 여기에 경찰이 무력 대응함으로써 궁극적으로 국가 권력에 대한 전면적인 부정과 저항을 초래하였다. 3월 15일과 4월 11~13일 두 차례의 시위로 인해 4월혁명의 중대한 전환점이 된 김주열을 비롯한 10여명의 희생자가 발생하였고 이는 결국 이승만정권을 붕괴시킨 결정적인 계기가 되었다[이은진의 「3·15마산의거의 지역적 기원과 전개」(『4월혁명과 한국민주주의』, 정근식·이호룡 편, 선인, 2010, 117~180쪽)와 김은경의 「한국 민주화운동의 기원으로서 4월혁명 재평가」(『다시보는 한국민주화운동』, 선인, 2010, 73~98쪽)를 참조할 것]. 부당한 국가권력에 대한 저항과 승리의 기억은 마산의 지역적 정체성을 형성하는 데 결정적인 영향을 미쳤으며, 이후 10·18마산항쟁(부마항쟁)을 촉발하는 저항의식의 자산이 된다.

신기농민회는 지식인과 민중이 만나면 서로에게 큰 힘이 된다는 것을, 그리고 서로가 서로의 올바른 삶과 발전에 진정으로 필요한 존재라는 것을 확인한 흔하지 않은, 산 증인이었다. 그러나 그들도 자기들만의 힘으로는 이 시대의 어려움을 뚫고나가지 못했다. 이제 그들은 새로운 활로를 모색하고 있다. 과연 농민의 운명은 어떻게 하여 바꿀 수 있을 것인가?[40]

노동자와 농민으로 상징되는 민중과 지식인의 연대는 서로에게 참된 삶을 위해 꼭 필요한 것이며, 폭압적이고 암담한 현실을 돌파할 수 있는 길임을 강조하고 있다. 민중은 지식인을 통해 간악한 자본의 현실을 인식하고, 지식인은 현장에 기초한 민중의 삶을 통해 이념의 구체적인 실천력을 얻을 수 있게 된다면, 그래서 민중과 지식인의 연대가 실천적으로 이루어진다면 세상은 변하게 될 것이라는 신념이 이 속에는 내장되어 있다. 『마산문화』는 마산, 나아가 경남이라는 지역 속에서 현장과 지식인을 구체적으로 매개하기 위한 실천적 모색의 장으로서 그 역할을 설정했던 것으로 판단된다.

5. 나가면서

80년대 무크지는 '사회정화'라는 명목으로 자행된 신군부의 대규모 정간물 등록 취소로 인해 본격화되었지만, 그것의 사회적 필요성은 그보다 일찍 제기되고 있었다. 폭압적인 사회적 분위기 속에 억눌려

---

40 『마산문화』 3권, 청운, 1984.12, 24쪽.

있던 표현의 욕망은 이 균열의 상황에서 자신을 드러내었으며, 30종의 무크지는 이러한 욕망의 소산이었다. 그것은 그동안 한국사회를 억압하고 있던 강력한 '중심주의'에 대한 거부였으며, (문화)민주주의에 대한 열망의 한 표현이었다. 지역을 기반으로 간행된 무크지들은 공히 엘리트문화와 서울/중앙중심주의에 대한 타개와 더불어 각각의 지역을 소중한 삶의 현장으로 받드는 수평적 지역주의를 천명하였는데, 이는 억압된 민중을 해방하고 현실을 변혁함으로써 참된 삶의 복원을 도모하고자 했던 당대의 민주적 열망의 표현이었다.

이 글은 지역적 정체성과 자부심이 각별했던 마산을 중심으로 70년대 중반부터 80년대 중반까지 개진되었던 지역 문화 운동의 전체적 흐름과 구체를 살핌으로써, 뜻밖에 도래한 것처럼 보이는 무크지 시대가 당대 변혁 운동의 한 산물이었음을 드러내고자 하였다. 재경마산학우회에서부터 시작된 움직임이 지역의 학생들을 깨우고, 다시 지역 시민 사회로 확산되어 민중의 삶과 지역 사회의 변혁을 도모하는 경이로운 양상을 우리는 『남도』에서 〈집현보〉를 거쳐 『마산문화』에 이르는 과정을 통해 간략하게나마 확인할 수 있었다. 『남도』에서 『마산문화』에 이르는 '마산'의 변혁운동의 과정은 7,80년대의 폭압적인 현실을 타개하기 위해 '중앙–지역', '이론–현장', '지식–실천', '지식인–민중'이 상호침투함으로써 운동의 역량과 성격을 생산적으로 확대해간 중요한 사례라고 할 수 있다. 무크지 『마산문화』는 80년을 전후로 하여 펼쳐진 이러한 일련의 변혁 운동의 과정적 계기로서 출현하였으며, 그러한 운동 과정의 주요 매개고리이자 (문화적) 거점으로서 기능하였다. 1987년 노동자대투쟁 이후 전노협(1990)과 민주노총(1995)이 결성되기 전까지 노동운동의 중심이 되었던 '마창노련'(마산창원노동조합연합/1987)의 결성 역시 『마산문화』와 무관하지 않다. 서울과 지역, 지식인과 민중이 상생적인 교류와 연대를 통해 삶의 실제적 현장을 변혁하고자 했던 '마산'의 사례는 80년대 '무크지시대'가 담고자 했던 시대정신의 가장 구체적이고 생생한 물증이다.

시동인 〈자유시〉와 시의 자율성

1. 들어가면서

196,70년대는 동인지 활동이 매우 활발하게 전개된 시기이다. 동인지 성세 시대가 열리게 된 것은 현실적으로 문인들의 수가 크게 늘어난 데 반해[1] 지면의 총량이 지극히 제한적이었고, 정치·사회적으로는 4·19 이후 급격하게 신장된 표현의 욕망 증대와 관련된 것이었다. 동인지는 문단 내부적으로는 1960년대까지 지속된 주류문단의 문예지 독점 체제를 해소하고 새로운 문학을 도모하기 위한 한 출구이자 방법의 일환이었다. 대부분 자비를 들여서 발간된 동인지는 일차적으로는 발표지면을 확보하기 위한 것이면서, 한편으로는 새로운 문학(공동체)의 모색이자 기성문단과 주류 매체에 대한 저항적 성격을 지닌 독자성의 실천이기도 했다. 근대문학 형성기에 전문작가군의 형성과 출현을 알리는 장(場)으로 출발하였던 동인지는 1960년대 들어 새로운 문학 지대를 개척하는 데 기여하는 첨병으로서의 역할을 수행한다.

1960,70년대는 시동인지들이 활발하게 간행된 시기였다. 어림잡아도 50여 종 이상의 동인지[2]들이 발행될 정도로 이 시기는 가히 동

---

1 1960년대는 등단제도를 통과한 신인이 매년 50여 명씩 문단에 새로 편입되면서 문단 규모가 대형화된 시기이다. 1959년 11월 379명이었던 문인은 1970년 12월 975명(『월간문학』 전국문인주소록 기준)으로 증가하였다(이봉범의 「1960년대 등단제도 연구」, 『상허학보』 41, 상허학회, 2015, 428쪽 참조.).

2 1960년대 발간된 동인지는 『기독교시단』, 『돌과 사랑』, 『사계』, 『산문시대』, 『시

인지의 시대라 할 만하지만, 60년대와 70년대는 한데 묶기에는 적합하지 않은 서로 다른 조건과 상황이 놓여 있었다. 이는 두 연대를 둘러싼 정치·사회적 환경이 크게 달랐을 뿐만 아니라 문단 내부의 상황도 상이한 조건 속에 있었기 때문이다. 60년대가 기성문단을 넘어서고자 하는 세대론적 인정투쟁이 주를 이루었다면, 70년대는 동세대 문인들간의 횡적 차이가 본격화되는 분화(分化)의 시대였다. 물론 이러한 종·횡의 인정투쟁이 반드시 별개로 진행된 것은 아니었지만, 대체로 종적인 투쟁에서 횡적인 분화로 이월되어 갔다고 보는 것이 적절할 듯하다. 그 경계에 『창작과비평』(이하 『창비』), 『문학과지성』(이하 『문지』) 등의 창간이 놓여 있다. 1960년대 주요 동인지들의 일부가 『창비』와 『문지』로 수렴되었고[3], 이후 이들이 구성한 문학적 토대들이 여러 문학주체들을 통해 다양한 개성으로 확산되었다. 이들 계간지는 선배문인들과의 차이를 만드는 동시에 다른 계간지·잡지와의 변별점을 만들어내야 하는 이중적 과제[4]를 수행하였지만, 이는 두 계간지만의 과제는 아니었다. 『창비』와 『문지』의 출현으로 인

단』, 『시예술』, 『시향』, 『시혼』, 『신서정』, 『신연대』, 『신춘시』, 『에스쁘리』, 『여류시』, 『원탁시』, 『원형질』, 『육십년대사화집』, 『68문학』, 『지하시』, 『청자』, 『70년대』, 『평균율』, 『한국시』, 『현대시』, 『현실』 등이 있고, 70년대 동인지는 『남부의 시』, 『말』, 『목마시대』, 『반시』, 『분수』, 『성좌』, 『시법』, 『시인의 집』, 『시인회의』, 『신감각』, 『73그룹』, 『육성』, 『육시』, 『잉여촌』, 『자유시』, 『흙과 바람』 등이 있다. 문홍술의 「해방 후 50년 시 동인지의 역사」(『시와 시학』, 1995·여름), 이승하의 「70년대 우리시」(『현대시학』, 1992.4), 김현의 「산업화 시대의 시」(『문학과 유토피아』, 문학과지성사, 1992) 등 참조.

3 『산문시대』(1962), 『사계』(1966), 『68문학』(1969) 등은 1970년에 창간된 『문지』로 수렴된다.

4 김성환, 「1960~70년대 계간지의 형성과 특성 연구」, 『한국현대문학연구』 30, 한국현대문학회, 2010, 409쪽.

해 형성된 문단 지형의 변화는 여러 동인들이 경합하고 분화하는 중요한 요인이 되었다고 할 수 있다.

1960년대 대표적인 시동인으로 꼽히는 〈현대시〉(6집 이후 주요동인 : 이승훈·이유경·정진규·오세영·이건청·박이도·박의상·이수익·오탁번·김영태·김종해·주문돈·허만하 등)가 당대 시단의 주류였던 이른바 '전통 서정시' 계열과 달리 언어·내면에 대한 심미적 자의식과 방법적 새로움을 다양한 형식으로 펼쳐 보인 데 반해[5], 1970년대 가장 중요한 시동인지인 『70년대』[6], 『자유시』, 『반시』 등은 현실의 부정성에 대한 인식을 상이한 개성으로 개진한다. 특히 『반시』와 『자유시』는 『창비』와 『문지』로 대변되는 70년대 문학의 경향을 적극적으로 수용하면서 동인지와 문예지 사이의 새로운 관계를 구성하였다.

이전의 문예지들과 달리 『창비』와 『문지』는 비평가 그룹이 중심이 되어 새로운 문학담론을 생산하고 그것의 가치를 작품을 통해 증명·확인하고자 하였는데,[7] 이는 특정 문인들의 위계적 권위 하에 종속되었던 문단이 담론 경쟁을 통한 투쟁의 장(場)으로 전환되었음

---

5 박슬기, 「1960년대 동인지의 성격과 〈현대시〉 동인의 이념」, 『한국시학연구』 18, 2007, 203~225쪽.

6 『70년대』는 1969년 4월 강은교·김형영·박건한·윤상규·임정남이 모여 첫 동인지를 내고 3집부터 석지연·정희성이 합류하여 총 6집(1973.6)까지 간행되었다.

7 비평가들이 중심이 된 『창비』와 『문지』는 문학담론을 담은 비평과 논문을 많이 수록하였으며, 창작의 경우에도 자신들의 담론에 부합하는 작품을 주로 게재하였다. 특히 『문지』의 경우에는 '재수록' 제도를 통해 동인들의 문학관이나 가치에 부합하는 작품을 선정·수록하여 특정 계열의 작품에 대한 옹호 의지를 매우 강력하게 천명하였다. 이는 박수현의 「1970년대 계간지 『文學과知性』 연구」(『우리어문연구』 33, 우리어문학회, 2009)를 참조할 것.

을 의미하는 것이었다. 비평정신이 강화된 이들 계간지의 출현은 4·19를 통해 표출된 민주·자유정신의 시대적 갱신이자 대응이었으며, 이들은 산업화의 확대와 유신체제로 상징되는 시기에 문학의 존재와 역할에 대해 묻고 문학적 실천을 도모하였다. 문학을 현실의 반영으로 보고 현실의 모순에 대한 방법적 대응을 추구하였다는 점에서 이들의 문학(론)은 1960년대 순수/참여 논쟁의 대립 구도를 넘어선 것이었다.[8] '실천적 이론/이론적 실천' '민중적 전망/시민적 전망'(성민엽), '현실에의 몸담음/현실에의 반성적 질문'(정과리) 등으로 『창비』와 『문지』의 구도를 정리한 논의들은 당대 현실에 대한 이들의 문학적 대응을 단적으로 드러내준다.

이들 잡지의 등장은 동인지들의 성격에도 적잖은 영향을 주었는데, 인맥 중심에서 특정한 문학관이나 가치를 공유하는 이들의 결사체로서의 동인 구성이 좀더 적극적으로 시도된 것도 새로운 현상 중의 하나이다. 70년대 문단, 특히 『창비』와 『문지』의 비평담론이 활발하게 개진되고 문학장의 중심으로 자리 잡는 중반 이후, 이들의 문학담론은 창작을 자극하고 견인하는 상당한 영향력을 발휘한다. 그것은 이 시기의 담론들이 60년대의 순수·참여 논쟁과 달리 문학에 대한 좀더 진일보한 시각과 시대적 응전으로서의 구체적 성격을 보다 실제적으로 제시하였기 때문일 것이다. 분단과 유신체제, 그리고 자본주의적 소외와 비인간화 현상이 깊어져 가는 정치·사회적 상황 속에서 두 진영에서 제출한 비평담론들은 서로 연대하고 상쟁(相爭)하며 당대 문학에 중요한 영향력을 제공·행사하였다. 70년대 가장 중요한 시동인이라고 할 수 있는 〈자유시〉와 〈반시〉는 이러한 담론들의 영향 속

---

8 정희모, 「문학의 자율성과 정신의 자유로움」(민족문학사연구소 현대문학분과, 『1970년대 문학연구』, 소명, 2000), 86쪽.

에서 자신들의 문학을 고민하며 새로운 문학적 시도들을 도모하였다.

이 글은 그 가운데 〈자유시〉 동인의 성격과 특징, 그리고 그것의 내용을 구체적으로 살핌으로써 그 문학사적 의미를 정리하고자 한다.[9] 이는 『자유시』와 『반시』를 비롯하여 70년대 동인지의 전체적 성격과 의미를 파악하기 위한 사전 작업의 일환이기도 하다.

2. 〈자유시〉 동인의 인적 구성과 〈반시〉와의 관계

1976년 4월에 발간된 『자유시』는 8명의 동인으로 시작하여 2집과 3집에 1명씩 들고 난 후 4집부터 7인 동인 체제로 6집까지 발행되었다. 4집(1979.4)까지 매년 동인지를 내고 5집은 3년만인 1982년 10월에 간행된다. 흥미로운 것은 동인지를 개방한 5,6집을 제외하고 매호 동인들의 주소가 판권면에 명기되어 동인들의 당시 거주지를 확인할 수 있다는 점이다. 이를 살펴보면 〈자유시〉 동인이 기본적으로 '대구 – 영남'을 중심으로 한 서클임을 쉽게 알 수 있다. 이는 같은 시기에 결성된 시동인 〈반시〉에 함께 참여하였던 이동순과 정호승의 행로를 통해서도 확인할 수 있는바, 두 사람 모두 영남 출신이고 대구에서 성장한 데다 민중지향의 시를 창작하고 있었지만, 서울을 생활기반으로 한 〈반시〉가 결성되면서 당시 서울 숭실고등학교에 재직 중이었던 정호승은 〈반시〉로, 대구에서 생활하던 이동순은 〈자유시〉 동인으로 남게 된다.

---

9 『자유시』에 대한 기존의 연구로는 김지영의 「동인지 『자유시』에 나타난 현실 대응 방식 연구」(『상허학보』 37, 2013)와 전소영의 「동인지 『자유시』에 나타난 자연의 의미 연구」(『문학과환경』 9, 문학과환경학회, 2011) 등이 있다.

이 름	등단지면/년도	출생년도	출생지	직 장	비 고
이하석	현대시학 1971	1948	경북 고령	영남일보	
이기철	현대문학 1972	1943	경남 거창	대구·성광고	
이동순	동아일보 1973	1950	경북 김천	안동간호전문대	
정호승	대한일보 1973	1950	경남 하동	서울·숭실고	〈1집〉까지 참여
이태수	현대문학 1974	1947	경북 의성	매일신문	
박해수	한국문학 1974	1948	대구	경주·월성중	
이경록	매일신문 1974	1948	경북 월성	중앙대 문창과 재학	〈2집〉까지 참여
강현국	현대문학 1976	1949	경북 상주	경북대 대학원 재학	〈2집〉부터 참여
박정남	현대시학 1975	1951	경북 구미	대구· 효성여고	〈3집〉까지 참여
서원동	문학과지성 1977	1950	경남 창녕	국제신문 - 대구지사	〈3집〉부터 참여

위의 표는 〈자유시〉 동인들이 영남에 연고를 둔, 등단한 지 5년 이내의 신인들이 중심이 된 모임임을 알려준다. 이기철을 제외하고 모두 20대 후반의 젊은 시인들이다. 이 같은 상황은 같은 시기에 결성된 〈반시〉와 흡사하다. 〈반시〉 역시 〈자유시〉 동인과 비슷한 시기에 등단한 영남 지역 출신의 젊은 시인들이 주축을 이루고 있다.[10] 서로 다

---

10 〈반시〉 동인들의 간략한 이력을 정리하면 다음과 같다. 김창완(신안·1942/서울신문·1973), 김명인(울진·1947/중앙일보·1973), 이동순(김천·1950/동아일보·1973),

른 점은 〈자유시〉 동인은 거주권역이 대구, 〈반시〉는 서울이라는 점, 그리고 〈반시〉는 〈자유시〉와 달리 같은 해 신춘문예로 등단한 김창완·정호승·김명인·이동순이 참여한 동인 〈1973〉을 모태로 하여 출발했다는 점, 그리고 두 동인의 시적 경향이나 지향이 일정한 차이를 보인다는 사실 정도이다. 후자의 경우, 추후에 참여하게 된 동인이 〈자유시〉는 『문지』 출신의 서원동(1977), 〈반시〉는 『창비』로 등단한 권지숙(1975)과 이종욱(1977)이라는 점에서 보다 분명하게 드러난다. 이러한 내용을 정리해보면, 〈자유시〉와 〈반시〉는 대체로 영남 지역을 연고로 한, 등단 5년 이내의 젊은 시인들이 구체적으로는 생활권역, 한편으로는 시적 경향에 따라 결성된 동인이라고 할 수 있다. 〈자유시〉와 〈반시〉를 단순히 문학이념에 따른 대조적 서클로 구분하는 것은 사실과 다를 수 있음을 기억할 필요가 있다. 물론 두 동인은 자신들의 시적 입장을 지속적으로 밝힌 바 있고 호가 더해가면서 자신들의 문학 이념에 부합하는 『문지』와 『창비』 출신의 등단자를 새로운 동인으로 받아들였지만, 선언적 이념으로 포획할 수 없는 중간 지대를 공유하고 있었음을 상기해야 한다는 것이다. 초창기에 구성원들 일부가 중복되어 거주권역으로 동인들을 나누고, 이후 정체성을 강화하는 작업들이 펼쳐지면서 서로 다른 성격의 동인으로 규정되는 과정을 겪게 되지만, 이들 내부에는 문학적 자의식으로 수렴되지 않는 지대들이 적지 않았다는 사실이다. 그것은 『창비』나 『문지』처럼 비평가

정호승(하동·1950/대한일보·1973), 김성영(안동·1947/현대문학·1972), 권지숙(2집부터 참여, 진주·1949/창비·1975), 이종욱(3집부터, 예천·1945/창비·1977), 하종오(5집부터, 의성·1954/현대문학·1975), 김명수(6집부터, 안동·1945/서울신문·1977). 2집까지 동인들의 연락처를 판권면에 명기하고 있는데, 2집에 참여한 다섯 명(김명인·김성영·권지숙·정호승·김창완)의 동인들의 거주지와 직장은 모두 서울이다.

그룹이 견인하는 문예지와 시인들의 작품을 모아 수록한 동인지 사이의 중요한 차이라고 할 수 있을 것이다. 실제로 『자유시』와 『반시』에 모두 참여했던 이동순이나 정호승의 경우, 양쪽에 수록된 작품 사이에 경향의 차이는 거의 발견되지 않는다. 이는 두 동인지가 내세웠던 문학적 입장이 작품들을 견인하는 실제적 구속력을 가진 것이라기보다 선언적인 것에 가까운 것으로 해석할 수 있음을 시사한다.

> 들녘에 유리창이 넘어진다 / 모로 누워 큰 숨을 쉬고 / 젖은 땅을 맨발로 걸어간다 / 거미 하나 피흘리며 창살에 오른다 / 빗소리가 들어와 비를 피하니 / 빈 房은 천지에 요란하다 / 들뚝에 짓밟힌 질경이 / 땀흘리는 풀잎의 소란 / 두 팔을 늘이고 모로 넘어지니 / 마른 번개가 그림자를 쓸어간다 / 서로 손목잡고 일어서는 안개의 유희 / 아파라 아파라 따가움이여 / 거대한 비의 나라 찬 발목이여
>
> —이동순, 「비의 나라」(『자유시』 창간호) 전문

> 具色을 갖추어 비 내린다 / 석유등이 바람에 졸고 / 흙은 고인 물속에 오르내린다 / 젖은 바위 아래 한정 없이 앉으니 / 떡갈나무 숲이 쉰 목소리 내고 / 내노라는 빗방울이 술렁인다 / 아서라 아서라 돌멩이 / 찬 밤에 소리치는 그의 心情을 모르는가 / 現場을 찾아와 내리는 비 / 흐르는 공기 속에 흐르는 비
>
> —이동순, 「비의 現場」(『반시』 창간호) 전문

1976년 4/6월에 발간된 두 동인지의 첫 호에 실렸던 이동순의 작품이다. 두 편 모두 비의 정경을 바라보는 시인의 정념이 흡사한 시적 구조 속에 그려져 있다. 비 내리는 풍경이 폭력적인 상황을 암시하고 고통의 현실과 분노의 내면이 공통적으로 형상화되어 있는 점,

대상 세계에 대한 인식과 감수성 등이 유사하다. 다만 "피흘리며 창살에 오르는" 거미, "짓밟힌 질경이" "땀흘리는 풀잎" 등 고통의 주체들이 부각된 「비의 나라」와 달리, 「비의 현장」에는 "찬밤에 소리치는" '돌멩이의 심정'이 화자의 직접적인 발화를 통해 표출되고 있다. 이동순의 경우, 고통의 현실과 수난 당하는 이들에 대한 시적 형상화는 이후에도 지속적으로 표현된다. 이는 현실과 민중 지향의 에콜-이념을 표방한 『반시』에 보다 근접한 것이라고 할 수 있다.

앞서 밝힌바 있듯이 『자유시』와 『반시』가 당시 문단의 대비적 흐름이었던 『문지』나 『창비』와 일정한 상관성을 갖고 유사한 관계 구도를 설정하고 있지만, 비평의식이 주도한 두 계간지와는 다른 좀더 유연한 의식이 이들 동인시를 떠받치고 있음을 염두에 두어야 할 것이고, 그러한 점에서 『자유시』의 성취와 지향, 그리고 변화 과정을 좀더 구체적으로 살펴볼 필요가 있다.

3. 개인의 일상과 새로운 '현실'

1970년대 시 동인지를 검토한 박지영은 "훼손된 개인성의 복원과 '언어의 자유'", "공동체의 재건과 '언어로써의 자유'"로 『자유시』와 『반시』의 지향을 대비하여 정리한바 있다.[11] 이는 '시민적 전망/민중적 전망', '현실에의 반성적 질문/현실에의 몸담음' 등으로 『문지』와 『창비』를 대비하는 큰 인식의 구도와 닿아 있는데, 그것은 앞에서 언급한 것처럼 '60년대식 순수/참여' 구도와는 상이한 차원으로서, 당

11 박지영, 「허무주의의 초극과 현실에 대응하는 전복적 시적 인식의 두 얼굴」, 민족문학사연구소 현대문학분과, 앞의 책, 339~364쪽.

대 현실에 관한 인식의 차이와 더불어 그 현실에 대한 문학적 응전 방식의 시각차에서 비롯된 것이라고 할 수 있다. 이러한 인식은 『자유시』의 전개 양상을 통해 보다 분명하게 확인할 수 있다. 먼저 동인지 첫 호에 수록된 창간의 변을 살펴보자.

> 시는 우선 自由로와야 함을 우리는 믿고 있다. 모든 것에로의 自由, 혹은 모든 것으로부터의 自由. 우리는 詩가 自由로우면 그만큼 言語도 自由로우리라는 旣定事實을 믿는다. 自由롭자. 그리고 모든 詩들로부터도 우리는 自由롭자. 기실 自由라는 말 속에는 얼마나 허울 좋은 구실들이 있어왔느냐? 우리는 마침내 自由로울 것인가? 어쨌든 우리는 모든 事物들에 대하여, 모든 構造들에 대하여, 모든 機能들에 대하여 自由롭기를 원한다. 우리의 만남이 鄕里에서 이루어졌을 때, 함께 나누던 말들의 따사로움을 우리는 기꺼워한다. 말들의 따사로움이 우리를 結合시키고, 말들의 따사로움이 이루어져서 우리들이 가야할 더 큰 말의 本鄕길이 넓게 틔여졌으면 한다.
>
> —「自由詩의 命題」 전문

창간 선언문에 해당하는 위의 글은 크게 두 가지를 내세우고 있다. 첫째는 어디에도 구속되지 않는 자유로운 시 정신, 둘째는 지역을 바탕으로 한 인간적 유대, 비교적 소박한 언어로서 기술된 이러한 문학에 대한 입장은 『자유시』가 어떤 의식을 적극적·능동적으로 수행하려는 것이라기보다 '전체주의적' 분위기에 대한 부정으로서의 소극적 저항에 동조하는 지역 네트워크임을 표명한 것이라고 할 수 있다. 이는 당시 강한 실천성을 띄고 부상한 〈창비〉로 대표되는 이념·실천문학에 대한 거부였다. 『자유시』의 창간사는 "우리가 옹호하는 시는 언제나 삶의 문제에 歸一하는 것이고, 시의 바탕은 삶과 同一性으로 이해될 수 있으므로…多數의 삶이 누려야 할 당연성을 옹호하는 일" 이며 "民衆의 애환"과 "찢겨버린 조국의 아픈 상처를 어루만지는 데 있다"[12]는 『반시』의 매우 장중하고 치열한 장문의 창간호 서문과 대비된다. "詩야말로 시대의 구원을 위한 마지막 祈禱임을 확신한다"는 시에 대한 〈반시〉 동인의 비장한 태도와 "鄕里에서 이루어진" "우리의 만남"과 "함께 나누던 말들의 따사로움을 우리는 기꺼워한다"는 『자유시』 창간호 서문 사이의 간극은 문학에 대한 두 동인의 차이의 한 단면을 웅변해준다. 위에 인용된 「자유시의 명제」에서 수차례 반복된 "自由롭자"는 것은 『창비』로 대표되는 민족/민중문학 진영의 '무거운 문학 – 역할론(구원론)으로부터의 자유'로 읽힌다. 그러한 점에서 〈자유시〉 동인의 '자유'는 개인과 개성의 중시와 다르지 않다.

> 일체의 전체적인 것은 배격되어야 하며, 개인을 압도하는 전체적 윤리나 체제는 어떤 것이든 불식되어야 한다. … 이 땅의 문학풍토는 진정한 개인을 모른다. … 개인적인 일체의 행위를 전체에 수렴하려고 하며, 그렇게 해야만 시대와 상황에 대해 떳떳할 수 있다고 믿는다. '나'보다도 '그'를 얘기해야 하고, 나 스스로의 얘기보다 남의 얘기를 끊임없이 해야만 한다. … 시와 예술은 그 자체로서 서지 못하고 다수를 떠올리고 부추기는 관념의 종이 되어버렸다. … 이제는 다만 시를 쓴다고 하지 않고 무엇을 위하여 시를 쓴다고 말할 수 있는 시대인 것이다. 가혹하구나, 시를 쓰는 우리들, 우리는 왜 종인가?[13]

---

12 『반시』 1(동림출판사, 1976), 4~5쪽. 참고로 『반시』 창간호의 표지는 4·19학생의거기념탑, 뒷표지에는 김수영 시인의 「눈」이 수록되어 있다.

13 『자유시』 3, 1978, 2~3쪽.

3집(1978)에 수록된 위의 글에서 거듭 강조되고 있는 것은 '개인'과 '시의 자율성'이다. 1집의 서문과 달리 매우 강한 어조로 전체주의적 윤리나 집단주의로 경사된 한국문학을 비판하고 있는 이 글에서 비판의 대상은 당연히 민중문학 진영일 것이고, 이는 『반시』가 강조하는, 이를테면 '우리' '민중' '동일성' '다수의 삶' '시대 구원으로서의 시'에 대한 비판이라고 할 수 있을 것이다. 1집에서 강조했던 '자유'가 3집에 와서 '개인'으로 보다 구체화되었으며, 시인 자신의 경험과 감수성에 기초한 개성을 시의 본질로서 좀더 분명하게 규정하고 있는 셈이다.

① 그리워 미치겠어 정말, 東城路에 나와서 茶나 마시고, 양품점과 책방을 기웃거리고, 東亞슈퍼마켓에서 오징어회나 먹고, 어디 아무 골목에나 들어가 소주나 한잔 하고, 키스하고 키스하고 숨고, 市廳 분실계 앞에서 서성대고, 東仁로타리에서 女子나 하나 낚아 낄낄대다가, 되돌아오고 되돌아 오고, 남의 부부싸움에나 가담하고, 나도 모르게 거대한 陰謀 속에 들어갔다 나오고, 소리도 지르지 못하고, 눈치보고 눈치보고, 엄마 엄마 누가 내게 엄마 하나 사주렴, 아무리 그리워도 나는 동성로 계단에서 신문이나 사들고, 언제나 언제나 그렇고 // 돌아와 자고난 후 몸을 털며 / 먼 날도 생각한다. / 먼 날은 한 시간 후의 꿈이다. / 아니 오늘 밤의 外出이다. / 아니 내일 낮은 新聞과 영화관이다. / 나중에 올 電話다.

—이하석, 「어린 날과 먼 날」(1집) 2연

② 우리들이 버린 발자욱이 / 月背나 河陽 쪽에서 뒤돌아 서고 / 일년내내 나를 압도해 온 / 華奢한 생각들이 / 忘年의 달력 끝에서 바래지는 / 포근한 겨울날 / 젖어있는 東大邱 길도 / 자주 불타는 西門市場도 / 우리에겐 길들은 사투리에 불과하다. / 寫實的인 길들은 長篇처

럼 번어있고 / 어디를 가나 눈부신 햇살의 이마 / 교회의 종소리에 잠을 깬 / 키 작은 점박이나무도 / 우리들 사랑의 일부분이다. / 저물녘엔 大陸의 소문이 모여 / 熟議의 얼굴을 맞대고 잠드는 / 알맞게 기차가 흔들리며 가는 南部.

—이기철, 「大邱 · 2」(2집) 전문

③ 지랄 좀 하게 해 주세요. 너무 갑갑합니다. 아무 지랄이라도 좋으니, 좀 하게 해 주세요. 이 울안에서 좀 벗어나게 해 주세요. 내 지랄로 어떻게 벗어나느냐고요? 그래요. 벗어났다는 느낌이라도 들게 해 주세요. // 아침에 보면, 진달래가 시들고 개나리도 짓이겨져 있다. 벗어나가 위해서, 벗어남과의 싸움 끝에……

—이경록, 「이 植物園을 위하여 · 4」(1집) 전문

〈자유시〉 동인들의 시는 어떤 경향을 특정할 수 없을 만큼 여러 양상을 띠고 있다. 이는 앞에서 언급한 것처럼, 〈자유시〉 동인이 특정 입장을 적극적으로 견지하기보다 집단주의나 문학의 종속성을 반대하는 소극적 - 부정주의 태도를 취하고 있기 때문이다. 다시 말해 그들이 강조한 것은 문학과 문학의 역할을 한정하는 견해에 대한 부정이자 문학적 자율성에 대한 광범위한 옹호여서 동인들 전체를 묶을 수 있는 어떤 속성이나 『자유시』를 관통하는 특성을 찾는 일이 쉽지 않다. 다만 3집의 서문이 밝힌 것처럼, 이들의 시가 개인의 감성과 내면을 드러내는 "나의 이야기"라는 공통의 기반을 갖고 있는 것은 확실해 보인다.

위의 세 편의 시는 두 가지 측면에서 〈자유시〉 동인들의 중요한 경향을 보여준다. 첫째, 이들이 다루는 시적 현실이 개인의 일상이라는 점, 따라서 이들의 시는 그 일상의 경험과 내면을 다양한 시적 방법으로 드러낸다. ①과 ③은 반복되는 일상에 관한 시인의 경험 내용을 형상화한 것으로서 ①이 그 일상의 구체를 기록하고 그로부터의 탈출불가능성과 그 맞은편의 원초적 세계에 대한 그리움을 형상화하고 있다면, ③은 그 내면의 적나라(赤裸裸)를 거친 언어로서 표출하고 있다. 이와 같은 개인적 일상 경험에 대한 충실한 반영은 다양한 내면 현실의 시적 형상화 방법을 가능하게 한다. 둘째, "나의 이야기"에 기초한 이들의 시에서 개인의 생활공간인 지역성이 자연스럽게 드러나고 있다는 점이다. ①, ②에는 시인이 거주하고 있는 대구의 실제 지명들이 동원되어 있다. "東城路" "東亞슈퍼마켓" "東仁로타리" "月背" "河陽" "東大邱 길" "西門市場" 등, 일상의 체험을 바탕으로 한 이들 시편에 빈번하게 등장하는 지역의 장소들은 동인의 인적 구성을 밝힌 창간호 서문의 '鄕里에서 이루어진 우리의 만남'의 의미를 상기시킨다. 지역이나 지방성에 대한 비평적 자의식을 적극적으로 주장하지 않았지만, 『자유시』에 자주 출현하는 지역-장소의 출현은 이들의 시의식에 '지역'이 중요한 시적 공간임을 시사하는 것이면서, 생활공간을 시의 장소로서 기입하고자 하는 어떤 의식 혹은 감각이 이들 동인들에 작동하고 있었음을 환기시켜준다. 이는 『창비』와 『문지』의 폐간(1980년) 이후 대거 등장하는 지역 무크지들의 핵심 모토, 급속한 (대)도시화나 서울중심주의에 대한 저항[14]의 소극적 형태가 "나의 이야기"나 '개인'을 강조한 〈자유시〉 동인에 징후적으로 나타난 것이라 해석할 수 있다. 이와 같은 지역/생활-감각이 가장 개성적으로 개진된 사례는 이하석이다.

---

14 김정환·박명윤·이은봉·하영권(좌담)의 「80년대와 지방문화운동」(『실천문학』 5, 1984). 박태순·이명원(대담)의 「소설가 박태순에게 들어보는 1980년대와 『실천문학』」(『실천문학』 105, 2012·봄), 김문주의 「1980년대 무크지 운동과 문학장의 변화」(『한국시학연구』 37, 2013) 등 참고,

① 명아주 풀물 속에도 / 한 時代의 殺氣가 있다. / 온통 잔소리만 듣다가 들에 나오니 / 들녘의 패랭이 紫雲英들은 / 뜻없이 하늘로 피어고 / 안씨러이 풀잎을 문지르노라면 / 묻어나는 풀물에도 毒이 있다. / 이제 어디에 우리를 숨길 것인가 / 들녘의 땅 아래 칼을 몰래 묻어놓고 / 돌아와 또 잔소리를 듣노라니 / 손 끝에 묻혀온 풀물이 書類에 묻어난다. [중략] 타이프라이터의 소리 속에도 돋아나 / 자주 고장내며 쩔꺽거린다.

—「풀물」(2집, 1977) 부분

② 미아처럼 헤매던 나사 굴러와 붉은 얼굴로 / 자갈 틈 비집고 든다, 여뀌덤불 밑 / 피래미 아가미 빼리며, 짖은 흙 걷어차며, / 헤일 또는 폭풍우를 숨은 채 꿈꾸며. / 물 속 나사의 뜻은 흘러내린다, 강철과 / 알미늄과 합성세제에서 떨어져나가며, / 물 공기 시간을 하나로 풀어놓으면서, / 녹물처럼 반란하며, 얼굴 붉히며. / 나사에 걸린 물들은 도시를 빠져나가기 전에 / 벌써 힘이 빠진다. / 풀들과 기머리와 모래들을 비켜서 / 이윽고 숨죽인 소리로 흐른다 / 그치는 물.

—「新川」(4집, 1979) 1연

③ … 갈대숲 때리는 눈발 속 / 도강하던 멧돼지 쇠붙이에 걸려 / 넘어지고, 그 다음 시퍼런 눈길로 저무는 강. // 송사리떼 물 속 쇠덩이 밑에 헤엄칠 때, / 쇠의 녹물은 흘러 물 밑바닥 태우며 / 송사리 뱃때기 핥긴다. / 물풀이 건드린 쇠 문득 깨어 터지며 / 솟구치며 얼음 깨뜨릴 때, 공중으로 튀어 / 흩어지는 고기들, 양쪽에서 쏘아대는 / 총알들에 맞아 떨어진다.

—「임진강」(4집, 1979) 부분

민중문학 진영의 목소리가 더욱 힘을 얻어가던 70년대 말, 이하석의 생활 감각은 새로운 방향으로 길을 튼다. 주관적 정념을 받아주는 서정적 대상으로서의 자연이 그의 시에서는 소시민적 일상과 소비 사회의 현실을 비판적으로 사유하게 하는 거점으로 자리하고 있다. 그에게 자연은 시인의 정념이 거느리고 부리는 소유물이 아니라 자신의 현실을 구체적으로 반성하게 하는 메타적 존재이다. 서류·전화기·도어·빨래·술잔·잠자리, 그리고 "타이프라이터의 소리" 등 일상을 환기하는 대상물마다 묻어나는 '풀물'은 "잔소리"로 상징되는 일상의 관성과 규율(구속)을 지속적으로 환기시키는 존재이다. ①에서 자연은 일상을 일상화하지 않는 긴장으로서 기능한다. 그래서 자연은 이하석의 시에서 모더니티의 거점으로서 갱신된다. 대구를 안고 도는 "新川"을 소재로 한 ②와 분단의 상징-장소인 임진강을 소재로 한 ③에서의 자연은 광물의 상상력과 결합하면서 소비 문명의 폐해와 한반도 분단 현실의 반생명성을 예각적으로 형상화한다. 시인의 주관적 정념을 드러내는 전통 서정의 거점이 이들 시편에서 현실의 문제들을 낯설게 보게 하는 비판적 리얼리티의 처소로서 전환되고 있는 셈이다. "미아처럼 헤매던 나사"가 "新川"을 흐르며 도시를 빠져나가는 ②의 형상과 "도강하던 멧돼지 쇠붙이에 걸려 넘어지고" "송사리 떼가" "공중으로 튀어 흩어지"다 "총알들에 맞아 떨어지는" ③의 풍경은 마치 자연-다큐의 한 장면처럼 이땅의 현실을 생생하게 드러낸다. 이 시들에 작동하는 광물의 상상력은 두 가지의 현실, 즉 소비-자본주의와 분단의 문제를 매우 이른 시기에, 그리고 자연에 대한 방법적 갱신을 통해 새롭게 제기하고 있다. 이하석의 첫 시집 『투명한 속』(1980, 문학과지성사)으로 수렴되는 이러한 생태-자연의 새로운 가능성, 에코(eco)의 열린 가능성은 시인 개인의 구체적인 생활 감각이 길어 올린, 70년대 '문학적 현실' 영역의 갱신이자 확대이다. 이는 집단적 관념을 거부하고 개인의 구체적 생활 감각과 경험에 기초한 『자유시』의 시적 지향이 얻어낸 가장 중요한 성과 중의 하나이다.

4. 현실 환경의 변화와 정체성의 재구성

3집까지 8인 체제를 유지하던 〈자유시〉는 결혼과 더불어 박정남이 동인에서 탈퇴하면서 7인 체제로 바뀐다. 그리고 동인 활동에 대한 전체적인 진단을 통해 동인의 정체성을 강화하는 자리가 4집에서 마련된다.

> (이동순) 〈자유시〉 동인의 기본 명제는 자유정신의 실현에 입각해 있다고 봐. … 문학적 자유의 구현은 이 양자(정치적/도덕적 자유 : 인용자)의 진정한 조화와 통합에 있는 것이며, 편협한 양단론법은 옳시 못한 것이지.
> (강현국) 동인지 운동의 생명이 바람직한 에꼴 형성에 있다고 할 때 '모든 것으로부터의 자유'라는 우리의 명제는 너무 포괄적이어서 자칫하면 초점이 흐려질 위험을 수반하고 있어.
> (이하석) 〈반시〉의 경우 그 이념이 시의 이념이라기보다는 더 정치·사회적 현실에 기대를 가짐으로써 시의 기능적인 면이 드러나고 있는데…. 그러나 그럼에도 불구하고 개별적 작업보다는 동인이라는 집단을 통한 전체적 지향점을 제시함으로써 설득력만은 강하게 갖고 있는 듯해. 각자의 그릇에 따라 투영되는 다양하고 특수한 표출이야말로 진정한 시의 사회학이며, 현실인 것이라고 봐. 우리가 해야 할 일은 그러한 삶의 현실을 시로써 정당하게 표현해 내는 것이며, 그러기 위해서는

방법론적인 면에서의 부단한 정진이 뒤따라야 할 것이야.[15]

「동인활동과 문학현실」이라는 주제로 7인의 동인이 마주앉은 자리에서 개진된 논의들에는 그간(1976~1979)의 활동에 관한 동인 안팎의 인식과 당대 문학에 대한 의식이 드러나 있다. 먼저 이 자리에서 제기된 가장 주된 내용 중 하나는 동인의 방향성에 관한 것으로서, 이동순은 〈자유시〉의 모토인 '자유정신'을 제한적으로 사유하는 것은 옳지 못하다는 의견을 제시한다. 초창기 『반시』 동인으로 참여하였고 〈창비〉 계열의 현실주의적 경향의 시를 쓰던 그로서는 자연스러운 제언이었을 것이다. 정치적 자유(liberty)와 존재론적 자유(freedom)를 이질적으로 사유하는 문학계의 관성에 대한 문제제기이지만, 이는 〈자유시〉 동인의 정체성과도 관련 있는 사안이었다. 이하석이 그간의 동인활동을 반추하면서 『반시』가 보여준 통일된 전체적인 지향이 문학 장(場)에서 보다 뚜렷하게 드러났음을 환기하는 대목은 〈자유시〉 동인의 당대적 정체성과 성격을 잘 드러낸다. 함께 동인으로 활동하고 있지만 자신들을 묶을 수 있는 문학적 구속력이 약하다는 것, 그래서 『자유시』의 파급력이 상대적으로 약하다는 인식을 동인들 모두가 공유하고 있었던 듯하다. "모든 것으로부터의 자유"라는 명제가 "너무 포괄적이어서" 에콜의 구심을 흐릴 수 있다는 강현국의 지적 또한 이 점을 가리킨 것이다. 이는 〈자유시〉 동인이 뚜렷한 어떤 가치를 중심으로 구성된 결사체가 아니라 오히려 목적지향적·집단주의적 성향의 문학에 반대하는 소극적 – 부정주의 입장, 그리고 '자유' '개인'이라는 추상적이면서도 광범위한 거점[16]

---

15 (좌담회) 「동인활동과 문학현실」, 『자유시』 4, 13~23쪽.

16 '자유로운 상상력과 정신의 자유로움', '문학의 자율성과 현실에 대한 구조적·개

을 내세운 다소 느슨한 형태의 지역 출신 시인들의 집단으로 출발하였다는 점에서 연유한 것으로 보인다. 여기에서 주목할 점은 이러한 논의 속에 〈반시〉가 맞상대(counterpart)로서 염두에 놓여 있다는 사실이다. 이는 당대의 [창비 vs 문지]의 구도와 흡사한 측면이 있다.

> 저 자신이 『창비』의 맞은편에서 다른 가치 체계와 지향을 가진 이른바 『문지』에 참여하여 『창비』와는 상반된 대안의 탐색해 노력해 왔다고 할 수 있겠지만, 저와 저의 동인들의 이러한 노력들은 『창비』의 선도적이고 문제제기적인 작업이 있었기에 가능했고 또 필요했던 것입니다. 아마도 『창비』 없이는 『문지』가 결코 그 의미를 만들어낼 수 없을 것이지만, 『창비』는 『문지』의 존재에 관계없이 그 자체의 역사적 자리를 얼마든지 충분히 건져낼 수 있었을 것입니다.[17]

〈문지〉의 한 축이었던 김병익의 이와 같은 발언은 좌담회에서 드러난 〈자유시〉 동인들의 인식의 구도를 진단하는 데 중요한 참조점이 된다. 문학의 역할을 현실과의 관계 속에 설정했던 『창비』와 달리, 『문지』는 『창비』로 상징되는 참여문학의 논의에 맞선 문학론, '문학의 자율성과 개인'을 옹호하는 '다른' 문학론을 주창해야 할 뿐만 아니라 '다른 현실'을 제기할 필요가 있었던 것이다.[18]

성적 인식'은 『문지』 진영에서 줄기차고 일관되게 지지했던 문학관이었다. 〈자유시〉 동인이 강조한 '자유'나 '개인'은 기본적으로 『문지』 진영의 담론 위에 기초한 것이었다.

17 김병익, 「『창비』와 한국 4반세기의 역사」, 『우공(愚公)의 호수를 보며』, 세계사, 1991, 153쪽.

18 물론 이는 종속적인 차원에서가 아니라 문학과 현실의 관계에 관한 사유를 심화·확대하는 생산적인 구도라는 측면에서 보아야 하며, 두 계열의 문학론이 갖는 기본적

그러한 점에서 전체적 지향점이 선명한 〈반시〉의 현실적 부각은 인정하되, "각자의 그릇에 따라 투영되는 다양하고 특수한 표출"로서의 현실이야말로 "진정한 시의 사회학"이라는 이하석의 견해는 〈자유시〉의 방향과 문학론을 가장 적확하게 드러낸 것이라고 할 수 있다. 그가 말하는 '각자의 그릇에 따라 투영되는 다양하고 특수한 표출로서의 현실'과 "진정한 시의 사회학"이란, 문학이 상대할 현실 영역의 확대와 더불어 현실에 대한 문학적 반영의 '다른' 차원을 뜻하는 것이었다. 그가 "방법론적인 면에서의 부단한 정진"을 강조한 것도 바로 여기에 있는 것이다.[19]

성격을 고려하여 접근해야 할 문제이다.

19 김병익은 『창비』와 『문지』의 관점과 의의를 이렇게 정리한바 있다. "기존의 문단과 구별되는 『창작과비평』과 『문학과지성』의 진보성은 각각 현실에 대한 민중적 실천과 방법적 접근으로 나타난다. 현실개혁의 의지를 문학을 통해 실천하고자 하는 『창작과비평』과 문학의 끊임없는 자유로움으로 경직화된 현실과 맞서고자 한 『문학과지성』은 유신체제라는 폭압적인 상황 속에서도 충실하게 자신들의 입장을 지켜나갔다. 민족·민중문학을 내세운 전자는 문학은 분단모순과 계급모순의 해결을 위한 부단한 실천이라는 태도를, 정신의 리버럴리즘을 내세운 후자는 문학은 그 속성에서 영원히 비체제적이라는 태도를 보여 주었으며, 이로 말미암아 문학과 현실의 관계에 대한 새로운 문학적 흐름을 형성했다"(김병익, 「김현과 '문지'」, 『열림과 일굼』, 문학과지성사, 1991, 341쪽). "영원히 비체제적인 태도"로서의 문학은 〈자유시〉 동인이 옹호했던 개인과 자유정신, 그리고 이하석이 강조하는 '방법으로서의 문학'과 상통한다. 이는 〈문지〉 동인들의 글에서 가장 빈번하게 확인할 수 있는 '방법으로서의 변증법적 사유'와도 통하는 것이다. "진정한 문학자란 30년대의 廉想涉이나 蔡萬植이 그러했듯이 자신의 해답을 제시하지 아니한 채 사회의 혼란과 모순을 제시한다. 그것들을 언어가 자기 체제 속에 완벽하게 소화할 수 있게 될 때는, 그것 자체가 이미 해답을, 대답하지 않는 질문의 형식으로 제공하게 된다. 모순을 모순으로 제시하는 문학은 〈질문하는 대답이며 대답하는 질문(롤랑 바르트)〉이다"(김현, 「테로리즘의 문학 – 오십년대 문학소고」, 『문지』 4, 1971·여름, 348쪽).

간행 정보	참여 동인(수록 편수)	기타	비고
1집 (1976.4) -대구:삼영출판, 64쪽	박정남(5), 박해수(5), 이경록(7), 이기철(5), 이동순(5), 이태수(5), 이하석(7), 정호승(5)	•自由詩의 命題	•이동순, 정호승〈반시〉(1976.6 창간) 참여
2집 (1977.5) -대구: 중외출판, 148쪽	강현국, 박정남, 박해수, 이경록, 이기철, 이동순, 이태수, 이하석 (15편씩 수록)		•정호승 〈반시〉 선택으로 동인 탈퇴 •이동순〈반시〉탈퇴 •이경록 백혈병으로 사망 •강현국 동인 참여
3집 (1978.4) -대구: 영진인쇄, 86쪽	강현국(3), 박정남(4), 박해수(5), 서원동(5), 이기철(5), 이동순(5), 이하석(5), 이태수(5), 이하석(5)	•3집을 내면서 •이동순:이경록론	•서원동 동인 참여
4집 (1979.4) -대구: 흐름사, 91쪽	이하석, 이태수, 이동순, 이기철, 서원동, 박해수, 강현국 (5편씩 수록)	•동인 좌담회(7인)	•박정남 결혼으로 탈퇴:7인 동인 체제
5집 (1982.10) -대구: 흐름사, 138쪽	이하석, 이태수, 이동순, 이기철, 서원동, 박해수, 강현국 (5편씩 수록)	•책머리에/표사 (초대시) 황지우, 정규화, 안재찬, 박덕규 (비평) 정다비:이하석 시집평 •조남현, 이기철 (서평) 전영태:이동순 시집평, 강현국:박해수 시집평	

간행 정보	참여 동인(수록 편수)	기타	비고
6집 (1983.10) - 서울: 청하, 166쪽	이동순(6), 이하석(7), 강현국(6), 서원동(10), 박해수(7), 이기철(8), 이태수(5)	•6집을 내면서 (평론) 민병욱:<자유시> 평가 (초대시) 서종택, 이문길, 배창환, 나종영, 이문재, 고정희 (평론) 이하석-현실과 방법에의 질문 (서평) 김명수-이기철 시선집평, 장석주-강현국시집평, 이성복-이태수시집평	•책 광고 (언어의 세계1,2)

매년 발행되던 동인집은 4집(1979.4) 이후 3년간 중단되었다가 1982년 10월에 간행되는데, 종전과 달리 동인 이외의 문인에게도 개방하는, 열린 체제로 대폭 변경된다.

6집까지 발행된 『자유시』는 5집에 이르러 전환점을 맞게 된다. 3년여의 공백 기간 중에 '80년 광주'가 있었고, 『문지』와 『창비』가 폐간되었으며, 시단은 무크지시대를 맞게 된다. 1982년 가을에 발간된 5집에는 황지우·정규화·안재찬·박덕규 등의 초대시, 정다비(정과리), 조남현의 비평글, 그리고 동인들의 시집에 대한 서평이 수록되고, 6집에는 초대시의 폭이 넓어져 6명의 시인들의 작품이 함께 실린다. 이러한 문호 개방은 큰 폭은 아니지만, 종전과는 다른 변화된 체제로서, 이와 같은 변화는 〈자유시〉 동인들의 인식의 전환이기도 하겠지만, 무크지나 다른 동인지 체제의 부분적 수용으로도 판단할 수 있다.[20]

---

20 3년여의 공백이 있었던 『자유시』와 달리 1980년 11월 간행된 『반시』 5집의 체제는 4집과 달리 동인 이외의 많은 문인들이 참여하는 개방적 형태를 띠고 있다. 『반시』

실제로 이 무렵에 본격화된 무크지들은 '초대란'의 형태로 발행 주체 이외의 문인들에게 지면을 개방하였다.

5집의 '책 머리에'는 〈자유시〉 동인의 중대한 인식 변화가 감지된다.

> 우리가 살고 있는 시대상황을 떠난 언어는 존재하지 않으며, 우리가 살고 있는 이 현실을 떠난 영원은 설정되어질 수 없다는 것을 동인 각자가 조금씩 느끼게 되었다는 점이다. 우리는 이 시대를 살고 있다. 우리의 시는 이러한 삶이 떠올린 언어가 되어야 한다. 우리의 꿈과 정서와 상상력은 궁극적으로 우리가 살고 있는 이 땅에서 마련되는 것이다. 그러므로 현실과 꿈과 언어는 그러한 엄연한 사실 위에서 설정되고 긴장되어 있어야 한다. 사실 우리가 애초 설정한 〈자유〉라는 말은 우리를 그야밀로 자유롭게 풀어놓지도, 튼튼히 결속하지도 못했다. 그것은 또 그럴 성질의 것이 아니다. 오히려 〈자유〉라는 말 속에는 우리를 그 말 속에 구속시키려는 음험함이 들어있기 일쑤이다. 〈자유〉란 말은 곧 우리 현실의 벽을 자각하게 해주는 거울과 같은 것일 뿐이다. 우리는 거울 앞에서 그 속에 투사된 우리들 각자의 모습을 본다. 그 모습은 이즈러져 있으면서, 동시에 꿈꾸는 모습을 하고 있다. 그것이 현실인 것이다. 이제 우리는 〈자유〉 그 자체보다는 〈자유〉라는 거울 속에 투사된 그 모습을 눈여겨보고, 그리하여 꿈꾸며 일어나려고 애쓰는 것이야말로 우리가 할 일

5집에는 두 개의 특집(라틴 아메리카 시, 70년대 시의 사회적 관심 – 김홍규, 구중서)과 김명인의 『동두천』에 관한 김인환의 서평, 그리고 '한국시의 반성과 전망'이라는 좌담으로 구성되었고, 『자유시』 5집이 발간될 무렵에 간행된 『반시』 7집(1982)에는 동인 하종오의 시에 대한 김사인의 서평과 두 편의 특집('한국시의 반성'이라는 주제로 김정환·조남현·최동호·김주연 등 5인의 평론, '서정시인 몇 사람'이라는 타이틀로 고형렬·권달웅·나태주·송수권·이성선 등 5인의 시)이 수록되어 있다.

이라는 것을 느낀다.[21] (밑줄 인용자)

다소 길게 인용한 위의 글에는 80년 광주로 상징되는 폭력적 현실에 대한 깊은 충격과 그것이 동반한 문학적 성찰이 내장되어 있다. '〈모든 것으로부터의 자유〉라는 동인정신의 대전제는 변함없지만'으로 시작하는 위의 글은 자신들이 주창한 '자유'가 본인들을 어떤 태도 속에 가두는 허울일 수도 있었다는 것, 그래서 "〈자유〉 그 자체보다 〈자유〉라는 거울 속에 투사된" "이지러진 모습을 눈여겨 보"는 것, 아울러 그 모습으로부터 "꿈꾸며 일어나려고 애쓰는" 노력까지가 자신들이 "할 일"임을 자각하였다는 내용이다. 이는 현실 - 사태, 현실의 심각함이 〈자유시〉 동인들이 표방한 '어떤' 자유를 넘어섰다는 인식이며, 기각된 자유에 대한 자기 - 비판적 성찰이다. 그것은 "이즈러져 있으면서 동시에 꿈꾸는 모습"으로서 존재했던 자신들의 문학적 자유를, 현실의 맥락 속에서 다시 소환하고, 더불어 이를 넘어서는 노력까지를 고민하겠다는 태도의 변화이다. 이와 같은 의식의 전환은 작품에서도 부분적으로 확인된다.

> 五月이 조심스레 땅 위에 아가위풀을 내어놓아도 / 겨울은 겨울답게 언제나 당당하고 혹독했다. / 虛構로 사랑을 하는 젊은이들은 / 휘파람을 불지 않고 장미원을 피해 다녔고 / 봄비가 잠든 풀잎을 깨워도 / 아낙들은 빈 독에다 生成의 술을 담그지 않았다.
>
> —이기철 「잔인한 민들레」(5집) 부분

21 「책 머리에」, 『자유시』 5, 10~11쪽.

(뜸북 뜸북 뜸북새 논에서 울고 / 뻐꾹 뻐꾹 뻐꾹새 숲에서 울 제 / 우리 오빠 말 타고 서울 가시면 / 비단 구두 사가지고 오신다더니) // 월남 간 우리 오빠 죽어서 오고 / 돌아온 우리 오빠 강물에 재 뿌리고 / 환장한 우리 애비 술꾼이 되었다.

—강현국 「고향 7」(6집) 1,2연

위의 인용시들은 5집과 6집에 수록된 작품들이다. 동인들 중에 비교적 사회 현실에 대한 관심과 형상화가 상대적으로 적었던 두 시인의 이전 시적 경향과는 상당히 이질적인 위의 시편들에서, 우리는 3년여의 공백 동안 동인 개인들에게서 진행된 시의식의 변화를 일부 확인할 수 있다. 80년대 초반의 암울한 시대 현실을 상징적으로 그려내고 있는 「잔인한 민들레」나 고통스런 시대를 맨몸으로 살아온 민중들의 삶의 역사를 연극적으로 형상화한 강현국의 〈고향 연작〉에는 당대 정치·사회적 현실이 가로놓여 있다. 이 시편들에 담긴 현실이나 민중들의 삶, 그리고 이를 그려내는 형상화 방법은 기존의 〈자유시〉 동인의 시적 기조와는 분명 상이하다. 물론 그 변화는 좀 더 구체적인 분석 작업이 필요하지만, 5집의 머리말대로 "이 땅의 현실"에서 기인한 것이라고 할 수 있다. 이는 3집 서문의 표현대로라면, "나의 이야기"가 아닌 "남의 이야기"일 것인데, 이 둘 사이—3집(1978)과 5집(1982)—의 간극은 바로 당대 현실이 빚은 소산일 테고, 이는 역설적으로 (민중적) 현실이 〈자유시〉 동인들에게서 '나'의 사건(현실)으로 접수되었음을 의미하는 것이리라.

5. 나가면서

〈자유시〉 동인들은 거듭해서 '자유'와 '개인'을 본질로 하는 것이 문학임을 밝힌바 있다. 그러한 점에서 당대적 현실도 개인에게서 회수된 것일 때 비로소 유의미하며, 개인에게 포착된 현실 또한 지극히 다양하고 상이할 수 있음을 강조하였다. 여기에는 문학이야말로 비체제적이며, 전체로서 규정될 수 없는 절대적 개인성의 소산이라는 확고한 문학 – 이념이 배후에 자리하고 있는 것이다. 그러한 점에서 5집 이후에서 발견되는 변화들은 그들에게 이른바 '당대적 현실'이 개인에게 핍진하는 현실로서 다가오기 시작했음을 시사한다.

> 나는졸다가아지랑이처럼 / 피어오르다가가물가물가라앉다가 / 검고긴꿈의欄干 / 난간에기대어꿈을더듬거리다가 / 가슴열어보고눈을뜨다가 / 눈뜨고졸다가졸음의끝 […] 지난겨울의눈발속에묻혀버린 / 내靈魂의행방을찾아내어그저께내린비의그소리에섞어대다가 / 빗소리로흐느끼다가깨어나다가문득 / 스란치마끌고오는아내의 / 뽀르통한입언저리를바라보다가 / 봄별에벙그는꽃소리를듣다가 / 졸다가어머닐만나엉엉울다가눈뜨고…
>
> —이태수 「봄별」(3집) 부분

> 이상해라, 이 한밤 누군가 내 몸을 끌고 가고 있다 마음은 두고 몸만 떼어 어둡고 빈 곳으로 가고 있다 몸이 끌려가는 곳 위의 하늘엔 떨고 있는 발목들 다른 발목들과 엉켜 있어 그래도 자세히 보면 모두 혼자야 […] 자, 이제 떠나요 우리 / 이곳은 겁나요 / 너무 조용해요 / 죽어버린 도시 같아요 / 보세요 어둠의 구석마다 엿보이는 / 뼈만 남은 얼굴들을 / 지금은 겨울, 떠날 때는 지금이예요 / 인사도 부질없는 짓 / 그저 말

없이 / 모든 형식적인 것 모든 삶적인 것 / 허울 좋은 악덕에 지나지 않아요 / 지금은 인사가 필요없는 겨울이예요

—서원동「겨울」(3집) 부분

〈자유시〉 동인들이 강조한 "나의 이야기", '나'에게 회수되고 감수된 현실의 형상들을 보여주는 위의 시편들은 앞에서 살폈던 이기철의 「잔인한 민들레」나 강현국의 「고향 7」과 상당히 떨어져 있다. 「봄별」의 화자가 경험하는 몽롱과 혼곤함은 그야말로 한 개인의 존재론적 현실이고, 경계를 지운 발화 방식은 그 현실을 담는 방법론적 고안일 것이다. 물론 이 시는 온전히 개인적인 경험이다. 반면, 서원동의 「겨울」은 '나'의 꿈 – 현실이면서, 동시에 한 집단이 겪는 핍진한 현실로 읽히기도 한다. "다른 발목들과 엉킨" 채 "떨고 있는" '하늘의 발목들', "어둠의 구석마다 엿보이는 뼈만 남은 얼굴들"로 가득한 이 겨울의 도시는, 시대적 현실을 환기하는 탁월한 시적 현실로 감수될 수 있을 것이다. 이 두 시편이 보여주는 현실에 대한 감수성의 편차는 〈자유시〉 동인의 내적 편폭을 단적으로 드러내주는 것으로서, 이들을 동인으로서 구속하는 문학적 구심의 진원을 되돌아보게 한다. 이는 〈자유시〉 동인의 특성이자, 결과적으로 동인으로서의 어떤 내적 한계였던 것으로 판단된다.

이하석은 『자유시』의 종간호가 되는 6집의 끝에서 "세계나 꿈이 단순히 개인적인 취향에 의한 전망이 아닌 그 시대의 뭇 존재가 총체적으로 부르고 열망하는 세계나 꿈이 될 때 개인과 현실, 또는 개인과 역사는 확실하게 만나지는 것이며, 이때 비로소 진정한 질문이 나올 수 있는 것이다"[22]라고 적고, 시대적 현실과 조우하는 자유로운 개인의 꿈, "진정한 질문"이자 전망으로서의 시를 요청했다.

이와 같은 이하석의 견해는 〈문지〉 진영의 비평담론에서 자주 등장한 개인/사회의 관계에 대한 입장[23] 위에 기초한 것인데, 아이러니한 것은 개인과 역사(현실)의 방법적 조우를 고민한 6집의 서문[24]이 진지한 자기 성찰에 기초한 5집과 달리 참여/실천문학 진영을 매우 거칠게 비판하는 데 대부분의 지면을 할애하고 있다는 사실이다.

『자유시』 6집의 처음과 끝을 구성하는 이 내적 간극, 저 진지한 문학적 성찰과 상대 진영에 대한 격한 비판적 자의식 사이에는 시동인으로서 〈자유시〉의 어떤 한계와 균열이 가로놓여 있는 듯하다. 3년여의 공백을 거친 후에 동인지 체제를 개방하고, 현실의 폭압에 대한 새로운 인식과 성찰을 보여주고 있음에도 불구하고 〈자유시〉는 문단 구도나 상대 진영을 넘어서는 새로운 문학적 성취를 도모하지는 못하였다. 6집으로 종간된 〈자유시〉는 70년대 동인지시대의 한 국면, 『창비』와 『문지』(진영으)로 나뉜 문단 구도를 생산적으로 넘어

---

22 이하석, 「현실과 방법에의 질문」, 『자유시』 6, 112쪽.

23 〈문지〉 진영의 비평가들은 아도르노나 프랑크프루트학파의 견해를 자주 인용하면서 '문학사회학'의 관점에서 개인과 사회의 문제를 성찰하고 이를 작품 분석에 적용하였다. "삶이란 '나'라거나 '社會'라거나 하는 것의 어느 한쪽에만 의미를 부여하는 것이 아니고 '나'로부터 '社會'로 흘러가는 끊임없는 意識의 擴散과 '社會'로부터 '나'에게로 流入되어오는 秩序의 壓力 속에서, 그것이 야기하는 모든 것을 包容하고, 그것이 야기하는 모든 것에 대해서 물음을 던지는 受容과 質問의 세계이다"(김치수, 「관조자의 세계」, 『문학과지성』 2, 1970·겨울, 352~353쪽).

24 "시에 있어서도 우리의 현실이 특수한 상황이라는 미명 아래 본래적 아름다움이 매도당하고 보편적인 감수성의 구조마저 백안시되고 있다.… 홀로 서 있음이 용납되지 못하고 끊임없이 당성(집단성)을 요구함으로써 개인성이 무시되고 있다. 이런 일들은 문화운동이라는 미명 아래서 행해지는 어처구니없는 현상들이다. 전체적이고 집단적인 것은 개인을 온당하게 포용할 때 가치를 지니는 것이다"(「6집을 내면서」, 5~6쪽).

서지 못하였다. 〈자유시〉의 맞은편 동인이라고 할 수 있는 〈반시〉가 공백 없이 10집(1985)까지 발행한 것을 생각하면 〈자유시〉 동인의 내적 동력과 결속력은 상대적으로 빈약한 것이었다.

시동인지 『자유시』의 위상이나 1970년대 동인지의 성격과 구도를 좀더 심도 있게 이해하기 위해서는 『반시』에 대한 대비적 분석이 동반되어야 할 것으로 보인다. 이에 대한 연구는 후속 작업으로 미루어둔다.

지역의 정체성과 기억의 정치학

— '3·15마산의거'의 시적 형상을 중심으로 —

1. 4월혁명의 시의성(時宜性)과 시차(時差)

1983년 12명의 필자가 참여한 『4월 혁명론』(1983)의 핵심 테마는 4·19를 무엇으로 규정할 것인가 하는 점이었다. 4·19 발발 20여 년이 지난 시점에서 개진된 정리 작업은 당시 사회적 현실과 맞물린, 민족사의 향방에 관한 문제의식의 발로(發露)였다. 이 자리에서 강만길[1]은 4·19를 "민주주의 운동이 민족통일운동으로 발전한 분단시대 민중운동의 거대한 출발점"으로 규정하고, 반봉건·반외세 운동이 결합된 개화시대의 갑오농민정쟁, 민주주의와 항일 운동이 결합된 식민지시대 3·1민족운동을 잇는 "거대한 혁명운동의 시발점"으로 정리한다. 4·19를 민주주의와 민족 운동의 중대한 역사적 계기로 보는 이러한 시각은, 통일민족국가의 수립이야말로 한반도 민중운동[2]의 핵심 가치이며, 그러한 점에서 민주주의 가치 쟁취를 운동 초기의 주요 쟁점으로 내세웠던 4·19의 주체들이 이승만 정권의 붕괴 이후 다양한 통일 논의와 실천으로 방향 전환을 하게 된 것은 자연스러운 귀

---

1 강만길, 「4월혁명의 민족사적 맥락」, 『4월혁명론』, 한길사, 1983.

2 강만길은 한국근대운동사의 주요 흐름을 크게 민주주의운동과 민족운동으로 구분하고, 전자를 반봉건(反封建)을 비롯해 민주주의 가치의 정립과 수호를 목표로 하는 운동의 흐름, 후자를 반외세(反外勢)를 기치로 하여 민족의 통합과 가치를 주장하는 흐름으로 정리하고 이 두 가치를 함께 도모하는 것을 민족사적 관점에서 진정한 '민중운동'으로 규정한다.

결이라는 결론에 이르게 된다. 같은 자리에서 백낙청[3]은 대부분의 필자들이 제기한, 4·19는 혁명인가 의거인가에 대한 질문에 '未完의 혁명'이라고 답하면서 그 이유를 두 가지—4·19의 운동 방향이 민족사적 장기 과제에 부합한다는 점, 그리고 역사의 흐름을 근본부터 바꾸려는 '혁명적 차원'이 있었다는 점—로 제시한다. 4·19가 '미완의 혁명'이라는 인식은 군부정권하에 있던 이 무렵의 많은 지식인들이 공유하던 것이었으며 이러한 의식 속에는 당대를 바라보던 현실 인식과 역사적 지향이 담겨 있었다. 4·19를 '혁명'으로 인식하고 규정하는 이와 같은 80년대적 의식 속에는 우리 민족의 역사적 과제에 대한 전망과 지향이 분명하게 자리 잡고 있었다. 그것은 반민주적 정치체제의 해소(解消), 즉 민주체제의 건설이었고, 이는 궁극적으로 한반도의 정치적 갈등 상황을 초래한 가장 근본적이고 구조적인 원인인 분단체제의 극복이었다. 강만길의 논의 속에서 핵심 개념이기도 한 '민중운동사'의 개념은 이러한 민족사적 과제를 완성할 수 있는 주체가 '민중'이라는 80년대적 각성이 자리 잡고 있던 것이었다.

'4월혁명'을 민족사의 전체적 전망 속에서 인식했던 80년대로부터 30년이 지난 2010년 민주화운동기념사업회는 4월혁명 50주년을 맞이하여 '한국민주화운동 50년'을 회고하고 재평가하는 학술모임을 개최하였고 그것의 성과물을 6권의 총서로 출간하였다. 4·19를 '미완의 혁명'으로 규정하고 그것의 의미를 미래의 역사 속으로 유보하였던 80년대와 달리, 이 자리에서 대부분의 논자들은 한국민주화운동의 흐름을 크게 '4월혁명'과 '광주민주항쟁', 그리고 '87년 민주항쟁'으로 정리하고 1987년을 민주화의 중요한 변곡점으로 인식

---

3 백낙청, 「4·19의 역사적 의의화 현재성」, 『4월혁명론』, 한길사, 1983.

한다. 1987년 이전에는 한국민주주의의 발전이 민주화운동에 의해 주도적으로 이루어진 데 반해 그 이후에는 주로 정당정치에 의해 진행되었다는 점에서 1987년을 "권위주의 체제의 민주화" 원년으로 정리하고 있다.[4] 4·19는 의거인가 혁명인가, 우발적인 것이었는가 아니면 준비된 것이었는지, 혹은 실패인가 성취의 의의가 있는가를 논의했던 80년대와는 다른 차원의 객관적인 거리와 전체적인 조망이 2010년의 정리 작업 속에는 자리 잡고 있다. 그것은 아마도 4월혁명을 억압적이고 불안정한 당대 현실과 무관하지 않은, 완결되지 않은 진행형의 혁명으로 다시 점화되어야 할 운동으로 사유했던 80년대와 절차적 민주주의가 정착된 2010년 현실 사이의 시차에서 기인할 것이다. '87체제' 이후, 사회 각 분야에서 진행된 민주화와 정착된 정당정치의 경험은 한국민주주의 발전에 중대한 변화를 불러왔던 민주화운동을 객관적으로 조명할 수 있는 거리를 마련해준 것으로 보인다.

한국민주주의의 발전 과정을 점검한 '한국민주화운동50년'에서 가장 눈여겨 볼 대목 중의 하나는 지역에서 일어난 4월혁명의 성과를 총정리하고 있다는 점이다. 이와 같은 기획의 의도는, 한국민주주의의 발전을 견인한 4월혁명(1960)이나 6월항쟁(1987)의 성취는 지역에서 진행된 저항들 전체를 살필 때 비로소 온전한 전체상(全體像)을 확보할 수 있다는 점일 것이다. 이러한 작업은 1990년대 후반부터 지역에서 본격적으로 제출되기 시작한 지역학 연구 성과를 반영한 것으로서, 담론과 서울 중심으로 개진되어온 종전의 사적(史的) 기술이나 시각을 반성적으로 성찰한 결과라고 할 수 있다. 그러나 다른 한편으로는 현단계 한국민주주의 발전에 가장 치명적인 장

4 정해구, 「한국민주주의의 전개와 그 특징」, 『다시보는 한국 민주화운동 : 기원, 과정, 그리고 제도』, 선인, 2010.

애가 지역갈등의 문제라는 점, 따라서 그러한 국면이 조성되기 이전인 4월혁명의 상황을 살핌으로써 여러 지역에서 개진된 혁명의 열기가 상호작용하고 집약되어 한국민주주의 발전을 견인하였음을 복기·확인하려는 의도가 이 작업에는 내재되어 있다. 4월혁명의 소국면들을 지역의 관점, 그리고 계기적 연속성의 관점에서 살피고 이를 전국적인 차원에서 조망하는 것은 '4월혁명' 혹은 '4·19'를 하나의 시공간에서 폭발한 단일 사건이 아니라 여러 분산된 장소에서 형성된 에너지가 특정 시공간으로 집약되어 정권퇴진을 이끌어낸 사건[5]으로 보려는 인식의 발로로 판단된다.

2. 지역의 정체성과 기억 투쟁

'지역에서의 4월혁명'을 조명하는 기획은 그동안 전국 단위나 서울에 초점을 맞추어 연구가 이루어진 것을 반성하는 의미에서 진행되었지만, 4월혁명이 지역에서 시작되어 서울로 수렴되는 과정을 거쳤다는 사실을 생각할 때 이는 지극히 당연한 것이면서도, 한편으로는 이와 같은 서울중심주의 연구 관행이 한국현대정치의 중대한 장애물인 지역주의의 폐해에 기능적으로 대처하지 못했음을 시사하는 것이기도 하다. 4월혁명이나 6월항쟁이 지역이 처한 조건과 환경 속에서 상이한 양상으로 개진되었음에도 불구하고 지역의 운동들이 타지역의 민주화운동을 촉발하는 계기가 되었음을 고려하면, 한국민주화운동은 지방과 전국이 상호 연대와 상승작용을 통해 비약

---

5 정근식, 「지역의 4월 혁명」, 『지역에서의 4월 혁명』, 선인, 2010, 28쪽.

적인 운동의 성취를 이룬 경우라고 할 수 있다. 문제는 민주화운동을 촉발하고 중요한 전환점이 되었던 지역들이 한국민주주의의 가장 큰 걸림돌인 지역주의의 덫에서 자유롭지 못하다는 것이다. '지역에서의 4월혁명'의 성과를 재조명해야 할 필연성은, 개별 지역이 갖고 있는 민주적 전통과 정체성을 환기하고 지역을 넘어서는 민주적 가치의 보편성에 대한 사유를 심화·확대하는 것이 현단계 한국민주주의 발전에 가장 중요한 의제이고 운동의 현재성을 제고하는 일이기 때문이다.

4월혁명의 지역적 기원을 살핀 연구들[6]은 한결같이 개별 지역의 민주적 자산과 성과들을 강조하면서도, 대구의 2·28, 마산의 3·15, 고려대의 4·18을 혁명의 중요한 분수령으로 정리하고 있다. 이 세 국면은 1960년의 일련의 사태들을 정권 퇴진의 혁명적 사건으로 수렴하게 하는 결정적인 계기가 되었다. 대구의 2·28은 운동의 주체나 규모, 그리고 치열성에 있어서 특기할 만한 것은 아니었지만 정부 수립 이후 부당한 권력에 저항한 최초의 민주 시위였으며 이후 4월혁명의 핵심 주체인 전국 중고생들의 시위를 촉발하게 하고 학생들에게 저항의 주체로서 자신감을 심어준 저항운동이었다는 점에서 중요한 국면이었다.[7] 마산의 3·15는 4월혁명의 직접적 원인이었던 부정

6 민주화운동기념사업회에서 6권으로 발간한 〈4월혁명 50주년 기념 연구총서〉에는 지역과 관련한 연구성과들이 다양하게 수록되어 있으며, 『지역에서의 4월혁명』에 집중적으로 게재되어 있다. 여기에서 다루어진 주요 지역들은 대구, 인천, 수원, 대전, 충북, 강원, 전북, 광주전남, 부산, 제주 등이며, 마산의 경우는 대구와 더불어 다른 총서에서도 여러 차례 거론된다.

7 이현희의 「역사적 맥락에서 본 4·19혁명 연구」(『3·15의거 학술논문 총서』)를 참조할 것.

선거에 대해 가장 강력하게 저항한 진원지였고 규모나 참여 주체, 그리고 저항의 성격 등에서 2·28과 다른 차원의 항쟁이었으며[8] 저항의 과정에서 빚어진 시민들의 희생으로 인해 운동의 의제가 정권 퇴진으로 전환된 4월혁명의 분수령이었다. 그것은 뒤이어 일어난 고려대의 '4·18'이나 서울의 '4·19' 등의 핵심 요구 조건 중 하나가 마산의 희생에 대한 규탄과 책임이었다는 점에서도 입증된다.

현재 대한민국의 정치적 구도에서 볼 때, 보수적 성격이 지배적인 마산과 대구에서 민주화운동의 중요한 전기가 마련된 것은 한국 현대정치사에서 매우 시사적인 대목이다.[9] 특히 마산의 경우에는 '3·15'의 경험이 박정희 정권을 붕괴시키는 데 결정적인 기여를 한 '10·18마산민주항쟁'(부마항쟁)의 의식적·심정적 자원(資源)이 되었을 뿐만 아니라 이후 1987년 6월항쟁에서도 고스란히 계승되었음

---

8 문병란은 시위 양상이나 공권력에 대한 대치라는 측면에서 3·15는 서울의 4·19나 70년대말 부마항쟁, 80년 5월항쟁의 양상과 궤를 같이 하는 민족·민주·민중 운동이었다고 평가한바 있다(「마산 3·15부정선거 민중항재의 역사적 의의와 민주화운동」, 『3·15의거 학술논문총서』, 64쪽).

9 대구와 마산의 경우 해방과 함께 귀환동포들이 대거 유입되고 한국전쟁으로 인해 피난민이 정주하면서 도시의 팽창이 빠르게 진행되었다는 공통점이 있다. 특히 한국전쟁 당시 두 지역 모두 북한의 점령을 받지 않음으로써 진보세력의 역량이 보존되었다는 점이 지역사회를 야당 성향으로 만들었다는 해석이 김태일에 의해 제시된바 있다(「대구의 2·28과 4·19혁명」, 『4월혁명과 한국민주주의』, 선인, 2010). 1956년 정부통령 선거에서 자유당의 이승만과 진보당의 조봉암의 전국적 득표율은 이승만 70%, 조봉암 30%인데 반해, 대구에서는 이승만 27.7%, 조봉암 72.3%의 득표율을 보였으며, 1956년 시행된 제2회 의원선거에서 마산에서 선출된 의원 17명 중 집권당 자유당은 2명, 민주당 4명, 무소속 11명이었다(차철욱, 「마산 시민의식의 성장과 3·15의거」, 『3·15의거 학술논문총서』, (사)3·15기념사업회, 468쪽 참조).

을 상기할 필요가 있다.[10] 이는 민주화운동의 경험과 기억이 한 지역의 정체성을 구성하는데 매우 중요한 자산이 되었음을 뜻하는 것으로서, 그러한 지역 정체성의 변화 과정을 살피는 일은 한국현대사의 정치 현실을 부조하는 중대한 작업이며, 기억과 망각의 정치학이 어떻게 (지역의) 정치 지형과 성향을 바꾸고 왜곡시키는지를 확인하는 작업이라고 할 수 있다. 마산의 경우, '3·15의거'는 질곡의 정치 현실 속에서 지역의 정체성을 정초하고 견지하려는 의식의 핵심 기지로서 작용하는바, '3·15'를 둘러싼 의식의 변화 양상이나 기억 투쟁은 사건으로서의 '4월(3·15)'의 의미와 지역을 사유하는데 매우 중요한 결절점이라고 할 수 있다. 한 집단의 정체성은 스스로의 역사를 능동적으로 구성하는 것이며, 그것은 한 집단이 공동으로 기억하고 망각하는 것을 통해 자신을 정의한다는 것을 뜻한다. 그런 점에서 정체성의 개조는 기억의 개조이기도 하다.[11]

> 39년이라는 세월은 사람을 늙게 하고 추억이나 기억들은 더더욱 잊어버리게 한다. 청년이었던, 그 혈기왕성하고 당당했던 한 젊은이가 이제 회갑을 넘긴 늙은이가 되어버렸다. 안타까운 것은 1,2차 3·15의거의 한 달여 긴 시간들을 이제는 온전히 기억할 수 없다는 것이다. 그래서 현장 설명이나 사람 이름 등에 오류를 범하면 어떡하나 걱정도 앞서기도 했지만, 기억나는 대로 두서없이 적어 보았다. 한편으로는 그런 오류가 나

10 1979년 10·18마산민주항쟁(부마항쟁)이나 1987년 6월항쟁에서 마산의 시민들은 모두 3·15기념탑으로 모였는데, 이는 마산 지역의 시민적 정체성에 3·15가 가장 중요한 구심이었음을 입증하는 웅변적 사례이다.

11 알라이다 아스만, 『기억의 공간』, 변학수·백설자·채연숙 공역, 경북대출판부, 1998, 78쪽

의 잘못이 아니라는 생각도 해본다. 왜냐하면 역사에 가장 큰 오점을 남긴 5·16군사쿠데타로 인하여 그들은 자기들의 합리화를 위해 3·15마산의거와 4·19혁명을 30년 이상 매도하고 그 깊은 역사적 의의를 굴절, 희석시켜 왔기 때문이다.[12]

형식적인 기념행사는 오히려 마산의거 정신을 잊게 하는 원인이 되는 것이다. "우리 헌정사에서 영원히 지울 수 없는, 우리 마산인의 것이면서 전국민의 것으로 마땅히 승화되어야 할 그날의 찬란한 의거정신이, 마산인의, 전국민의 뇌리에서 점점 사라지고 해마다 기념식이나 하는 형식의 날, 형식의 기념일로 퇴색되는 현실을 우리는 또 어떻게 설명해야 할 것인가?"[13]

3·15에 관한 회고문인 첫 번째 글은 3·15가 더 이상 생생한 기억의 자산이 아니라는 사실, 그리고 그것이 5·16군사쿠데타와 군사정권에 의해 의도적으로 희석되고 망각·망실된 과거임을 보여준다.[14] 모든 집단적 기억이란 시·공간적으로 '제한된 집단이 갖는 기억'일 것인데, 이들의 기억이 현재화할 수 있는 장(場)을 갖지 못할 때, 그것은 더 이상 한 집단의 정체성을 구성할 수 있는 인자가 될 수 없다.[15]

---

12 이희규, 「나의 투쟁기」, 『3·15의거』 제7호, 3·15의거기념사업회, 1999, 51쪽.

13 강주성, 「사회정의와 국민주권정신을 되살리자」, 『3·15의거와 한국의 민주화 : 3·15의거40주년기념학술심포지엄자료집』, 2004, 4쪽.

14 3·15의거가 군사정권에 의해 어떻게 왜곡되고 변화했는지를 살핀 연구는 남재우의 「3·15의거의 성격 변화 : 군사정권 26년간을 중심으로」(『3·15의거 45주년 학술심포지엄 자료집』, 2005)를 참조할 것.

15 아이러니하게도 마산의 정체성을 구성하는 두 번의 중요한 저항의 기억은 모두 박정희와 관련이 있다. 4월혁명의 자리를 차지한 것은 5·16이었고, 마산의 10·18은 박

경험주의 사회학자인 알브박스는 살아 있는 인간들을 결속시키는 가장 중요한 수단이 '공동 기억'이며, 그것은 근본적으로 사회적인 상호작용과 확증에 의해 지속되는데 반해, 역사적 기억은 공동의 기억과 달리 집단의 특성과 정체성을 유지하는 데 기능하지 않는다고 강조한바 있다.[16] 위의 고백은 3·15가 역사적 기억으로 이월됨으로써, 지역 공동체를 묶는 공동의 기억으로 활성화되는 데 실패했음을 뜻하는 것이다. 두 번째 글의 필자는, 3·15가 더 이상 생명력이 없는 역사적 기억, 제도화된 기억으로 전락했음을 탄식한다. 한 집단의 정체성에 기여하는 집단적 기억이란 구성원들의 현재 속에 보존되고 생생하게 운동하는 것이어야 하며 그것이 집단의 정체성과 구성원들의 내면에 오래오래 남게 되리라는 확신 속에서 지속될 수 있는 법이다. 그러한 점에서 송덕의 최고 형식은 명예의 전당이나 기념비에 있는 것이 아니라 영혼 속에 구현된 기억[17]이고, 그 기억은 '물질적이 아니라 정신적으로' 구성원의 내부에 살아 있는 의식이며, 구성원들의 삶으로서 환원되는 생생한 현전인 것이다.[18]

이 글에서는 4월 혁명의 중요한 국면이었던 '3·15'를 중심으로 지

정희의 죽음(10·26)으로 잊혀진 항쟁이 되었다.

16 알라이다 아스만, 앞의 책 165~166쪽.

17 위의 책, 54쪽.

18 마산 지역의 정체성과 관련된 많은 혼란과 균열은 두 번의 자랑스러운 저항의 역사가 집단적 정체성을 구성하는 데 유효한 공동의 기억으로서 기능하지 못한 것에서 비롯된 셈이다. 저항의 기억이 장기간의 군부독재 기간으로 인해 망실된 채 제대로 보존되지 못하였고, 가치 있는 집단 정체성의 인자(因子)들이 구성원의 삶과 내면에 상호작용하는 생생한 현재로서 기능할 수 없게 된 것이다. 역사화된 기억을 집단적 기억으로 되살리려는 노력이 지난(至難)할 수밖에 없는 것은, 그 기억이 구성원들의 (정치적) 현실 속에서 상호작용하는 현재로서 능력을 발휘하지 못하기 때문일 것이다.

역 마산에서 개진된 문학적 응전의 시대적 변화 양상을 지역 출신 시인들의 시 작품을 통해 확인해보고자 한다. 4월혁명은 한국근대사에서 차지하는 비중에 비해 그것을 소재로 한 작품이 현저하게 적다. 여러 연구자들의 지적처럼, 4월혁명은 문학적 형상의 소재로서 혹은 문학 부문의 가시적 성과를 초래한 사건이라기보다 새로운 세대의 출현을 초래한 어떤 환경으로서의 사건이었고[19] 그 자체가 탁월한 문학적 형상의 소재로 작용하였다기보다 전쟁과 분단의 의미를 성찰하는 계기를 제공하였으며, 그것의 문학적 결실은 1970년대에 들어서야 본격적으로 이루어진다.[20] 한국근대사에서 매우 중요한 사건이었음에도 불구하고 4월혁명의 문학적 형상이 적고 빈약하다는 게 일반적 평가지만, 마산의 경우는 예외적이다. 1983년 간행된 『4월혁명기념시전집』(학민사)[21]에 수록된 작품이 190편에 불과한데 반해, 2001년 3·15의거기념사업회에서 간행한 '3·15의거기념시선집(1960~2001)' 『너는 보았는가 뿌린 핏방울을』에는 200편에 이르는 작품이, 2010년에 간행된 '3·15의거 50주년 기념(1960~2001)' 『3·15의거시전집』에는 340편의 작품이 수록되어 있다. 지역 출신 시인과 3·15 당시 지역에서 활동하던 시인들의 작품만을 모아놓은 이 시집들의 규모는 3·15(4월혁명)가 지역 마산에서 어떤 성격을 지니고 있는가를 웅변해준다. 1960년 당시뿐만 아니라 현재까지 지속적으로 생산되고 있

---

19 최원식·임규찬 편, 『4월혁명과 한국문학』, 창작과비평사, 2004, 43~44쪽.

20 하정일, 「주체성의 복원과 성찰의 서사」, 『1960년대 문학연구』, 민족문학사연구소현대문학분과, 깊은샘, 1998, 25쪽.

21 모두 4부로 구성된 이 시집에는 기성시인의 시 75편, 당시 초등학교·중고등학교 재학생들의 시 45편, 대학 재학 중이던 학생들의 시 70편을 포함하여 190편이 수록되어 있다.

는 3· 15 관련 시작품들은 사건으로서의 3· 15가 마산 지역에 끼친 지대한 영향력을 시사한다. "지역문학은 차이에서 출발하여 반복을 산출하는 동시에 반복에서 출발하여 차이를 선별한다"[22]는 점을 고려할 때, 3· 15는 마산 지역문학의 정체성을 구성하는 핵심이라고 할 수 있다. 4월혁명은 전국적인 사건이었지만, 이를 여러 시인들이 지역의 문제로서 지속적으로 성찰하고 문학적 형상으로 담아내고 있는 곳은 마산이 거의 유일하다. 그것은 3· 15가 지역 정체성의 핵심임을 분명하게 드러내주는 증거이며, 이는 4월혁명의 현재적 의미를 새롭게 사유할 수 있는 중요한 사례라고 할 수 있다. 1960년부터 현재까지 생산된 3· 15관련 시편들은 '지역의 눈'을 통해 지역의 문제, 그리고 3· 15를 둘러싼 기억과 망각의 투쟁을, 나아가 4월혁명의 현재적 의미를 사유하는 데 의미 있는 자양이 될 것이다. 지역문학의 연구는 생활사적·정신사적 특성을 추출하는 작업이라는 점에서 단기적이고 단편적인 현상보다는 중장기적 토대의 문학적 발현에 초점을 맞추어야 한다[23]는 사실을 생각한다면, 지속적으로 반복해서 등장하는 3· 15시편은 지역문학의 핵심 성격과 지역 정체성을 둘러싼 정치 현실의 변화 과정을 노정하는 거점이라고 할 수 있다. 이 글에서는 사건으로서의 3· 15가 지역의 정체성을 구성하는 데 끼친 영향과 시대의 흐름 속에서 어떠한 양상으로 문학적 형상화의 내용들이 변화되는가를 살피고자 한다. 이를 통해 우리는 4월혁명의 지역적 발화인 '3· 15'의 의미와 '3· 15'를 통한 4월혁명의 한 성격을 확인하게 될 것이다.

---

22 송기섭, 「지역문학의 정체와 전망」, 『현대문학이론연구』 24, 현대문학이론학회, 2005, 18쪽.

23 김승환, 「지역 현대문학 연구의 새로운 방법」, 『어문론총』 49, 한국문학언어학회, 2005, 69쪽.

3. 1960년대의 시적 형상;
중심과 성지(聖地)로서의 지역, 그리고 민족사적 의식의 자각

1950년대 한국시단의 가장 중요한 과제는 한국전쟁이었다. 전반기가 전쟁 현장을 기록한 시들이 주를 이루었다면, 후반기는 전통적 순수시와 주지적 서정시, 그리고 1930년대 모더니즘의 계보를 잇는 '후반기 동인' 등이 활동한 시기였다[24]. 1950년대 후반부터 한국의 현실은 정치적 부패와 타락이 본격화되고 있었지만, 한국 문단은 이러한 현실적 상황에 대해 별다른 문학적 응전이 없었으며, 대체로 전통적 서정성에 기대거나 관념적 정념이나 주지적(主知的) 실험에 치중하는 양상을 보이고 있었다.

> 무엇을 가지고 살아야 하는가. / 그것을 말해다오. 그것을 가르쳐다오 자유의 인간들이여, / 공산주의와 싸우기 위하여 / 공산주의를 닮아가는 무지(無知)가, 불법을 자행(恣行)하는 곳에. / 민주주의를 세운다면서 / 민주주의의 목을 조르는 폭력이, 정의를 역탈(逆脫)하는 곳에, / 버림받은 지성이여, 짓밟힌 인권이여 / 너는 정말 무엇을 신념(信念)하고 살아가려느냐. / 무엇으로써 너의 그 아무것과 더 바꿀 수 없는 긍지(矜持)를 지키려느냐. / 그것을 말해다오. 그것만을 말해다오. 그것만을 말해다오. 하늘이여! // (중략) 새아침 옷깃을 가다듬고 죽음을 생각는다 / 육친(肉親)의 죽음보다 더 슬픈 이 민주주의의 조종(弔鐘)이여! / 진주(眞珠)를 모독(冒瀆)하는 돼지, / 그 돼지보다도 더 더럽게 구복(口腹)에만 매어서 살아야 할 / 이 삼백예순날을 울어라, 삼만 육천

24 최동호, 「1950년대 시 : 시적 흐름과 정신사적 의의」, 『한국현대문학사』, 현대문학, 2005.

날을 울기만 할 것인가 / 원통한 백성들이여!

—조지훈, 「우리 무엇을 믿고 살아야 하는가」(1959.3.1, 민권수호투쟁사 진첩) 부분

우울한 도시여. / 병들어 차라리 꽃 같은 서울이여. / 지금은 무르익은 너의 계절! / 한창 네게선 썩은 과일의 목메이는 감미롬이 풍겨나고 / 곪은 화방 진한 음분(淫奔)과 요사(妖邪)가 자옥 아지랑이 피는 / 그 적적히 붐빈 영화의 밀물 위론 축제처럼 / 거룩한 민주주의를 치레하여 / 나이론 즈로즈빛깔의 애드벌룬 한가로이 올라 있고 / 그 나긋한 살갗엔 대가리를 곤두박고 거꾸로 / 경무대가 보이누나, / 실크햇트를 멋지게 쓴 홀(笏)을 든 무소불능공(公)이 가시누나. / 연지곤지 성적한 민의(民意) 부인(夫人)들이 가시누나. / 그리고 그들을 한사코 얼려 시종 드는 / 사기(詐欺)씨 부정(不正)선생 조삼모사영감에 뭇 아유구용 주구배들이 / 요지경속처럼 아련아련 뒤치락거리누나. / (중략) 『소돔은 너보다 견디기 쉬우리라.』 / 그러나 안심하라, 거룩한 독선의 난장판이여. / 너의 두껍기만 마련인 뱃가죽과 / 그 꺼릴 바 없는 질긴 아귀심이 / 더욱 부정(不正)으로 정(正)을 으깨고 이(理)를 역리(逆理)로써 목조를 수 있는 한, / 그리고 권력의 흡반(吸盤) 붙은 문어발이 / 요행스런 저 무지(無知)속 속속들이 뻗칠 수 있는 한, / 너의 탐욕이 쌓아 올린 모래성(城) / 그 속에서 덧없는 너희의 영화는 꿈깨이지 않으리니. / 안심하라, 안심하라. / 병들어 꽃 같은 지역이여. / 우울한 나달이여.

—유치환, 「화방(花房)에서」(1959.6.9, 조선일보) 부분

4월혁명 이전 당대의 부패한 정치 현실에 대해 시적 응전을 보여준 대표적 인물은 유치환(1908~1967)과 조지훈(1920~1968)이었다. 이 두 사람은 4월혁명의 과정에서도 불의한 현실을 직접 비판하며

시위대의 저항 운동을 적극적으로 응원하고 문학적으로 지지한 시인들이었다.[25] 이들은 반공주의자이며 보수주의자였지만, 당대의 정치적 상황에 대해 별다른 대응을 하지 않았던 문단의 일반적인 정서와 달리 부패한 권력과 부정적인 현실을 신랄하게 공격하고 고발하였다. 이들에게 당시 현실은 폭력과 불의가 판을 치는 악의 세계였으며, 역탈(逆脫)과 역리(逆理)가 자행되는 부정(不正)의 세계였다. 그러한 점에서 당시 현실은 바로 잡아야 할 그릇된 세계였다. 지훈은 현실을 "육친(肉親)의 죽음보다 더 슬픈 민주주의의 조종(弔鐘)"이라는 지극한 표현으로 통탄의 정을 토로하였으며, 부패한 반민주적 현실에 대해 무감각한 시민들을 비판하였다. 지사로서의 문인의 내면을 잘 보여주는 지훈의 시는 폐역한 시대적 현실을 향한 선도적(先導的)인 시적 응전이라는 점에서 중요한 시사적 의미를 지닌다.

한편 유치환은 좀더 구체적이고 자극적인 풍자의 방식으로 부정적인 당대 현실을 통렬하게 조롱한다. 그는 현실을 "진한 음분(淫糞)과 요사(妖邪)"가 자욱한 "곪은 회방"으로 비유하고, 이승만 대통령을 "실크햇트를 멋지게 쓴 홀(笏)을 든 무소불능공(公)"으로 묘사함으로써 '경무대'로 상징되는 독선적인 권력을 풍자하고 이를 둘러싼 사악한 주구(走狗)들을 신랄하게 공격한다. 유치환의 이러한 시적 대응은 '순수'와 '서정' 그리고 지적 유희에 매몰되어 있던 당대 시단의 유약하고 관념적인 경향을 넘어, 불의한 현실과 정치세력을 향한 구체적인 비판이라는 점에서 중요한 시사적 의의를 갖는다. 당대 최고 권력을 향한 이 시의 통렬한 비판과 조롱은 시대적 양심으로

---

25 유치환과 조지훈은 1957년 결성된 한국시인협회의 간사(총 5명)였으며, 4·19 한 달만에 간행된 추모시집 『뿌린 피는 영원히』(1960.5.19. 춘조사) 발간에 주도적인 역할을 하였다.

서의 시정신을 유감없이 노정한 시적 성취였으며, 혁명기의 시적 대응을 예비하고 촉발하는 선지자적 정신의 산물이었다.

정통 보수주의자였던 청마와 지훈에 의해 수행된 현실 비판은 4월혁명 과정을 통해, 좀더 구체적으로 3·15의거를 거치면서 다양한 양상으로 확대·심화된다.

> 남성동파출소에서 시청으로 가는 대로상에 / 또는 / 남성동파출소에서 북마산파출소로 가는 대로상에/너는 보았는가……뿌린 핏방울을, / 베꼬니아의 꽃잎처럼이나 선연했던 것을…… / 1960년 3월 15일 / 너는 보았는가……야음(夜陰)을 뚫고 / 나의 고막도 뚫고 간 / 그 많은 총탄의 행방을…… // 남성동파출소에서 시청으로 가는 대로상에서 / 또는 / 남성동파출소에서 북마산파출소로 가는 대로상에서 / 이었다 끊어졌다 밀물치던 / 그 아우성의 노도(怒濤)를 / 너는 보았는가……그들의 앳된 얼굴 모습을…… / 뿌린 핏방울은 / 베꼬니야의 꽃잎처럼이나 선연했던 것을……
>
> —김춘수, 「베꼬니아의 꽃잎처럼이나 : 마산사건에 희생된 소년들의 영전에」(1960.3.28, 국제신보)[26]

> 마산은 / 고요한 합포만 나의 고향 마산은 // 썩은 답사리 비치는 달그림자에 / 서정을 달래는 전설의 호반(湖畔)은 아니다 / 봄비에 눈물이 말없이 어둠 속에 괴면 / 눈동에 탄환이 박힌 소년의 시체가 / 대낮에 표류(漂流)하는 부두- // 학생과 학생과 / 시민이 // 〈전우의 시체를 넘고 넘어-〉 / 민주주의와 애국가와 // 목이 말라 온통 설레는 부두인 것

---

26 이 작품 이하 3·15관련 시편은 (사)3·15의거기념사업회에서 펴낸 『3·15의거시전집』(2010)에 수록 형태를 따랐다.

이다. // 파도(波濤)는 / 양심들은 역사에 돌아가 명상(冥想)하고 // 붓은 마산을 후세에 고발하라 / 밤을 새며 외치고 / 정치는 응시하라. 세계는 / 이곳 이 소년의 표정을 읽어라 / 이방인이 아닌 소년의 못다한 염원들을 생각해 보라고 / 무수히 부딪쳐 밤을 새는 / 피 젊은 조류(潮流)의 아우성이 있다. // 마산은 고요한 합포만 나의 고향 마산은 / 세계로 통하는 부두! // 썩은 답사리 비치는 달그림자에 / 서정을 달래는 전설의 호반은 아니다. // 진통(陣痛)이 / 아우성이 소년의 피가 / 분노(憤怒)의 소용돌이 속에 / 또 하나의 / 오-움직이는 세계인 것이다 / 기상도(氣象圖)인 것이다.

—김태홍, 「마산은!」(1960.4.12, 부산일보)

3·15의거 당시 해인대학(현 경남대학교)의 교수였던 김춘수의 「베꼬니아의 꽃잎처럼이나」는 시위 현장의 역동성과 시위에 참여했던 소년들의 희생을 강렬한 이미지에 담아 표현함으로써 국가권력의 폭력에 저항했던 당시를 생생하게 형상화하고 있다[27] 이 작품에서 시인은 3·15의거의 핵심 장소를 실명으로 호명하면서 마산의 거리를 채웠던 시위대의 모습을 불안한 시적 리듬으로 담아내고 그 자리에서 희생된 소년들에 대한 깊은 슬픔을 생략 부호로 표현함으로써 격동의 현실에 즉각적으로 대응할 수 있는 시장르의 장점을 십분 발휘한다. 무엇보다 이 시가 지닌 기념비적 의의는 3·15의거에 대

27 당일 시위에 참여했던 인원은 대략 1만여명 정도로 추산되며, 사망자는 10여 명, 이때 사용된 탄환은 칼빈총 465발, 45구경 권총 93발, 최류탄 12발로 보고된바 있다. 3월 15일 마산 시위의 양상에 대해서는 이은진의 「폭정과의 대결 : 1960년 3·15밤 의거」(『3·15의거』 제7호, 1999)와 「3·15마산의거의 지역적 기원과 전개」(『4월혁명과 한국민주주의』, 선인, 2010), 그리고 홍중조의 『3·15의거』, 1992)를 참조할 것.

한 최초의 시적 형상화라는 점이며 언론지상에 게재됨으로써 당대적 현실과 함께 호흡하는 문학적 응전력과 진정성의 한 전범이 되었다는 점일 것이다. 이 작품은 3·15를 회고하는 이후 시편들에 중요한 참조가 되었고, 작품의 핵심 이미지인 "베꼬니아 꽃잎"은 3·15의 유혈 희생을 뜻하는 대표적인 상징이 된다.

3·15의 2차의거 기간(4.11~13) 중에 발표된[28] 김태홍의 「마산은!」은 매우 긴급하게 돌아가는 운동의 현실을 즉각적으로 담아냄으로써 시의 현실 응전력과 감수성을 웅변해준다. 이 시에서 시인은 "썩은 답사리 비치는 달그림자에/서정을 달래는 전설의 호반(湖畔)"으로 묘사된 마산의 고요한 자연 풍광과 대비되는 폭력의 사태를 "피 절은 조류(潮流)의 아우성" "분노의 소용돌이"로 형상화함으로써 고향 마산에서 일어난 항쟁의 의미를 생생하게 드러낸다. 특히 시는 이러한 저항의 모습을 "나의 고향은 세계로 통하는 부두!" "움직이는 세계" "기상도(氣象圖)"로 규정함으로써 마산 사태의 보편적 의미와 가치를 확신하고 3·15가 이후 한국의 정치·사회적 지형을 변혁하는 의미 있는 사건이 될 것임을 예언한다. 이 시에 담긴 시적 비전속에는 지역 마산이 대한민국의 변방이 아니라 민주적 가치를 수호하는, 세계의 중심이라는 확신과 자부가 배태되어 있다. 이와 같은 인식은, 3·15가 지역 정체성 구성에 핵심으로 자리하게 하는 데 결정적인 요인이 된다. "세계로 통하는 부두!"이자 세계의 변화를 예고하는 "기상도(氣象圖)"로서의 지역이라는 자부심은 굴곡 많은 근대사에서 지역민의 내면을 운동하게 하는 중요한 의식적 자산으로서 작용하게 된다.

---

28 마산의 2차의거는 김주열의 시신이 발견된 4월 11일 낮에 점화되어 밤이 되면서 폭발하고 그 열기는 다음날까지 이어지는데, 김태홍의 시에서 김주열과 관련된 사실들이 등장한 것으로 보아 이 작품은 4월 11일에 씌어져 다음날 신문에 게재된 것으로 보인다.

총알은 / 눈이 멀었다 // 차별 없이 쏘아도 / 거기에는 법이 없는 // 총은 / 이 나라의 법 // 사람 백정(白丁)이 / 사냥개를 몰아 / 백성을 덤이로 죽여 쌓아도 / 빨갱이란 꼬리표 한 장이면 / 오히려 / 죄가 공으로 비껴는 나라 (중략) 그래도 우리는 / 믿어야 했던가 / 오-역사여! / 너만은 / 역류(逆流)를 거부한다고. // 정녕 / 역사의 흐름은 막을 수 없어 / 진리는 끝내 / 불의의 동화(同化)를 용서치 않으려니 // 내일을 믿자, / 그리고 그날을 기다려 / 우리 다함께 역사의 이름으로 / 저 원수! / 원수를 고발하자.

—정천, 「서시(序詩) : 장시 「총알은 눈이 멀었다」의 서시에서」(1960.5.30) 부분

'데모'도 끝났다. / 등교한 날 아침 동무들은 풀이 죽어 있었다. / 상학종이 울려도 동무들은 반나마 오지 않았다. / 지나간 이야긴 누구하나 하지 않고 / 어떤 동무는 자기는 그날 배를 앓아누웠었노라 했다. / 또 다른 아이는 시골에 있었다고 변명한다. / 선생님은 얼굴의 주름살 하나 움직이지 않고 토판에 글만 쓰시는데, / 나는 손을 들 때마다 좌우로 빙 둘러보면 / 군데군데 비인 책상과 걸상. / 딴 동무들은 머언 하늘을 바라보고 있었다. / 창에 붙어 앉은 나는 / 정원의 이파리와 그 이파리 위에 춤추는 바람을 보며 생각했다. / 그리고 / 저 핏빛 장미꽃 위에 나부끼는 건 필시 / '자유'일거라고.

—조정남, 「핏빛 장미꽃 위에 나부끼는 것」(1960.7.10) 전문

박태일은 마산의거와 관련된 시편들을 정리하는 자리[29]에서 3·15

29 박태일, 「경자마산의거의 시적 형상화와 그 문제」, 『한국 근대문학과 경자년 3·15 마산의거 : 3·15의거 제46주년 기념 학술심포지엄』, (사)3·15의거기념사업회, 2006.

관련 시편들을 증언시, 의례시, 정치시, 성찰시 등으로 나누어 살핀 바 있다. 국가권력과 시민들이 충돌하고 수십명의 사상자가 발생한 항쟁이었기 때문에 마산의거에 관한 시적 형상들은 대체로 격정적 정념에 휩싸여 있으며, 의거로부터 시간적 거리가 가까울수록 역사에 대한 확신과 의지가 강하게 표출된다. 정천의 「서시」는 이러한 작품들의 시적 경향을 증언해주는 대표적인 작품으로서, 불의한 현실 권력에 대한 분노와 변혁에의 의지가 선명한 대비적 구조를 통해 형상화되어 있다. 이는 당대적 내면에 대한 생생한 기록으로 시 장르가 지닌 민첩한 현실 대응력을 보여주는 작품이다. 반공이데올로기가 정권을 부양하는 데 핵심적 장치로서 기능하고 있음을 고발한 이 시는 직설적이고 선명한 언어로서 당대의 정념을 선명하게 보여줌으로써 이후 시편들의 인식에 중요한 프레임을 제공하였다.

반면 학생의 신분으로서 당시 교실 현장의 분위기를 담담하게 형상화한 조정남의 작품은 문학적 감응력의 원천이 고요와 자기성찰 속에서 비롯되는 것임을 잘 보여준다. "군데군데 비인 책상과 걸상"을 둘러보는 화자의 시선과 "머언 하늘을 바라보"는 동무들의 모습 속에는 혁명적 의기(義氣)의 이면에 자리 잡고 있는 두려움과 미안함, 그리고 가책 등이 시적 적막 속에 내포되어 있다. 들끓는 정념은 그 열도로 인해 오래 지속될 수 없으며, 한 집단의 윤리적 능력은 구성원들의 자기성찰의 힘을 통해서 성장하는 법이다. 바깥을 향한 정념이 자신의 내부를 성찰하지 못할 때, 그것은 타락한 권력이 되거나 이기적 욕망으로 전락한다. 이 시가 보여주는 지극한 고요와 반성적 시선은 시는 어디에서 오는지, 시의 근원적인 자리를 돌아보게 한다. 강한 정념으로 들끓는 이 무렵의 일반적인 시들과 달리 이 작품이 보여주는 경이로운 성찰의 시선은 혁명기의 한 국면과 그 의미를 수일하게 형상화해낸다. 이 시에 드러나는 적막한 내면성은 3·15를 제대로 기억하고 복원할 수 없었던 1970년대의 작품들 속에 중요한 시적 정서로 자리 잡게 된다.

> 노호(怒號)에 파도치던 / 3월 마산의 그날 / 성스럽고 의로운 레지스탕스의 봉화는 / 끝없이 펴져 / 부산으로 서울로 / 4월 혁명의 불길 앞에 / 끝내 독재의 우상은 / 역사의 철추에 맞아 / 혁명의 억센 물결에 쓸려나간 지 불과 7개월 / 지금은 까마득한 옛날인 양 / 4월의 젊은 사자는 / 혁명의 열매를 잃고 / 사회의 이방인 / 조국거리의 나그네로 전락한 너…… / 끝내 그 성스러운 날의 / 너의 노호는 오늘의 / 슬픈 비명으로 변하여 / 너 사랑하던 조국의 운명과 함께 / 메아리처럼 명멸한다. / 조국의 품안에 / 의로서 가득히 채우려던 / 그날의 영웅은 지쳐 / 그 능숙한 오락으로 / 그 교활한 아첨으로 / 그 더러운 금전으로 / 단장한 / 그날의 승냥이들의 / 새디즘의 웃음이 또다시 / 조국의 강토에 퍼질 때 / 맥진한 젊은 사자여 너는 / 쓰라린 마음의 상처를 안고 / 망각에의 「노스탈쟈」에 젖어 / 몽롱한 세계에서 / 마조히즘에 숭녹된 / 겨레를 두고 / 케세라 세라의 가수가 되려는 것인가?
>
> —김현배, 「망각」(1960.12) 부분

> 이웃이 문을 잠그고 / 정 없이 살아 와도 / 한반도가 하나인 것처럼 / 고장은 오직 마산 / 하나뿐이 아니겠느냐? // 힛트를 노리는 유행가처럼 / 3·15를 생산값으로 흥정하는 / 대변자가 많아서 싫었지만 / 썩은 시궁창에도 / 한 가닥 지하수가 솟듯이 / 묵묵히 맥맥히 / 저항의 사상은 분명 그대로 / 흘러나오고 있었다.
>
> —정진업, 「3월에서 5월까지」(1966.3.15, 마산일보) 부분

4월혁명은 실패한 혁명이며 우발적인 의거에 불과하다는 자조와

절망이 나온 것은 혁명의 해가 지나기 전이었다. 이는 한국현대사의 태생과 관련된 것이었으며 부패한 정권을 대신할 수권(受權) 세력과 혁명 주체의 부재로 인한 것이었다. 1961년을 전후로 한 작품들에서 집중적으로 등장하는 이러한 하강의 정조는 낭만적 정념 속에 깃들게 되는 부정적 내면으로서, 김현배의 「망각」은 부패한 정치 세력과 모리배의 재등장 속에 혁명 정신이 쇠퇴해가는 당시의 분위기를 그려낸다. "케세라 세라"(될대로 되라)에 함축된 자포자기와 패배주의는 4월혁명을 '도둑맞은 혁명'으로 보았던 60년대 인식의 일단을 보여준다. 5·16군사쿠데타로 인해 점점 평가절하되고 제도적 형식으로 고착화되어 가는 3·15와 현실에 대한 비판은 정진업의 시에도 담겨 있다. 기억과 망각의 정치학이 교묘하게 작동한 60년대 현실에서 마산과 마산의 저항 정신을 생각하며 역사적 비전을 갖는 것은 그의 시의 어조가 상징적으로 드러내는 것처럼 무력한 관념에 불과한 것으로 보인다. 3·15를 기념하면서 혁명(정신)을 왜곡하는 정치적 현실을 비판하고 있는 정진업의 시적 언술은 아이러니하게도 근거 없는 신념으로 인해 3·15에 대한 당대적 공허함을 입증한다.

60년대 시를 정리하면서 하나 명기해야 할 점은, 4월혁명 후반부에 본격화된 통일 관련 논의들이 3·15의거 관련 작품 속에 분명한 의식과 지향으로서 등장한다는 점이다. 이는 청산하지 못한 과거와 반공주의 위에 기초한 이승만 정권의 한계와 문제를 적시하면서, 4월혁명을 부패한 정권의 퇴진을 넘어 진정한 민족·민중운동으로 거듭나게 하는 중요한 민족사적 의식이었다고 할 수 있다.

> 독재의 아성을 쌓기 위해 그리고 6·25를 조작하고 수백만 겨레를 / 탄환받이로 내세워 제수(祭需)삼던 폭악한 독재와 독재는 함께 섬으로 가라 / 4·26 거리를 덮으며 쏟아져 나온 그날의 감격은 통일의 그날이고 싶었

다 / 정녕 그런 날이고 싶었다 / 우리는 누구 대문에 누구를 위해서 남북의 굳은 장벽을 더욱 높여야 하며 36년은 뉘에게서 물려받은 굴욕(屈辱)의 유산이었기에 역사를 외면하여 비극을 길러야만 하는 것인가? (중략) 우리 다 다시 3·15로 / 4·19로 4·26으로-그래서 8·15의 감격으로 되돌아 가자 / 그래서 남으로 북으로 우리 서로들 부둥켜안고 울고 웃어야 할 그날로 가자

—김태홍, 「그날로 가자」(1961.1.1, 부산일보) 부분

신동엽의 「껍데기는 가라」(『52인시집』, 1967)를 연상시키는 이 작품은 4월혁명이 궁극적으로 민족의 통일로 나아가는 민중운동임을 천명하고 있다. 이승만정권의 퇴진 이후 치러진 7·29총선 과정에서 논의되고 가을학기 대학가를 중심으로 본격화된 통일 논의는 4월혁명의 민족사적 성격을 부조하는 매우 중요한 의제였다.[30] 김태홍의 「그날로 가자」는 이러한 4월혁명의 성격을 선도적이고 전격적으로 형상화한 작품으로서, '3·15, 4·19, 4·26'의 궁극적 귀결은 "8·15의 감격"이어야 한다는 시적 논리를 개진하고 있다. 이는 이제까지 4월혁명을 다룬 시들과는 다른 차원의 시적 인식을 보여준 것으로 부패한 정권과 분단 상황의 연관성을 포착한 것이었다. 혁명의 과정을 증

30 이승만 정권의 퇴진 이후 대학생들은 학원민주화운동, 농촌계몽운동, 신생활운동 등을 벌였지만 시간이 지나면서 좀더 근본적이고 이념적인 문제들을 고민하기 시작하였고, 서울에 있는 대학들을 중심으로 한국사회의 모순의 원인을 민족 분단으로 파악하면서 통일논의를 본격화하는 실천들을 전개하기 시작한다. 서울대 민통련이나 고려대의 민족통일전선 등이 결성된 것은 1960년 11월경이었으며, 이후 '한미경제협정' 반대 투쟁, 2대악법(반공임시특별법, 데모규제법)반대 운동 등을 펼쳐나간다. 이때가 1961년 3~4월이었다. 이와 관련된 논의는 오제연의 「4월혁명 직후 학생운동의 '후진성' 극복 지향과 동요」(정근식·이호룡 편, 『4월혁명과 한국민주주의』, 선인, 2010)를 참조할 것.

언하고 회고하는 내용을 넘어서 그것이 무엇을 향해 나아가야 할 것인지에 관한 의식이 이 작품 속에는 민족적 감격으로서 형상화되어 있다. 4월혁명을 통일의 과제와 연관시키는 작품들은 이후 간헐적으로 등장한다.[31]

4. 1970~1980년대의 시적 형상

4-1. 기억 투쟁과 서정으로의 귀환

1970년대는 의례적인 기념시편들이 여전히 생산되었지만, 4월혁명에 관한 새로운 시적 인식과 형상들을 보여주는 작품은 거의 씌어지지 않은 시기이다. 그것은 박정희 정권이 강력한 억압의 정치를 본격화하는 60년대 중반 이후부터 지속되는 현상으로서 정권의 정당성과 안정을 강화하기 위해 4월혁명을 단순한 역사적 기억 이상으로 다루는 것을 허용하지 않았기 때문이었다. 특히 유신 이후 강화된 억압과 통제의 정치학은 4월혁명을 '지금 – 이곳'의 살아있는 기억으로서 소환하는 것을 금지한다.

---

31 최명학의 「이 가을의 삼일오」는 여기에 속하는 작품 중의 하나로서, 이 작품이 발표될 무렵은 통일논의가 고조되던 시기였다.
가을비 찬바람 속에 / 우수수 잎 지는 마음으로 / 삼일오를 생각느니 / 합포만 깊숙이서 / 주검만 내보내고 / 혼은 펄펄 살아서 / 봄을 기다리는 주열아 / 그대 기나긴 기다림은 / 아직 끝나지 않았구나 / 어쩌란 말이냐 베를린 / 부다페스트 프라하에도 / 장벽과 철책 허물며 / 평화의 봄은 오는데 / 삼천리 금수강산 / 한반도의 허리는 / 아직 이어지지 않고 / 꿈길 말길 막혀 꽁꽁 / 얼어붙은 이땅에 / 민주의 깃발 세울 / 한뼘 터전도 없느냐 / 그날의 서슬 푸른 함성 / 이제는 땅 밑에나 숨어 / 기약 없는 겨울잠으로 / 끝없이 울고만 있느냐(1990.3.10, 『깃발 함성 그리고 자유』)

오래 불러보지 못한 노래를 부르듯 / 해마다 3월이면 / 아픈 기억으로 오는 그대를 // 지금은 죽어 말하는 나무되어 / 어깨를 펴며 서서히 일어서고 있네. // (중략) 당신의 눈물 속에 깃드는 사랑처럼 / 헐벗은 조국의 / 굵은 올실이 되어 / 천의 눈, 만의 가슴을 잇는 / 어머님 / 푸르름을 향한 저 거룩한 / 영원히 우리 안에 살아 있는 / 죽어 말하는 저 나무들을 보십시오.

—변승기, 「죽어 말하는 나무들에게」(1972.3.16. 마산일보)

보이지 않는 것은 죽음만이 아니다 / 굳이 돌에 새긴 피 / 그 시절의 무덤을 홀로 / 지키고 있는 것은 석탑뿐 / 이 땅의 정처 없는 넋이 / 다만 풀 가운데 누워 / 풀로서 자라게 한다. / 봄이 와도 우리가 이룬 것은 없고 / 죽은 자가 또 다시 무엇을 이루겠느냐 / 봄이 오면 속절없이 찾는 자 하나를 / 젖은 눈물에 다시 젖게 하려느냐 / 4월이여

—정희성, 「4월에」(1974)

문학사는 억압과 검열의 시대가 어떻게 경이로운 작품의 탄생에 기여하는가를 여러 사례를 통해서 증명해보인바 있다. 특히 시 장르가 지닌 함축과 내포의 능력, 그리고 서정성은 분노의 함성과 슬픔의 절규를 자신 안에 담아내는, 침묵의 언어의 거소(居所)이다. 앞에서 잠시 살폈던, 3·15당시 학생이었던 조정남의 「핏빛 장미꽃 위에 나부끼는 것」는 '살아남은 자'의 중층적 내면—돌아오지 않는 친구에 대한 염려와 미안함, 양심의 가책, 그리고 불안한 시국에 대한 두려움 등을 지극히 담담한 시선과 언어로서 표현한바 있다. 자신이 겪은 혁명에 관해 자유롭게 말할 수 있었던 시기에 씌어진 이 시의 절제력은 시적 감동과 감응력이 어디에서 오는 것인가를 생각하게 해준 것이었는데, 다른 상황에서 창작된 위의 시편들 역시 혁명에 대한 기억

을 통해 억압적 현실 속에 놓인 시인의 '말할 수 없는' 속내를 압축적으로 드러낸다.

변승기의 작품에서 3·15는 죽은 자들을 회고하는 지나간 과거가 아니라 현재 속에 영원한 삶을 사는 불사(不死)의 현존이다. 그것은 집단의 정체성을 구성하는 가장 유효한 기억의 존재 양상이자 외부의 압력에 의해서 결코 소멸될 수 없는 저장 방식이다. "영원히 우리 안에 살아 있는 죽어 말하는 저 나무", 그것은 권력의 입장에서 보자면 어떻게 해볼 수 없는, 가장 두려운 저항 기억의 현전인 셈이다. "죽어 말하는 저 나무"의 말은 결국 "조국의 굵은 올실이 되어/천의 눈, 만의 가슴을 잇는" 작업이며, 현재의 슬픔과 고통을 견인하는 "어머님"의 "눈물 속에 깃드는 사랑"의 실천적 수용일 것이다. 이 시의 고요한 서정 속에는 유신 권력을 넘어서겠다는 집요한 대항 의지가 잠복해 있는 셈이다.

반면 정희성의 시는 4월혁명의 희생자를 빌어 현실과 자신에 관한 반성적 의식을 드러내고 있다. "보이지 않는 것은 죽음만이 아니다"라는 첫 대목은 이 시의 핵심적 의식으로서, 이 시에서 '죽은 자'는 묘역에 누운 희생자가 아니라 자신을 포함한 "우리"이다. 따라서 "봄이 와도 우리가 이룬 것은 없고/죽은 자가 다시 무엇을 이루겠느냐"는 탄식은 부당한 현실 속에도 아무런 존재감 없이 살아가는 당대적 삶에 대한 통렬한 자기-비판을 담고 있는 것이다. 이는 자기비판을 통한 현실 풍자이자 고발이다. 결국 이 시는 "보이지 않는 것은 죽음만이 아니"라 살아 있는 것처럼 보이는 "우리"임을 피력하고 있는 것이다.

1970년대는 3·15에 관한 기억과 복원이 자유롭지 못하고 생산된 작품도 절대적으로 적은 시기였지만, 마산이 박정희 정권의 경제적 수혜지로 부상하면서 3·15 정신을 지역 스스로가 자발적으로 회수한 시기이기도 하였다. 지역 정체성의 균열과 내적 갈등, 그리고 지역민들의 수치감은 이후 1979년 '10·18마산민주항쟁'(부마항쟁) 발발의 중요한 내적 동력이 되었는데, '10·18' 당시 마산 시민들이 아무런 약속 없이 3·15기념탑에 모일 수 있었던 것은 지역민들의 내면에 3·15가 차지하는 위상과 의미를 함축하는 것이었다.

4-2. 정체성의 균열, 지역 공동체를 향한 풍자와 자조적 인식

7,80년대는 4월혁명에 관한 새로운 인식을 보여주는 작품이 적은 시기이다. 이러한 흐름은 민주화의 요구가 거세게 일어나는 1986,7년에 이르러 해소되는데, 이후의 시적 경향에서 매우 두드러진 것은 부정적인 과거 청산, 지역 공동체에 대한 풍사와 비판이 매우 빈번하게 출현한다는 점이다. 이는 3·15의 도시로서 지역의 정체성과 26,7년의 독재 기간 동안 왜곡된 공동체의 가치 사이의 균열과 갈등을 노정하는 것이라고 할 수 있다.

> 잠든 사람의 잠든 땅에서 / 어두운 거리를 내다보며 몸을 뒤척이고 있는 그대 / 지금은 전설처럼 가물거리는 자유를 / 아직도 가슴에 품고 사는, / 영원한 자유의 고향을 나는 안다 / 이제 마산을 말할 때 / 노산의 노래 말 따위로 들먹이는 것은 죄스런 일이다 / 자유를 사랑해 보지 않은 이의 혀끝에서 / 더럽혀진 그대 이름, / 봄비는 말끔히 씻어주고 있다 / 살아 있는 삶은 그대를 볼 것이고 / 그대를 본 사람은 / 자유를 지키리라 / 우리들의 조국을 위해.
>
> —정규화, 「마산」(1986.10.30)

> 그대들 어딜 떠돌다가 / 해마다 3·15 이날만 오는가 / 그것도 기념식을 하는 2시간만 / 그대들을 위해 지어놓은 3·15회관은 / 유흥가(극장)로

둔갑되고 / 둔갑된 그 건물 옆에 / 그대들의 혼백이 거처해야 할 / 영령봉안소는 단단한 열쇠로 잠겨져 있고 / 그 안에는 그대들의 이름만 적힌 위패만 / 덩그라니 놓여져 있을 뿐

—이선관, 「함성을 위하여」(1987.11.20) 부분

이제 우리는 / 3·15를 말하지 맙시다. // 5·16의 민족중흥을 뇌까리며 / 10월, 그 찬란한 아침을 찬양하고 / 5·18, 다리 뻗고 길게 자다 / 그 6월 올림픽을 외쳐대던 // 그 요사스런 혓바닥으로 / 다시는 3·15를 말하지 맙시다.

—이재금, 「3·15를 말하지 맙시다」(1990.3.10) 부분

역사는 3·15를 어떻게 기록할까 / 12·12와 10월 유신은 / 4·19에 대해선 이젠 무엇이라고 말할까 / 1990년 이른 봄, 우리를 놀라게 한 / 야당 총재의 변신에 대해선 어떻게 기록할까 (중략) 그동안 전부들 공갈쳤지 / 민주주의 투사니 역사니 하며 / 감춰진 열등감을 교묘히 / 영웅심으로 위장하고 / 더러운 욕망, 아니지 사람을 아름답고 / 우아하게 욕망을 감추는 적절한 무기로 / 민주니, 자유니, 정의니 하는 / 거창한 명사(名詞)들을 가지고 놀았지 / 그 동안들 참 잘 놀았어. / 3·15의거탑을 가보아라 / 지금도 정치에 눈 먼 청년이 프라스틱 조화 하나 세워놓고 / 늘 탑을 가지고 놀고 있다

—가나인, 「3·15탑과 1990년 이른 봄」(1990.3.10) 부분

위의 시편들에서 우리는, 공통적으로 말하고 싶은 자들의 욕망을 보게 된다. 민주화운동과 더불어 돌아온 억눌린 말들이 부당하고 불의한 현실 위에 쏟아지고 있다. 그것은 3·15의 도시 마산을 망각하고 부정하는 반역사적인 것들로서, 역설적으로 마산의 지역적 정체성

이 무엇인지를 사유하게 한다. “노산의 노래 말 따위로” “마산을 말하”는 것, 3·15를 의사(擬似)-의례로 형식화함으로써 박제화하는 것, 군부 독재 정권의 허위와 위장된 논리에 영합하는 것, 그리고 민주의 언어로서 더러운 욕망을 위장하는 일체의 행위, 이 모든 것에 대한 거부와 단절을 이 작품들을 요청한다. 이 시편들이 공히 취하고 있는 준열한 시적 태도는 3·15의 성취와 지역적 정체성이 수많은 사람들의 희생을 통해서 얻어진 것이기 때문일 것이다. 주목할 대목은 80년대 후반부터 전국적으로 본격화된 억압 철폐와 직선제 개헌이란 현실적인 정치의제들이, 이들 작품 속에 등장하지 않는다는 사실이다. 아마도 지역 문인들의 의식 속에는 부당한 권력에 영합하고 타협했던 지역의 과거에 대한 반성이 번져였던 것으로 보이는데, 문제는 3·15의 가치를 훼손시키고 망실하게 한 독재 권력의 논리와 욕망이, 이미 지역 마산의 몸 곳곳에 새겨져 있다는 사실이었다. 이재금의 시편에서 집중적으로 비판되는 것 또한 이 대목이다. 개발독재 기간 동안 경제적 수혜를 입고 권력 유지의 빙편으로 기획되었던 지역주의를 내면화함으로써 민주주의에 대한 보편적 의식과 성찰 능력을 상실한 마산은 더 이상 3·15의 도시일 수 없다는 깊은 자조감이 이 시에 드리워져 있다. 이는 이재금의 작품뿐만 아니라 위의 시편들에 공통적으로 깔려 있는 인식이기도 하다. 물론 “이제 우리는 3·15를 말하지 말”자는 저 언술 속에는 구성원들을 자극함으로써 3·15정신을 ‘지금-이곳’으로 소환하고자 하는 의식, 궁극적으로는 지역에 대한 깊은 애정이 자리 잡고 있다. 뿐만 아니라 가나인의 작품은 저항의 시기에 (지역) 대중들의 한 희망이었던 대표적 지역 출신 정치인의 변신(삼당통합)을 직설적으로 비판하며 정치적 욕망의 자산으로 전락한 지역의 현실과 지역주의를 비판하고 있다.

80년대 이후 집중적으로 쏟아진 이와 같은 시편들은 공통적으로 훼손된 지역 정체성과 개발독재 기간에 이루어진 부정적 작태들을 고발하고 있다. 아이러니하게도 이러한 시편들을 지배하는 내면의 중심에는 3·15가 자리하고 있다. 3·15는 여전히 지역 정체성을 복원하고 재구성하는 데 필수적인 핵심 가치이자 정신으로 작용하고 있는 셈이다. 이러한 인식은 최근의 시편들에서도 쉽게 찾아볼 수 있다.

> 마산 바다는 너무 잠잠하다 / 무학산을 오르다 / 혹은, / 어시장을 지나다 / 문득문득 다가서는 바다 / 죽은 듯 누워있는 저 섬 / 늘 고여서 썩는다. / 어디 싱싱히 살아오르는 / 눈빛 하나 없이 / 자유수출을 빙자한 폐수며 / 더 기다려야 한다는 보수주의며 / 사과탄이며 / 눈물이며 / 김주열이며 / 함성이며 / 고여서 안온하게 썩어가는 바다 / 삼월과 사월 사이 / 마산 바다는 너무 잠잠하다.
>
> —성선경, 「마산 바다는 너무 잠잠하다」(1999.5.1) 부분

> 잠든 사람들 깨워 마산 앞바다라도 가자 // 지루하고 아찔한 밤을 어떻게 보내니 / 그냥 눈 지그시 감고 피 터지는 발자국이나 되고 싶니 / 붉게 출렁이는 파도를 작두로 타고 싶은 밤이야 / 살아있다는 게 새빨간 거짓말 같지 않니 / 억울하지 않니 (중략) 다들 어떻게 사니 / 울 아버지 생일보다 더 울렁거려야 하는 / 그래, 3·15는 어디 있는 거니 / 60년 산 마산을 살았지 두 눈 시퍼렇게 뜨고 / 아직 살아있지?
>
> —김륭, 「마산, 어디 있니?」(2007.12.30., 『3·15의거』) 부분

성선경은 "죽은 듯 누워있는 저 섬"으로 마산을 형상화한다. 그곳은 "자유수출을 빙자한 폐수"와 "보수주의"로 압축된, 다시 말해 욕망의 경제학과 정치적 보수성으로 둘러싸인 채 "고여서 썩"어가는 도시이다. 3·15가 상징하는 "싱싱히 살아오르는 눈빛"은 '지금－이

곳'에는 없다. 마산의 현재적 고요에서 죽음을 보는 의식은 김륭에게서도 동일하게 나타나지만, 그것에 대한 반응은 매우 극단적인 방식으로 표출된다. "붉게 출렁이는 파도를 작두로 타고 싶"다는 이 자해적이고 섬뜩한 화자의 언술은 더 이상 3·15의 도시라고 할 수 없는 마산의 현재를 생생하게 웅변한다. 「마산, 어디 있니?」라는 시 제목의 직접성과 "아직 살아있지?"라며 독자를 향해 되묻는 도발적 언술은 현재의 마산에 대한 도저한 무력감과 자괴감을 날것으로 드러낸다.[32]

5. 3·15의 재소환과 지역 정체성의 재구성

87년 민주항쟁 전후로 씌어진 3·15 관련 시편들에서 가장 눈에 띄는 특징은 지역 마산에 대한 비판적 성찰과 자괴감의 표출이었다. 그것은 죽음이나 고요 등의 정적인 이미지로서 형상화되었지만, 역설적으로 생동하는 마산정신의 회복에 대한 강렬한 염원의 표현이기도 했다. '3·15'는 마산의 지역적 정체성의 거점이(었)지만, 한편으로는 그것을 왜곡하고 망각하게 한 억압적 기간을 거치면서 불편한 유산(遺産)이 된 듯도 하다. 그럼에도 불구하고 지역의 많은 문인들이 여전히 3·15에 관해서 말하고 고통으로서 그것을 반추하는 것은, 마산이 마산일 수 있는 이유는 3·15에서 기원한다고 믿기 때문일 것이다.

---

32 3·15의거시를 살핀 이성모는 3·15가 지역을 포장하는 대상이 아니라 스스로의 부끄러움을 말할 수 있는 자리가 될 때 진정한 의미를 성취할 수 있다고 강조한바 있다(이성모,「3·15의거시의 정신사」,『3·15의거』제7호, 1999).

그날 거리마다 / 정의가 강물처럼 흘러넘치던 / 젊은 사자들의 함성 / 그들 자유의 푸른 깃발을 / 당신은 / 서슴없이 증언해야 한다. // 오 선혈 선혈 선혈 / 누구이던가 / 내 형 아우의 심장에 야음을 틈타 / 흉탄을 비수(匕首)처럼 꽂은 자는 // 김영길(18세, 복부관통) / 김용실(18세, 흉부관통) / 김영준(20세, 복부관통) / 김영호(19세, 두부관통) / 김효덕(19세, 두부관통) / 김종술(17세, 차량충돌) / 김삼웅(19세, 복부관통) / 김주열(17세, 두부관통) / 김평도(39세, 차량충돌) / 전의규(18세, 두부관통) / 오성원(20세, 흉부관통) / 강융기(17세, 두부관통) // 그날 / 자유의 이름을 / 어머니의 이름을 목놓아 부르며 / 장렬히 산화해 간 마산의 얼이여 / 대한의 아들이여.

—변승기,「그대 이름을 다시 불러본다」(1990.3.10) 부분

87년 민주항쟁을 전후로 하여 많은 시위 현장에서는 민주화운동을 하다가 죽은 열사(烈士)들을 호명하는 의식들을 치렀다. 이 호명 의식은 열사들의 넋을 기리는 것이기도 하지만, 한편으로는 민주화에 대한 염원의 역사를 반추함으로써 시위 참가자들의 마음에 운동의 정신과 전통을 되새기는 행위이기도 했다. 변승기는 이를 시에 도입하여 3·15묘역에 안장된 12명의 희생자를 하나하나 부르고 그들의 나이와 사망원인을 명기(銘記)함으로써 그 자체로서 부당한 국가권력에 대항한 젊은 정신들을 되새긴다. 희생자들을 사실로서 호명하는 이 시의 기록 방식은 어떤 곡진한 수사(修辭) 보다 강렬하게 3·15의거의 진실을 민낯으로서 웅변해준다. 3·15의거 30년이 지나 치러지는 이 호명 의식은 망각된 집단의 기억에 대한 소환의 염원이며, 훼손된 정체성을 복구하고자 하는 간절한 의지의 표명인 셈이다. 이러한 시편은 마산이 민주정신의 성지(聖地)이자, 그것으로 인해 대한민국의 의미 있는 중심임을 천명한다.

탑, 아름다웠던 사람들의 온 힘으로 치솟은 / 그 탑 위로 아침햇살과 뭇별들이 / 문득 잊고 지낸 기억의 하늘가를 지켜주었고 / 마산사람인 아버지 / 왜 이 탑 앞에서 사진을 찍어주었나 / 곰곰 생각해 보았습니다 / 굴욕을 참지 말아라 / 죽음 앞에서도 당당해지거라 죽음으로서 세상 살리는 / 정의로운 사랑의 아름다운 믿음과 희망 / 분노로서 아름다워지는 온 몸, 온 생각 / 이것이 마산정신이었구나 / 그때 아버지는 사진 안에 마산정신을 / 찍어 두었음을 이제사 깨닫습니다

—우무석, 「다시 탑 앞에 서서 : 3·15의거탑공원 준공기념 축시」(1999.12.30) 부분

'10월마산민주항쟁 기념시집' 『10월의 구름들』(2013)에도 수록된 이 작품은 지역 마산의 정체성과 전통을 단적으로 보여준다. 이 시는 마산 공동체의 중심이 3·15기념탑이었으며, 3·15 이후 일어났던 '10월마산민주항쟁' 기간 중에 마산인들은 별다른 고지 없이도 이 탑으로 집결하였음을 증인하고 있다. 마산인을 하나로 묶었던 무언의 언대, 그것은 3·15기념탑 아래서 아이를 세워 사진을 찍고 "사진 속의 아이가" 자라서 아버지는 "왜 이 탑 앞에서 사진을 찍어주었"는지 생각하는 전통 속에 있다. 역사는 이러한 정신사의 전통 속에서 자신의 길을 가는 법이다. 이 시는 3·15기념탑이 장소의 정체성이 유지되는 가장 중요한 지역의 거점임을 강조함으로써 3·15 정신이 지역 정체성의 변함없는 중심이자, 중심적 가치가 되어야 함을 피력하고 있다. 장소의 정체성이 사회내에서 정당화되는 한, 장소를 둘러싼 정체성은 계속 유지될 것이라는 점을 고려한다면[33], 이 시는 10월마산

33 에드워드 렐프, 『장소와 장소상실』, 김덕현·김현주·심승희 공역, 논형, 2005, 137쪽.

민주항쟁이 3·15의 전통 속에서 발원(發源)한 것이며, 그것으로 인해 3·15는 집단 속에 상호작용하는 생생한 기억으로, 그리고 신뢰할 수 있는 현재적 정신으로서 계승될 수 있었음을 강조한 것이다. 지역의 정신은 전통을 자각하는 의식과 실천 속에서 하나의 실재(實在)가 되는 법이다. "굴욕을 참지 말아라 / 죽음 앞에서도 당당해지거라", 이 지극히 마땅한 인간의 권리를 하나의 정언명령으로서, 자신의 것으로서 받아들일 수 있는 용기와 결단은 그러한 전통 속에서 수행될 수 있는 것이며, 마산의 또 하나의 자산(資産)인 '10월마산민주항쟁'(10·18)은 그것의 실천이었음을 이 시는 시사한다. 비록 '10·18'은 온전히 복원되지 않은 역사이고 현재적 과제이지만, 그것이 3·15의 전통 속에서 자각되고 실천된 것이었다는 점에서, 3·15는 여전히 중차대한 마산 정신의 핵심이자, 건너 뛸 수 없는 집단 기억의 결절점임을 이 시는 증언하고 있는 것이다.

6. 나가면서

인간의 활동과 의미는 수많은 사회적 행위와 공유된 역사 속에서 결합되고, 그 경험은 특정한 장소나 지역 속에서 이루어짐으로써 지역을 바탕으로 한 공동체의 정체성을 구성한다. 지역문학은 지역의 문학이지만, 그때의 "지역은 단순한 물리적 공간을 가리키는 개념을 넘어 과거와 미래의 역사적 계보사를 포괄하는 개념"[34]으로 보아야 한다. 그러한 점에서 '3·15'는 마산 지역의 역사적 계보, 지역-시간

34 김승환, 앞의 글, 60쪽.

의 심층을 도도히 흐르는, 지역 정체성을 구성하는 핵심 사건이다. 그것은 일어났다 곧 사라진 일회적인 사건이 아니라 상당한 기간 동안 지역 공동체의 의식과 행위에 지속적으로 관여한 진행형의 역사로서, 지역민들을 하나의 공동체로서 묶어낸 살아 있는 공동의 기억이었다. 지역(출신) 시인들에 의해 50여 년간 지속적으로 생산되고 있는 3·15 관련 시편들은 그것이 과거에 종결된 역사적 사건이 아니라 지역 공동체의 역사적 내면을 구성하는 생생한 현재적 의식임을 웅변한다. 수십 명의 시인들에 의해 씌어진 수백 편의 작품들은 3·15가 지역문학을 관통하는 핵심적 자양이며, 지역의 역사를 증언하는 결절점임을 시사한다. 그것은 지역 정체성의 구심점으로서 3·15의 위상이나 기능뿐만 아니라 빈약한 문학적 생산성을 보여준 '4월혁명 – 문학'의 현재적 의의를 사유하는, 의미 있는 지대로서의 3·15를 생각하게 한다. 실제로 3·15는 지난 50년 동안 지역의 현실과 역사를 조명하는 민낯의 거울로서 기능해왔으며, 지역의 정체성을 구성하고 정립하는 투쟁의 거점으로 자리해 왔다. 3·15에 투영된 현실은 비단 지역만의 것이 아니라 질곡과 왜곡의 역사를 지나온 민족의 현실이었으며, 3·15 시편들은 망각의 욕망을 뚫고 공동체의 정신적 자산을 보존하고자 한 기억의 투쟁 장소였다. 3·15 시편들을 통해 특정 지역의 정체성과 현실을 살피고자 한 것은, 식민성과 불평등성에 저항하는 지역문학 연구의 일환이라기보다 '지역주의'를 비판적으로 성찰하는 '공동의 기억으로서의 혁명문학', 민주적 의식의 보편성에 정초한 지역문학의 현실적 사례를 구체적으로 확인하고자 한 것이었다.

3부

불화(不和)와 횡단의 글쓰기

1.

조지 오웰(George Orwell, 1903~1950)은 영국의 사립 명문 이튼 출신 중에서 대학에 입학하지 않은 유일한 졸업생이었다. 진학 대신 '인도 제국경찰' 시험에 합격하여 경찰간부로서 식민지 버마에서 근무하였지만 양심의 가책을 느껴 경찰직을 사직한 뒤, 당대 유럽의 노동계급과 하층민의 생활 체험을 바탕으로 한 작품을 발표하면서 전업작가의 길을 걷는다. 우리에게는 『동물농장』(1945)과 『1984』(1948)의 소설가로 기억되고 있지만 그는 적잖은 르포와 에세이를 가진 작가이다. 현실의 문제에 깊은 관심을 갖고 다양한 문학적 실천을 수행하면서도 그는 평생 정치적인 글쓰기를 예술로 만드는 일에 지대한 노력을 기울였다. 그의 대표적인 에세이 「나는 왜 쓰는가」는 조지 오웰의 예술관을 잘 드러내주면서도 글 쓰는 일에 대한 근본적인 질문을 제공한다는 점에서 매우 의미 있는 작품이다.

그는 이 글에서 글쓰기의 동기를—순전한 이기심, 미학적 열정, 역사적 충동, 정치적 목적 등—넷으로 정리한다. 그가 글쓰기의 첫 번째 동기로 꼽은 '순전한 이기심'이란 사람들에게 인정받고 싶은 욕망으로서, 조지 오웰은 이를 사회 저명인사들이 공통적으로 갖고 있는 특성으로 지목한다. 대부분의 평범한 사람들은 자신을 지우고 일상에 묻혀 일과 타인을 위해 살아가지만 작가는 자신의 삶을 고수하는 부류라는 것, 그는 동일하게 글 쓰는 일에 종사하는 언론인보다 (진지한) 작가들이 돈에 관심이 적지만 더 허영심이 많고 자기중심적이라고 보았다. 두 번째 동기로 꼽은 '미학적 열정'은 말 그대로 사물 대상이나 언어로 구성된 세계의 아름다움에 대한 매혹이 글을 쓰게 하는 경우이다. 미에 대한 동경과 미적 언어세계의 구축에 대한 경사, 이는 일반적인 글쓰기로부터 문학을 나누게 되는 심리라고 할 수 있다. 세 번째 동기인 '역사적 충동'이란 사물이나 현실 세계의 진실을 알아내고 이를 보존하려는 욕구, 의미 있다고 생각한 것을 남기고 싶은 욕망이다. 네 번째 '정치적 목적'은 세상을 특정한 방향으로 밀고 가려는, 그래서 남들의 생각을 바꾸려는 욕구에 기초한 동기이다. 조지 오웰은 어떤 글이나 책도 정치적 편향으로부터 자유로울 수 없으며, 예술이 정치와 무관해야 한다는 의견 자체도 정치적 태도를 띤 것이라고 강조하였다. 여기에서 그가 쓴 '정치적'이라는 어휘는 가장 광범위한 의미로 사용되었지만, 실제로 그의 글쓰기에 가장 중요한 동기였다. 조지 오웰은 그 자신이 천성적으로는 앞의 세 개의 동기가 네 번째, 즉 '정치적 목적'을 능가하는 사람이지만 시대적 현실(가혹한 노동의 현실, 히틀러의 등장과 스페인내전, 그리고 2차 대전 발발 등)로 인해 "팜플렛 저자"가 될 수밖에 없었다고 고백하였다. 그럼에도 불구하고 그는 공적 성격이 강한 자신의 글쓰기에 내상된 헤아릴 수 없는 미스터리의 욕망, 적시할 수 없는 내적 동기의 잉여를 분명하게 시인하였다.

> 책을 쓴다는 건 고통스러운 병을 오래 앓는 것처럼 끔찍하고 힘겨운 싸움이다. 거역할 수도 이해할 수도 없는 어떤 귀신에게 끌려다니지 않는 한 절대 할 수 없는 작업이다. 아마 그 귀신은 아기가 관심을 가져달라고 마구 울어대는 것과 다를 바 없는 본능일 것이다. 그런가 하면 자기만의 개별성을 지우려는 노력을 부단히 하지 않는다면 읽을 만한 글을 절대 쓸 수 없다는 것도 사실이다. 좋은 산문은 유리창과 같다.[1]

---

1 조지 오웰, 『나는 왜 쓰는가』, 이한중 편역, 한겨레출판, 2010, 299쪽.

글의 결미에 속하는 인용 부분은 글쓰기의 본질을 이루는 내적 동기의 두 축을 강조하고 있다. "거역할 수도 이해할 수도 없는 어떤 귀신", 그것은 글쓰기에 동반되는 고통을 넘어서도록 하는 힘이다. 조지 오웰은 거의 본능에 속하는 이러한 능력이 글쓰기에 수반되는 고투를 가능하게 하지만, 적어도 "읽을 만한 글을" 쓰기 위해서는 이 "어떤 귀신"만으로는 불가능하다고 단언한다. 그가 제시하는 "읽을 만한 글"의 전제 조건은 "자기만의 개별성을 지우려는 노력"이다. "자기만의 개별성을 지우려는 노력을 부단히 하지 않는다면 읽을 만한 글을 절대 쓸 수 없다". 이 단호한 언명은 글쓰기에 관한 작가 조지 오웰의 신념과 관점을 선명하게 드러내주는 것이지만, 이러한 시각이 특별하거나 예외적인 것이라고 보기는 어렵다. 더구나 글쓰기가 갖고 있는 지극히 사적인 동기를 전적으로, 그리고 매우 본원적인 것으로 조지 오웰은 인정하고 있지 않은가. 그것은 앞서 들었던 글쓰기의 네 가지 동기가 상충되는 것만은 아닌, 한 개인에게 혼재될 수 있음을 본인의 사례를 통해서도 웅변하고 있다. 조지 오웰은 평생 동안 '정치적' 동기와 미학적 열망을 결합하는 글쓰기를 실천적으로 수행한 작가이다. 사적인 욕망과 공적인 것에 관한 의식·의지, 이 두 힘이 "읽을 만한 글"을 구성하는 동력이라는 게 그의 입장이다. 그는 이를 "좋은 산문은 유리창과 같다"는 비유적 표현에 함축한다. 유리창은 안과 밖이 만나는 접점지대이다. 창은 밖을 향해 열린 공간이면서 동시에 내부를 드러내는 자리이다. 조지 오웰의 관점으로 보자면, 글은 "자기만의 개별성"이 드러나는 자리이지만 적어도 "읽을 만한 글"은 "자기만의 개별성을 지우려는 노력" 없이 "절대로 쓸 수 없다는 것"이다. 거울과 유리창의 차이란, 바로 이 바깥에 달려 있다. 거울은 그것을 바라보는 존재만을 담아내고 되비추는 갇힌 세계인데 반해, 유리창은 매질의 경계인 유리 너머의 바깥을 보게 한다.

시흥에서 소사 가는 길, 잠시
신호에 걸려 버스가 멈췄을 때

건너 다방 유리에 내 얼굴이 비쳤다

내 얼굴 속에서 손톱을 다듬는, 앳된 여자
머리 위엔 기원이 있고 그 위엔

한 줄 비행기 지나간 흔적

햇살이 비듬처럼 내리는 오후,
차창에도 다방 풍경이 비쳤을 터이니

나도 그녀의 얼굴 속에 앉아
마른 표정을 다듬고 있었을 것이다

그렇게 당신과 나는, 겹쳐져 있었다

머리 위로 바둑돌이 놓여지고 그 위로
비행기가 지나가는 줄도 모르고

—신용목, 「소사 가는 길, 잠시」 전문

신호에 걸린 버스 안에서 차창 밖의 풍경이 가져다준 한 순간의 정념을 이 작품은 그리고 있다. 시인뿐만 아니라 우리 모두가 일상에서 빈번하게 목격했을 만한 형상이다. 비단 대낮의 차창만이 아닌 한밤의 버스나 열차의 차창에서도 이와 유사한 경험을 했으리라는 점에서 이 시는 체험의 보편성에 기초하고 있다. 물론 이 시의 풍경을 구성하는 것은 차창 저편 다방의 유리창에 비친 자신의 모습과 그 위에 겹쳐진 다방 안쪽의 "앳된 여자"의 모습인데 반해, 한밤의 차창에는 건너편의 세계와 '나'를 포함한 객석 내부, 그리고 맞은쪽 창 바깥의 정경이 좀더 중층적으로 담겨있을 것이다. 어찌 됐든 이들 유리창은 창 저편을 바라보는 이의 모습과 더불어 그 저편의 바깥 세계가 함께 들어앉는 자리인 셈이다. 위의 인용시편에서 시인은 "건너 다방 유리에" 비친 자신의 상(像)과 그 상에 어른거리는 다방 안의 풍경을 물끄러미 보고 있다. "손톱을 다듬는, 앳된 여자"가 그 풍경 속에 덩그마니 놓여 있다. 어떤 사연이 있어서 저 "앳된 여자"는 다방까지 흘러들어온 것일까, 아마도 시인의 마음에는 풍경이 불러일으킨 '저' 삶의 고단함과 쓸쓸함이 지나갔을 것이다. 물론 그 풍경에는 '나'의 "마른 표정"이 깃들어 있고, 그 풍경의 전체 속에는 '오후'의 세계를 "햇살이 비듬처럼 내린"다고 표현한 건조한 정념이 자리하고 있다. 이 세계를 물기 없는 곳으로 감수하는 내면이 앳되어 보이는 다방 안의 여자의 풍경-서사를 품고 있는 셈이다. 저 유리창의 풍경이 환기하는 것처럼 삶은 겹쳐져 존재하는 '어떤 풍경'일 것인데, 그렇다면 '당신'과 저 세상의 수많은 사태들은, 결코 '나'의 삶과 무관하지 않은 것이 된다. 하여 이 시의 "소사 가는 길"은, 저 유리창의 풍경처럼 서로에게 깃들면서 이어지는 풍경들의 파노라마, 우리들의 삶에 관한 은유가 되는 것이다.

이 시는 정치적 목적성이 선명하지 않지만, 이기적 개별성을 넘어 세계를 응시하는 공공적 의식이, 아니 '나'와 '나의 외부'를 경계가 아닌 상호 깃듦의 세계로 경험하는 좀더 진일보한 의식의 구체성이 그것의 몸을 부린 형상이다. 이 시의 '유리창'에서 우리는 '조지 오웰의 유리창', 언어의 몸으로서 자연화한 우리 시대의 '정치적' 심미성, 그 '사소한' 정치성을 목격하게 된다.

2.

조지 오웰이 꼽은 글쓰기의 네 가지 동기는 반드시 상호 배타적이거나 상충하는 것은 아니다. 그러한 점에서 동기들 간의 우열이 있다고 할 수 없다. 이를테면 첫 번째 동기인 인정받고 싶은 "순전한 이기심", 즉 명성에 대한 욕망은 정도의 차이는 있지만 거의 모든 작가들의 내면에 자리한 내적 동기이며, 개인적인 본능에 속한 것이지만 그것이 여타의 동기들보다 열등한 것으로 볼 수는 없다. 오히려 상이한 동기들이 다양한 양상으로 상호 연루되어 구체적인 작품을 생산하기 때문에 동기 자체의 독자적 가치나 중요성을 어떤 판단의 기준으로 삼는 것은 공소해 보인다. 이상적인 공동체 구성을 위한 정치적 목적과 명성에 대한 욕망이 같이 동거할 수 없는 것도 아니고, 그러한 동기 자체가 탁월한 작품을 만드는 것도 아닐 것이다. 조지 오웰이 "읽을 만한 글"의 전제 조건으로 강조했던 "자기만의 개별성을 지우려는 노력"이란 구체적으로 형상화된 작품 속에서 발견할 수 있는 사후적 덕목이지 결코 글 쓰는 자들에게 요정할 수 있는 사전적 동기라고 할 수는 없다.

나의 경우를 생각해보자면, 조지 오웰이 정리한 글쓰기의 네 가지 동기 중에서 나를 견인하는, 특별히 지배적인 동기는 없다. 그것은 글쓰기에 대한 내 열정의 낮은 심급에서 기인한 것이기도 하지만 한편으로는 나의 글들이 동일한 동기의 소산이 아니기 때문이기도 하다. 어떤 글은 발견한 진실을 알리고 남기고 싶다는 욕망에서 씌어지지만 어떤 글은 지향하는 현실 세계에 대한 정치적 동기가 진원지이기도 하다. 명성에 대한 내적 동기가 내 글쓰기를 견인한다고 생각하지 않지만 글이나 지면의 영향력에 대해 내 자신이 초연하지 않는 것을 보아서 반드시 그렇다고 볼 수만은 없어 보인다. 그렇다면 "읽을 만한 글"을 이루는 동기 자체보다 어떤 글에 마음이 머무는가를 통해 어떤 글을 "읽을 만한" 것으로 생각하는지를 가늠해볼 수 있을 것이다. 편의상 시 작품을 통해 이 문제를 생각해보고자 한다.

자동차 굉음 속
도시고속도로 갓길을
누런 개 한 마리가 끝없이 따라가고 있다

살아 돌아갈 수 있을까

말린 꼬리 밑으로 비치는
그의 붉은 항문

—김사인, 「귀가」 전문

문학과 그렇지 않은 글은 어느 지점에서 갈리는가. 문학적 관습과 제도적 관행 밖에서 경계를 흔드는 글들로 인해 우리는 문학, 혹은 문학적 글쓰기의 본질을 생각하게 된다. 많은 사례가 입증해보인 것처럼, 탁월한 문학 작품은 종전의 장르적 관행을 허물거나 창조적 방식으로 그것을 넘어선다. 문학의 장(場)은 수월한 작품들의 등장을 통해 그 스스로를 해체하는 방식으로 자신의 영토를 확장해왔다. 장르적 관행이 상대적으로 완강한 우리 문학과 달리 유럽의 경우 문학과 문학 아닌 것들의 경계는 실정적인 차원에서 매우 낮은 수준이다. 르포나 인터뷰, 생활상을 담는 다양하고도 사실적인 형식들이 자연스럽게 문학의 장에서 통용되고 있다. 2015년 노벨문학상 수상자는 시인도 소설가도 아닌 언론인이었다. 이른바 '목소리소설(Novels of Voices)'로 평가된 그의 작품들은 다큐산문이거나 인터뷰 글이었다. 개인적 소견이지만 앞으로 문학의 중요한 영토는 사실과 산문 위에 펼쳐질 것이다. 이러저러한 사정들을 고려하면, 문학의 경계를 사유하는 것보다 '읽을 만한 글'이 무엇인지를 고민하는 게 실제적이고 합리적일 것이다. 읽을 만하다고 판단될 때, 그 판단의 구체적인 지점은 도대체 어디인가. 이러한 질문을 문학과 문학 아닌 것들로 나누어 생각하는 것은 지나치게 관습적이고 비생산적인 일이다.

나의 경우, 읽을 만한 글이라는 판단 과정에서 결코 글의 효과(효용)와 심미성이 상호 충돌하는 법은 없다. 내가 읽을 만하다고 생각한 글은 아름다운 글이다. 그것이 시든 산문이든, 관행상 문학으로 분류되든 그렇지 않든 괜찮은 글은 심미적이다. 내게 심미성은 단순히 수사적이거나 언어적인 차원이 아니라 글의 태도, 사물 세계를 바라보는 관점에서 기인한 것이고, 그것은 결코 문장이나 언어와 무관한 방식으로 표명되지 않는다. 좋은 글은 하나같이 나를 멈춰 세우고 덜컥거리게 한다. 그러한 글들은 나를 긴장시키고 자극하고, 수런거리게 한다.

위에 인용한 김사인의 「귀가」는 모두 6행밖에 되지 않은 짧은 글이지만 깊고 오래도록 생각하게 한다. 그때의 생각은 이 시의 언어 현실에 담긴 정념을 나의 감각과 마음이 전유하는 과정이고, 그 시간이 길다는 것은 그만큼 작품이 불러일으킨 생각의 파장이 크다는 의미일 것이다. 여섯 줄의 시는 자동차전용도로 갓길을 걸어가는 한 마리의 "누런 개"를 그리고 있고, 이 글을 쓴 시인의 말은 한 행으로 구성된 2연 "살아 돌아갈 수 있을까"라는 문장 하나뿐이다. 언어들은 지극히 평범하고 언술 역시 특별할 게 없지만, 이 시를 구성한 언어들은 생생하게 살아서 시의 공간을 텅텅 울린다. 특히 시의 결미 "꼬리 밑으로 비치는 그의 붉은 항문"은 시적 생명력을 떠받치는 시안(詩眼)으로서 이 시를 오래도록 기억하게 만든다. 짧은데다 특별한 언어적 재능이랄 게 보이지 않음에도 불구하고 이 시를 반복하게 읽게 하는 것은, 사물 대상을 시의 풍경으로 앉힌 어떤 의식이다. 이 시에 형상화된 〈저 위태로운 존재의 "붉은 항문"〉은 아무에게나 포착되는 풍경이 아니다. 풍경은 그것을 바라보는 자의 의식이다. 그것은 보려고 해서 보이는 풍경이 아니다. 곰곰이 생각해보면, 모든 생명은 오므리는 것으로 시작해서 벌어지는 것으로 끝이 나는 항문의 역사이다. 오므려져 있던 항문이 풀어지고 벌어지는 순간, 삶은 끝이 난다. 굉음의 도로 갓길을 따라 걷는 저 "붉은 항문"의 생명체에 인칭(人稱)대명사 '그'를 얹어주고, '그'의 귀가를 떨리는 마음으로 염려하는 마음이 저 한 컷의 풍경 속에, 그 짧은 표현 속에 담겨 있는 것이다. 마음은 언어의 풍경 속에 녹아 있고, 그 마음이 풍경을 사는 내면으로 전달되는 것이리라.

이 시가 "읽을 만한 것"이 되는 것은, 언어적 재능에 있지 않고, 그 언어들의 끝에 담겨 있을 전언에도 있지 않다. 그것은 바로 과정에 있다. 이 글은 말하지 않고 자신의 의식에 포착된 것을, 의식의 간절함 그 자체로서 드러낸다. 그래서 이 시가 주는 감동은 풍경에 담긴 생명에 대한 마음에서 기인한다. 자신의 마음을 의견이나 윤리적 전언의 형식으로 전환하지 않는 능력, 아니 그렇게 세계를 경험하는 태도야말로 글을 심미적인 것으로, 읽는 이들을 글 앞에 오래 머물게 한다. 이 세계를 규범적 시선 속에 보고 그 내용을 윤리적 전언으로 담아내는 글은 결코 독자 스스로의 내면을 작동시키지 않는다. 그러한 글은 억압적일 뿐만 아니라 상투적이다. 그러한 글은 전혀 심미적이지 않다. 도덕적 전언은 상황을 단순화하고 감정을 평준화한다. 그 전언들은 마음의 상상력을 작동시키지 않을 뿐만 아니라 거기에는 공감의 과정 자체가 삭제되어 있다. 읽을 만한 글들은 생각을 불러일으키게 하지 결코 생각을 강요하지 않는다. 좋은 글은 자극을 주고, 다시 돌아보게 하고, 그래서 무엇인가 쓰고 싶게 한다. 그러한 글은 남들을 향해 말하고자 하는 욕망에서 씌어진 것이라기보다 대상

세계나 자신에 관한 진지한 응시의 소산이며, 본질적으로 겸허한 고백에서 기원한 것들이다.

3.

가끔 만나게 되는 어떤 글들은 나의 가슴을, 아니 내 존재 자체를 서늘하게 한다. 그러한 글들은 잊고 있었던 것, 한쪽으로 밀쳐두었던, 혹은 모른 채 하고 싶은 어떤 진실을 끄집어내어 내 앞에 펼쳐놓는다. 그것들은 대체로 글쓴이 자신의 삶의 경험에서 비롯된 성찰의 내용이지만 글을 읽는 나의 내면으로 직핍(直逼)해 들어온다. 나를 향한 형식은 아니지만 결국 내게로 돌아오는 이 언어들로 인해 나는 그동안 인지하지 못했거나 묻어두었던 진실과 마주한다. 그 경험은 마치 고회성사의 처소에서처럼 한편으로는 떨리고 착잡하고, 한편으로는 정화되고 편안해지는, 그래서 종국에는 마치 새로운 나를 덧입는 듯한 갱신의 체험에 가깝다.

> 밖에선
> 그토록 빛나고 아름다운 것
> 집에만 가져가면
> 꽃들이
> 화분이
>
> 다 죽었다
>
> —진은영, 「가족」 전문

이 시를 처음 읽던 순간을 나는 지금도 기억한다. 그때 세계는 한 단어로 되어 있는 이 시의 행처럼, 행간에 놓여 있는 저 한없는 여백처럼, 적막하고 고요했다. 단지 열 개의 단어로 구성된 시는, 통상 가족을 둘러싼 온기와 물기와 달콤함을 걷어내 버린다. 'Sweet Home', 사랑과 힘이 되어주는 눈물겨운 공동체는 저 공간 속에는 없다. 방송에서 부모님을 생각하면서 눈물을 흘리는 청소년과 하트를 주고받는 가족의 모습과 달리, 우리 사회에서 가족은 개인을 억압하는, 상처와 고통의 주된 발원지이다. 그러한 점에서 가족을 생각하며 흘리는 눈물 속에는 여러 성격의 정념들이 함축되어 있는 셈이다. 내 안의 상처들은 근본적으로 가족과 관련된 것들이 다수이다. 이 시를 읽으면서 나는 내 안에 새겨진 그 상흔들을 생각했다. 아버지와 어머니, 그리고 형제들, 그들 사이에서 만들어진 정념들은 성장 과정 이후에도 영향을 주었지만, 「가족」은 그러한 상처들이 종결된 과거의 흔적이 아니라 여전히 지속되고 있는 생생한 현재의 문제임을 상기시켜 준다. "밖에서 / 그토록 빛나고 아름다운 것"이 "집에만 가져가면", "꽃들이 / 화분이" "다 죽었다"는 이 메마른 언술은 현재의 내 가족을 다시 생각하게 한다. 그 막막한 휴지(休止) 앞에 나는 적막해진다. 그 적막의 공간에서 나는 나와 아이들, 나와 아내 사이에 드리워진 관계의 방식을 오래 생각한다. 이 시가 "읽을 만한 것"이 될 수 있는 가장 중요한 자원은 대상 자체의 진실과 마주할 수 있는 힘이다. 열 개의 단어로 구성된 이 시는 가족이라는 포장의 안쪽을 볼 수 있는 용기와 목격한 진실을 드러낼 수 있는 심미적 능력이 구축한 것이다. 다음 작품은 자기 욕망에 대한 적나라한 응시가 한편의 시를 이루고 있는 경우이다.

> 나는 가끔, 내 그것을 물려는 느낌을 받는다 뼈가 유연하면 몸을 둥글게 굽혀 그것을 물 수가 있다고 생각한다 혼자 살 수 있었을 텐데 물론 그게 전부는 아니지만 틀림없이 덜 외로웠을 텐데 여자 앞에서 주눅 안 들

었을 텐데 생각한다 여자를 남자처럼 그러니까 여자를 인간처럼 남자를 인간처럼 대했다면 온전한 인생을 살았을 텐데 온전한 인생을 살길 원했는데 생각한다 여자도 그랬을 텐데 생각한다

—박찬일, 「마음에 대한 보고서8」 전문

다소 충격적인 언술의 내용과 달리 위의 시는 서정적인 자기 고백의 어조로 기술되어 있다. 자신의 성적 욕망을 사유의 대상으로 삼고 있으면서도 찬찬한 어조를 띠고 있어 읽기가 진행될수록 처연해진다. 이 욕망의 처연함이야말로 시의 언술들이 최종적으로 가닿게 되는 지점일 것이다. "나는 가끔, 내 그것을 물려는 느낌을 받는다 뼈가 유연하면 몸을 둥글게 굽혀 그것을 물 수가 있나고 생각한다". 이 조용조용한 심미적 언술이 드러내는 다소 충격적인 상상력은 쉽게 꺼내놓을 수 있는 내용이 아니다. 이 자기 폭로의 언술은 자기 욕망과 인적 관계의 민낯을 오래도록 응시하지 않은 자에게는 결코 찾아올 수 없는 내용의 발화이다. 읽는 이에게 이 시는 성적 욕망의 도저함과 그 어찌할 수 없는 욕망을 짊어지고 살아가는 삶의 무게에 관해, 그리고 성과 생의 연관성에 관해 두루 생각하게 한다. '마음에 대한 보고서'라는 제목을 달고 있는 시는 일차적으로 시인의 내면에 대한 기록이지만, 그것은 그만이 아닌 나의 욕망에 대한 고백이기도 하다(이 시를 소개한 몇 차례의 대중강연의 자리에서 나는 적잖은 중년의 남성들이 이 시에 깊은 충격을 받았음을 확인한바 있다).

읽을 만한 글은 자신의 육체와 정념의 구체성을 거점으로 하여 자기를 넘어선다. 그 작업은 자신의 민낯과 마주하는, 진실과 용기로서 갱신되는 자기집중의 과정이다. 그 과정이 읽는 이로 하여금 자신을 돌아보게 하고 삶의 진실을 목도하게 한다. 참으로 유용한 글쓰기

는 자신의 한계와 상처를 넘어서는 과정이며, 그것은 다른 내가 되어 가는 과정이자 동시에 타인을 이해하는 과정이기도 하다. 글쓰기는 나로부터 시작하여 타인을 경유하여 다시 나에게로, 그리고 우리에게로 귀환하는 작업이다. 내 안에서 우리는 타인을 본다. "좋은 글쓰기란 아랫도리를 벗고 남들 앞에 서는 일"이라고 한 소설가는 말한 바 있는데, 용기 없이 읽을 만한 글을 쓰는 것은 쉽지 않은 일이다. 예술에서 최악은 용기 없음이고 정직하지 않음이다. 그러한 부덕은 표현이나 내용에서 상투와 추상으로 귀결된다. "읽을 만한 글"은 익숙한 것을 새롭게 보게 하거나 감추어둔 것을 꺼내놓게 하는 쓸모가 있다. 그 쓸모는 편견과 (의도적) 망각과 이기심으로부터 우리 자신을, 그리고 우리들의 삶과 공동체를 구원한다. 그래서 글쓰기는 두렵고 한편으론 설레는, 나의 어둠을 넘고 타인의 삶을 통과하여 생의 진실에 도달하는 고투와 횡단의 작업인 것이다.

'들린' 사제(司祭)에서 '시인-시민'으로

1.

플라톤은 『이온』에서 소크라테스의 입을 빌려 시인의 능력은 기술(technē)이 아니라 신적인 힘에 있다고 주장하였다. 그는 엄격한 신분 질서 아래 사회구성원들이 자신의 계급에 부합하는 지혜·용기·절제 등의 미덕을 발휘하는 이상국가를 지향하였는데, 그러한 관점에서 현실 세계를 모방하고 삶의 희로애락의 감정을 표현한 시인들의 작업을 위험한 것으로 보았다. 이성적 규율과 현실 정치의 정향(定向)에 관심을 기울였던 그에게 삶을 생생하고 충격적으로 형상화한 시가 부정적으로 인식된 것은 지극히 자연스러운 것이었다. 이른바 '시인추방론'을 담은 『국가』에서 시인을 부정적으로 인식하는 이유는 두 가지인데, 하나는 예술작품이 실재가 아닌 외관(환영)을 산출한다는 것이고, 나머지 하나는 시가 비이성적인 감정적 본성의 산물이라는 점이다.

시가 이상사회에 부적절한 본성의 산물이라는 점에서 호된 비판을 가하는 『국가』의 관점과 달리 『이온』이나 『파이드로스』는 시의 본질이 무엇인가에 대한 논리적인 분석을 시도한다. 그 핵심 내용은 시가 기술인가, 아니면 신적 영감의 산물인가 하는 점이다. 시가 만약 기술의 소산(所産)이라면, 시를 창작하는 시인이나, 이를 일반인에게 전달하는 음유시인은 시에 관한 보편적인 기술과 능력을 소유하고 있어야 한다는 것이다. 다시 말해 어떤 사람이 '시'에 관한 전문가라면, 그가 창작하는 시는 모두 일정한 수준 이상의 것이어야 하고 음유시인 역시 시(인)에 대한 보편적인 해석과 분별력을 갖추고 있어야 한다. 한 시인의 시가 모두 뛰어난 것일 수 없고 음유시인이 모든 시인의 작품을 충분히 이해하고 해석할 수 없다는 점에서, 결국 시는 신적인 힘, 광기(狂氣)의 소산이다. 시인은 기술(technē)이 아니라 궁극적으로 신적인 영감을 통해 시인이 되는 것이다.

플라톤은 이와 같은 시인의 본성을 설명하기 위해 '자석(헤라클레스의 돌)'의 비유를 동원한다. 마치 큰 자석이 주변에 있는 쇠붙이들을 끌어당기듯이 신적인 광기는 먼저 시인에게, 그리고 음유시인과 시를 듣는 청중들에게 연쇄적으로 전달된다는 것이다. 뮤즈에게서 비롯된 신적인 열광은 시인을 거쳐 음유시인에게로 그리고 마침내 청중에게로 이어짐으로써 신비한 힘의 사슬을 구성하게 된다. 이러한 관점에서 시인은 신과 인간을 중계하는 전령, '신들의 헤르메스(Hermes)'이다. 시인을 광기의 소유자, 신들린 사람, 혹은 어떤 천재(天才)로서 인식하는 전통은 바로 여기에서 기인한다. 물론 시가 이러한 신적인 영감에 의해서만 산출되는 것은 아니다. 시와 관련된 전문적인 지식과 기술, 즉 테크네(technē : art의 어원)가 필요하지만 이것만으로는 시가 될 수 없다. 온전한 시가 되기 위해서는 테크네를 초과하는 어떤 잉여(剩餘), 즉 포이에시스(poiesis : poem의 어원)가 요청된다는 것이다. 제작술만으로 충족할 수 없는 너머의 힘을 통해 시는 온전한 것이 된다.

2.

플라톤의 대화편에 나오는 시(인)에 대한 이러한 인식은 시(인)의 존재 방식에 관한 가장 오래된 것이면서 여전히 가장 광범위하게 퍼져 있는 사유의 하나이다. 우리는 시를 일상의 바깥에 있는 것으로 생각하고 시인을 예외적인 사람으로 생각한다. '시인이니까 그럴 수 있다'는 생각, '시인이니까 그러려니 하자'는 '일반인들'의 너그러움 속에는 시인은 단순히 '시를 쓰는 사람'이 아니라 보통 사람들과는

'다른 존재'라는 인식이 깔려 있다. '광기'까지는 아니어도 노동의 일상에서 경험할 수 없는 어떤 체험과 발견이 시에 있다는 점, 그래서 시를 쓰는 자들은 보통 사람들에게는 오지 않는 어떤 의식, 혹은 어떤 각별한 감각이 내장되어 있다는 생각을 하게 된다. 시인들 역시 이와 유사한 의식을 갖고 있는데, 이를테면 '시를 쓴다'고 하지 않고 '시가 온다'고 하는 시인들의 표현 속에는 시 창작이 자신의 의식에 의해 통제되지 않는 어떤 지점이 있음을 전제한다.

> 그 나이였다 … 시가 나를 찾아 왔다. / 모른다. 그게 어디서 왔는지 모른다. / 겨울에서인지 강에서인지 언제 어떻게 왔는지 모르겠다. / 아니다 … 그건 목소리가 아니었고, 말도 아니었으며, 침묵도 아니었다. / 어떤 길거리에서 나를 부르는 소리였다. / 밤의 가지에서 홀연히 다른 것들로부터 격렬한 불 속에서 불렀다. / 또는 혼자 돌아오는 길에 그렇게 얼굴 없이 있는 나를 시는 건드렸다. / 나는 뭐라고 해야 할지 몰랐다.
>
> —네루다, 「시」 부분

"시가 나를 찾아 왔다". 이 진술이 드러내고 있는 것처럼, 시 창작에는 시인의 의지나 의도 바깥의 영역이 있다. "그게 어디서 왔는지 모르"지만 "나를 부르는 소리"라는 대목은 시적 영감이 전혀 예상하지 않은 순간에, 알 수 없는 곳에서 출현하는 것임을 의미한다. 그래서 이 낯선 목소리를 담고 있는 시는 인간의 목소리로 제작되는 테크네의 음역(音域)을 넘어선 소리이며, 때문에 그 소리의 가청음역 밖에 있는 일상인의 눈에는 시인이란 신의 목소리를 대리해서 말하는 '신들린 자'라는 유서 깊은 인식이 생겨나게 되는 셈이다.[1] "다른 것

1 김동규, 「예술가의 자기 목소리」, 『하이데거 연구』 제11집, 2005, 40~41쪽.

들로부터" "홀연히" "격렬한 불 속에서" 부르는 '그 목소리'는 무덤덤한 일상으로부터 불러내는 강렬한 생기의 소리이며, "얼굴 없이 있는" 익명의 존재를 '나'로서 호명해내는 소리이다. 이는 낯선 목소리가 시인을 단순히 낯선 목소리의 전달자만으로 불러낸 것이 아니라 익명의 일상에서 개성적인 실명의 존재로, 세계를 감각하는 자로서 소환한 것임을 의미한다.

> 나는 거의 내가 시인이라는 사실을 잊고 산다. 밥을 먹고, 청소를 하고, 영화를 보고, 쇼핑을 하고, 책을 읽으면서 나는 내가 시를 쓰는 사람이라고 전혀 의식하지 않는 것이다. … 하지만 나는 권태를 자주 느낀다. … 남들과 똑같이 하는 그 모든 일들은 왠지 재미가 없다. 흥분이 없다. … 이상이 온통 초록뿐인 농촌의 생활에서 느꼈던 것처럼, 무엇이든 다른 일, 아니 다르게 해야 할 것만 같은 강박이 나를 들쑤신다. 이상한 강박이다. … 나는 시인답다는 말이 어색하고 불편하다. … 그 말 속에는 내가 생각하는 시인이 없다. 시인은 시 앞에서만 불쑥 나타났다 사라지는 존재이기 때문이다. 그래서 나는 이렇게 말하고 싶다. 혼자 있는 방에서 하나의 생각, 하나의 언어에 몰입되어 있을 동안만, 그러니까 한 편의 시가 완성될 때까지만 나는 시인이다, 라고. … 다만 한 가지 분명한 것은 혼자 있는 동안의 시간과 침묵이 있음으로 해서 시가 내게 오고, 나는 시를 쓴다는 것이다. … 원하지 않았지만, 나는 시를 쓰고 있다. 애초에 무엇인가를 쓰겠다고 생각했지만, 나는 그것과는 완전히 다른 방향으로 무엇인가를 쓰고 있다. 플로베르의 말대로, 사람은 자기가 원하는 것을 쓰는 것은 아니다. 자기가 원하는 대로 사는 것이 아니다. 원하지 않았지만, 쓸 수밖에 없는 것. 원하지 않았지만, 살 수밖에 없는 것. 그러므로 시를 쓴다는 것은 내가 살아가고 있다는 뜻이다. 내가 죽어가

고 있다는 뜻이다.[2]

다소 길게 인용한 위의 글에는 '시를 쓴다는 것'에 관한 젊은 여성 시인의 생각이 소상하게 담겨 있다. 위의 글에 따르면 평상시에 시인으로서의 자의식은 거의 없지만, 반복되는 일상에 대한 권태의식과 "다른 일"에 대한 강박이 있고, 그것이 시작(詩作)의 주요한 계기이며, "혼자 있는 동안의 시간과 침묵"이 포이에시스의 결정적인 요소임을 강조하고 있다. 그녀 역시 '시는 오'는 것이고 그 순간에 자기 속에 있는 시인이 "불쑥 나타났다 사라진다"고 적고 있다. 일상으로부터 떨어져 있으면서 자신을 생생하게 감각하는 동안 시작의 계기가 찾아오고, 시작은 원하는 것이 아니라 "쓸 수밖에 없는 것"을 쓰는 일이라는 것, 이와 같은 인식은 근본적으로 시인에 대한 플라톤의 이해와 크게 다르지 않다. '신들린 자'로서의 시인이란, 예외적인 순간으로 불려나오는 자, 동질적인 평상(平常)의 세계로부터 어떤 '흥분' 속으로 "격렬한 불 속"으로 자신을 던지는 자이다. 그것은 비록 고통스럽더라도 익명의 삶으로부터 떨어져 나와 자신의 감각으로서 세계의 적나라(赤裸裸)를 경험하는 삶이다. 이는 "원하지 않았지만" "살 수밖에 없는" 현실을 기꺼이 받아들이고 "살아가고 있다"는, 아니 "죽어가고 있다"는 것을 날것의 감각으로 자신의 삶으로서 맞아들이는 삶이다. 그것은 '지금 – 이곳'의 삶을 '나의 것'으로서 생생하게 겪는 삶이다.

여기에서 생각해볼 만한 대목은 "무엇이든 다른 일, 아니 다르게 해야 할 것만 같은 강박"이 시를 쓰는 데 도움이 되는 어떤 환경을 제

---

2 김지녀, 「사람은 자기가 원하는 것을 쓰는 것은 아니다」, 『딩아돌하』, 2011·여름, 31~34쪽.

공하겠지만, 궁극적으로 시인으로서의 존재방식을 선명하게 하는 자의식으로 작용한다는 점, '다른' 방식에 대한 (무)의식적 강박이 한 사람을 보다 분명하게 시인으로서 살아가게 하는 정서적 자질이 된다는 것이다. 시를 쓰고 시인이 되는 데 "혼자 있는 동안의 시간과 침묵"은 중요한 계기가 되지만, 시인이 됨으로써 이러한 삶의 방식은 시인으로서의 자기 정체성을 구성하고 지속적으로 강화하는 존재 방식으로 수용된다. 일상을 살면서도 그로부터 거리를 두며 그 삶을 반추하고 너머를 사유하는 이러한 존재 방식은 같은 세계에 살고 있으면서도 시인을 '다른' 존재로서 살아가게 만든다. 그것은 하이데거가 말한 '사이 - 존재'로서의 시인의 위상학과 통한다. 현실과 현실의 너머, 삶과 죽음, 인간과 신 사이에서 시인은 인간 존재를 계시(啓示)/개시(開示)한다. 일상에 매몰되어 자기를 잊고 상실한 인간을 자신에게로 불러 세우는 목소리, 이를 존재의 심연을 들여다보게 하는 '양심의 목소리'로 명명한다면, 시는 이 낯선 목소리가 울려나오는 장소라고 하이데거는 강조한다. '사이'야말로 시와 시인의 토포스(topos)인 셈이다. 그가 진정한 의미의 시인이라면, 그는 '사이 - 존재'로서의 자신의 삶을 보다 분명하게 의식하는 자일 수밖에 없으며, 독자는 그의 낯선 발화를 통해 일상 현실을 찬찬히 돌아보게 된다. 시(인)에 관한 이와 같은 하이데거의 생각은 유서 깊은 것이다. 그가 시(인)의 존재 방식을 탐구하는 데 중요한 기지로 삼았던 횔덜린의 시에서 우리는 앞서 살폈던 플라톤적 시인관을 재삼 확인할 수 있다.

> 이 궁핍한 시대에 왜 시인들이 태어났는지, / 나는 알지를 못한다. / 그러나 그들은 성스러운 밤에 / 이 나라에서 저 나라로 흘러다니는 / 주신(酒神)의 성스러운 사제(司祭)들과 같노라.
>
> —횔덜린의 「빵과 포도주」에서

클리셰(cliché/cliche)처럼 사용되는 '궁핍한 시대의 시인'은 망각과 상실의 현실에서 본래의 세계, 현실 너머에 관해 말하는 '다른' 존재이다. 시인에게서 '주신(酒神)의 사제(司祭)'를 연상하는 것은 익숙한 일상 – 현실의 바다을 그가 보게 하기 때문이다. 낯선 것을 목도하게 하고 듣게 만드는 존재, 하여 시인은 '지금 – 이곳'에 살면서도 수시로 그 바깥을 넘보고 선회하는 이질적인 존재, 그래서 마치 '사제 같은' 낯선 자로서 생각되는 것이리라. 이와 같은 사이의 존재, 이질적인 존재로서 시인의 존재 방식은 시대가 달라져도 여전히 지속되는 위상학인 셈이다. 어느 시대인들 시인에게 궁핍하지 않은 시대가 있겠는가.

3.

"그러면 시집 내고 달라진 건 없어?"

"난 시집 나오기 전에도 일했고, 나오고 난 다음에도 일하고."

"난 내 이름을 검색해보게 됐어. 그리고 하루하루 내 책이 얼마나 팔리는지 확인하기 시작했어"

"일단은 알라딘 판매지수 또 교보문고 사이트에 들어가면 오프라인의 재고를 확인할 수 있거든. 그걸 보면 광화문에서 30권 있던 게 20권으로 줄고, 강남에서 10권 있던 게 6권으로 줄고 그래. 그걸 확인하는 거지."

"그거 실시간이거든. … 그걸 맨날 보면서 한 권 팔리면 800원 벌었다고 800원어치를 쓰는 거야."[3]

최근 한 시전문지에 실린 〈젊은 시인들의 방담〉의 일부이다. '방담'이라는 표현처럼, 위의 글은 젊은 시인들이 생각나는 대로 거리

3 백상웅 외 4명, 「아마 추운 겨울이었을 거야」, 『시인동네』, 2013·봄.

낌 없이 풀어낸 이야기들을 담고 있다. 시집 판매에 관한 솔직한 태도를 보여주는 인용 글에서 우리는 '제도로서의 문학장(文學場)' 내에서 활동하는 어떤 직군(職群)의 사람들을 보게 된다. 그동안 드러내놓고 이야기한 적이 없지만 문학대중에게 널리 알려지고 싶은 욕망은 전혀 새삼스러운 게 아니다. 그것은 대개의 동서고금의 문인들이 갖고 있던 욕망이었을 것이지만, 위의 글이 지닌 시의성(時宜性)은 시인을 둘러싼 베일들, 세속적인 일상이나 욕망으로부터 거리를 두고 생의 심연을 사유하는 존재라는 시인에 관한 관념을 온전히 휘발시킨다는 데 있다. 특히 위의 내용이 일상사가 아닌 시에 관한 것이라는 점은 오늘날 시인의 존재방식을 적나라하게 보여준다. 이러한 관점에서 본다면, 시인을 성스러운 것과 연관시키거나 '궁핍한 시대의 사제' 등으로 생각하는 것은 넌센스이다. 오히려 시인은 궁핍함 자체를 드러내는 존재로서 자본주의의 실정을 있는 그대로 보여주는 존재라고 할 수 있다. 시인은 그저 시를 쓰는 존재이며, 그때의 시는 각별한 영감의 산물이 아니라 문학제도 안에서만 유효한 글쓰기의 산물인 셈이다.

> "시 쓰는 걸 노동이라고 생각해야 해. 노동을 못하니까 청탁이 안 온다고 생각하면 거기서 오는 상실감이 되게 커."
> "시를 쓴다는 게, 한 줄을 쓰면 내가 그 한 줄을 참아야 다음 줄로 넘어가는 거잖아. 그런데 나는 그걸 못 참거든. 그걸 한참 보다가 지워버리는 일을 반복해. 그래서 마감이 없으면 진도가 안 나가. 마감이 코앞으로 다가오면 내가 그걸 어떻게든 참을 수 있게 되거든. 그러면 다음 줄로 넘어갈 수 있지. 나 같은 경우는 청탁이 있어야 시가 된다는 게 맞아.
> "그게 노동이야. 나는 그게 좋다고 생각해. 그렇게 써야 해."
> "난 청탁이 없으면 한글 프로그램을 클릭하지 않아."

> "시 쓰는 게 노동이 되어야 해. 아침에 일일 근로 나갔을 때 일자리 없으면 그냥 나가라고 하잖아. 그거랑 똑같아. 또 일 잘해야 불려가는 거고"

앞서 인용된 빙담의 일부인 위의 내용은 시-쓰기를 철저하게 노동의 산물로 사유하는 시인들의 생각이 담겨 있다. 청탁이 오지 않으면 시를 쓰지 못한다거나 시 쓰기를 일반적인 노동처럼 일련의 작업의 소산으로 인식하는 의식 속에는 파토스나 에피파니의 시쓰기, '주신(酒神)의 사제'나 서정적 권위를 지닌 시인의 모습을 생각하기 어렵다. 여기에서 드러난 시인들의 자의식은 이전과 분명히 다른 시인의 상(像)이라고 할 수 있다. 오늘날 우리 시대의 시인은 시를 쓰는 존재로서 자신의 위상을 분명히 제한하고 있는 듯하다. 어떤 정신적 후광이나 권위를 배후로 삼지 않고 전적으로 자신을 문학제도 안에서, 시를 쓰는 사람으로서 인식하는 이러한 태도는 유서 깊은 플라톤적 시인상과 확연히 구별된다. 물론 우리가 살아가는 익숙한 일상-현실을 낯선 것으로 성찰하게 하는 시의 사유적 효력은 여전히(부분적으로) 지속되고 있지만, 시인들에게 점점 '제도로서의 문학'을 수행하는 내부자로서의 자의식이 강화되고 있는 듯하다. 일감이 주어져야 일을 하는 노동자처럼 청탁이 들어와야 시를 쓰게 된다는 젊은 시인들의 발언은 이전과 달라진 시-작업, 시-의식의 풍경이다. 노동으로서의 시, 문학-제도 내에서의 시인이라는 좀더 명확해지고 있는 의식은 우리 시대 시(인)의 존재 방식을 단적으로 드러낸다.

위의 성격과는 다른 또 하나의 글을 읽어보자.

> 당신은 누구인가? 이 질문과 그에 다른 답은 범주적 사고에 바탕하고 있다. 이 범주적 사고에 따라 우리는 문학과 정치와 삶을 설명하는(체험이 아니라) 상식적이고 일반적인 논리를 구성한다. 말하자면 '~로서'의

> 논리. 이 논리는 정체성을 주어진 전제, 추상적 범주로 만들어 버린다. 작가로서가 아니라 시민으로서 용산에 참여한다고 말할 때 우리는 작가라는 전제에 괄호를 친다. 비유적으로 말하면, 우리는 용산에 들어가기 전에 작가라는 정체성을 용산 바깥에 '주차'시킨다. 그리고 다른 정체성들을 다 '빼고' 남은 시민이라는 정체성을 마치 가장 손쉽게 거머쥘 수 있는 중립적인 타이틀처럼 취급한다.[4]

2009년 '6·9 작가선언'의 실천적 활동의 일환으로 용산-현장을 방문한 소회를 적고 있는 위의 글에서 우리는 자신의 정체성을 사유하는 시인의 내면을 생각하게 된다. 자신이 어떤 존재로서 용산-현장을 방문하고 있는지를 묻는 이 자의식은 하나의 고정된 정체로서가 아니라 다양한 현실 속에서, 구체적인 실천을 수행하는 다면적 존재로서의 인간에 관해 말하고 있다. 시를 쓸 때뿐만 아니라 모든 현실을 '시인으로서' 살아가는, 고정된 존재로서의 시인이 아니라 시인과 시민을 함께 품은 존재로서의 한 인간을 우리는 여기에서 보게 된다. 시를 쓰면서도 시민으로서 현장에 참여하는 인간은 특정한 존재로서 자신을 가두지 않는 자이다.

미학과 정치성을 함께, 그리고 따로 고민하고 실천하는 이러한 자의식은 우리 시대 젊은 시인들에게서 적지 않게 나타나는 의미 있는 인간상이다. 공동체의 위계적 질서 속에 배치되어 '~로서' 살아가는 존재가 아니라 다양한 의식과 감성을 실천적으로 수행하는 인간, 그것은 분할된 감성의 바깥에 존재하는 예술가로서의 시인을 넘어서 '지금-이곳'의 삶에 책임 있게 참여하려는 의식의 소산이다. 시인과 시민을 가로지르는 이러한 새로운 자의식은 미학과 정치, 그

---

4 심보선, 『그을린 예술』, 민음사, 2013, 93쪽.

리고 윤리학을 새롭게 실천적으로 구성하려는 예술-감성으로 보인다. 이는 「孔子의 生活難」에서 김수영이 "동무여, 이제 나는 바로 보마. / 事物과 사물의 生理와 / 사물의 數量과 限度와 / 사물의 愚昧와 사물의 明晳性을. / 그리고 나는 죽을 것이다"라고 했을 때, 삶을 시와 일치시키려 했던 전적인 투신(投身)과는 또 다른, 새롭게 분화하고 있는 우리 시대 시적 감수성이자 자의식이다.

간명한 말의 매력, 회귀하는 언어들

1.

"인간은 스스로를 말하는 존재로서 계시한다." 한동안 우리 문단이 많은 관심을 가졌던 하이데거의 명제이다. 평생 존재의 의미를 천착했던 하이데거는 『존재와 시간』 중 「현존재와 말, 그리고 언어」라는 장에서 '말'을 〈告示된 언어의 본질 혹은 뿌리〉로 규정하여 '말'을 '언어'와 구분하고, 말의 중요한 두 가지 양태로서 '들음Hoeren'과 '침묵Schweigen'을 제시한다.

누군가의 말을 듣는다는 것은 세계-내-존재로서 현존재가 타자에게 실존적으로 개방되어 있음을 뜻하는데, 상대의 말에 귀를 기울이고 '청종(聽從)'함으로써 현존재는 비로소 타자와 더불어 공동의 존재가 된다. 관계를 구성하는 일의 중심에 말이 있지만, 그때의 '말'이 '나의 告示된 언어'가 아니라 '다른 존재의 언어'라는 점은 여전히 반추할 만하다. '입은 하나이고 귀가 둘임을 명심하라'는 오래된 세간의 격언 역시, 궁극적으로는 말의 본질이 '들음'에서 비롯된다는 하이데거의 생각과 크게 다르지 않을 것이다. 다른 존재에게 귀를 기울이는 데 말의 뿌리가 있다는 생각은 말이란 관계 속에서 구성되고 그 말을 통해 세계-내-존재로서의 현존재가 생기(生起)하는 것임을 함의하고 있는 것이다. 이와 같은 맥락에서 '침묵'은 말의 또 다른 뿌리이다. 침묵은 말의 한 양태로서 어떤 것에 관해 다른 사람에게 특정한 방식으로 자신을 드러내는 말하기이다. 하이데거는 "현존재 자신을 본래적이고 풍부하게 개시할 수 있다"는 점에서 침묵의 중요성을 강조한바 있는데, 그에 따르면 침묵이 없는 '수다Gerede'에는 자동인형격인 상대만 있을 뿐 실재하는 존재들의 상호 이해가 배제되어 있다. 진정한 대화에는 그것을 듣는 침묵이 있으며, 침묵을 통해 우리는 존재의 안쪽에 도달할 수 있게 된다.

이른바 '침묵의 존재론'이라고 할 수 있는 침묵의 가능성에 대한 하이데거의 생각은, 말이란 본질적으로 관계를 통해 생기(生起)하고 성형(成形)한다는 것, 나아가 인간 역시 말과 더불어 성형되는 존재라는 인식이 깔려 있다. 이러한 맥락에서 언어는 인간의 단순한 도구나 소유물이 아니라 존재 생성의 집이 된다. 다시 말해 인간은 말에 속한 존재이며 말을 통해 세계-내-존재가 되는 것이다. '들음'과 '침묵'이 말의 두 가지 양태라는 하이데거의 생각에는, 언어는 단순히 기호의 체계로 환원할 수 없다는 인식이 전제되어 있다.

침묵과 경청을 말의 본질로서 사유하는 하이데거가 시(詩)와 시작(詩作)에 관심을 갖는 것은 지극히 자연스럽다(물론 여기에서의 시란 예술의 핵심적 속성을 가리키는 poesie를 포함한 것이기도 하다). '들음/경청'과 '침묵'에 의해서 '告示된 언어'만이 존재를 본래적이고 풍부하게 개시할 수 있다는 생삭에는, 배후 없는 '고시된 언어'로는 존재와 세계를 드러내는 데 한계가 있다는 인식이 전제되어 있으며 언어는 세계를 드러내면서 은폐한다는 언어의 이중성에 대한 자각이 잠복되어 있다. 일반 언어가 지닌 이 개시(開示)와 은폐의 이중적 속성에서 근대시는 생기하는 것일 터인데, 하이데거는 은폐하는 언어를 넘어 세계 개시의 기지로서 '경청'과 '침묵'을 들고 있는 것이다. 근대의 다양한 시적 형식과 언어들은 일반 언어가 지닌 이 은폐의 차일을 걷어내는 고안물인 것이다.

2.

우리 시단에서 하이데거의 담론이 활발하게 논의되던 1990년대는 이른바 '詩의 시대'라고 불리었던 1980년대와는 다른 시의 언어들이 도래한 연대였다. 거친 시대에 맞서는 격정의 언어들이 집단의 이념에 동화된 서정을 노래하였던 데 반해 1990년대는 거대 정념이 물러난 자리에 자기 정체성을 확인하는 개별 주체들의 일상과 욕망, 그리고 자연을 소재로 한 섬세한 서정이 들어선다. 탈정치성과 신서정으로 요약할 수 있는 90년대의 시는 우리 문학을 지배하던 중심들의 해체를 언어적 육체로서 증명해준 세계였다. 마치 마법에 걸렸다가 풀려난 세계처럼 시는 다양한 주체들의 욕망과 내면을 반영하면서 80년대와는 또 다른 의미의 '시의 시대'를 맞이하게 된다.

현실 정치·문화 지형의 변화 속에서 설명이 가능한 이러한 새로운 시 세계의 개진과는 별도로 부상한 시적 자의식의 하나는 동양적 사유와 결합한 시 언어의 재발견이었다. 그것은 현실의 맞은편에 놓인 개인의 감성적 내면과는 다른 일상 세계의 세속성을 넘어서려는 형이상의 정신에 속한 것이었는데, 이러한 시정신의 출현은 동양적 정취를 잘 드러낸 작품들, 이를테면 조지훈의 「古寺」류의 시편이 보여주는 탈속(脫俗)과 묘오(妙悟)의 감수성과 달리, 자신의 현실을 선회하며 관조하고 견인하는 수척한 현실 정신이었으며, 이를 견결한 언어로 형상화하려는 시적 자의식이었다. 이러한 문학적 감수성은 동양적 시 정신의 현재화라고 할 만한 것이었는데, 정지용의 후기시에 주목한 학계의 관심 또한 이와 같은 맥락이라고 할 수 있다. 고답과 탈속이 아니라 깊은 관조와 견인의 정신, 그리고 이를 시의 언어로 체현하려는 문학적 자의식은 종전의 우리 문학사가 보여주었던 동양적 정취를 넘어서고자 한 것이었다.

1990년대 주목 받은 하이데거의 언어관과 동양적 시 정신이 만나는 지점을 꼽는다면 선(禪)적인 언어라고 할 수 있고 실제로 많은 사람들이 〈하이데거와 선〉이라는 테마에 주목했는데, 이 둘은 일반 언어가 지닌 본질적인 한계, 하이데거의 용어로 표현하자면 '언어의 은폐성'을 넘어 존재의 온전한 개시(開示)에 이르고자 하는 말이라는 점에서 공통적이다. 선의 언어가 일반 언어의 제약을 뛰어넘고자 하는 도약의 언어라고 한다면, 하이데거가 강조한 본령의 '말'은 수다의 일방성과 거품을 덜어낸 언어라고 할 수 있다. 둘은 '告示된 언어', 즉 '발화의 언어'가 수반하는 배후의 의미를 매우 중요하게 여긴다는 점에서 공통적이다. 그들에게 언어는 단순히 의미 전달의 수단이 아니라 뜻이 깃드는 존재의 집이며, 비가시적 세계의 진면목을 구현하는 형이상의 세계이다.

그러한 점에서 하이데거와 선의 언어가 형이상의 전통 속에 깊이 접속되어 있다는 점은 기억할 필요가 있다. 아우구스티누스에서 토마스 아퀴나스로 이어지는 종교적 사유의 전통 위에 하이데거의 언어관이 놓여 있다면, 선의 언어는 제도와 규율의 형식을 돌파하여 존재 세계의 안쪽으로 육박해 들어가려는 초절(超絶)의 의지에 기초해 있다. 이 둘은 본질적으로 수도원/사찰의 언어이다. 현상 세계의 욕망과 허위를 넘어 궁극적 세계에 가닿고자 하는 염원이 이 언어들에 내재되어 있다. 그래서 그들의 말은 귀 기울여 듣고 오래도록 정관(靜觀)하는 사유의 언어이며, 침묵과 도약 속에 뜻을 깃들게 하는 언어이다. 이 세계의 언어들이 절제와 깊은 행간을 보유하고 있는 것은 지극히 자연스러운 자질이라고 할 수 있다.

이 자리에서 이들의 언어적 성격을 되짚어보는 것은, 2000년대 이후 폭발적으로 분화(噴火)하면서 새로운 진경을 보여준 젊은시들이 우리 시단에 새로운 시학적 고민과 대안을 사유하도록 요청하고 있기 때문이다. 어느 시대나 일군의 시인들에 의해 개진되는 시학적 실험이 시단을 충격하고 논쟁을 불러일으키며 시의 영토를 확장하곤 했지만, 최근 우리 시단이 경험하고 있는 변화는 보다 근원적이고 전면적인 듯하다. 매우 많은 젊은 시인들의 작품들에서 발견되는 시적 경향은 종전의 시론으로는 설명되지 않은 세계관과 언어들로 구축되어 있으며, 우리 사회의 일반적 추세처럼 세대간의 격심한 차이와 갈등의 양상을 보이면서 전개되고 있다. 같은 문학 동네의 주민들에게도 쉽게 접근을 허용하지 않는 텍스트들, 현저하게 약화된 문학의 사회적 영향력, 문학에 대한 사회적 무관심, 그럼에도 불구하고 점점 많아지는 시전문지들과 읽히지 않는 시들, 동호회처럼 닫혀있는 듯하면서도 새로운 방식으로 독자를 만나는 문화 등 생산된 작품과 이를 둘러싼 제반 환경의 변화에 대한 고민들은 이미 몇 차례 제기된 바 있다. 이러한 논의들은 우리 시대 시와 문학 언어의 성격에 대한 생각들을 반추하게 하는 계기가 되었다. 더욱이 2000년대 젊은시들의 지형과 개별적 성취가 보다 분명하게 드러나는 작금의 상황에서 제기되고 있는 극서정시에 관한 담론은 평행선을 달리던 종전의 논쟁과 달리 시 언어에 대한 또다른 가능성을 사유하게 한다는 점에서 의미가 있다. 먼저 뚜렷한 개성으로 자기 세계를 만들어가고 있는 젊은 시인들의 작품을 살펴보자.

이상한 전화가 왔다.

"기다려. 지금 갈게."

*

기다려. 지금 갈게.

*

식민지가 된 것처럼 나는 조용했다.

여분의 손에 수화기를 맡기고
두 손을 포함하여 난

원래부터 그래야 했던 것 같았다.

—신해욱,「벨」전문

우리는 이 세계가 좋아서 / 골목에 서서 비를 맞는다 / 젖을 줄 알면서 / 옷을 다 챙겨입고 // 지상으로 떨어지면서 잃어버렸던 / 비의 기억을 되돌려주기 위해 / 흠뻑 젖을 때까지 / 흰 장르가 될 때까지 / 비의 감정을 배운다 // 단지 이 세계가 좋아서 / 비의 기억으로 골목이 넘치고 / 비의 나쁜 기억으로 / 발이 퉁퉁 붇는다 // 외투를 입고 구두끈을 고쳐 맨다 / 우리는 우리가 좋을 세계에서 / 흠뻑 젖을 수 있는 것이 / 다행이라고 생각하면서 / 골목에 서서 비의 냄새를 훔친다

—이근화,「소울 메이드」전문

이른바 '미래파' 논쟁이 본격화되던 무렵 젊은 시인들에게서 번져가던 카니발의 수사들과 달리 인용시편의 언어는 대체로 간명하다. 그것은 비단 최동호 교수가 제기한 극(極)서정시 요건 중 하나인 짧은 길이만을 뜻하지 않는다(물론 위의 작품들은 비교적 짧은 시에 속하지만 두 시인의 언어적 성격을 비교적 잘 드러내준다). 인용 시들의 말은 쉽고 별로 힘이 들어가지 않은 언어들로 이루어져 있다. 마치 평면처럼 화자의 내면을 복잡한 사유 과정 없이 옮겨놓은 듯하다. 사유의 깊이나 감정의 무게를 환기하는 언어적 포즈도 없고 일상의 바깥을 소재로 하지도 작위적으로 의미를 부여하지도 않았지만, 간명한 이 시들의 언어가 주는 느낌은 결코 단순하지 않다. 종전의 강력한 1인칭 화자에 의해 주도된 사유 공간의 창출 방식과 달리 이들 작품은 일상의 감정과 텅빈 감각의 순간을 드러냄으로써 단순한 구도가 주는 잔상과 여진(餘震)을 활용하고 있는 듯하다. 신해욱의「벨」이 마치 주술처럼 말을 받아 안는 화자를 제시함으로써 보이지 않는

존재들의 상호 틈입과 언어의 생물적 감각을 형상화하고 있다면, 이근화의 「소울 메이트」는 화자의 명랑한 언어들과 그 화자가 호명하는 1인칭 복수형 정체 사이에서 묘한 동질감과 더불어 고독의 감정을 구축한다. 이들 시의 시적 주체는 의미를 발견하거나 구성하는 자가 아니라 다양한 생의 감정과 감각이 드러나는 자리로서 기능한다. 이들 시에서 우리는 새로운 시대의 독특한 감각을 확인하게 된다.

시적 언어의 관점에서 보자면, 1980년대와 2000년대는 거친 말의 시대였다. 1980년대가 억압적 현실 상황에 대항하는 부정의 언어를 생산한 연대였다면, 2000년대는 시 언어의 주류적 관념을 근본적으로 회의하게 한 카니발의 연대였다. 1980년대를 뒤이은 90년대가 거대주체의 욕망에서 벗어나 일상의 삶에 대한 전면적 성찰을 서정적 주체에 의해 수행했다면, 시 언어의 빅뱅을 경험한 우리 시대는 자기 개성에 착근한 다양한 시적 언어들이 자신의 세계를 심화하는 시기가 될 것으로 짐작된다. 앞에서 하이데거와 선의 언어를 간략하게나마 살펴보았던 것은, 이들의 말에 관한 관점이 오늘의 우리 시단에 중요한 참조점이 될 수 있으리라는 판단에서이다

3.

최근 개진되고 있는 극(極)서정시는 2000년대 우리 시단을 돌아보고 한국시의 미래를 사유하는 과정에서 최동호 교수가 제기한 용어이다. "단형의 명징성을 극대화한 시"[1]라는 다소 범박하게 규정된 이 용어는 "잡박한 시대의 언어적 과소비와 소통불능의 난해성을 극복하려는" 고민에서 제출된 개념으로, 최근 젊은시들에 만연해 있는 난삽한 언어 감각에 대한 비판적 성찰이 깔려있는 용어이다. 현재로

---

1 최동호, 「극서정시의 기원과 소통」, 『유심』 제51호, 2011. 7/8, 20쪽.

서는 개방적인 범주로서 '간결, 평이, 단순'이라는 큰 방향만을 담고 있는 이 용어는 최동호 교수가 일관되게 주장해온 정신주의의 얼개 속에 놓여 있으며, 그의 시학적 명제들의 기지라고 할 수 있는 '시대 정신'이라는 화두 위에서 구상되고 있는 듯 보인다. 흥미로운 것은 최동호 교수가 제기한 이 용어가 1980년대 후반에 황동규 시인이 제안한 극(劇)서정시와 동음어일 뿐만 아니라 여러 가지로 상호 참조할 만한 대목이 많다는 점이다.

> 이대로 가다간 서정시의 영역이 자꾸 좁아지고, 시가 증발하고 말 것 같다는 우려 때문이었지요. 극서정시란 한마디로 극이 들어 있는 서정시입니다. 시가 죽지 않고 살아나는 한 방법으로 시안에 극을 심어넣는 것입니다. 반전이나 깨달음, 거듭나기 등, 시안에서 무슨 일인가 일어나는 시를 쓰고자 했던 것입니다. 요즘 시들은 '상태시'의 범주에서 벗어나지 못하고 있습니다. 미당의 초기시나 두보의 시에 극서정시적인 요소가 있지만 현대시에서는 찾아보기 힘들어요.[2]

『악어를 조심하라고?』(1986)와 『몰운대』(1991)에서 본격적으로 형상화하기 시작한 극(劇)서정시는 삶의 체험을 극화하기 위해 극의 구조를 적극적으로 도입한 시의 형식이다. 위에 소개된 인터뷰 내용에서 시인은 시의 위기 상황, 점점 협소화되는 서정시의 영역을 확장하기 위해 극의 구조를 도입하였다고 밝히고 있다. 시의 정태성을 극복하기 위한 방법으로써 극의 동적인 구조를 활용하겠다는 의도이다. 일반적인 서정시가 세계를 자아화하는 동화(同化)의 형식을 취함으로써 대상 세계와의 거리를 해소하는데 반해, 서사나 극은 자

---

2 이문재, 「득도는 유지하지 않겠다」, 『작가세계』, 1992. 여름.

아와 세계 사이의 대결·갈등 관계를 조성하여 동적인 긴장관계를 유지한다. 극서정시의 체험적 방법으로써 여행의 모티프가 자주 등장하는 것은 여행 체험이야말로 결핍된 일상으로부터 탈출하여 새로운 사건과 깨달음을 얻을 수 있는 계기가 되기 때문이다. 이러한 서정의 주관성에 서사나 극의 객관적 구조를 결합하려는 시도는 매우 오래된 문학적 발상이었다. 극의 구조에 관한 이론이라고 할 수 있는 『시학』의 저자 아리스토텔레스를 비롯하여 동서양의 많은 시인들은 정서와 의식의 공간을 극대화하기 위한 방법으로 다양한 서사적 장치들을 시에 동원하였다. 인용문에서 거론된 미당이나 두보를 차치하고도 존 던(J. Donne)이나 브라우닝(R. Browning) 같은 시인들은 극적 이미지와 구조를 자신의 시적 개성의 핵심으로 삼았으며, 심지어 일제강점기의 카프(KAPF) 시인들과 사회주의 리얼리즘 계열의 많은 시인들도 서사적 총체성과 객관성, 그리고 대중성을 확보하기 위해 서사적 장치들을 시에 동원한바 있다. 모두 서정시의 주관적 정태성, 인용문의 표현으로 바꾼다면 '상태시'의 고루함에서 벗어나기 위한 고안이라고 할 수 있다. 여기에서 하나 생각할 점은 황동규 시인의 극서정시의 경우 이야기가 아니라 극적 구조가 핵심이며, 사건의 내용 자체보다 그것이 의식에 가하는 긴장과 충격이 관건이라는 것이다. 마치 발견과 정화를 극대화하기 위해 반전과 경악의 구조를 강조한 『시학』(아리스토텔레스)의 이론처럼, 극(劇)서정시의 극적 장치는 시적 주체를 일상으로부터 탈주시켜 새로운 의식의 각성에 이르게 하는, 도약의 발판 같은 것이라고 할 수 있다. 그러한 점에서 그의 극적 구조는 근원적인 자아나 의식과의 대면을 위한 '방법으로서의 선(禪)'에 가깝다. 다음의 시는 황동규 시인의 극(劇)서정시의 성격이 매우 잘 드러나고 있는 작품이다. 긴 분량이지만 극(劇)서정시의 정형을 확인할 수 있다는 점에서 인용하고자 한다.

1. 브롱스는 주로 흑인들이 사는 곳 / 얼핏 버스 시간을 확인하고 / 서둘러 자취방을 나선다. / 모든 전기를 잠재웠는지 / (천정 배선 고장으로 방바닥 여기저기 흐트러져있는 소켓 속에서 무언가 번쩍이고 있지나 않은지) / 개스의 목은 철저히 조여 놓았는지 / (조금만 숨쉬어도 그 복잡하고 화끈한 냄새) / 찜찜하다. // 한 블록을 건너면 / 슈퍼에서 고기를 사올 때만 / 울타리를 뛰어오르며 짖어대던 개가 / 울타리 치며 암팡스레 짖는다. / 이제 비로소 내 몸에서 / 고기 냄새가 나기 시작하는가보다 / 센포드가(街) 160로(路)에서 버스를 기다린다.

2. 앞에는 중국인 / 뒤에는 이탈리아 여자가 타고 있다. / 언뜻 보아도 다 안다. / 중국인은 세계일보를 보고 있고 / 창에 얼굴이 어른거리는 이탈리아 여자는 / 창 밖을 내다보고 있다. / 눈이 내리려는지 거리가 어둡고 / 왕관 모양으로 전정을 한 측백나무가 지나간다. / 흑인이 나를 보고 있다. / 눈썹이 이쁘군. / 고개를 돌리며 그에게 인사를 한다. / "굿 애프터눈!" / 흰 이를 내밀고 그가 인사를 받는다. / "굿 애프터눈 투유, 투!"

3. 뉴욕 도착 보름만에 겪은 '머킹'이 떠오른다. / 5번가 도서관 근처 일본 서점에서 얄팍한 영어판 선사전(禪事典) 하나 고르고 / 7번가를 통해 펜스테이션으로 가는 길이었지. / 대낮이었는데 흑인 둘이 달려들어 / 오른편 바지 주머니에 손을 넣지 않겠나. / 그냥 털렸으면 되는 건데 / 자율신경이라는 게 있지 않은가 / 들어온 손을 두 손으로 꽉 잡았지. / 진창에 뒹굴고 발을 삐었지. / 더러워진 바지 때문에 / 아무도 옆에 앉지 않으려는 기차를 타고 숙소로 돌아올 때 / 아무도 보이지 않던 객차 안.

4. 플러싱에서 7번 전철을 타고 책을 읽는다. / 데리다? / 아니면 데리다는 실패라고 속삭이는 책들, / 아니면 에거서 크리스티? 아냐, 그네의 책은 한 달 전에 끝냈다. / (외로울 때면 그 여자를 찾아다. / ABC 살인, 오리엔트 특급, 나일강의 죽음…… / 허나 도서관에서 빌린 그네의 책을 / 안 읽고 반납했을 때 그네와 이별했다.) / 그럼 바흐친? / 마틴 부버의 새

로 태어난 형제. / "타인의 눈이 나를 완성시킨다." / 그렇다, 눈이 부시다. / 눈이여 부셔라. / 내 눈이 타인을 완성시킨다! // 74로에서 7번을 내려 / 지하 2층을 내려가 / E나 F를 기다린다. / 오라, 어느 기차든, / 맨허턴 5번가 다음 정거장에서 / D로 갈아타면 된다. / 오라, 어느 기차든, / (어느 인생이든!)

5. 객지가 객지다우라고 / 마종기는 크리스마스 카드를 두 장씩이나 보내왔다. / 불쌍한 녀석! / 미국 의사 생활 22년에 / 파리 로마 구경 한 번 못하고 / (나 같은 빈털터리도 / 파리 거리를 세 번이나 헤맸는데) / 무용가 어머님이 스페인 춤 보고 싶다고 해서 / 스페인 한 번 모시고 간 것이 고작 / 여가만 있으면 늘 서울로 달려오곤 했지. / 과격한 사람들은 그를 센티멘털리스트라고 부르겠지만 / 애국자들 어디 손들어봐요! / 비원 뒷골목과 무교동 술집을 그리며 22년을 보냈다면 / 마음 속에 진주가 들어도 / 엄청나게 크고 답답한 것이 들어 있으리.

6. 7번가에서 E를 내린다. / 플랫폼에서 청년 하나가 / 모자를 앞에 내놓고 / 기타를 치며 노래하고 있다. / 여기도 답답한 진주가 하나 있구나! / 귀기울이면 컨트리송. / 이럴 때 샹송이나 베싸메 무쵸라면 얼마나 좋으랴 / (최진희의 「낙엽」이라면!) / 동전을 모자 속에 던지자 / 천천히 D가 들어온다.

7. 러시아워가 아니라선지 / 텅 빈 칸. / 조심스러워진다. / 아 흑인 청년 셋이 저편에 앉아 있구나. / 일제히 나를 쳐다보는 것 같다. / 일어나 다른 칸으로 갈까? / 차장 있는 칸이 어느 칸이지? / 그러나 살펴보니 밉지 않은 얼굴들, / 발들을 흔들며 흥얼대고 있다. / 그들에게서 시선을 거둘 때 / 한 순간 진주 세 알맹이가 빛난다.

8. 브롱스는 주로 흑인들이 사는 곳 / 식물원이 있는 베드포드가 섬처럼 떠 있다. / 섬에 가 닿는다. / 좀 작은 토끼만큼 큰 다람쥐가 오르내리는 / 엄청나게 큰 나무 사이로 어깨를 펴고 / 마음을 놓고 걸어본다. / 하

늘이 개이고 / 주위가 환해진다. / 큰 나뭇가지 사이로 / 얼굴 하나가 나타난다. / 조그맣고, 춥고, 밝은, / 뒷방에서 오래 몰래 떨며 조각한 그런 얼굴 / (우리나라의 얼굴?) / 아 그 얼굴이 천천히 공중에 떠오른다. / 구름들이 찬란한 광채를 띠고 있다. / 두 팔을 힘껏 높이 쳐든다. / 개스여, 터져라! / 전기여, 지끈지끈 타올라라! / 세상의 모든 답답한 진주여, 터져나오라! / 이상하게도 어지러움도 없이 / 몸이 공중에 떠오른다.

—황동규, 「브롱스 가는 길」 전문

최동호 교수의 극(極)서정시와 황동규 시인의 극(劇)서정시의 가장 분명한 차이는 시 언어에 대한 인식이다. 전자가 농축과 극빈의 시적 언어를 강조하는 데 반해, 후자는 자유와 해방의 언어를 시항한다. 모두 8개의 삽화적 구성으로 이루어진 인용 시의 경우, 현대소설의 자동기술법처럼 화자의 내면을 자유롭게 기술하고 있다. 화자가 목격하고 경험한 내용뿐만 아니라 그 현상들에 대해 반응하는 온갖 생각의 편린들이 아무런 제한 없이 서술되어 있다. 이는 서사의 내용만이 아니라 언어 사용의 경우에도 해당되는데, 내면의 반응을 생생하게 담아내기 위해 시인은 각종 부호들을 자유자재로 동원하고 있다. 흑인들이 주로 거주하는 '브롱스' 가는 길에서 겪은 사건들과 그 사건들에 대한 단상, 그리고 그 단상들의 연쇄적인 흐름을 통해 시적 주체의 정신적 변모의 과정이 생생하게 형상화된 위의 시에서 화자가 도달한 궁극의 지점은 내면의 해방이다. 그 계기는 역설적이게도 제3장에 서술된 강도 사건이다. 사람들이 빤히 보고 있는 대낮에 흑인들로부터 당한 강도 사건의 충격으로 인해 화자의 내면은 수치심과 답답함을 겪게 된다. 커다란 진주로 상징된 울혈과 구속의 감정은 친구 마종기에 대한 연민의 감정으로 전이된 뒤, 거리에서 만난 청년가수, 흑인들의 풍경과 조우하면서 내면적 도약의 계기를 맞는다.

마지막 장에서 터져 나오는 희열의 탄성은 화자를 울혈 속에 가두었던 것이 궁극적으로 자신의 편견과 생각에 있음을 깨달은, 자기 해방과 갱신의 증표인 셈이다. 그러한 점에서 이 시를 구성하는 많은 소재들과 화소(話素)들, 이를테면 소심의 내면과 열거된 독서 체험들은 극적 반전의 극대화에 기여하는 요소들이라고 할 수 있다.

일상의 바깥에서 경험한 뜻밖의 사건과 삽화들이 일련의 단상들을 통과하면서 자기 구속의 내면을 해소하는 극적 과정은 현상 세계를 통해 의식의 경계를 지우고 마침내 해방과 초월에 이르는 선적 각성의 도정과 흡사하다. 그러한 점에서 극적 구조는 의식의 반전과 도약을 마련하는 장치이며, 선적 각성 과정의 시적 형식이라고 할 수 있다. 특히 이 시의 자유롭고 활달한 언어 표현력은 선의 기발함과 자유자재를 적절하게 체현해주는 요소라고 할 수 있다. 선적(禪的) 요소들이 서정시의 단조로움과 정태성을 해소하는 방법으로서 동원되었다고 할 수 있지만, 대상세계에 반응하는 단상들의 연쇄적인 흐름과 이를 생생하게 형상화한 언어들에 의해 이 시는 전체적으로 모던한 정취를 구현한다. 전통적 요소가 현대적인 언어의 육체들과 결합하여 서정시의 영토를 갱신한 사례라고 할 수 있다.

그런데 이 극(劇)서정시는 다양한 소재들과 생기 있는 현대적 언어들의 지원에도 불구하고 극적 구성의 상투성이라는 점에서 문제가 될 수 있다. 뜻밖의 사건을 통해 새로운 각성에 이르는 일련의 과정은 의식의 전복과 반전이 동행하더라도 유사한 시적 구조가 반복되면 예측 가능한 것으로 전락하게 된다. 그것은 극적 구성의 핵심을 이루는 반전이 효과를 얻을 수 없게 됨을 뜻한다. 뿐만 아니라 이 극적 구성을 해소하고 의식의 새로운 지평에 이르는 과정이 본질적으로 내면의 자기 변화에 의해 마련된다는 점은, 종전의 선시(禪詩)나 선(禪)적 발상을 기본으로 한 시들에 쏟아진 비판 내용으로부터 자유로울 수 없다. 다시 말해 극(劇)서정시는 대상 세계와의 삼투 작용을 과정으로 삼고 있지만 본질적으로 1인칭 주체의 자기의식의 환원물이라는 지적, 즉 유심주의에 불과하다는 비판을 피하기는 쉽지 않아 보인다. 극적 구조와 의식의 반전이 있더라도 구조로 자동하면 관성화된다는 점을 여기에서 기억할 필요가 있다.

4.

2000년대 들어 한국시의 중요한 변화 중의 하나는 시의 언어들이 장황해지고 장형의 시들이 많아졌다는 점이다. 젊은 시인들의 작품에서 본격화되어 전체 시단으로 확대되는 양상을 보인 이러한 경향은 시가 언어로 구성된 세계라는 점과 시적 언어의 다양한 가능성을 확인하는 계기가 되었지만, 시 읽기의 피로를 가중시킨 요인이 되었다. 전체 시단의 장형화 바람은 언어를 좀더 자유롭게 쓰고자 하는 욕구를 펼치는 계기가 되었겠지만, 한편으로는 활달한 언어 활용 능력을 선보여야 하는 압력으로 작용한 듯 보인다. 종전의 서정시의 주류적 전통에서 쉽게 허용되지 않았던 장광설과 다양한 방식의 요설들, 그리고 욕설 등의 적극적 도입은 시 언어의 경계를 지워버리고 우리 시대 서정시의 개념을 성찰하는 중요한 계기가 되었다. 상당 기간 지속되었던 이러한 시적 경향이 최근 들어 약화되면서 간명한 시들이 주는 매력과 가능성이 주목 받고, 여백의 언어들이 회귀하는 듯하다.

> 봤을까?
> 날 알아봤을까?
>
> —유안진, 「옛날 애인」 전문

물 위를 헤엄친 눈송이눈송이들 그 한생寒生 발설되지 않은

—조정권, 「고요한 연못」 전문

위의 작품들은 번다한 언어들을 모두 걷어내고 최소한의 언어로 구성된 극소형의 시이다. 「옛날 애인」이 내면의 일단을 극도로 절제하여 서술하고 있는 데 반해, 「고요한 연못」은 물로 소멸하는 눈의 모습과 한자의 형상을 통해 고단한 어떤 생의 이미지를 환기한다. 두 작품 모두 시의 언어를 통해 의미를 확정하지 않고 침묵을 품고 있는 말에 의해 뜻을 생기(生起)하도록 하는 방식을 취하고 있다. 특히 「고요한 연못」은 물로 떨어지는 눈송이를 "헤엄친"다고 이미지화함으로써 뒤따라 나오는 "한생寒生"의 내포를 매우 풍요롭게 활성화한다. 이들의 말은 언어가 발화를 통해 의미들을 제한하는 대신 간결한 언어들이 말 스스로 운동하게 함으로써 의미의 역동성을 성취하는 방식을 띠고 있고, 말의 의미 영역을 장악하지 않고 독자의 상상력을 자극함으로써 시읽기의 매력을 경험하도록 만든다.

극(極)서정시를 제안한 최동호 교수의 「명검」을 이와 같이 품이 넓은 시적 언어에 관한 시론으로 읽을 수 있다.

검의 집에서 일단 검을 뽑으면 그것은 검이 아니라 칼이다. 낡은 제 집을 지키고 있는 검이야말로 천하의 명검이다. 무딘 쇠의 날을 세우고, 세상을 향해 칼을 휘두르면 검이 지니고 있던 정신은 녹이 슬고, 검은 피 묻은 쇳조각에 지나지 않는 것이 되고 만다.

검은 살생을 위해 존재하는 것이 아니다. 검은 살생을 막고 세상의 혼돈을 진정시키기 위해 존재하는 것이므로 섣불리 검의 날을 세우고 나면 반드시 그 날카로움에 사람이 다치게 된다.

제 집을 지키고 있는 검이 사람의 마음을 움직이고 세상을 움직이며 끝내 태산을 울게 하는 이치를 터득한 사람만이 검을 뽑지 않아도 검을 사용할 줄 아는 사람이다. 그 사람에게는 검이 필요 없다. 그래도 검을 앞에 놓고 부드러운 덕을 닦으며 세상을 살아야 하는 것은 함부로 검을 뽑지 않기 위함이다.

날카로운 검을 구하는 사람에게 세속의 길이 아니라 명검의 길을 이야기하는 것은 낡은 집 속의 검이 아직도 시퍼렇게 살아 사람의 마음을 움직이고 태산을 울게 하여 세상을 뒤바꾸는 힘을 가지고 있다는 것을 전해 주기 위함이다.

—최동호, 「명검」 전문

'설악산 노스승의 말씀'이라는 부제가 붙은 위의 시는 표면적으로 검을 쓰는 태도에 관해 기술하고 있지만, 실제로는 칼을 다스리는 일의 가치와 필요에 관해 말하고 있다. 시는 칼과 검을 분리하여 명명함으로써 쓰기에 따라 대상이 달라짐을 강조한다. "검을 뽑으면 그것은 검이 아니라" 사람을 죽이는 칼이 된다. "검의 집에서" 나오는 순간, 검은 쓰임이 확정되는 칼이 되지만, "제 집을 지키고 있는 검은" 그 보이지 않는 힘으로써 혼란과 분노를 진정시키는 명검이 되는 것이다. 실제로 검객들의 결투 장면에서 최고의 장력(張力)이 만들어지는 순간은 검을 뽑기 전에 상대를 응시하면서 움직이는 지점이다. 검을 쓰는 일이 예로부터 무예(武藝)와 무도(武道)로 지칭되었던 것은, 검(술)이 단지 상대를 제압하고 죽이는 도구(기술)가 아니었기 때문이다. 실제로 「명검」은 삶의 태도, 특히 분노를 다스리는 일의 알레고리로 읽을 수 있는데, 시인은 보이지 않는 절제의 힘으로써 살생을 넘는 일의 위대함을 강조하면서 검을 칼로 만들지 않기 위해서는 날선 정신의 능력이 요청됨을 강조한다. 물론 그 능력이란 상대를 읽고 자신을 제어할 줄 아는 힘, 아울러 긴 시간에 대한 감각과 믿음일 것이다. "제 집을 지키고 있는 검이 사람의 마음을 움직이고 세상을 움직이며 끝내 태산을 울게" 한다. 칼잡이와 검사(劍士)를 가르는 '설악산 노스승의 말씀'은, 쓰지 않고 다스리는 일의 가치를 통해 삶의 지혜를 전달하고 있다.

인용 시는 시인이 제기한 극(極)서정시의 시론으로도 읽을 수 있는데, 그러한 관점에서 읽으면 좋은 시는 '집을 품고 있는 검'처럼 의미의 영역을 제한하지 않는 말, 보이지 않는 뜻이 운동하는 말일 것이다. '집에서 뽑힌 검'처럼 적나라(赤裸裸)의 언어와 무참하게 휘둘려지는 언어는 칼잡이의 칼처럼 존재 세계를 절단 내고 상상력의 품을 사라지게 한다. 저 '명검'처럼, 좋은 시는 말을 가능성 속에 운동하게 함으로써 "사람의 마음을 움직이고 세상을 움직이며 끝내 태산을 울게 하는" 시라고 할 수 있을 것이다. 극(極)서정시가 '간결, 평이, 단순'을 지향한다는 것은, 극서정시의 담론이 건강한 인간 정신, 절제된 견인주의 위에 기초되어 있음을 뜻하는 것이다. 그러한 점에서 극(極)서정시는 검(劍)과 삶의 길을 하나로 겹쳐놓고 있는 「명검」의 의미 구조처럼, 삶의 길과 시의 길을 일치시키려는 정신주의 시학의 한 소산이라고 할 수 있다. 극(極)서정시는 앞에서 잠시 살펴보았던 하이데거와 선의 언어관에 내재한 정온, 침묵, 절제, 간명, 견인의 정신에 닿아 있는, 수행(修行)의 시학이다. 그것은 말의 본질에 관한 유서 깊은 성찰에 기초하고 있으면서, 동시에 삶의 길에 관한 경건한 성찰을 바탕으로 한 시학이다. 극(極)서정시는 단순히 짧은 시나 간명한 언어의 가치를 강조하기 위해 제안한 개념이라기보다 좀더 근원적인 말과 삶에 관한 문제 제기라고 할 수 있다. 바로 이 대목이 극서정시의 가능성과 한계가 교차하는 지점이다.

우리 시대는 극성한 자본주의의 탐욕과 맨얼굴을 적나라하게 마주하고 있는 시대지만, 그러한 현실이 생명과 삶의 가치에 대해 근원적인 성찰을 가능하게 하는 역설의 시대이기도 하다. '경건한 말'의 회복가능성은 이 역설의 풍경에서 올 것인데, 그것은 풍문처럼 어두운 것만도 않아 보이지만, 그렇다고 큰 세(勢)를 이루며 올 것 같지도 않다. 저 '설악산 노스승의 말씀'처럼 '칼잡이'는 떼를 이루며 서둘러오겠지만, 진정한 검을 지닌 무사(武士)는 소리 없이 조용히 오는 것일 테니까.

나르키소스의 후예들이여, 사랑을 알 때까지 자라라

1.

신과 요정과 인간의 변신 모티프로 가득한 오비디우스의 『변신(metamorphosis)』 이야기에 등장하는 인물 중 거의 유일하게 변신하지 않는 존재는 나르키소스이다. 수많은 동남동녀(童男童女)들의 구애에도 불구하고 그는 어느 누구에게도 사랑을 주지 않지만, 결국 맑은 샘에 비친 자신의 모습에 반해 스스로를 향한 열망과 광기 속에 생을 마감하게 된다. 혼수상태나 감각의 마비를 뜻하는 그리스어 '나르코시스(narkosis)'에서 파생된 '나르키소스'는 인간의 자기 확장성과 동일성에 관한 신화적 원형을 상징적으로 보여준다. 『변신』의 다른 이야기들처럼, 나르키소스 신화의 서두(유년기)에는 그의 운명에 관한 예언이 소개되는바, '저 자신을 알지 못한다면 천수(天壽)를 누리게 될 것'이라는 테이레시아스의 점괘는 그가 맞이하게 될 비운의 내용을 예고해 준다. 자기애(自己愛)가 파멸의 원인이 될 것이라는 이러한 예언에도 불구하고 물에 비친 자신의 모습을 사랑하게 된 나르키소스는 '영상이 지핀 불꽃' '환상이 지어낸 기이한 흥분에 쫓겨' 탈진하게 되고, 결국 자신의 사랑의 대상이 자신의 모습이었음을 깨닫게 된다. "내게 넉넉한 것이 나를 가난하게 하는구나. 나를 내 몸에서 떨어지게 할 수 있다면 얼마나 좋으랴. 사랑하는 자가 하는 기도로는 참으로 기이한 기도다만, 신들이시여, 내가 사랑하는 것을 내게서 떨어져나가게 해달라"는 나르키소스의 탄식은 자기 환상과 자기 열망의 비극성을 생생하게 노정한다.

파울로 코엘료의 소설 『연금술사』는 이 나르키소스 신화를 그의 모습을 비춰준 호수의 관점으로 전환하는데, 숲의 요정들이 찾아와 나르키소스를 잃은 슬픔을 위로하자 호수는 이렇게 대답한다. "저는 지금 나르키소스를 애도하고 있지만, 그가 그토록 아름답다는 건 전혀 몰랐어요. 저는 그가 제 물결 위로 얼굴을 구부릴 때마다 그의 눈 깊은 곳에 비친 나 자신의 아름다운 영상을 볼 수 있었어요. 그런데 그가 죽었으니 아, 이젠 그럴 수 없잖아요." 나르키소스와 호수, 그리고 나르키소스를 사랑하여 끝내 목소리로 남은 요정 에코까지, 나르키소스를 둘러싼 모든 존재들은 자기 속에 갇힌 비극의 운명을 사는 자들이다. 『변신』의 나르키소스와 그 비운의 매개 역할을 한 『연금술사』의 호수의 고백은 '자기-중심성'과 자기애가 얼마나 도저한 심성인지를 매우 웅변적으로 드러내준다.

자신의 비운을 각성한 나르키소스가 "나를 내 몸에서" "내가 사랑하는 것을 내게서 떨어져나가게" 해달라고 했을 때 그 비탄의 말은 이른바 '자기-동일성'에 기초한 (서정)시의 장르적 숙명을 생각하게 하는데, 흔히 '1인칭의 장르'라고 불리는 시는 시적 주체에 기반한 발화(發話)의 유기체이다. 시에 관한 가장 오래된, 하여 가장 강력한 관성적 규범, 그래서 가장 권태로운 중심이기도 한 이 언술의 기원(起源)은 존재와 말의 기지이자 그들을 아우르는 배후이다. 이 '1인칭 자기-동일성의 발화의 장(場)'은 사물들 속에 투영된 시적 주체의 내면을 드러냄으로써 세계를 자기의식 속에 재편/재구성하는 인간 존재를 생생하게 형상화한다. 물론 이러한 자기 현시(顯示)는 자기 각성을 동반할 수도, 혹은 그렇지 않을 수도 있다. 이때 시의 언술과 시적 주체의 거리/관계는 가까울 수도 있고 중립적으로 구성될 수 있는데, 시의 언술과 주체가 가까울 경우, 시의 공간은 시적 주체의 내면을 드러내는 데 보다 유효할 것이고 그 반대의 경우 시는 통합되지 않은 힘이 함께 작동하는 긴장된 장(場)이 될 것이다.

이 나르키소스의 서사의 비극은 시 장르의 이율배반적 숙명을 생각하게 하는바, 시는 주체의 자기 주관성을 그 능력의 중요한 기지로 삼으면서도 스스로를 비판의 대상으로 삼는 장르이다. '나를 내 몸에서 떨어져나가게 해달라'는 나르키소스의 탄식은 자신에 대한 결별의 능력을 심미적 생명의 동력원으로 삼는 시 주체의 자기 위상학을 상기시킨다. 그러한 점에서 나르키소스의 비극은 두 개의 국면으로 나누어 생각해볼 필요가 있다. 하나는 사랑하는 자신에 가닿을 수 없는 데서 비롯된 비극적 자기애, 다른 하나는 사랑의 대상이 자신이었음을 발견하고 두 자아의 결별을 희구하는 각성된 비극성으로 구분할 수 있다. 전자가 전통적인 자기 동일성의 시적 주체에 가깝다면, 후자는 비극적 아이러니를 의식하는 주체라는 점에서 보다 현대적이다.

2.

시와 젊음, 시와 청춘을 소재주의적 관점이 아니라 심미적 생명력의 측면에서 사유한다면, 이 테마는 늙지 않는 시의 능력에 관한 물음이라고 할 수 있다. 그것은 현재의 문학적 전통에서 유효한 영향력을 행사하는 시가 무엇이며 그것의 능력이 어디에서 기원하는지를 확인하는 일일 것이다. 2000년대 중반을 전후로 하여 우리 시단을 뜨겁게 달구었던 새로운 시들에 관한 논쟁은 특정한 시인들의 작품들로 인해 촉발된 것이지만 그것은 비단 어느 시대나 있어왔던 일부 시인들의 실험적·전위적 경향에 관한 것이라기보다 문학적 감수성을 둘러싼 중대한 변화와 관련되어 있는 듯하다. 실제로 4~5년 이상 지속되었던 논쟁이 '서정'이나 '주체', 그리고 '윤리' 등의 문제로 확대되면서 종전에 통용되던 시론의 주요 개념들을 새롭게 전유하는 양상으로 전개된 것은 우리 시대의 문학이 새로운 감수성의 지대로 이동하고 있음을 시사하는 것으로 판단된다. 논쟁의 초기에 거론되었던 일부 시인들의 작품이 보여준 충격적인 풍경이나 파격성의 강도는 약화되고 줄어들었지만 2000년대 이후 생산되고 있는 '젊은시'들의 전반적인 경향은 분명히 그 이전과 다른 양상으로 전개되고 있다. 그러한 변화의 핵심 중 하나는 중심의 부재, 혹은 후경화(後景化)로서, 사물세계를 특정한 관점에서 감수하고 재편하는 강한 시적 주체의 소멸과 관련되어 있다. 이와 같은 변화는 이전까지 우리가 경험했던 어떤 시들을 좀더 오래된 것들로, 혹은 당대적인 것으로서 느끼게 한다.

> 살구나무 그늘로 얼굴을 가리고, 病院 뒤뜰에 누워, 젊은 女子가 흰 옷 아래로 하얀 다리를 드러내 놓고 日光浴을 한다. 한나절이 기울도록 가슴을 앓는다는 이 女子를 찾아오는 이, 나비 한 마리도 없다. 슬프지도 않은 살구나무 가지에는 바람조차 없다.
>
> 나도 모를 아픔을 오래 참다 처음으로 이곳에 찾아왔다. 그러나 나의 늙은 의사는 젊은이의 病을 모른다. 나한테는 病이 없다고 한다. 이 지나친 試鍊, 이 지나친 疲勞, 나는 성내서는 안된다.
>
> 女子는 자리에서 일어나 옷깃을 여미고 花壇에서 金盞花 한 포기를 따 가슴에 꽂고 病室안으로 사라진다. 나는 그 女子의 健康이-아니 내 健康도 速히 回復되기를 바라며 그가 누웠던 자리에 누워본다.
>
> —윤동주, 「病院」 전문

이 시는 윤동주의 『하늘과 바람과 별과 시』에 수록된 작품으로서, 시인의 주요 시편들에 나타난 '희생과 구원'의 모티프가 전면에 등장하지 않은 시편이다. 시인에 관한 대중적 관념의 한 전형을 구성하는 기표로서 윤동주는 격동적인 한국 역사에서 시와 시인의 정체성을 사유하는 데 중요한 참조점이 된 존재이다. 그는 문사적(文士的) 전통과 양심적 내면에 기초한 문학(인)의 윤리를 정초하는 데 매우 의미 있는 감동적인 사례였으며, 이와 같은 문학 관념은 한국의 역사·문화·제도의 종합적인 산물이었다. 윤동주의 시에서 우리는 현실세계를 자신의 삶으로서 고뇌하는 섬세한 문학청년의 양심적 내면, 사적(私的) 욕망을 초월한 내발적인 자기희생과 헌신의 감수성을 확인할 수 있었다. 문단 활동을 하지 않았음에도 불구하고 시대에 대한 자신의 고민을 순도 높은 시로서 보여주었던 그는 오히려 문학의 본연의 자리, 현세적 욕망에 대한 대타적 심미성으로서의 문학의 자리를 구성하는 데 의미 있는 자양이었다. 그것은 고뇌, 순수, 정의, 양심 등의 '청년' 이미지와 결부되어 문학을 젊음이나 청춘과 연관하여 사유하는 생생한 기지가 되었다. 현실적 실천을 동반하든 전적으로 내성적인 성격의 것이든 문학은 사적인 욕망과 현세적 이해를 넘어서는 염결한 내발적 양심의 표현이라는 생각은 문학에 관한 우리의 부정할 수 없는 관념 중의 일부이다. 일상의 현실이나 사사로운 것보다 본질적이라고 생각되는 삶의 가치나 지향과 관련된 고민, 문학은 그러한 고민의 표현이자 산물이다. 그래서 진지하고 무겁다.

위의 작품은 자신의 고뇌를 일방적인 내적 고백의 형식으로 드러내는 일반적인 윤동주의 시들과 달리 대상인 "젊은 여자"에 관한 묘사와 진술이 나의 고민과 거의 대등하게 기술되어 있다. 그래서 시는 상당히 절제된 느낌을 준다. 시에서 "젊은 여자"와 '나'는 유사한 내적 고통을 겪는 존재로 함께 묶여 있다. 진료를 받으러 왔다가 "병원 뒤뜰에 누워" "일광욕을 하"는 여자를 보면서 현실에 대한 고단함과 답답함을 피력하고 있는 화자의 병은 일종의 "가슴앓이"이고 이는

"젊은이의 병을 모르는" 현실 세계에 대한 "피로"와 관련되어 있다. 2연의 '나'의 언술이 암시하는 것처럼 나의 병은 고뇌의 출구가 봉쇄된 세계와의 불화에서 비롯된 것이다. "나는 성내서는 안 된다"는 표현에 함축된 시적 주체의 삶은 피로와 절망의 감각은 이 시의 두 젊은 주체가 앓고 있는 병의 본질일 것이다. 윤동주의 시에서 젊음은 시적 주체의 배후이고 그것의 맞은편에는 늙고 관성적인 세계가 마주놓여 있다. 그러한 점에서 그의 고통은 젊음의 내적 증거이며, 내발적인 의식의 산물이다. 윤동주 시의 관점에서 말하자면, 시련과 피로는 젊은이의 것이다.

죽는 날까지 하늘을 우러러
한점 부끄럼이 없기를,
잎새에 이는 바람에도
나는 괴로워했다.
별을 노래하는 마음으로
모든 죽어 가는 것을 사랑해야지
그리고 나한테 주어진 길을
걸어가야겠다.

오늘 밤에도 별이 바람에 스치운다.

—윤동주, 「서시」 전문

윤동주의 대표작 중의 하나인 이 시의 화자 역시 '괴로운' 젊은이이다. 「병원」이 창작된 이후 씌어진 이 작품은 시적 주체의 고통이 현실과의 불화에서 비롯된 것임을 암시하고 있는 「병원」과 달리 '나'의 삶의 태도와 지향을 자기 고백적인 언술을 통해 피력하고 있다.

이 시에서 현실은 삭제되어 있거나 '밤'의 이미지로 암시되어 있다. 시의 핵심은 윤리적이고 심미적인 삶에 대한 자기 표명과 의지이다. 그런데 여기에서 시적 주체가 소망하는 이러한 삶의 준거는 외부의 것이다. '나'의 부끄러움과 괴로움, 그리고 사랑하고 걸어가야 할 삶은 "하늘"과 "주어진 길"에서 비롯된다. 현실에서는 비록 불화의 삶을 살고 있지만, '나'의 삶의 방향과 가치는 '하늘'의 편에 속해 있다. 그래서 윤동주 시에 빈번하게 등장하는 구원의 가능성은 자기희생과 헌신을 배경으로 삼고 있는 것이다. 그의 시에서 윤리적·심미적인 삶은 어떤 준거에 자신을 합하는 실천과 연관되어 있으며 시적 주체의 내면 공간에는 이상과 현실에 속하는 두 개의 자아가 자리하게 되지만, 근원적으로 그 둘은 한패를 구성하여 현실세계와 맞서게 되는 것이다. 그러한 점에서 이러한 종류의 시적 주체는 지상으로 유배된 천상적 존재이다. 그것이 종교든 아니면 민족이든, 혹은 어떤 신념이나 이념이든 일정한 준거를 내장하고 있는 시적 주체는 아무리 비루한 상태에 놓여있고 그 자신(의 현실)을 고통스럽게 형상화하더라도 본질적으로 윤리적이고 심미적인, 이른바 '큰주체'의 자장 속에 놓여 있는 것이다. 우리가 오랫동안 보아오던 많은 (서정)시들은 윤리적·심미적인 나르시즘의 큰 구조를 내장하고 있거나 포획되어 있는 셈이다. 그러한 시들에서 서정적 주체의 자기반성은 자신 속에 내재된 이상적인 준거(자아)를 드러내는 행위이며, 그 준거를 옳은 것으로서 승인하는 표현이다. 이러한 시의 윤리는 비록 젊은이의 고뇌일지라도 기성의 어떤 윤리를 내장한 바깥의 윤리이고, 윤리 자체를 묻는 것이 아니라 이상적 준거에 부합하는 자아에 이르지 못하는 자신을 비판하는 윤리인 셈이다. 물에 비친 자신을 사랑하여 슬픔을 노래한 나르키소스의 비극을 우리는 이러한 시적 주체의 고뇌에서 확인하게 된다.

3.

유종호는 김수영에 대한 가장 온당한 정의의 하나로 '자기갱신능력'을 꼽고 이러한 재능이 "시인으로서나 인간으로서나 그를 젊음의 한 복판에 머물러 있게 한다"고 평한바 있다. 유종호의 지적대로 짐짊음을 인간적 성숙의 지표로 삼아온 한국 사회에서 김수영의 시가 젊음의 한복판에 머물러 있을 수 있는 것은, 그의 문학 속에 진영(陣營)과 취향을 넘어서는 지치지 않는 역동적 자질이 내장되어 있기 때문이다. 유종호는 이를 '자기갱신능력'으로 호명하였으며 황동규는 '정직성'으로, 김우창은 '자유와 양심', 염무웅은 '허위와 기만에 대한 공격'으로 규정한바 있다. 많은 평자들이 주목한 이러한 성격을 우리는 일반적으로 윤리적 자질로서 이해하고 있지만 김수영의 문학에서는 시를 늙지 않게 만드는 심미적 능력이라는 관점에서 접근할 필요가 있어 보인다. 그에게 시는 일상의 관성과 현실에의 불감증을 충격하는 동력으로서, 더욱이 이러한 의식을 충격하는 성찰의 내용이 시에 관한 종전의 관념들을 전방위적으로 타격하는 매우 거친 방식을 통해 개진된다는 점에서 김수영의 시는 문제적이다. 반성이 가혹함을 넘어 자기-노출증의 양상을 띠고 있는 그의 문학은 일상과 현실에 대한 도저한 자기 성찰의 내용을 시적 언어의 혁신과 연동함으로써 문학과 삶의 윤리학을 통합하는 '새로운 심미적 윤리학'을 실현하고자 한다.

윤리적 자질이 불로장생(不老長生)의 예술적 능력으로 작동하는 이러한 과정이야말로 김수영 문학의 가장 빛나는 대목이라고 할 수 있다. 한국문학사를 횡단하는 가장 완강한 준거인 '모더니즘/리얼리즘'의 맞짝 개념이 김수영의 시에서 가장 온전하게 통합될 수 있는 이유 역시 여기에 있다. 정직, 자유, 양심, 비판, 자기갱신 등 현실에 대한 시인의 태도와 대응 방식을 뜻하는 이러한 엄숙한 자질들은 대체로 현실주의 문학의 전유물이었지만 김수영에게서는 새로운 언어를 시에 도입하게 하는 시적 혁명의 원동력이었다. 종래에는 시적 형상의 배후를 이루는, 혹은 그렇다고 믿어지는, 시인의 현실 윤리로서 인식되어 온 덕목들이 그에게서는 시(의 언어)에 대한 오랜 관념을 격파하고 전복하는 예술적 전위의 능력으로서 작동한다. 이는 시와 시인(의 삶)을 분리하지 않고 같은 층위에 둔 채 작품을 시인과 관련지어 해석하는, 유구한 시전통과는 구별되는 위상학(位相學)이다.

김수영의 문학에서 삶과 삶에 대한 반성은 단순히 시의 내용을 넘어서 시와 시의 언어 자체를 혁신하는 심미성의 핵심 기지이다. 그에게 시는 삶에 대한 자신의 성찰을 담아내는 그릇이 아니라 삶 자체를 바로 보고 갱신하게 하는 현실의 관점 자체이자 실천의 동력이다. 김수영의 시에서 시인은 해석의 과정에서야 비로소 개입되는 작품 바깥의 요소가 아니라 시적 언어에 기입(記入)된 생생한 육체로서 현존한다. 그의 시에는 일상의 현실과 치열하게 투쟁하는 시인의 삶과 내면이 핍진한 언어로서 투신(投身)해 있다.

시와 시인을 분리하지 않는 오래된 전통은 김수영의 문학에서 다른 차원으로, 그리고 역동적인 언어로서 재구성된다. 그의 시에 형상화된 일상의 내용들을 평면적이고 일차원적인 방식으로 사유하고 판단하는 것은, 그래서 온당하지 않다. 김수영에게 시는 삶의 내용을 담아내는 그릇이 아니라 '삶의 투쟁 장소' 그 자체이다. 그의 시에서 경험하게 되는 '날것의 느낌'은 여기에서 기인한다. 시와 시인의 삶, 그동안 시의 원천이면서도 그 바깥에 존재하는 시인의 삶을 김수영은 시 작품 안에 붙잡아 두려는 힘겨운 싸움을 벌인다. 그의 시가 당돌하고 난해하며 매우 자주 노출증을 보이는 것은 이 때문이다.

왜 나는 조그마한 일에만 분개하는가

저 王宮 대신에 王宮의 음탕 대신에
五十원짜리 갈비가 기름덩어리만 나왔다고 분개하고
옹졸하게 분개하고 설렁탕집 돼지같은 주인년한테 욕을 하고
옹졸하게 욕을 하고

—김수영, 「어느 날 古宮을 나오면서」 1연

가장 널리 알려진 김수영의 작품 중 하나인 위의 시는 기본적으로 화자의 일상과 이를 떠받치고 있는 속내를 그 내용으로 하고 있다. 시의 화자는 비겁하고 옹졸한 자신의 내면을 여러 삽화들을 통해 드러낸다. 인용 부분은 첫 행의 언술을 구체화하는 내용으로 구성되어 있는데, 이러한 내용은 대개의 사람들이 충분히 공감할 수 있는 일상의 국면이다. 식자재가 시원찮은 음식물을 받고서 불쾌했던 경험은 누구에게나 있으며, 그러한 점에서 위의 내용은 특별할 게 없다. 화자가 좀 유별나다면, '짜증'을 넘어 "분개하고" 나아가 "주인년한테 욕을 하고" 나왔다는 정도이다. 경험적 보편성의 측면에서 위의 내용은 특별히 새로울 것이 없는데, 문제는 이를 시의 내용으로 옮겨놓고 있다는 점이다. 삶의 여러 경험 중에서 지극히 사소한 일상을, 그것도 시인에게 유리할 게 없는 내용을 시에 옮겨놓고 있는 것은 김수영의 시를 가로지르는 매우 중요한 요인이다. 자신의 비겁과 옹졸에 대한 비판적 성찰이라는 점에서 이 시는 본질적으로 윤리적 성격을 띠고 있지만, 이를 구성하는 방식은 화자의 비윤리성을 까발리고 타격하는 형식을 취하고 있다. 시의 윤리성이 화자의 비윤리적 행태와 내면을 노출하는 과정을 통해 개진되고 있는 셈이다.

종전의 시들이 보여주는 윤리적 성찰이 화자, 나아가 시의 궁극적 주체인 시인의 윤리적 덕목을—(무)의식적으로—고양하는 의도 속에 수렴된다면, 김수영은 자기 추락의 방식으로, 자신을 드러내는

철저한 '바바리즘의 행위 언어' 그 자체로서 윤리의 문제에 투신(投身)한다. 이를테면 위의 언술에서 우리는 여성(인간)에 대한 시적 주체의 비윤리적 내면을 보게 된다. "돼지같은 주인년"이 아니었다면 분개했더라도 욕을 하지 못했을 '나쁜' 시인의 내면이 저 언술들 속에는 자리하고 있다. 김수영에게서 시의 윤리는 시인의 윤리적 내면으로 길을 내지 않고 비윤리적인 자신을 집요하고 처절하게 되씹는 자기투시 과정 속에 몸을 푼다.

> 저이는 나보다 여유가 있다 / 저이는 나보다도 가난하게 보이는데 / 저이는 우리집을 찾아와서 산보를 청한다 / 강가에 가서 돌아갈 차비만 남겨놓고 술을 사준다 / 아니 돌아갈 차비까지 다 마셨나보다 / 식구가 나보다도 일곱식구나 더 많다는데 / 일요일이면 빼지 않고 강으로 투망을 하러 나온다고 한다 / 그리고 반드시 四킬로가량을 걷는다고 한다 // 죽은 고기처럼 혈색없는 나를 보고 / 얼마전에는 애 업은 여자하고 오입을 했다고 한다 / 초저녁에 두 번 새벽에 한번 / 그러니 아직도 늙지 않지 않았느냐고 한다 / 그래도 추탕을 먹으면서 나보다도 더 땀을 흘리더라만 / 신문지로 얼굴을 씻으면서 나보고도 / 산보를 하라고 자꾸 권한다 // 그는 나보다도 가난해 보이는데 / 남방샤쓰 밑에는 바지에 혁대도 매지 않았는데 / 그는 나보다도 가난해 보이고 / 그는 나보다도 짐이 무거워 보이는데 / 그는 나보다도 훨씬 늙었는데 / 그는 나보다도 눈이 들어갔는데 / 그는 나보다도 여유가 있고 / 그는 나에게 공포를 준다 // 이런 사람을 보면 세상사람들이 다 그처럼 살고 있는 것같다 / 나같이 사는 것은 나밖에 없는 것같다 / 나는 이렇게도 가련한 놈 어느 사이에 / 자꾸자꾸 소심해져만간다 / 동요도 없이 반성도 없이 / 자꾸자꾸 小人이 돼간다 / 俗돼간다 俗돼간다 / 끝없이 끝없이 동요도 없이
>
> —김수영, 「강가에서」 전문

일상적 삶을 주요 소재로 삼는 김수영의 시는 전적으로 자신에게 집중되어 있다. 그에게 시쓰기는 자신의 의식을 낯선 영토 속으로 개방하는 작업이며, 스스로의 민낯과 마주하는 과정이다. 그것은 어떤 특정한 관념을 준거로 삼아 자신을 들여다보거나 비판하는 작업이 아니라 일상의 모든 국면을 자기각성의 장(場)으로 삼는 열린 과정이다. 그러한 점에서 김수영에게 '현실은 스승이다'(「모더니티의 문제」). 김수영은 자신에게 많은 영향을 주었던 뢰스케를 소개하는 자리에서 "모든 창조적인 작가의 기본덕목은 다그치는 성실성이라"는 그의 산문의 한 구절을 인용함으로써 자신의 시쓰기의 지향을 분명하게 밝힌바 있다. '다그치는 성실성', 어떤 이념적 준거에도 기반하지 않은 채 자신을 대상으로 삼는 준열함이야말로 김수영의 시를 늙지 않게 만드는 핵심 비결이다.

"나보다도" "훨씬 늙"고 "눈이 들어가"고 "가난해 보이"며 "짐이 무거워 보이는" '그'를 만난 소회를 적고 있는 인용 작품은 김수영의 시에서 자주 나타나는 비애와 설움이 현실세계가 아니라 자신에서 연유한 것임을 잘 보여준다. 이 시의 핵심은 "그는 나보다도"라는 반복되는 구절에 있다. 그것은 끊임없이 자본주의적 욕망에 내몰리고 식민화되는 자신의 소시민적 심성을 향해 있는데, 이러한 내면은 본질적으로 타인과 자신을 비교하는 욕망과 관련되어 있지만 이 시는 그것이 얼마나 삶을 왜소한 것으로 만드는가를 역설적으로 보여준다. 여기에서 눈여겨 볼 대목은 '나'의 비판적 성찰의 계기가 되는 '그'가 '나'의 짝패가 될 만한 인물인가 하는 점이다. 화자는 시의 결미에서 스스로를 향해 "小人이 돼간다"고 "俗돼간다 俗돼간다"고 비판하고 있지만 일반적인 윤리의 관점에서 보면 "俗된" 존재는 오히려 '그'이다. 여기에서 '俗'은 '小人'의 속성인데, 언술의 맥락으로 그 내용을 유추해보면 '그'보다 넉넉해 보이는데도 여유가 없고 소심하며, 아울러 그러한 상태에 대해 '동요'나 '반성'이 없는 내면을 뜻한다. 여기에서 '俗'은 사회 윤리나 외적인 행동에 의해 규정된 속성이 아니라 자본주의적 현실에 기숙하는 내면적인 상태를 지칭한다. 김수영에게 성찰은 현실세계가 아닌 자기 자신, 그것도 자신의 내면을 향해 있다. 그의 시가 보여주는 자기-성찰의 윤리학은 반성과 각성의 형식을 통해 어떤 높은 수준의 의식에 자신을 결합하는 방식이 아니라 스스로의 부정적인 내면을 끊임없이 까발리고 타격하는 매우 불편한 방식으로 수행되며, 그의 자기반성의 언어가 정향하는 것은 어떤 윤리적 목표가 아니라 자신의 부정성 자체이다. 그래서 그의 시는 소위 '꼰대'의 흔적이 없다. 김수영이 "젊은 詩人"을 향해 "기침을 하자 / 눈 위에 대고 기침을 하자 / 눈더러 보라고 마음놓고 마음놓고 / 기침을 하자"고 했을 때 눈은 현실을 반영하는 매개라기보다 본질적으로 시인 자신의 민낯을 드러내는 적나라한 거울인 것이다. 그의 「폭포」를 이러한 관점에서 읽는다면, '폭포'는 높은 수준의 정신을 상징하는 이념적 표상이 아닌 '맹렬한 낙하의 운동성' 자체로 읽어야 한다. "무엇을 向하여 떨어진다는 意味도 없이 / 季節과 晝夜를 가리지 않고" "醉할 瞬間조차 마음에 주지 않고 / 懶惰와 安定을 뒤집어놓은 듯이 / 높이도 幅도 없이 / 떨어지는" 간단(間斷) 없는 이 운동의 능력, 그 맹렬한 가혹함이야말로 김수영 시학의 동력이라고 할 수 있을 것이다.

○○○

테이레시아스는 나르키소스가 '저 자신을 알지 못한다면 천수(天壽)를 누리게 될 것'이라고 예언했지만, 그는 결국 물에 비친 자신을 사랑하는 비운을 맞게 된다. 처음에는 아름다운 자신의 환영에 빠져 그에 가닿지 못하는 슬픔을 노래하지만, 나중에는 '나를 내 몸에서 떨어져나가게 해달라'고 나르키소스는 절규한다. 그가 처했던 두 개의 국면은 모두 비극적이지만, 자기 환영에 도취된 전자의 슬픔보다 자신이 놓인 비운의 상황을 인식한 후자의 상황이 보다 문제적이고, 문학적이며, 현대적이다. 두려움과 공포 속에 '다그치는 성실함'으로 임박한 진실의 민낯을 보고 자신을 눈을 멀게 했던 저 오래된 비극의 주인공의 삶이 웅변적으로 증언했던 것처럼, 불로장생(不老長生)하는 문학의 능력은 눈을 뜨고 세계와 사물의 끝을 보는 용기와 결단에서 오는 것이리라. 최근 우리 시단에 불어닥친 큰 패러다임의 변화는 이전보다 자신에게 맹렬하고 가혹한, 그야말로 피도 눈물도 없는 시적 주체들의 출현과 관련되어 있어 보인다. "나는 결코 울어야 할 사람은 아니며 영원히 나 자신을 고쳐가야 할 運命과 使命에 놓여있"(「달나라의 장난」)다고 했던 김수영의 후예들이 좀더 많아지는 시단의 현재 상황은 자신의 민낯을 목도하는 용기야말로 늙지 않는 시의 능력임을 환기시킨다. "狂信을 가르치기 위한 것이 아니"라 "사랑을 알 때까지 자라라"고 했던 김수영의 시적 유언에서 '狂信'과 '사랑'의 대상은 비단 세상이나 현실이 아니라 (본질적으로, 그리고 궁극적으로) 자기 자신이라는 사실을 재삼 생각하게 된다.

> 동무여 이제 나는 바로 보마
> 事物과 事物의 生理와
> 事物의 數量과 限度와
> 事物의 愚昧와 事物의 明晳性을
>
> 그리고 나는 죽을 것이다
>
> —김수영, 「공자의 생활난」 4~5연

4부

비등의 역사, 결빙의 현실

— 386세대 시인들을 중심으로 —

1.

"살아가노라면 평생 동안 잊지 못할 벅찬 감동과 감격을 느낄 때가 있다. 그것은 대개 한마음으로 무리를 지어 공동선을 추구할 때 생긴다. 6월 항쟁에 참여한 투사나 6월의 거리에서 함께 호흡한 많은 시민들은 질풍노도 같은 감격이나 뿌듯한 긍지를 지금도 회상하곤 할 것이다. 그들은 그토록 힘들여 바꾸어놓은 세상이 변하더라도, 또 공동체를 모래알처럼 흐트러지게 하는 이상한 논리가 횡행하더라도 굳건히 제 갈 길을 갈 것이다." 『6월 항쟁』의 서문에서 서중석은 1987년 6월의 진행형적 의미를 이렇게 정리한다. 방대한 자료를 바탕으로 '6월 항쟁'의 성격을 무려 700쪽에 이르는 분량으로 정리한 책의 서문치고는 참으로 소박하고 단순한 듯 보인다. 여기에서 "힘들여 바꾸어놓은 세상이 변하더라도" "굳건히 제 갈 길을 갈 것이다"라는 이 경이로운 믿음은 어디에서 근거하는가. 그것은 아마도 6월 항쟁을 바라보는 이 책의 관점에서 기인하는 듯하다.

서중석은 기존에 축적된 많은 자료들을 중심으로 1980년대를 구성하면서 '6월'을 한국사회 전체를 혁명적 열정의 도가니 속에 담금질 했던 낭만적 파토스의 연대기로 그려낸다. "공동체가 잘된다면 자신은 희생되어도 좋다는 헌신성으로 하나가 되어 있었던" 감동적 경험이 지금-이곳의 현실을 경유 지점으로 사유할 것이라는 이러한 생각은 낭만적 파토스의 영향력에 대한 강한 믿음이 전제되어 있다. '6월 항쟁'을 우리 역사의 한 과거로서 생각하지 않고 여전히 개진되고 있는 진행형 사건으로 인식하는 이러한 사유는 90년대 이후의 변화를 이른바 '마술로부터 풀려나는 일'이나 '역사의 종말'로 정리하는 일반적인 관점과는 사뭇 다르다. 통상의 한국문학사가 90년을 전후로 한 일련의 국내외 정치적 상황의 변화와 한국문학의 현상들을 근거로 하여 우리 시대를 이전과는 전혀 다른 연대로 규정하는 것과 달리, 서중석은 강렬한 6월의 기억이 생생한 역사적 현재의 동력임을 의심하지 않는다. 이는 「사랑의 變奏曲」에서 김수영이 당대를 "고양이의 반짝거리는 푸른 눈망울처럼 사랑이 이어져가는" '암흑 속의 밤'으로 보고 "복사씨와 살구씨가 / 한번은 이렇게 / 사랑에 미쳐 날뛸 날이 올 거"라는 역사적 전망을 내놓았던 것과 유사한 통찰인 셈이다. 4·19를 겪고 6년이 지난 후 발표한 작품에서 미완의 혁명이 남긴 것을 "고요함과 사랑이 이루어놓은 暴風의 간악한 信念"으로 호명했던 김수영처럼 '87년 6월'을 정리한 저자는 좋은 세상을 만들기 위해 함께 어깨를 겯었던 그 벅찬 낭만의 정신이 자신의 길을 갈 것임을 예고한 것이다.

우리 문학은 어떠했던가. 이른바 '후일담문학'으로 80년대를 정산하고 급속하게 탈이념·탈정치화 하면서 문학적 다원주의로 전개되었다고 한국문학사는 기록하고 있다. 시단의 경우로 제한하면, 2000년대 이후 전면화되는 환상과 자폐적 경향이 본격적으로 나타나고 일상·도시·자연·생태 등의 주제가 연성의 감수성과 결합하는 양상이 두드러진다고 정리하고 있다. 그렇다면 한 시대를 격동했던 그 해방적 열정과 고양된 정신은 폐기되고 소멸한 것인가. 서중석의 말대로 제 길을 가고야 말 그 높은 수준의 고양된 정신은 어디로 간 것인가. 혹여 그 격동의 정신을 촉발하게 한 지긋지긋한 억압의 망탈리테(mentalites)로부터 우리 문학이 정말 서둘러 멀리 가려고 한 것인지, 아니면 새로운 것을 중심으로 문학 현상들을 재편하려는 비평적 권력이 정신사의 연속성과 변주 양상의 섬세한 지리들을 건너 뛰려한 것은 아니었는지 생각해 볼 일이다. 여기에서 이데올로기로부터의 해방과 소외 없는 사회 실현을 운동의 주요 목표로 삼았던 68혁명이 한풀 꺾이면서 정치적 사안에서 개인의 내면으로 침잠하는 '신서정주의' '신주관주의' 문학을 '68운동의 내면화'로 정리한 68문학사를 참조할 필요가 있어 보인다.

> 그처럼 빨리 敵意를 / 버릴 게 아니었다 / 명백한 실수였다 / 지난 세월은 / 끝까지 우리에게 가혹했고 / 단 한 번도 善意를 내보이지 않았다 / 그리하여 / 함부로 제 몸을 태우는 / 자학의 시대를 불러왔다 / 숨길 속 없는 맹수 같은 / 사나움은 길들여져 / 자진하여 구린 삶의 동물원을 / 기웃거리게 하고 / 목말라 악취나는 치욕의 강물을 / 들이마시게 했다 / 너무 성급하게 초월하려 들거나 / 저만의 상처로 面壁하며 / 결가부좌를 풀지 못한 탓이었다 / 언제부터 그만의 치명적인 / 독충 같은 그리움, / 큰 산의 제왕 호랑이 같은 / 공격성과 야수성을 상실한 탓이었다
>
> —임동확, 「뒤늦은 깨달음 : 心經 13」 부분

'6월 항쟁'의 현실적 패배와 동구사회주의권의 몰락으로 급격하게 위축된 현실주의 문학 진영의 내면을 잘 보여주는 작품이다. 완강한 현실과 대안사회에 대한 상상력이 소멸해 버린 상황에서 자신의 길을 찾지 못하고 자학과 굴욕과 초월의 태도 속으로 이전해 간 문학 현실을 비판적으로 성찰하고 있는 이 시에서 우리는 80년대 운동권 문학의 90년대 내면을 본다. 그런데 과연 80년대식 "공격성과 야수성"을 보존하는 것, 혹은 '敵意'를 견지하는 것만이 '6월' 정신의 진정한 문학적 계승이라고 할 수 있겠는가. 물론 6월의 의미에 대한 가열한 성찰 없이 서둘러 자본주의적 내면을 식재한 문학들이야 비판의 대상이 되겠지만, 그것은 변혁 정신의 문학적 승계라는 차원이

아니라 형상 사유의 수준 미달이라는 문학성 자체의 관점에서 평가받아야 할 문제로 판단된다. 80년대가 갖는 문학사적 의미는 단순히 현실주의 문학의 경로에서만 구할 것이 아니라 해방적 열정이 어떻게 개별적 주체의 문제로 진유되었는가 하는 점에 맞추어져야 할 것이다. 그것은 '6월'로 상징되는 80년대적 감정과 문제의식은 실상 모두의 문제였기 때문이었다. 게다가 80년대 대학시절을 보낸 내성적 문청들에게 80년대의 낭만적 격정은 다양한 방식으로 내면화되지 않을 수 없었을 것이다.

2.

90년대 전반 우리 문단에 불었던 '청산주의' 문학에 대한 논의는 운동권 안팎에 관여했던 문인들의 80년대 정리 양상에 관한 것이었지만, 동시에 80년대를 통과한 90년대의 내면적 가치들의 경쟁 구도를 보여주는 것이기도 하였다. 물론 이 문제는 현실 정치뿐만 아니라 급격하게 다원화된 자본주의 경제·문화 환경의 확대와 변화된 성격, 그리고 일상의 구조와 감수성을 변화시킨 테크놀러지의 경이로운 발전 등을 종합적으로 살펴보아야 할 내용이지만, 종전의 관점에서 거칠게 정리하자면 자기-정체성을 여전히 현실 변혁 의지 속에 통합하고자 했던 이들과 이 해방의 열정을 개인의 정체성과 개별자의 윤리로 전환한 자들 사이의 갈등이라고 할 수 있다.

> 물론 나는 알고 있다 / 내가 운동보다도 운동가를 / 술보다도 술 마시는 분위기를 더 좋아했다는 걸 / 그리고 외로울 땐 동지여!로 시작하는 투쟁가가 아니라 / 낮은 목소리로 사랑노래를 즐겼다는 걸 / 그러나 대체 무슨 상관이란 말인가 // 잔치는 끝났다 / 술 떨어지고, 사람들은 하나 둘 지갑을 챙기고 마침내 그도 갔지만 / 마지막 셈을 마치고 제각기 신

> 발을 찾아 신고 떠났지만 / 어렴풋이 나는 알고 있다 / 여기 홀로 누군가 마지막까지 남아 / 주인 대신 상을 치우고 / 그 모든 걸 기억해내며 뜨거운 눈물 흘리리란 걸 / 그가 부르다 만 노래를 마저 고쳐 부르리란 걸 / 어쩌면 나는 알고 있다 / 누군가 그 대신 상을 차리고, 새벽이 오기 전에 / 다시 사람들을 불러 모으리란 걸 / 환하게 불 밝히고 무대를 다시 꾸미리라 // 그러나 대체 무슨 상관이란 말인가
>
> —최영미, 「서른, 잔치는 끝났다」 전문

시 분야에서 이른바 '후일담문학'의 대표작이라고 할 수 있는 최영미의 「서른, 잔치는 끝났다」(1994)는 변화된 현실에 대한 냉소적 알레고리로 읽을 수 있지만, 무엇보다 운동의 시대를 통해 자기-정체성에 대한 적나라한 고백을 드러내었다는 점에서 의미 있는 시집이었다. 여기에서 주체의 정체성은 자신을 둘러싸고 있는 집단적 이념을 걷어내고 나서야 비로소 드러난다. 여러 논란에도 불구하고 이 시집이 갖는 역사적 의미는 거대담론에 기숙해 있던 주체를 담론의 울타리로부터 분리해냄으로써 정직한 자기 투시를 감행하고 있다는 점이다. 인용 시에서 반복되는 "그러나 대체 무슨 상관이란 말인가"라는 언술은 거대주체의 서사와 개인을 묶어내는 이념이나 작업의 정당성에 대한 회의이다. 그것이 '서른'에 내재된 의미인 셈이다. '서른 살'에 내포된 무력과 슬픔과 우수야말로 인간 존재의 가장 근본적인 조건일지도 모른다. 냉소적이면서도 쓸쓸하고 밖을 향한 말이면서도 안을 텅텅 울려 나오는 저 반복되는 언술은, 거대주체와 이데올로기로부터 자신을 분리해내려는 90년대 주체의 '자기변호'에 가까운 독립선언이라고 할 수 있다.

> 그가 수레를 끄는지 / 수레가 그를 끌고 가는지, / 짐의 무게를 이기지 못해 질질 끌려가던 / 늙은 노동자가 길을 건넌다 / 비참이 새겨진 주름진 얼굴을 / 뒤에서 몰래 밀어주고 싶었지만, / 나의 동정심을 분석하며, / 그를 동정하는 나를 의심하며 / 생각이 너무 많이, 그를 놓쳤다 // 그날의 우유부단함을 / 용서하지 못해. / 벌써 십칠 년이나 지난 일이지만 / 그날따라 곱게 다림질한 나들이옷이 부끄러워서, / 일기장에 새겨진 그날, 1993년
>
> —최영미, 「신촌의 옛 풍경」 부분

1993년 날씨 좋은 어떤 날의 일기장을 회상한 이 작품은 「서른, 잔치는 끝났다」의 시적 주체에게 80년대는 여전히 남아있는 내면의 과제임을 생각하게 한다. 운동의 시대였던 청년기의 일기장을 다시 돌아보며 옮겨 적은 「신촌의 옛 풍경」은 17년 전의 자신을 향해 윤리적 자의식의 문제를 되묻는 시인의 현재를 돌아보게 한다. "꿈이 깨진 뒤에도 / 살아서, 비겁한 밥을 먹으며 / 어딘가 뒷맛이 씁쓸하지 않은, / 내 몫의 달콤한 / 산딸기가 남아 있을 것 같아 / 숨어서, 눈을 반짝이는 // 순진무구가 이 세계를 / 지탱해왔"(「아이러니, 인생」)다는 고백은, 그녀의 시집을 둘러싸고 벌어졌던 90대의 논쟁이 시적 인식의 수준에 비해 거대하고 과도했음을 알게 한다. 80년대는 여전히 최영미를 둘러싸고 있는 중요한 심리적 현실로 보인다. 우리는 그녀에게서 386세대 시인의 한 국면을 보게 된다.

한편 사납고 거친 싸움의 80년대를 부드러운 모성과 감수성으로 위로해 준 나희덕의 시는 90년대 가장 주목할 만한 세계 중의 하나였다. 그녀의 시는 연성(軟性)의 감각과 여성적 상상력을 바탕으로 서정적 성찰력의 모범적인 사례를 제공해 주었는데, 특히 자연이 어떻게 한 개인의 존재론적 고뇌와 내성(內省)의 치유적 공간으로 자

리할 수 있는가를 잘 보여준 세계였다. 기존의 여성시를 지배하고 있던 두 가지 특성, 즉 서정적 인종(忍從)주의나 자학적 해체주의와는 다른 제3의 지대로서 균형 잡힌 서정성을 그녀의 시는 형상화하였다. 억압과 폭력의 시대에 맞서는 저항적 여성성이 아니라 연성의 감수성을 지닌 성찰적 여성성을 통해 치유의 시적 가능성을 개진한 그녀의 시는 서정시의 본래적 속성이라고 할 수 있는 개별 주체의 사유능력을 탐색한다.

> 밀랍에 희미하게 남아 있는 / 아카시아꽃 향기, 벌들의 날갯소리, 햇살과 바람, / 누구도 그것을 기억하지 못한다 // 그래도 밀랍은 밀랍일 수 있을까 / 우리가 기억하는 것은 밀랍 자체보다 / 밀랍이 거기 있었다는 사실에 가까운지 모른다
>
> —나희덕, 「밀랍의 경우」 부분

> 이곳이 오늘의 비등점이라면 / 수없이 들끓고도 도달할 수 없는 비등점이라면 // 그곳에 내리는 눈은 / 끓는 물에 뛰어드는 순간 녹아버리고 // 그곳이 오늘의 결빙점이라면 / 수없이 얼어붙고도 도달할 수 없는 결빙점이라면 // 이곳에 내리는 비는 / 얼음에 내려앉는 순간 얼어버리고 // 그곳과 이곳 사이에는 / 결빙점과 비등점 사이에는 / 얼마나 많은 눈과 비와 얼음과 물과 현기증이 있는지
>
> —나희덕, 「그곳과 이곳」 부분

최근 들어 시간, 공간, 감각, 존재, 소통의 문제로 깊어가는 그녀의 시세계는 80년대 시가 고민했던 더불어 사는 삶의 가능성을 존재의 형이상적 문제로 이전해내고 있다. 시간과 존재와 현상의 문제는 나희덕의 최근 시가 사유하는 핵심 주제들로서, 위의 시편들은 고유

한 경험과 기억 속에 구축되는 존재들의 진정한 이해와 소통 가능성에 관해 묻고 있다. "누구도 기억하지 못하는" 것들로 "희미하게" 존재했다가 소멸하는 사실로서 남게 되는 '밀랍의 존재', 그것은 비단 존재와 현상 사이의 간극의 문제뿐만 아니라 그 자체로서 소통될 수 없는 근원적 이해 결핍의 존재 사대들과 연관되어 있다. 위의 시편들을 시간의 차원에서 사유한다면, 지나온 역사적 사건을 구성하는 수많은 고리들과 사연들은 '오늘-이곳'의 비등점 속으로 녹아버릴 것이다. 그것이 역사에 대한 이곳의 이해이다. 우리가 지나온 비등의 역사는 그곳에 있고 우리는 지금 결빙하는 이곳에 있는데, 이른바 '386세대 시인'들의 흔적들을 쫓아간다면 지난 연대는 우리에게 이해될 수 있을까.

> 내 속의 할머니가 물었다, 어디에 있었어? / 내 속의 아주머니가 물었다, 무심하게 살지 그랬니? / 내 속의 아가씨가 물었다, 연애를 세기말처럼 하기도 했어? / 내 속의 계집애가 물었다, / 파꽃처럼 아린 나비를 보러 시베리아로 간 적도 있었니? / 내 속의 고아가 물었다, 어디 슬펐어? // (중략) 간호사는 천진하게 말했지 / 병원이 있던 자리에는 죽은 사람보다 죽어가는 사람의 손을 붙들고 있었던 손들이 더 많대요 뼈만 남은 손을 감싸며 흐느끼던 손요
>
> —허수경, 「빙하기의 역」 부분

시간의 테마는 386세대 시인들에게 매우 빈번하게 나타나는 주제이다. 왜일까?

60년대 태어나 80년대 대학을 다니며 격동하는 한국현대사의 현장을 통과하여 오늘에 이른 시인들에게 시간은 자기 정체성을 사유하는 핵심 기지로 보인다. 최영미는 서른을, 나희덕은 '밀랍의 시간'

에 관해 말하는데, 허수경은 동화의 형식을 빌어 '빙하기'를 말한다. 얼음의 시간은 생명력이 모두 사라진 채 맑고 투명한 흔적으로서 보존되어 있는 시간이다. 생은 도정의 끝에 있는 '지금 이곳'의 나로서 존재하는 것이 아니라 생의 인상적인 국면들이 편편히 쌓여서 환대하는 다층적 시간이다. "내 속의 할머니" '아주머니' '아가씨' '계집애', 그리고 '고아'로서 한 국면을 살았던 모든 '나'가 '너'를 만나러 간다. 물론 그렇게 마중하러 가는 너와 온전한 소통을 할 수 있는 것은 아니다. "인간이란 언제나 기별의 기척일 뿐이어서" 우리가 만나는 '얼음의 자리'는 "고요한 연"처럼 투명하게 걸려있는 것, 삶의 은유처럼 보이는 '빙하기'는 존재들의 전적인 조우의 불가능성과 소멸하는 방식에 관한 웅숭깊은 서사이다.

"산가시내 되어 독오른 뱀을 잡고 / 백정집 칼잽이 되어 개를 잡아 / 청솔가지 분질러 진국으로만 고아다가 후후 불며 먹이고 싶었네 저 미친 듯 타오르는 눈빛을 재워 선한 물 같이 맛깔 데인 잎차같이 눕히고 싶었네 끝내 일어서게 하고 싶었네 / 그 사내 내가 스물 갓 넘어 만났던 사내 / 내 할미 어미가 대처에서 돌아온 지친 남정들 머리맡 지킬 때 허벅살 선지피라도 다투어 먹인 것처럼 / 어디 내 사내 뿐이랴"(「폐병쟁이 내 사내」). 이렇게 상처받은 80년대를 위무하던 허수경의 시는 이후 시간의 지층들에 대한 서사적 탐색을 보여주는데, 이와 같은 일련의 시편들은 '지금-이곳'을 넘어 시간에 관한 다양한 차원의 감각을 보여주는 2000년대 젊은시들과 상호영향 관계속에 놓이게 된다. 최승자, 김혜순, 김승희 등 여성적 삶을 격렬한 자학의 언어로 형상화한 선배 시인들과 달리 새로운 모성성을 보여준 허수경의 시는 80년대적 상처의 또다른 내면을 의미하는 것이었다.

한편 90년대 들어 늘기 시작한 여성 시인들의 수는 한국시단의 영토를 확장하는 데 매우 중요한 동력이 되었는데, 여성 시인들의 섬세한 내성의 세계는 현실주의 문학 성향을 강하게 띠고 있는 한국문학의 지형을 다양화하는 데 중요한 자산이 되었다. 이를테면 조용미의 경우, 거칠고 공격적인 방식이 아니라 독특한 내면이 빚어낸 감각 세계를 그려냄으로써 90년 이후 본격화되는 내면세계의 다양한 시적 형상화에 일조한다.

> 검은 가지에 흰 꽃들이 소름처럼 번져있다 컴컴한 나뭇가지는 소용돌이치듯 흰 꽃들을 빨아들인다 먼 가지의 꽃들이 소복처럼 서늘한 꽃나무의 오랜 증세는 빈혈이다 백 년은 검은 나무 흰 꽃, 백 년은 흰 나무 검은 꽃을 부린다 흰 가지에 검은 꽃들이 환영처럼 돋아났다 아아, 달이 해를 컥컥 뱉어내던 밤
>
> —조용미, 「나무」 부분

위의 시는 선명한 색채적 대비를 통해 시인의 내면세계를 어둠의 현상학으로 그려낸다. 자연을 시적 주체의 정서적 표출의 수요 소재로 삼는 일반적인 서정의 방식과 달리 이 작품은 꽃이 핀 나무의 풍경을 검은 색과 흰 색이 충돌하는 힘의 장으로서 표현하고 있다. 특히 나뭇가지로 상징되는 어둠의 세계와 흰 색에 내포된 질병(고통)의 이미지는 봄 나무에 대한 통속적인 관념을 해소하면서 마치 표현주의 예술의 강렬한 힘을 느끼게 만든다. "소름처럼 번져있는" "흰 꽃"과 "소용돌이치듯 흰 꽃들을 빨아들이는" "컴컴한 나뭇가지"에서 우리는 불안과 격정을 표현하는 또 하나의 언어를 발견하게 된다. 섬세하고 독특한 내면이 빚어내는 불안한 시적 형상은 정서적 표출의 통로로 인식되었던 자연 풍경을 내면의 병리학으로 읽게 만든다. 대상 세계를 다른 시선과 풍경으로 읽어내는 이와 같은 새로운 세계의 발견은 한국시단의 폭과 깊이를 확보하는 중요한 자양이 되었으

며, 이는 현실주의 문학의 시적 현상을 다원화하는 계기가 되었다고 할 수 있다.

3.

80년대 대학생활을 하고 90년을 전후로 활동을 시작한 이른바 386세대 시인들에게 '6월'로 상징되는 혁명기의 체험은 직·간접적으로 시세계의 중요한 원천이 된다. 실제로 '6월' 자체의 시적 형상화보다 더욱 중요한 것은 그러한 체험이 현실과 세계를 바라보는 시인들의 시적 유전자로서 시세계의 혈맥을 구성하고 있다는 점이다. 앞에서도 언급한 것처럼, 80년대의 해방적 열정은 90년대에 들어서면서 개인의 정체성을 구성하는 다양한 윤리적·정서적 자질로서 자리매김하여 한국시단의 자산을 풍요롭게 하는 핵심 인자가 된다.

> 맥주 가게와 담배 가게를 다 지나면 아직 야근 중인 엥겔스의 공장 불빛이 빛나고 마르크스의 다락방에서는 여전히 꺼지지 않은 불빛 아래서 누군가 끙끙거리며 생의 선언문 초안을 작성하고 있었지 // 누군가는 아프게 생을 밀고 가는데 우리는 하염없이 밤을 탕진해도 되는 걸까 생각을 하면 두려웠지 두려워서 추웠지 그래서 동이 틀 때까지 너의 노래를 따라 불렀지 // 기억하는지 톰, 그때 내리던 눈발 여전히 내 방 창문을 적시며 아직도 내리는데 공장의 불빛은 꺼지고 다락방의 등잔불도 이제는 꺼졌는데 아무도 선언하지 않는 삶의 자유
>
> —박정대, 「톰 웨이츠를 듣는 좌파적 저녁」 부분

박정대의 시를 흐르는 강렬한 낭만적 정서와 리듬은 본질적으로 80년대 유산이다. 화려한 서정적 포즈와 이국적인 정취의 내면에는 혁명적 열기가 훑고 간 뒷골목의 황량한 정서들이 깔려 있다. 특히 그

의 시세계가 빈번하게 기대는 음악적 소재들은 지난 시절을 추억하는 악사들의 우수가 어려 있으며, 유장한 시적 호흡은 우수(憂愁)의 리듬을 구현하는 언어적 형식인 셈이다. 인용 시의 경우처럼 그가 자주 동원하는 서사 구성의 전략—영화, 음악 등—은 소재의 이국적 성격으로 인해 시적 공간을 현실로부터 이격(離隔)시키지만, 그것은 동시에 상실한 세계에 대한 정서적 반영임을 기억할 필요가 있다. 80년대는 그의 시적 정서를 구성하고 가로지르는 심연이라고 할 수 있다.

이러한 상실과 우수의 정서는 이영광에게서 보다 격렬하고 직접적인 언어적 양상으로 전개되는바, 그것은 마치 생의 맨얼굴을 마주하는 김수영의 언어가 낭만적 환멸의 감정과 결합하는 형국을 띤 것이라고 할 수 있다. 거칠고 직설적인 성격을 취하고 있는 그의 언어들은 현실 세계에 대한 환멸과 무력(無力)이 생에 대한 비루의 정서로 전환된 가장 적나라한 사례라고 할 수 있다.

> 하지만, 두들겨 패고 저주하고 내쫓아도 / 기른 개처럼, / 삶이라는 거지가 어디 가던가 // 그는 약하고 포악하다 / 만졌는지 안 만졌는지도 가물가물한데 / 물장사 십 년에 짝젖이 짝젖으로 늘어진 / 마담도 곯아떨어진 / 새벽이다 // 그에게 미친 것 정신없는 것 / 삶은 또 부스스 깨어 / 쓰리 당한 밤길의 여자처럼 멀거니 / 제 끝없는 사랑을 쳐다본다 / 하지만,
>
> —이영광, 「하지만」 부분

"미치고 싶은 사람보다 더 미치고 싶은 사람이 / 미칠 것 같은 짐승보다 더 미칠 것 같은 짐승이 / 목에 칼을 쓰고 // 눈알이 홱홱 돌아가는데도 감지 않고" "슬픔도 노여움도 없이 / 제 눈으로 제눈을 보며" "장님이 되어가고 있"(「어딘가에는」)는 참혹한 상상력, "두들겨

패고 저주하고 내쫓아도 / 기른 개처럼" "어디 가"지 못하는 "삶이라는 거지"의 이미지는 이 세계에 대한 도저한 분노와 무력에서 기인한 것이다. 어찌할 수 없는 세계, 그럼에도 지속할 수밖에 없는 삶에 대한 바닥없는 울분과 환멸은 시인으로 하여금 거칠고 격렬한 언어로써, 때로는 모든 수사와 감정을 비워낸 단순의 언어로써, 그리하여 언어의 양극단을 오가게 만드는 원인으로 작용하는 듯하다. 그에게 세계나 삶은 시적 주체의 무력과 비루함을 확인하게 만든다는 점에서 동일하다고 할 수 있다.

한편 이홍섭과 맹문재의 시에서 80년대적 경험은 자기 삶의 정체성을 구성하는 보다 직접적인 계기로 작용하는 듯하다. 수사를 덜어낸 두 시인의 언어 역시 그 자체로서 자기성찰의 정직한 내면을 잘 담아내는데, 이홍섭의 경우에는 단출하고 매우 절제된 언어로써, 맹문재의 경우에는 마음의 동선을 그대로 드러내는 소박한 언어로써 혁명의 시대의 윤리학을 개인의 내면으로 전환한다.

> 내가 그만 두는 것은 단지 / 연애의 삶, / 연애의 만남, / 연애의 사랑, / 연애의 비유일 뿐이다 // 눈이 펑펑 내리고 / 더 멀리 갈 수 있는 곳이 보이지 않기 때문이다
>
> —이홍섭, 「연애의 비유」 부분

> 나는 누군가가 그에게 전화를 걸어주었으면 좋겠다고 생각했다 그의 여자 친구라면 얼마나 좋을까 그의 전화번호를 알면 나라도 걸어주고 싶었다 // 나도 작업복을 입은 채 공중전화 박스 안에서 저렇게 운 날이 있었다 더도 말고 덜도 말 날을 바라는 월급쟁이들이 소 떼처럼 고향으로 몰려가는 추석 전날의 밤이었다
>
> —맹문재, 「그에게 전화를 걸어주고 싶었다」 부분

"연애의 삶, 연애의 만남, 연애의 사랑"을 그만 두겠다는 언술은 시적 언어의 형식과 삶의 태도를 일치시키겠다는 화자의 내면을 단적으로 드러낸다. "한평생 나가자던 뜨거운 맹세를 잊은 적은 없다"는 고백과 언어적 수사의 방법적 진정성에 대한 시인의 태도에서 우리는 80년대 거대담론의 개인윤리로의 귀환을 재삼 생각하게 된다. 현실주의 문학의 주제들이 이홍섭에게서 개인의 정체성과 시적 언어의 자의식을 구성하는 주요 인자로 작용하고 있음을 확인하게 되는 것이다. 최근 들어 더욱 간명해지는 이홍섭의 시에서 우리는 말을 삶과 일치시키고자 하는 시적 염결성을 목격하게 된다.

한편 생활인으로서의 일상적 삶을 해방의 시대의 자신과 대비하는 맹문재의 시는 80년대가 여전히 현재진행형 고민들의 거점임을 거듭 생각하게 한다. "작업복 차림의 사내"의 우는 풍경에서 고단하고 쓸쓸했던 자신의 과거를 상기하는 화자의 모습은 시인에게 80년대가 변함없이 사유와 상상력의 중요한 거점임을 확인시켜 준다. 물론 시적 주체의 현재적 모습은 "대출 이자"라는 일상에 포위된 생활인으로서의 삶이지만 그럼에도 불구하고 "노동 해방"과 "인간 해방"을 위해 투쟁하던 시절을 자연스럽게 떠올리는 것은 80년대가 그에게 소멸한 현실이 아님을 웅변해준다. 현실과 과거를 잇는 연대의 상상력은 시인으로 하여금 타인의 고통을 헤아리고 그 고통과 연대하며 자신을 성찰하게 만드는 중요한 동력이 된다.

> 굵고 실한 것들부터 박스에 올라타 / 잿더미 재건마을까지 달려갈 생존감자 / 하늘독방 타워크레인까지 올라갈 희망감자 / 섬 끝 강정마을까지 내려갈 지킴감자 / 우리 집 식탁에서는 지지감자 / 세상 맨 끝에서는 연대감자되겠다 // 남한강 북한강이 만나는 두물머리 / 말도 안돼 절대 안돼 빼앗긴 텃밭에서 불법으로 키운 / 올 여름 저 첫감자 이름은 불복종 햇감

자 / 지난 겨울 배추는 사대강 포기배추 / 곧 거둬들일 가을 쌀은 버텨쌀

—정끝별, 「자명한 감자」 부분

정끝별의 시편은 현실 정치권력의 폭압과 반민주적 작태에 대한 발랄한 시적 대응을 보여준다. 동일한 패턴의 언어적 구조를 통해 일방적인 힘의 정치를 언어적으로 응징하는 그녀의 시는 80년대의 비판적 상상력을 계승하되 2000년대의 유연하고도 경쾌한 유희의 전략을 반영한다. 그것은 촛불을 들고 국민토성을 쌓아 콘테이너를 넘어서는 우리 시대 정치의식의 언어적 표현이라고 할 수 있다. 사회학적 상상력과 비판적 실천 의식은 386세대 시인들의 정체성을 구성하는 가장 중요한 자질인 셈이다. 그들에게 80년대는 여전히 중요한 자의식의 원천이라고 할 수 있는 것이다.

4.

한국사의 역동적인 한 시대를 통과했던 386세대 시인들은 이제 한국시단의 중추를 구성하는 핵심 세대가 되었다. 사회학적 상상력이 (무)의식적 정체성의 일부가 되어 있는 그들에게 과거는 끊임없이 소환되는 진행형의 사건이지만, 그 구체적 양상은 매우 다양하게 개진되고 있다. 80년대 그들을 둘러싼 사회의 핵심 과제가 거대 주체로서의 '인간' 해방의 문제였다고 한다면, 90년대 이후 한국 사회와 386세대 시인들의 문제의식은 개별 주체로서의 '인간' 해방에 집중되었다고 할 수 있다. 물론 그것은 주로 시학적 자유로움과 긴밀히 연결되어 있으며 여러 스타일의 시적 개성을 낳는 중요한 의식적 동력이 되었다고 할 수 있다. 90년대에 본격적으로 등장한 탈이념, 탈정치, 페미니즘, 몸과 욕망, 자연과 생태 등의 주제들은 궁극적으로 삶의 구체성에 집중하는 시학적 반영이었으며, 이는 80년대 해방의

열정이 개별화된 것이라고 볼 수 있다. 예를 들어 생태학적 테마는 자연에 관한 인간의 태도를 넘어 대상 세계를 바라보는 관점과 '어떻게 살 것인가' 하는 근본적인 삶의 자세에 대한 질문이었으며, 그것은 삶의 전 영역을 식민화한 자본주의에 대한 전면적인 반성과 해방의 문제에 속한 것이었다.

> 오 년 전쯤이지, / 너랑 이웃집 두연 아저씨허구 싸운 게. / 장독대 울타리에 바짝 우사를 짓는 경우가 어디 있냐구 / 이게 뭔 이우지냐구, 삿대질치지 안혔냐? / 어머니 돌아가실 때까지는 소 한 마리 넣지 않구 / 짚더미나 쌓아둘 거라구 두연 아저씨가 널 꼬드길 때, / 우사 지어놓구 어머니 죽을 날만 손꼽아 기다리겠다는 심시 이니냐구 / 네가 좀 지랄허지 안혔냐? 내심 흐뭇허더라만, / 한 마리 두 마리 송아지를 넣더니 지금은 우사가 아니라 우시장이다. / 두연 아저씨한테 뭐라구 허지 마라. / 떡방앗간 돌리랴 소 키우며 이장까지 보랴 / 청년회장 맡으랴 노인네들 텃밭 일까지 기들이 주랴, 동네 효지디. / 가래떡 뽑을 때마다 한 덩이씩 대문에 매달어 놓구 간다. / 그리구 두런두런 소들이 울어대니까 / 혼자 사는 어미 잠자리가 든든허다. / 자식이며 친척보다 훗훗허다. 앳 스물에 / 시집 와 열세 식구 건사헐 때 같다. / 대가족이 따루 없다니께.
>
> —이정록, 「이우지 : 어머니학교 4」 전문

위의 시는 이정록의 시가 기반하고 있는 충청도 언어에 내재된 유머의 감각을 통해 부정적 현실에 대한 지혜로운 삶의 가능성과 해석을 개진하고 있다. 자본에 의해 침식된 현실에도 불구하고 삶의 기본을 보존하고 있는 농촌의 삶과 인간을 넘어 동물에까지 확대된 새로운 생명 연대는 관념적 생태시학을 넘어서는 현실적 지혜로움과 따뜻한 시선을 내장하고 있다. 이정록의 시가 전략적으로 구사하는 충청도 사투리는 소설가 이문구에 의해서 드러난 농민들의 따뜻한 합리주의를 견인하는 언어적 토대가 되고 있다. 격렬한 저항과 비판의 운동력을 보여주었던 386세대 시인들의 시는 여기에서 시간의 연륜과 생태학적 지혜를 함의하는 언어로 전환되어 있다.

> 사람이 철이 들었다는 말은 그가 누군가를 걱정하게 되었다는 뜻이다. 살아온 날이 쌓여갈수록 우리는 점차 걱정을 입는 처지에서 걱정을 하는 처지로 바뀌어 간다. 걱정하는 마음의 손님에서 그 마음의 주인으로 자리를 옮긴다. 누군가의 자식일 뿐이었던 옛날 우리가 벼랑 끝에 선 것 같은 하루하루를 탈 없이 보낼 수 있었던 것은 어버이와 조상의 살뜰한 걱정 때문이었음이 확실하다. (중략) 결국 우리가 두려워하는 일은 내가 볼 수 없는 곳에서 내가 알지 못하는 과정을 거쳐 느닷없이 내 앞에 던져지는, 위험과 불행의 결과이다. 그래서 사랑이 지나친 사람은 사랑하는 사람과 멀리 떨어지는 것을 견디지 못한다. 그가 외출하거나, 여행을 떠나거나, 멀리 이사할 때 사랑이 남는 사람은 병자가 된다. 그의 평안을 위해 우리는 그의 시야 안에 있어야 한다. 서로 가장 걱정하는 관계에 있는 사람이 늘 같이 있어야 하는 이유이다.
>
> —이희중, 「걱정論」 부분

이희중의 시 역시 찬찬한 사유를 바탕으로 인간 삶의 구체적 정서들의 내면을 되짚어보는 언어 세계를 펼쳐 보인다. 그의 시는 "걱정을 입는 처지에서 걱정을 하는 처지로 바뀌어 가"는 이들 세대의 연령적 정체성을 드러내면서 삶에 기숙하고 있는 사람살이의 보편적 정감의 구조를 언어적 논리의 선을 따라감으로써 확인한다. 이희중의 사리(事理)의 시학은 대상 세계를 화자의 내면으로 통합하거나 시적 주체의 정서적 내용들을 개진하는 방식이 아니라 현실 세계에 담겨진 의미들을 찬찬히 헤아리는 동선(動線)의 사유라고 할 수 있다. 이와 같은 그의 시적 특징은 폭압의 시대에 한국시단이 보여주던 언어적 대응 방식을 지양하면서 삶의 지혜와 이치를 찾아가는 개성적인 세계를 펼쳐 보여주었다.

2000년대 이후 도래한 시적 빅뱅은 한국시단의 패러다임을 흔드는 중요한 사건이었지만 그 지속력은 생각보다 길지 않은 듯하다. 시가 말로 구성된 언어의 세계임을 확실하게 인지시켜 주었던 젊은시들은 시가 무엇인지에 대한 근본적인 성찰을 제기하면서 한국시의 새로운 영토를 개척하였다는 점에서 의미 있는 성과였지만 하나의 시적 유행의 성격을 띠고 있다는 점에서 문제적이다. 이들에게 쏟아졌던 시단의 집중적인 관심이 부분적으로 이동하고 있지만 폭넓은 시적 개성들이 함께 수런거리는 국면에 이르지는 못한 듯하다. 격동의 80년대에 문청(文青)의 시기를 보낸 386세대 시인들에게 원체험으로서의 80년대는 문학적 억압이면서 동시에 정체성 구성의 중요한 동인이었다고 할 수 있다. 거대담론에 둘러싸인 현실주의 문학이 개인의 시적 정체성과 윤리학으로 이전되는 풍경을 이들의 시에서 확인할 수 있는데, 그것의 본격적인 개진이야말로 한국시단의 미래를 위한 의미 있는 행보가 될 것이다. 좀더 섬세한 안목으로 이들 두 세대 시인들이 만나고 헤어지는 대목을 살필 필요가 있어 보인다.

영욕(榮辱)의 심연(深淵), 두 개의 목소리

— 이경철의 『미당 서정주 평전』을 중심으로 —

1.

> "어떠신가, 이만하면 나도 시인으로 불릴 수 있겠남."
> "그럼요. 단군 이래 이 땅, 아니 하늘 아래 최고로 시인다운 시인이 선생님이신걸요."(432쪽)

2000년 10월 10일 아내의 죽음 이후 곡기를 끊고 쇠잔해져 강남성모병원에 입원한 미당을 찾은 이경철이 시인과 나눈 마지막 대화이다. 죽음 앞에서는 한없이 너그러워지는 게 우리네 인지상정이지만, 두 사람의 대화에는 한국시사에 가로놓인 오래된 크레바스(crevas)가 어른거린다. 『미당 서정주 평전』(은행나무, 2016)을 따라 읽어 온 독자라면 두 사람 사이에 길게 드리워진 어떤 정념의 그늘이 이 대목에서 감동적으로 해소되는 것을 경험할 수 있으리라.

"어떠신가, 이만하면~", 스스로 결행하여 이제 임박한 죽음을 앞두고 자신의 문학적 삶에 관한 최종적 비평을, 그 生의 세간들을 목도해온 한 영혼에게 요청하는 이 허허로운 물음 앞에 "최고로 시인다운 시인"이라며 환대(歡待)하는 저 말의 풍경 속에는, 한 시인의 시와 그 삶의 여정을 통해 당도한 '문학'에 대한 눈물겨운 긍정이 내장되어 있다. 그것은 구약성서 중에 가장 극적인 서사를 펼쳐 보여준 두 인물, 야곱(Jacob)과 요셉(Joseph)의 해후 장면을 떠올리게 한다. 질투한 형들에 의해 죽을 뻔했다가 상인들에 팔려 온갖 수난을 겪은 뒤 애굽의 총리에 오른 요셉이 7년의 기근 끝에 목숨을 부지하기 위해 종이 되기를 자처하여 엎드린 형들, 특히 노쇠한 아버지 야곱의 목을 잡고 오열하는 장면은, 어찌할 수 없는 生 자체의 비극성, 유한한 인간이 도저히 헤아릴 수 없는—이것이야말로 성서 기자(記者)의 관점일 터이지만—生의 숭고를 생생하게 전시한다. 두려워하여 떨고 있는 형들과 아버지 앞에서 요셉은 자신의 고통과 수난이 궁극적으로 가족을 대기근에서 구하기 위한 신의 섭리(攝理)였음을 고백한다. 이 극적인 서사적 풍경의 배후에는, 팥죽 한 그릇으로 형의 장자의 명분을 얻는 대신 청·장년기 전체를 도피와 유랑으로 떠돌았던 야곱의 생이 가로놓여 있다. 자신 앞에 엎드린 가족을 보는 요셉의 시선에도 고난의 세월이 겹쳐 있었을 터이지만, 가장 사랑했던 열한 번째 아들을 생의 끝에서 마주한 야곱의 눈에도 욕망과 회한으로 섬철된 파란만상한 자신의 삶이 파노라마처럼 스쳐갔을 것이다. 노년의 야곱과 중년의 요셉이 부둥켜안은 이 오열의 풍경은, 의지와 신념으로서 도저히 포획할 수 없는 생의 비극성과 막막(寞寞/漠漠)함, 그리고 이를 생의 황혼기에 이르러 비로소 알게 된 이들 사이의 깊은 연민이 함축되어 있다.

○○○

중학 시절부터 시를 쓰기 시작하여 고등학교 때 자신이 쓴 시들을 들고 직접 미당을 찾아갔고 마침내 그가 있는 대학에 입학하여 시를 배운 이경철, 그에게 시 쓰기를 접게 했던 '광주', 그 1980년에 미당은 전두환 후보 지지 연설을 하고 71세가 되던 1986년 '전두환 대통령 각하 56세의 탄신일에 드리는 송시'라는 부제의 기념축시를 쓴다. 자신의 문학 스승이었던 미당의 문학적 생을 이경철은 문학담당 기자가 되어 오랜 세월 동행한다.

"자네 또 그런 말 하시긴가. 건조하게 사회적, 역사적으로 읽으려 들지 말고 그냥 아직도 덜된 마음이어서 어르고 달래서 예쁘게 완성하고 싶어한다고 봐주면 되지 않겠나."(426쪽)

"그때 잘 아는 한 기자가 와서 2대째 군인 정권이 되는데 큰 탈났다, 예전같이 국민이 당하게 되었는데 그럴 바에야 차라리 전두환을 회유해 좋은 대통령으로 만드는 게 낫지 않겠는가라고 권유하는 거야. 해서 나가서 국민에게 이렇게 이렇게 하여 바른 대통령이 되라고 충고를 한 것이야. 그것뿐이야."(393쪽)

"생각해보니 무척 잘못된 일이었네. 그때 그들에게 짓눌리고 있던 많은 사람들의 안위를 위해 협조했으나 돌이켜보니 내 짧은 생각이었네 기실 내 시의 혼은 정치가나 지사와는 달리 에스프리야. 나의, 인간의 덜떨어짐을 곧이곧대로 인정하면서 의(義)나 리(理)에 굳어버리지 않고 항상 바람처럼, 물처럼 떠돌고픈 시인이었을 뿐이라고 이해해주게나."(394쪽)

중요한 국면마다 이경철은 불편한 과거사를 꺼내놓고 미당으로 하여금 자신의 입장을 밝히도록 요청한다. 특히 군부정권이 막을 내리고 미당이 궁지에 몰린 노년에, 어찌 보면 추궁에 가까운 그의 집요한 물음들에 대해 미당은 자신의 부족함을 그 자체로서 인정해 달라는 요지의 답을 한다. 미당의 시와 생의 주요 국면들을 핍진하게 추적해가는 이경철의 『미당 서정주 평전』(이하 미당평전)에서 우리는 청산의 몫이 어느 쪽에 있는가를 생각하게 된다. "기실 내 시의 혼은 정치가나 지사와는 달리 에스프리야. 나의, 인간의 덜떨어짐을 곧이곧대로 인정하면서 의(義)나 리(理)에 굳어버리지 않고 항상 바람처럼, 물처럼 떠돌고픈 시인이었을 뿐이라고 이해해" 달라는 말로 끝을 맺는, 이 오랜 기간의 물음과 응답의 과정을 통해 우리는 답하는 자보다 더 절실했던, 묻는 자의 내면을 재삼 생각하게 된다. 그것은 미당과 각별한 인연을 이어온 한 개인의 사적 정념으로만 볼 수 없는, 우리 시사의 어떤 강박을 떠올리게 한다. "그래도 나는 서정주가 제정신으로 마지막 숨을 놓기 직전까지 물었었다. 일제하 친일 부분과 5공화국 신군부 지지 발언에 대하여. 마지막에 분명 국민들을 향해 서정주는 이렇게 사죄했다." 미당의 이전 언행들을 통해 미루어본다면 충분히 헤아릴 수 있을 법한 답변을 기어코 물어야 했던 이유, 그 절실함은 무엇이었을까. "생각해보니 무척 잘못된 일이었"다는 확정적 진술을 제외한 나머지 내용에 대해서 우리는 이미 들은 적이 있지 않았던가. 그럼에도 불구하고 『미당평전』의 이경철과 그의 내면을 강박하던 문화적 공동체의 내면은 미당에게 무엇을 듣고 싶었던 것인가.

미당 사후 15년이 지나 씌어진 이경철의 『미당평전』은, 시란 잘 만들어진 한편의 언어 건축물만이 아님을 웅변한다. 그것은 우리 문화 속에서 시의 좌표뿐만 아니라 역설적으로 미당의 시가 갖는 의미 영역이 어디에 펼쳐져 있는가를 다시 성찰하게 한다. 시를 시인의 삶과 관련지어 사유하려는 비평적 심성을 고루하거나 가치종속적 태도로 비판할 수만은 없는 것은, 그러한 태도 자체야말로 한 예술 장르가 지닌 사적(史的) 전통의 일부이기 때문이다. 그러한 점에서 이경철의 『미당 서정주 평전』은 우리 시사를 강박하던 어떤 정념이 스스로 평원(平原)을 이루는 한 진경을, 그래서 그 정념 속에 깃들어 있던 숨소리를 다시 듣게 해준다는 점에서 종요롭다. 아울러 이 책은 문학인의 평전이 다른 분야의 전기와 어떻게 다르고 그래서 문학이 무엇인지를 생산적으로 사유하게 하는 유용한 사례라고 할 수 있다.

2.

한 편의 전기란 특정한 기질과 감성으로 구성된 그 무엇에 대한 기록이다. '무엇'이라 특정할 수 없는 변화무쌍하면서도 나름의 일관성을 갖는 한 영혼에 대한 기록은 대상 인물의 삶을 얼마나 깊이 있게, 그 실체에 부합하여 부조해낼 수 있는가가 관건이다. 여기에는 대상인물의 삶을 구성하는 다양한 사실과 증언들, 이를 둘러싼 수많은 자료들을 해석하고 관련짓는 이성적 능력뿐만 아니라 직관력, 그리고 통찰력, 이러한 내용들을 생생하게 형상화할 수 있는 언어 기술(문체) 능력 등이 요청된다. 게다가 문학평전에는 한 인물의 작품세계에 대한 전체적인 이해와 함께 작품에 대한 비평적 감식안, 그리고 작품창작에 중요한 영향을 주었던 충동이나 감정들을 설명할 수 있는 분석적 능력 등이 필요하다. 마땅히 평전의 기술은 대상 인물의 목소리와 그 목소리를 내는 주체가 거의 분리되지 않으면서도 그러한 기술 작업 전체를 통어하는 입체적 시선이 함께 요청된다. 한 인간에 대한 총체적이고 전인적인 이해가 필수적인 전기 집필 작업은 필연적으로 대상 인물의 정신 속으로 얼마나 깊이 침투할 수 있는가 하는 점이 중요할 터, 그러한 점에서 평전은 일종의 영혼의 연금술이라고 할 수 있다. 하여 대상인물에 대한 깊은 애정 없이 이 작업은 온전히 진행될 수 없는 일이지만, 그러한 애정만으로 뛰어난 평전이 탄생하지는 않는다. 한 인물에 대한 전기 작업은 대상에의 몰입뿐만 아니라 변화무쌍한 정신의 실체를 파악하기 위한 객관적 거리 없이 대상의 진실에 도달할 수 없다.

버지니아 울프는 "전기란 과학도, 예술도 아니며 다만 일종의 우수한 기술(craft)"이라고 정의한바 있는데, 이는 전기를 쓰는 일이 자료들을 분석하는 이성적인 능력이나 자료들의 결락(缺落)을 채울 수 있는 상상력, 그리고 직관, 표현력 등 어떤 특정한 능력이 주축이 되는 작업이 아니라 그것들이 함께 동원되어야 하는 총체적인 표현의 기술임을 뜻하는 것이리라. 이는 전기 기술의 전형이란 존재하지 않으며, 그것은 대상에 따라 차별적으로 구성되어야 함을 의미하는 것이기도 하다. 그러한 점에서 한 편의 전기는 대상의 개성과 의미를 드러내기에 가장 적합한 방식으로 구성되고 표현되어야 하는 것이다.

이경철의 『미당평전』은 종전에 씌어진 두 편의 미당의 평전[1]과 달리 대상에 대한 몰입과 적절한 거리 유지의 기술 능력을 통해 인물의 기질과 개성을 풍요롭게 그려낸 탁월한 문학전기이다. 무엇보다 이 저작의 미덕은 미당의 평전이 마주해야 할 문제적인 지점 위에서 그의 (문학적) 생을 적극적으로 구성하고 있다는 데 있다. 이는 미당시의 성격을 해명하기 위해서도 긴요할 뿐만 아니라 '미당'을 통해 한국시사가 정리해야 할 매우 중요한 부분이라는 점에서 그러하다.

모두 10개의 장으로 이루어진 『미당 서정주 평전』은 평전작가의 이러한 문제의식이 서술의 구성—특히 첫 장—에 잘 반영되어 있다. 그것은 이 평전의 지향이 어디에 있는지를 분명히 보여준다. '처녀시집 『花蛇集』'이라는 제목이 붙은 첫 장은 2015년 6월에 개최된 '미당 서정주 100세 생일 시 잔치'의 풍경 묘사로 시작된다. 한국문인협회, 한국작가회의, 한국시인협회 등 문단 전체가 참여한 이 행사에는 6백여 청중이 모였고 『미당 서정주 전집』(총 20권 중 5권) 헌정식도 함께 진행되었다. 평전은 미당시에 대한 대대적인 찬사가 동원된

---

1 정봉래의 『詩人 未堂 徐廷柱』(좋은 글, 1993)와 송하선의 『연꽃 만나고 가는 바람같이』(푸른 사상, 2008)는 기본적으로 시인의 자전적 기록을 바탕으로 구성된 평전이다. 전자가 자전적 기록들을 중심으로 미당의 일생을 충실하게 일대기적으로 구성해 놓은 것이라면, 후자는 미당에 대한 비판을 반박하기 위해 집필된, 전기의 기술 의도가 다소 사적(私的)인 주관적 성격의 평전이다.

이 화려한 행사를, 친일 문제가 거세게 불거졌던 미당 사후 1주기 추모식과 대비한다. 1주기 추모식의 분위기를 이경철은 "마치 초기 그리스도 교도들이 로마 지하묘소 카타쿰베에서 예배드린 것처럼"이라고 적었다. 이어서 2011년 12월에 있었던 『화사집』 70주년 기념 공연과 초판본 특제본을 원형대로 복간한 1991년 '『화사집』 50주년 기념시제', 그리고 마침내 1941년 김기림·임화·오장환 등 9명의 시인이 거금 10원씩을 거두어 당대 최고 요정이었던 명월관에서 연 『화사집』 출간기념회의 정경을 묘사한다. 이러한 평전의 기술은 미당시에 대한 문학적 평가를 분명하게 고지한다. 문학관을 달리했던 임화나 김기림이 모두 당대 제1의 시인이라고 치켜세웠던 미당의 시가, 그로부터 70여 년이 지난 시점에 문단의 좌우진영이 공동으로 주최한 자리에서 한국시사를 통틀어 가장 위대한 최고시로 더 높여져 재추인된 풍경을 『미당평전』의 전경으로 배치해 놓은 것이다.

미당에 대한 평가에서 가장 논쟁적인 대목은 시와 시인의 (비)분리 문제일 것인데, 『미당평전』의 첫 장은 먼저 상이한 문학관을 지닌 당대 문인들이 『화사집』에 보낸 찬사와 환대, 그리고 미당시에 대한 우리 시대의 각별한 기림의 풍경들을 통해 미당문학의 독보적 수월성(秀越性)을 부인할 수 없는 사실로서 확정한다. 적어도 작품으로는 시대와 진영을 넘어 미당의 시가 한국시를 대표한다는 데 이견이 없음을 확인한 셈이다. 이와 같은 서술의 전략은 미당에 대한 평가의 중요한 쟁점이라고 할 수 있는 시와 시인의 (비)분리 문제의 한 축을 정리할 뿐만 아니라 미당 사후 15년이 지난 이즈음의 문단 분위기를 통해 미당에 대한 재평가의 시의적절함을 시사해준다. 이제 남은 문제는 그 탁월한 작품성을 친일협력과 신군부지지 이력이라는 미당의 치명적 오점(汚點)과 어떻게 관계 지을 것인가 하는 점인데, 이는 이 평전이 매우 중요하게 수행하고 있는 일제강점 말기 미당의 행적이나 80년 이후 신군부와 관련된 전후사정 내용의 소상한 공개와 맞물려 있다.

여기에서 평전의 저자가 택한 것은, 이러한 사태들이 일어났던 시기의 미당의 행동 양상과 감성 구조, 그리고 자전적 고백들을 배치함으로써 그 결함의 이력들이 특정 목적이나 사적 이익을 얻기 위해 의도된, 자기-기만적이거나 반사회적인 행동은 아니었음을 시사해주는 것이었다. 평전의 서술을 동행하다 보면, 우리는 "정치적 무뇌아" '천진한 어린애'로서의 미당을 보게 되고, 그래서 그의 중대한 결함의 이력들이 실제로 그에게는 그렇게 중차대한 가치로서 사유되지 않았음을 추정하게 된다. 훗날 문제가 된 미당의 (역사적) 행동과 그것의 배후를 이루는 의식 사이에는 실로 큰 격차가 있었다는 것이다. 행위에 내포된 역사적·사회적 의미와 행위자-개인의 의식 사이의 격차, 이러한 시차(視差)가 미당에 대한 비평과 시인 미당 사이의 간극인 셈이다. 이러한 서술의 관점은 미당의 반역사적 행위를 그 무게 그대로 물을 수 없는 심정적 근거가 될 것이다. "정치적 무뇌아"에게 이찌 잘못된 (정치적) 행동의 책임을 고스란히 물을 수 있겠는가, 이러한 견해가『미당평전』서술의 배후에 가로놓여 있는 것처럼 보인다.

이는 미당의 반역사적 행위에 대해서는 비판하고 풍자하되, 서술의 내용을 통해 미당의 결함들을 그의 생활 감성이나 행동 양상의 맥락 속에 배치함으로써 문제적 사태들을 시인의 관점에서 해소하고자 하는 의도가 여기에 개입되어 있는 듯하다. 이는 궁극적으로 미당에 대한 우호적인 태도의 소산이라는 점에서 앞서 기술되었던 평전들이나 미당시를 고평하는 이들의 입장과 유사해 보이지만, 그 문제적 이력을 미당의 生의 감각 속에서 재문맥화하고 미당에 대한 이해를 새롭게 요청한다는 점에서 긍정적이다. 그럼에도 불구하고 여전히 이 관점에는 미당의 행적을 그의 뛰어난 시들로부터 분리시킬 수밖에 없다는 결론에 이르게 한다. 문학기자이기 전에 제자였던 필자가 미당이 작고하기 전까지 이 문제들에 관해 집요하게 물었던 것은, 아마도 그의 시적 경지를 추인할 수 있는 큰 고백과 화해의 메시지를 기다렸던 듯하다.

미당에 대한 깊은 애정을 갖고 그의 문학적 삶을 생생하게 복원한 이경철의 『미당평전』은 우리 문학평전의 수준을 갱신한 탁월한 저작이지만, 종전의 미당문학의 크레바스를 변함없이 재확인시켜준다. 미당의 문학 세계를 특집으로 다룬 아래 90년대 한 문예지의 편집후기는 미당에 대한 그때의 관점이 오늘날에도 여전히 유효함을 재삼 생각게 한다.

> 서정주 시인의 문학적 이력은 어느 관점에서건 한국 현대시사에서 가장 중요한 자리를 당연히 차지한다. 방대하고 오랜 시적 실천을 통해 이 민족이 지닌 심성의 가장 깊은 곳을 드러내고, 이 민족의 언어에 새로운 생명을 부여해온 공적을 쉽게 평가할 말은 없다. 그러나 한 민족이 근세 이래 역사적 격변을 거듭해올 때, 이 시인의 영예와 상처로부터 무관할 수 없었다. 이 시인의 한계가 곧 한국 시의 한계라고 언명할 때도, 우리는 이 영욕의 흔적을 마음 밑자리에 두고 있다. 그를 이해하는 일이 우리를 극복하는 일에 틀림없다. (『작가세계』, 1994· 봄호 편집후기)

3.

미당은 평생을 독보적인 시적 개성과 더불어, 우리 근대사를 문제적인 방식으로서 겪은, 그래서 우리 문학의 높이와 문학-정신사의 한계를 한몸에 입은 시인이다. "방대하고 오랜 시적 실천을 통해 이 민족이 지닌 심성의 가장 깊은 곳을 드러내고, 이 민족의 언어에 새로운 생명을 부여해온 공적", 한국시사에서 미당의 시가 자리하고 있는 이 지점이야말로 그의 삶이 배반한 문제적인 대목이기도 하다. 미당의 시에서 영(榮)과 욕(辱)은 서로 등을 마주하고 있다. 민족의 심성과 삶의 역사를 민족어의 호흡과 감성으로 갱신해간 풍요로운 시의 언어들이 그 언어를 부려놓은 시인의 거듭된 반민족적인 행위와 한 자리에 놓인 이 모순의 풍경은, 한국시-정신사의 가장 돌올한 문제 지점이다.

서정주보다 7년 뒤에 태어나 네 해를 더 살다간 대여(大餘) 김춘수(1922~2004) 역시 우리 시사에 한 축을 이루는 시적 개성이고 그의 생 역시 미당처럼 유사한 문제들을 노정했지만 그의 삶에 대한 관심은 미당에 견줄 바가 아니다. 이는 김춘수의 시가 시사에 끼친 영향의 크기를 의미하는 것은 아닐 터이다.

그러한 점에서 보자면 미당을 둘러싼 한국문단에서의 논쟁은, 그의 삶의 문제가 아니라 미당시의 성격과 긴밀하게 관련되어 있는 셈이다. 그의 시는 몸과 욕망을 가진 인간, 그 존재의 적나라(赤裸裸), 그 적나라의 역사를 한국어의 질감으로 생생하게 형상화한 세계이다. 이 세계에서 우리는 열렬한 생의 욕망, 고통, 슬픔, 그리고 이를 다스리고 정화하는 깊은 위로를 경험한다. 그의 시가 베푸는 심미적 경험과 위로는 높은 수준의 통찰과 혜안이 아니고서는 성취될 수 없다고 생각되는 탓에 미당의 생이 노정한 단견(短見)과 착종과 염치없음은, 결국 그의 독자들의 균열을 불러올 수밖에 없지 않았을까. 노년의 미당, 죽음을 목전에 둔 미당에게 이경철이 절실하게 요청한 것도 어찌 보면 바로 이러한 균열을 치유할 수 있는 '큰말', 원숙한 자기반성이었던 듯하다. 그러한 점에서 필자가 조선의 삼재(三才) 시인으로 불렸던 오장환, 이용악, 서정주의 일제강점말기 폐간기념시와 해방공간의 시를 대비한 것은, 관념적이고 이데올로기적인 두 시인의 작품과 상이한 미당시의 현실주의, 평민한 사람들의 정서에 착근한 현실주의의 성격을 잘 보여준 것이었다. 이 지점이 미당 시의 감동의 한 발원지인 것은 분명해 보인다.

> 잔치는 끝났드라. / 마지막 앉어서 국밥들을 마시고, / 빠알간 불 사루고, / 재를 남기고, // 포장을 걷으면 저무는 하늘, / 일어서서 주인에게 인사를 하자. // 결국은 조끔씩 취해 가지고 / 우리 모두 다 돌아가는 사람들. // 목아지여 / 목아지여 / 목아지여 / 목아지여 // 멀리 서 있는 바닷물에선 / 난타하여 떨어지는 나의 종소리. (「행진곡」)

> 날이 날마다 드나드는 이 골목. / 이른 아침에 홀로 나와서 / 해 지면 홍얼홍얼 돌아가는 이 골목. // 가난하고 외롭고 이즈러진 사람들이 / 웅크리고 당 보며 오고 가는 이 골목. // 서럽지도 아니한 푸른 하늘이 / 홑이불처럼 이 골목을 덮어, / 하이얀 박꽃 지붕에 피고 // 이 골목은 금시라도 날러갈 듯이 / 구석구석 쓸쓸함이 물밀 듯 사무쳐서, / 바람 불면 흔들리는 오막살이뿐이다. // 장돌뱅이 팔만이와 복동이의 사는 골목. / 내, 늙도록 이 골목을 사랑하고 / 이 골목에서 살다 가리라. (「골목」)

문학전기를 쓰는 일이 지속적인 비평 행위라는 점에서 이경철의 『미당평전』은 그간의 미당시를 새롭게 보게 하는 미덕을 지니고 있다. 작품을 분석하는 비평이 작가의 삶을 반드시 알아야 하는 것은 아니지만 문학전기의 작가는 항상 비평가여야 한다는 사실을 우리는 이 평전에서 분명히 확인하게 된다. 뿐만 아니라 『미당평전』은 당대 문학의 장(場) 안에서 미당 시의 시적 가치, 당대 문단 구도 속에서 미당의 위상을 돌올하게 드러나게 한다는 점에서 우리 문학평전 역사의 새 장을 연 탁월한 성취이다.

위에 인용한 작품들은 미당시의 지상적 감수성과 개성을 대비적인 관점에서 웅변하면서, 한편으로 그러한 자질이 몇 차례의 큰 결함에도 불구하고 결코 부정할 수 없는 우리시의 소중한 자산(資産)임을 다시 한번 생각하게 한다. 우리는 『미당평전』에서 우리 근대사의 굴곡을 생생하게 쥐은 한 파란만장(波瀾萬丈)의 生, 이질적인 욕망들과 다층적인 심미성, 혼돈과 어둠, 천진과 원숙함이 추동하는 生, 그래서 어떤 일관된 윤리나 의지의 이념으로 설명할 수 없는, 그 바깥에 존재하는 그저 生 자체인, 벌거벗은 生을 목격한다. 그러한 점에서 역설적으로 어떤 일관된 이념이나 의지의 논리가 강박했던 미당에 대한 우리 시사의 시선과 비평적 관점도 다시 돌아보게 된다. 이 평전을 통해 우리는 탁월한 모든 문학 연구는 인간정신, 그 심연에 대한 탐색임을 재확인한다. 논리로서 모든 것을 설명해낼 수 없는 生의 정념들과 상이한 심미성이 함께 추동했던 한 영혼과 그를 둘러싼 것들을 강박했던 우리시대의 어떤 정신을, 여기에서 생각하게 되는 것이다.

이경철의 『미당평전』은 미당의 문학 인생이 우리 문단의 역사, 그 역사의 결절점임을 생생하게 확인시켜준다. 한국시사를 가히 '서정주와 그의 시대'라고 할 수 있을 만큼 많은 문학사적 사건과 삽화들이 미당과 더불어 배치되어 있는 이 풍요로운 평전을 통해, 우리는 미당의 결함들, 그 누추와 참담도, 이제 우리 문학사가 거두고 수납해야 할 역사임을 거듭 생각하게 된다.

'詩가 어찌 生보다 클 수 있으랴', 이 말에 담긴 여러 갈래의 의미들을 이경철의 『미당평전』을 통해 다시 생각한다.

현실의 하중(荷重)과 시, 그리고 정신의 문제

— 해방 전후 지용의 시를 중심으로 —

1.

1948년 9월 12일 좌파신문인 『독립신보』는 인민공화국 정부 수립 소식을 접한 시민들의 반응을 싣고 있는데, 노동자, 농민, 상인, 학생, 교원 등의 소감 사이로 시인 정지용의 의견이 다음과 같이 수록되어 있다.

> 금요일 저녁 전차 속에서 신문으로 알었읍니다. 순간에 밀려오는 무슨 압력을 육체로 느끼었읍니다. 전차 운전관계이었던지 나는 쓰러질 것 같었읍니다. 이것을 역사와 세기의 중력이라고 할지, 우리 같은 사람도 이렇거늘 이것이 남조선 전 지역에서 느끼는 진감이 아니겠읍니까! 北朝鮮에서 보기 좋게 해낸 일이 조국과 민족과 다시 세계에 향하야 무슨 조금이라도 부끄러운 짓이 됩니까? 부끄럽지 않기에 당당하겠고 그렇기에 중력과 압력이 우리 조국의 반쪽으로부터 이제 팽창하는 것입니다. 어떻게 내가 거짓 대답을 합니까?[1]

북한의 인민공화국 정부 수립 소식[2]을 전해들은 정지용은, 북조선

---

1 이순욱, 「국민보도연맹시기 정지용의 시 연구」, 『한국문학논총』 41, 한국문학회, 2005.12, 60쪽.

2 이 무렵의 정치적 상황을 간략하게 정리하면 다음과 같다. 남한의 단독 선거(1948. 5.10)에 의해 선출된 198명의 국회의원으로 제헌의회가 결성되고, 이 회의에서 헌법 제정(1948.7.17)과 함께 이승만과 이시영을 각각 정·부통령으로 선출함으로써 대한민국

의 정부 수립이 민족적 차원에서 매우 고무적인 일이며 이 사건에서 “역사와 세기의 중력” 같은 강한 압력을 느낀다며 감격적인 반응을 보이고 있다. 위의 인용문에서 우리는 보기 드물게 흥분한 지용의 모습을 확인하게 된다. 이 무렵에 발표한 산문들을 통해 그는 반탁(反託)과 미소양군의 조속한 동시철퇴(撤退), 그리고 통일된 자주 민주 인민정부의 수립을 여러 차례 강조한바 있다. 해방 정국에 대한 이와 같은 입장은 여러 자리에서 깊은 경의를 표명했던 반외세 민족주의자 김구·여운형의 견해와 같은 맥락을 취하고 있다.

해방과 더불어 국내로 들어온 임시정부 요인들 앞에서 「그대들 돌아오시니」(1946.1)를 낭독하며 “죽엄보다 어두웠”던 조국이 제 자리를 찾기를 염원했던 지용의 해방 정국에 대한 기대의 큰 방향은 ‘통일인민정부 수립’, 다시 말해 ‘통일’과 ‘인민’에 있었다. 남북 단정(單政)에 대해 반대 입장을 피력하였던 지용이 북한의 인민공화국 수립을 매우 긍정적으로 받아들인 것은, “봉건지주 독점자본가 친일파 외국상품 금권제국주의 모리배 탐관오리 외군수눈무기언기 고문 테로 등 일체 반인민적”(「민주주의와 민주주의 싸움」) 인사와 주장들이 득세하였던 남한 정부와 달리 북한은 “피압박 피착취” 속에서도 민족적 단결과 저항을 실천하였던 〈‘인민들’의 공화국〉이라는 판단 때

정부가 수립(1948.8.15)된다. 한편 북한은 1948년 8월 25일 선거를 실시하여 212명의 최고인민회의 대의원을 선출, 같은 기간(8.21~26) 황해도 해주에서 남조선 인민대표자회의를 열어 남쪽 대의원 360명을 선출함으로써 최고인민회의를 개최하고, 이어서 김일성을 수반으로 하는 정부 수립을 선포(1948.9.9)한다. 20여 일 상간으로 진행된 남북한의 단독 정부 수립은 매우 혼란하고 긴박하게 돌아가는 해방 정국의 상황을 웅변적으로 보여준다. 이러한 정치적 흐름과는 별도로 김구를 중심으로 한 반외세 민족주의 운동 진영은 남북한의 단정(單政)을 반대하며 통일민족국가건설운동을 전개한다.

문이었다. 해방 이후 발표한 산문들에서 그는 거듭해서 근로하는 무산인민층이 역사의 주역임을 강조하고, 나아가 "진정한 조선민족은 조선인민뿐"이며 그리하여 "인민진영의 원리가 민족해방의 원리가 되는 것이요 조선통일 자주독립의 公理가 되는 것이"(「민족해방과 〈公式主義〉」)라고 천명하였다.

실제로 해방 공간에서 그가 발표한 시와 문학 관련 산문, 그리고 정치적 견해를 밝힌 글들은 글의 종류와 시기에 따라 상이한 정서적 온도의 차이를 보이는데, 문학 관련 글보다는 정치적 입장을 드러낸 산문들이, 시기적으로 앞선 글보다는 이후의 글들이 좀더 선명한 견해를 띠고 있다.

1) 序--랄 것이 아니라 내가 무엇이고 정성것 몇 마디 써야만 할 의무를 가졌건만 붓을 잡기가 죽기 보담 싫은 날 나는 천의를 뒤집어 쓰고 차라리 병 아닌 신음을 하고 있다. 무엇이라고 써야 하나? 才操도 탕진하고 용기도 상실하고 8·15 이후에 나는 부당하게도 늙어간다. 누가 있어서 『너는 一片의 정성까지도 잃었느냐?』 질타한다면 少許 항론이 없이 앉음을 고쳐 무릎을 꿇으리라.

—「윤동주 시집 序」

2) 생활이 없는 사람에게 허무한 답쌓임-내게 대체 이 치다꺼리가 언제 끝이 나는 것입니까? 이 답쌓임에 눌리워 거저 죽어야 할지 혹은 마른 조개 껍질처럼 한 개의 생활이 아니라 한 개의 존재로서 역사의 물결에 磨碎되어 버릴 것인지 또는 나려 눌으는 曇天을 떠받아 헐이고 치오르는 그 많은 독수리떼의 하나이어야 할지-내가 회의자로 회피하기까지 갈 것이 아닌 줄을 구타여 모르는 바이 아닌 것은 현실과 사태가 8·15와 38선으로 하여금 바짝 들이몰아다 육박하였음으로 우리는 회의도 회피

도 다소 시적 향락이 있을 수 있었던 허무에의 스페이스도 있지 않아 나는 다만 허덕지덕할 때 역사는 그자신이 한 개의 천재이었음을 露顯한 것입니다. (중략) 分時를 다투어야 할 단일민족 통일건국기에 있어서 투쟁 없이 어찌 생활이라 하셨습니까. 생활을 유실하고 투쟁 앞에 전율하는 나는 시인 수형의 투쟁기록을 펴고 경탄할 뿐입니다.

—「序 대신 : 시인 琇馨께 편지로」

1)은 1948년 1월에 발행된 윤동주 시집의 발문을 쓰는 자리에서 자신의 심정을 드러낸 대목이고, 2)는 시인 이수형(李琇馨)의 시집 서문의 일부로서, 같은 해 8월말에 쓴 글이다. 위의 글들이 모두 대상 시집의 의미를 부각시켜야 하고 그러한 관점에서 자신의 위축된 내면을 대비적으로 보여주고 있다고 하더라도, 위의 인용 부분은 당시 지용의 혼란한 내면을 매우 적나라하게 드러내고 있다. 수사의 전략으로 보기에는 과도하게 자신의 현재적 심정을 노정하고 있는 글들은 지용의 심리적·문학적 아킬레스를 역설적으로 웅변해준다. 특히 1947년 겨울에 기술했을 1)은 지용에게 일제강점말기 자신의 문학을 반추하게 하고, 해방 정국을 무력하게 보내고 있는 자신을 돌아보게 한 듯하다. "몇 마디 써야할 의무를 가졌건만 붓을 잡기가 죽기보담 싫은 나는 천의를 뒤집어 쓰고 차라리 병 아닌 신음을 하고 있다"는 고백 속에는 자기 문학과 당대적 현실에 대한 지용의 분명한 자의식이 내장되어 있다. "시인은 정정한 巨松이어도 좋다. 그 위에 한 마리 맹금이어도 좋다. 굽어보고 高慢하라"(「시의 옹호」, 1939.6)는 일제강점말기의 지용의 올연(兀然)한 시의식과는 매우 상반된 심정적 지리를 우리는 여기에서 확인하게 된다.[3]

3 여기에서 짚고 넘어가야 할 것은 지용의 기질과 관련된 당대의 증언들로서, 이는 해방

정국과 일제강점말기의 지용 문학을 이해하는데 중요한 참조점이 될 것이라 판단된다. 지용은 정신적 수련과 절제를 보여주는 시작품의 일반적인 경향과 달리 일상생활에서는 매우 활달하고 자신의 주장이 뚜렷한 인물이었던 것으로 보인다. 김환태는 「정지용론」(『삼천리문학』, 1938.4)에서 "그는 사교의 왈패군이다. 사람에 섞이매 눈을 본 삽살개처럼 감정과 이지가 방분하여, 한데 설키고 얼키어 폭소, 냉소, 재담, 해학, 경귀가 한몫 쏟아진다. 이런 때 그는 남의 언동과 감정을 돌아볼 겨를이 없다. 이에 우리는 그에게서 감정의 무시를 당하는 일도 없지 않으나, 연발해 나오는 폭죽 같이 찬란한 그의 담소 속에 황홀하게 정신을 빼앗기고야 만다"고 지용에 관해서 쓰고 있다. 지용이 좌중을 주도하는 사교성을 가지고 있을 뿐만 아니라 때로 타인을 당황하게 만드는 자기-중심적 경향을 보여주었다는 서술은 그의 인간적 면모를 다면적으로 사유하게 하는 의미 있는 참조점이다. 뿐만 아니라 그의 생에서 가장 중요한 영역이었던 종교에 대한 태도 역시 지용의 성향과 문학을 입체적으로 구성해볼 수 있게 하는 대목이다. 일제강점기에 시인과 평론가로 활동했던 정노풍(鄭蘆風)은 「詩壇懷想」(『동아일보』, 1930.1.16)에서 지용의 개종(개신교→카톨릭)에 관해 기술하면서 그의 신앙이 "보통사람의 그것과는 동떨어진 것으로 可謂 열광적이어서 학교 졸업시험 같은 것에 무관심일뿐에 그치지 아니하고 주일날이면 학생들의 모이는 교회에 와서는 신교가 나쁘다는 열렬한 聲討的 원고를 들고 聖敎(편집자 : 카톨릭) 옹호를 하느라고 論戰 講演 卓을 주목으로 왕왕 치는 일이 결코 적지 않다는" 소문을 여러 차례 들었다고 전하고 있다. 이와 연관하여 이 무렵의 한 설문(『중외일보』, 1928.7.4)에서 읽고 있는 다섯 권의 책을 모두 카톨릭 관련 서적(The Holy Bible, The Imitation of Christ, Darwinism and Catholic thoght, カトツク思想史, 公教要理)으로 적어내었다는 사실을 함께 참조한다면, 그가 자기 신념에 골몰할 뿐만 아니라 이를 매우 적극적으로 피력하고 실천하는 성향을 지닌 사람임을 확인할 수 있다. 하나 더 참조한다면, 개종 이후 카톨릭에 대해 매우 열성적이었던 지용이 구교 신앙을 버리게 된 것과 관련한 유치환의 증언(「叡智를 잃은 슬픔」, 『현대문학』, 1963.9)이다. "지용이 독실한 카톨릭 신자로서 두 아들을 신부로까지 만들려던 일을 알고 있던 나로서 지용이 천주교를 철저하게 미워하고 그것을 동댕이친 사실을 그때(1950.5) 그의 입에서 듣고 놀랐었다. 그 원인은 천주교의 어떤 계율은 지극히 소중한 면의 인간성까지를 가혹하게 말살하려 함에 분개한 데 있는 것 같았다". 이와 같은 일련의 증언들은, 시적 경향과 달리 현실에서의 지용은 자기-주장이 매우 강하면서 그러한 주장에 대한 회수 역시 매우 분명한 방식으로 개진하였음을 보여주는 사례이다. 이는 그의 삶과 문학 세계의 변화를 설명하는데 중요하게 참조할 사항으로, 지용의 시세계를 일관성의 정신과 맥락으로 해석하려는 의도와 욕망을 재고하게 만든다.

한편 2)는 남북한 단정(單政)이 본격화되는 무렵에 씌어진 글로서, 이 시기는 남한의 단독 정부가 수립되고 북한의 최고인민회의가 결성된 즈음으로 정치·사회적으로 극심한 혼란기였으며, 개인사적으로도 매우 위태로운 격랑기였나. "마른 조개 껍질처럼 한 개의 생활이 아니라 한 개의 존재로서 역사의 물결에 磨碎되어 버릴 것인지 또는 나려 눌으는 曇天을 떠받아 헐이고 치오르는 그 많은 독수리떼의 하나이어야 할지"가 결정되는 기로의 시기였다. 물론 그러한 역사적·시대적 선택은 자유로운 것이라기보다 강한 압력으로 작동했으며, 이는 당대적 상황이 매우 급속한 양상으로 전개되었음을 의미하는 것이기도 하였다. 지용은 해방 이후 좌익 진영이 주축이 되어 출범한(1946.2) 조선문학가동맹의 아동문학분과위원장으로 이름이 올라있었으며, 적극적이지는 않았지만 이 조직에서 발을 빼지도 않고 있었다. 그것은 일제강점기에 문학적 입장이 상이했던 문맹조직 구성원들과의 소원한 관계와 더불어 혼란한 현실 속에서 문학의 방향에 대한 변화된 입장이 함께 작동한 결과였을 것이다. 이 점에서 위의 인용문을 다시 살펴볼 필요가 있다. 지용은 "分時를 다투어야 할 단일민족 통일건국기에 있어서 투쟁 없이 어찌 생활이" 가능하냐고 강조하고 있지만, 정서적 속내를 드러내고 있는 앞 부분에서 "대체 이 치다꺼리가 언제 끝이 나는 것이냐"며 강한 피로감을 드러내고 있다. "이 치다꺼리"라는 표현 속에는 해방 정국의 선택과 실천들이 지용 자신의 온전한 자기-주체적 결정이 아니었음이 암시되어 있는데, 물론 그것이 이 무렵의 발언들을 자기기만이나 허위의 산물로 돌려세우는 증거일 수는 없다. 해방 공간의 지용 문학에 나타난 피로감과 막막함은 매우 급격한 시대적 변화에 따른 불안과 위기의식의 반영이라고 보는 것이 온당할 듯하다. 2)와 거의 같은 시기에 씌어진 「조선시의 반성」(『문장』, 1948.10)은 이 무렵의 지용의 입장을 좀더 논리적으로 담고 있다.

> 『백록담』을 내놓은 시절이 내가 가장 정신이나 육체로 피폐한 때다. 여러 가지로 남이나 내가 내 자신의 피폐한 원인을 지적할 수 있었겠으나 결국은 환경과 생활 때문에 그렇게 된 것이었다. 그러나 모든 것을 환경과 생활에 책임을 돌리고 돌아앉는 것을 나는 고사하고 누가 동정하랴? 생활과 환경도 어느 정도로 극복할 수 있는 것이겠는데 친일도 배일도 못한 나는 山水에 숨지 못하고 들에서 호미도 잡지 못하였다. 그래도 버릴 수 없어 시를 이어 온 것인데 이 이상은 소위 〈국민문학〉에 협력하던지 그렇지 않고서는 조선시를 쓴다는 것만으로도 신변의 협위를 당하게 된 것이었다. 일제 경찰은 고사하고 문인협회에 모였던 조선인 文士輩에게 협박과 곤욕을 받았던 것이니 끝까지 버티어 보려고 한 것은 그래도 소수 비정치성의 예술파뿐이요 푸롤레타리아 예술파는 그 이전에 탄압으로 잠적하여 버린 것이니 당시의 비정치적 예술파를 자본주의의 무슨 보호나 받아온 것처럼 비난한 것은 심히 부당한 일이었다. 위축된 정신이나마 정신이 조선의 자연풍토와 조선인적 정서 감정과 최후로 언어 문자를 고수하였던 것이요, 정치감각과 투쟁의욕을 시에 집중시키기에는 日警의 총검을 대항하여야 하였고 또 예술인 그 자신도 무력한 인테리 소시민층이었던 까닭이다. 그러니까 당시 비정치성의 예술파가 적극적으로 무슨 크고 놀라운 일을 한 것이 아니라 소극적이나마 어찌할 수 없는 위축된 업적을 남긴 것이니 문학사에서 이것을 수용하기에 구태어 인색히 굴 까닭은 없을까 한다. (중략) 시를 쓸 수 없는 정세하에 무위칩거한 것을 고고의 덕으로 돌린다는 것을 晏然히 받아들일 무슨 면목이 있었던 것이냐? (중략) 정치성 없는 예술이란 말하자면 생활과 사상성이 박약한 예술인 것이므로 정신적 국면타개에도 방책이 없었던 것이다.

해방 이후 지용은 일제강점기하 자신의 문학 세계에 대한 입장을 여러 글들을 통해 직·간접적으로 표명한바 있다. 때로는 자기 문학에 대한 직접적인 폄하와 부정의 방식으로, 때로는 앞의 인용문들에서처럼 다른 시인의 작품에 대한 정서적 자기위축의 방식을 통해, 혹은 문학과 현실의 연관성, 현실주의 문학에 대한 적극적인 옹호의 방식을 통해 해방을 전후로 하여 변모한 자신의 문학관을 개진하고 있다. 이수형 시인의 시집 서문과 거의 비슷한 시기에 발표한 「조선시의 반성」은 앞의 글들과 달리 보다 균형 잡힌 시각에서 조선시의 과거와 현재에 관해 자신의 견해를 밝히고 있다. 먼저 지용은 일제강점말기의 상황을 설명하면서 이 무렵의 자신은 정신과 육체가 모두 피폐하여 부정적 환경을 극복할 만한 용기와 정신이 부재한 채 비정치적인 시들을 창작하였으며, 이는 일제의 압력에 대한 적극적 대응은 아니었지만 나름대로 조선의 언어를 고수하려는 최소한의 책임의식의 소산으로 이에 대한 문학적 평가의 필요성을 제기하면서도, 일제강점말기의 현실적·문학적 칩거는 결코 긍정적인 평가의 대상이 될 수 없음을 강조하고 있다. 일제강점기 자신의 문학에 대해 심한 정서적 폄하를 피력한 글들과 달리, 위의 글은 자기-문학의 명확한 한계와 더불어 문학사적 의미도 함께 제기하면서, 전체적으로 조선 문학의 고립과 무력을 비판하고 민족사적 현실을 적극적으로 사유하는 문학 본성의 회복을 거듭 주장하고 있다.

정치적으로 매우 혼란한 시기에 발표한 글들에서 지용은 민중 중심의 역사관 위에서 반외세 통일민족국가 노선을 지지하며 문학의 현실주의, 역사적 현실에 적극적으로 부응하는 문학을 천명하면서 일제강점기하 자신과 조선의 문학을 반성하는 모습을 보여주었다.

한편 이 무렵의 한반도는 남북한이 서로 다른 정부를 구성하면서 이질적 이념의 대상들을 솎아내고 계도하는 전향과 소거의 정치학이 서서히 진행 중에 있었다. 1948년 12월에 국가보안법이 공포되고, 이듬해 6월 좌익계 인물들을 전향시켜 별도로 관리하려는 목적으로 국민보도연맹이 결성되면서 남한에는 반공이데올로기와 국가감시체계가 본격적으로 자리 잡게 된다. 실제로 위의 글들이 발표된 1949년 10월에는 좌익계열의 단체들에 대한 등록취소령이 내려지고 10월 25일부터 보름간 '남로당원 자수 선전주간'이 선포되어 대대적인 전향 공작이 이루어진다. 이러한 사회적 분위기는 지용에게도 매우 현실적인 문제였는데, 1949년 9월말에는 국가이념과 민족정신에 반하는 저작물을 정리한다는 문교부의 방침에 따라 10편에 가까운 지용의 작품이 중등학교 국어교과서에서 삭제되었다.[4] 반공전선이 본격적으로 구축·확산되는 당대적 상황은 해방 이후 경향파적 성향을 노정하면서 조선문학가동맹에서 활동한 이력이 있었던 지용에게 중대한 현실적인 문제로 들이닥치게 된다. '남로당원 자수 선전주간'이었던 1949년 11월 4일 지용은 아래와 같은 입장을 밝히면서 공식적으로 국민보도연맹에 가입하게 된다.

> 나는 소위 야간도주하여 三八선을 넘었다는 시인 정지용이다. 그러나 나에 대한 그러한 중상과 모략이 어디서 나왔는지는 내가 지금 추궁하고 싶지 않은데 나는 한 개의 시민인 동시에 양민이다. 나는 三十三년이란 세월을 교육에 바쳐왔다. 월북했다는 소문에 내가 동리사람에게 빨갱이라는 칭호를 받게 되었다. 그래서 나는 집을 옮기는 동시에 경찰에 신변보호를 요청했던바, 보도연맹에 가입하라는 권유가 있어 오늘 온 것이다. 그리고 앞으로는 우리 국가에 도움 되는 일을 해볼가 한다.[5]

---

4 이순옥, 앞의 글, 58~59쪽.

5 「詩人 鄭芝溶氏도 加盟 轉向之辯 心境의 變化」, 『동아일보』, 1949.11.5.

“보도연맹에 가입하라는 권유가 있어” 가맹했다는 발언을 참조하면 연맹쪽에서 먼저 제언을 하고 지용이 수락함으로써 가맹 절차가 이루어진 것이라고 할 수 있겠지만, 앞에서 살핀 것처럼 이 무렵에 발표한 글들과 정치 상황을 검토해 볼 때, 지용이 보도연맹에 가입하게 된 결정적인 이유는 반공 이념과 강력한 감시체제의 정착으로 인한 신변상의 위협 때문이었을 것이다. 물론 이는 급변한 정세에 따른 현실적인 선택의 문제였을 것이고, 종전의 자신의 입지를 철회하고 태도를 바꾸는 전향의 성격을 띤 것이었다. 여기서 ‘전향의 성격을 띤 것’이라고 하는 것은 지용에게는 전향이라고 할 만한 전력(前歷)의 밑천이 일천했을 뿐만 아니라 그러한 상황 자체를 본인 스스로도 인식하고 있었기 때문이다. 해방 이후 일제강점(말)기의 자신의 문학을 반성하고, 참여 정도의 문제는 차치하더라도 어쨌든 문학가동맹 측과 연결되어 있었으며 정치적 입장이나 문학적 방향에서도 이후 본격화된 남측의 분위기와 상반된 길을 걷기 시작하던 그에게 다시 입장을 바꾸는 것은 스스로에게도 민망한 일이었을 것이다. “보도연맹에 가입하라는 권유가 있어” 연맹에 가입하게 되었고 “앞으로는 우리 국가에 도움 되는 일을 해볼가 한다”는 가맹의 변(辯)은 자신의 전향의 의지를 괄호치고 그 의미를 축소하려는 지용의 내면을 완곡하게 드러내준다. 불과 한 달 전의 발표한 글들의 입지와 본질적으로 상치하는 길을 예고하는 연맹의 가입은 위의 글의 어조가 노정하고 있는 것처럼, 자기정체성과 자의식의 입지를 흔드는 중대한 계기가 되었을 것이다. 가맹 이후 한 달만에 그는 월북한 이태준에게 보내는 지상(『서울신문』, 12.5) 편지를 발표한다.

> 일제 질곡에서 사슬이 풀리자 8·15 이후에 자네가 반드시 좌익 소설가가 되어야 할 운명이라면 좌익은 어디서 못하겠기에 좌익지대에 가서

> 좌익 노릇하는 것이란 말인가. (중략) 어려서부터 자네를 내가 아는 바에야 어찌 자네를 소련을 조국으로 삼는 소설가라고 욕하겠는가. 그러나 왜 자네의 월북이 잘못인고 하니 양 군정 철폐를 재촉하여 조국의 통일독립이 빠르기까지 다시 완전자주 이후 무궁한 연월까지 자네가 민족의 소설가로 버티지 않고 분수없이 빨리 38선을 넘은 것일세. (중략) 38선이 장벽이 아니라 자네의 월북이 바로 분열이요 이탈이 되고 말았네. 38선의 태세가 오늘날 이렇게까지 된 것도 자네의 一助라 할 수 있지 않은가.

이태준에 대한 자신의 정리(情理)를 드러내면서 시작한 글은 상허의 월북이 어떤 점에서 잘못되었는가를 밝히는 내용으로 전개되고 있다. 보도연맹에 가입하고 한 달만에 발표한 이 글은 여러 곳에서 당대적 상황을 제대로 파악하고 있지 못한 지용의 의식을 보여준다. 상허의 월북을 비판하면서 지용이 전제하고 있는 것은, 첫째로 남한에서도 "좌익 노릇"을 할 수 있고, 둘째 상허를 좌익 소설가라 평가하지 않을 것이며, 셋째 양 군정 철폐와 조국의 통일독립은 지상의 과제라는 점이다. 이러한 내용들은 지용이 아직 당대적 상황에 대한 제대로 된 이해를 갖추지 못했거나 해방 이후의 지용이 보여준 태도가 허위임을 입증해준다. 남한 단독정부의 수립에 이어서 진행된 국가보안법의 공표와 보도연맹의 결성, 그리고 짧은 기간에 이루어진 2,000명에 달하는 전향자들의 선언이 남한 사회의 우경화와 반공전선의 구축·확대라는 사실임을 지용은 온전히 인지하지 못했던 듯하지만, 동시에 "진정한 조선민족은 조선인민뿐"이며, 그리하여 "인민진영의 원리가 민족해방의 원리가 되는 것이요 조선통일 자주독립의 公理가 되는 것이"고, 그러한 점에서 북한 인민공화국의 수립을 고무적이라며 반겼던 지용의 태도는 무엇이었는가를 회의하게 한다.

2.

국민보도연맹 가입 이후 지용이 발표한 작품들 속에는 불안과 혼란의 내면이 자리잡고 있다. 해방 이후 자신의 일제강점말기 문학에 대한 자기-비판과 반성의 입장을 보여주었던 지용은 당대 문학의 현실성과 '인민' 중심의 민족주의 노선을 분명하게 피력한다. 자신의 과거 문학을 성찰하는 과정에서 심한 정서적 위축을 드러낸 그가 보여준 선명한 입장 표명은 일제강점말기 그의 심리적 고통의 상황을 역설적으로 웅변해주거나, 혹은 그의 능란한 현실적응력을 시사하는 대목으로 판단된다. 이 부분과 관련하여 생각할 것은, 가맹 이후 지용의 행적과 작품이 어떤 양상을 보여주는가 하는 점, 그리고 그의 기질이다. 몇몇 연구자들에 의해 밝혀진 바에 따르면 그는 가맹 이후 조식 내에서 적극적으로 활동했던 것으로 보인다.[6] 전향의 변(辯)과 상허에게 보내는 편지 글은 종전의 지용 산문의 스타일과 달리 대체로 유보적이고 소극적일 뿐만 아니라 논리적으로 허술한 양상을 띠고 있다. 뿐만 아니라 가맹 이후 발표한 18편의 〈南海五月點綴〉 연삭에는 이전의 산문과 달리 이념적 성향을 드러내는 내용들이 거의 발견되지 않는다. 보도연맹기에 발표한 지용의 시작품 중에서 「曲馬團」과 「碌磻里」는 지용 시의 일반적 특징—"안으로 熱하고 겉으로 서늘한"—을 띠고 있으면서, 동시에 혼란기의 내면을 암시적으로 드러내고 있다. 이들 작품은 다음 장에서 살펴볼 1941년 1월 『문장』에 발표한 시들을 해명하는 데 중요하게 참조할 만한 작품으로 판단된다.

6 보도연맹 이후 지용의 행적을 꼼꼼하게 확인한 이순욱은 그의 전향과 여러 활동들을 "일시적인 신변보호책으로 선택한 방편"으로 해석한바 있다(앞의 글, 63쪽).

疏開터 / 눈 우에도 / 춥지 않은 바람 // 클라리오넷이 울고 / 북이 울고 / 천막이 후두둑거리고 / 旗가 날고 / 야릇이도 설고 홍청스러운 밤 // 말이 달리다 / 불테를 뚫고 넘고 / 말 우에 / 기집아이 뒤집고 // 물개 나팔 불고 // 그네 뛰는게 아니라 / 까아만 空中 눈부신 땅재주! // 甘藍 포기처럼 싱싱한 / 기집아이의 다리를 보았다 // 力技選手 팔장 낀 채 / 외발 自轉車 타고 // 脫衣室에서 애기가 울었다 / 草綠 리본 斷髮머리 째리가 드나들었다 // 원숭이 / 담배에 성냥을 키고 // 防寒帽 밑 外套 안에서 / 나는 四十年前 凄涼한 아이가 되어 // 내 열 살보담 / 어른인 / 열여섯 살 난 딸 옆에 섰다 / 열길 솟대가 기집아이 발바닥 우에 돈다 / 솟대 꼭두에 사내 어린 아이가 가꾸로 섰다 / 가꾸로 선 아이 발 우에 접시가 돈다 / 솟대가 주춤 한다 / 접시가 뛴다 아슬 아슬 // 클라리오넷이 울고 / 북이 울고 / 가죽 잠바 입은 團長이 / 이욧! 이욧! 激動한다 // 防寒帽 밑 外套 안에서 / 危殆 千萬 나의 마흔 해가 / 접시 따러 돈다 나는 拍手한다.

—「曲馬團」 전문

여보! / 운전수 양반 / 여기다 내뻐리구 가믄 / 어떠카오! // 碌磻里까지 만 / 날 데려다 주오 // 冬至 섣달 / 꽃 본 듯이………아니라 / 碌磻里까지 만 / 날 좀 데레다 주소 // 취했달 것 없이 / 다리가 휘청거리누나 // 帽子 아니 쓴 아이 / 열여들 쯤 났을가? / 『碌磻里까지 가십니까?』 / 『넌두 少年感化院께 까지 가니?』 / 『아니요』 // 캄캄 야반 중 / 너도 突變한다면 / 열여들 살도 / 내 마흔아홉이 벅차겠구나 // 헐려 뚫린 고개 / 상여집처럼 / 하늘도 더 껌어 / 쪼비잇 하다 // 누구시기에 / 이 속에 불을 키고 사십니까? / 불 디레다 보긴 / 낸 데 / 영감 눈이 부시십니까? // 탄 탄 大路 신작로 내기는 / 날 다니라는 길이겠는데 / 걷다 생각하니 / 논두렁이 휘감누나 // 少年感化院 께 까지는 / 내가 찾어 가야겠는데 // 인생 한번 가고 못오면 / 萬樹長林에 雲霧로다 ……

—「碌磻里」 전문

인용 시는 가맹 이후 씌어진 작품으로서 보도연맹기 지용의 내면을 암시한다. 두 작품 모두 특정한 상황을 묘사하고 화자의 내면을 간접적으로 드러냄으로써 시의 상황을 내면의 참조점으로 배치하는 방식을 취하고 있다. '熱한 내면'을 '상황'의 서늘함 속에 들어앉힌 형국인데, 전자는 서커스단의 곡예 풍경을, 후자는 집[碌磻里]을 찾아가는 길의 여정을 묘사함으로써 화자의 내면을 시의 정황을 통해 반추하는 구조를 띠고 있다. 「曲馬團」에서 화자는 서커스단 아이에게 자신을 투영한다. 온갖 소리가 요란한 무대 위에서 접시를 돌리는 여자 아이와 솟대 위에서 물구나무를 선 아이처럼, 시의 화자는 "마흔 아홉"의 자신을 현실의 무대 위에서 위태로운 곡예를 벌이는 존재로 인식하고 있다. 이러한 의식 속에는 역사적 유희의 대상으로 자신을 경험하는 시인의 자조적 내면이 내장되어 있다. 아울러 두 번이나 반복되는 "防寒帽 및 外套 안에서"라는 표현은 가혹한 현실과 그 현실에 한껏 위축된 시인의 자의식을 상징적으로 드러내준다.

반면 「碌磻里」는 이동하는 길의 여정을 보여주고 있는데, 이 시의 상황은 택시 기사가 집이 아닌 곳에 화자를 부려놓고 갔다는 데서 비롯된다. 기본적으로 암담한 현실 속에서 집을 찾아가는 자의 두려움과 고단함을 형상화하고 있는 이 시는 진지하고 좀더 내성적인 언술을 띠고 있는 「曲馬團」과 달리 표면적으로는 덜 무거운 듯하지만 실제로 매우 짙은 허무로 휩싸여 있다. 시의 전반부에 보이는 횡설수설하는 듯한 언술은 낯선 공간에 놓인 자의 허무와 불안의 정서를 역설적으로 드러내준다. 이러한 불안의 내면은 길에서 모자를 쓴 청년을 만나면서 더욱 증폭된다. "너도 突變한다면 / 열여들 살도 / 내 마흔아홉이 벅차겠"다는 화자의 진술은 이러한 불안이 무력감에서 비롯된 것이며, 궁극적으로 이 시의 가장 문제적 대목인 "불 디레다 보긴 / 낸 데 / 영감 눈이 부시십니까?"라는 의문을 추동하는 발단이 된다. "캄캄 야밤"의 "탄 탄 大路 신작로"에 펼쳐진 하늘을 "상여집"으로 감수하는 대목에서 느닷없이 등장한 이러한 진술은 지용의 시에 종종 나타나는 비약적 상황 출현의 일종으로서 이 작품에서는 발화의 주체가 명확하지 않은 대화의 언술로 표현되어 있다. 이 부분은 우선 대화임을 드러내는 기호(『 』)가 빠져 있고, 이어져오던 담화나 서술의 맥락으로부터 동떨어져 있다. 시적 언술의 맥락으로 볼 때 "이 속에 불을 키고 사십니까?"에서 "이 속"은 "상여집"같은 "껌은 하늘", 혹은 "껌은 하늘"을 상징화한 "상여집"이다. 그러한 맥락에서 이 담화는 암담한 현실 속 자신을 향해 던지는 시적 주체의 물음인 셈이다. 캄캄한 어둠 속에 불이 환하게 켜진 상여집은 당대 현실 속에 놓인 자신의 상황을 상징하는 오브제(objet)이며, 상여집 안에서 눈이 부셔하는 영감은 시적 주체인 자신의 현재적 형상인 것이다. 암담한 상황 속에서 전망을 상실한 자의 고통과 불안과 무력을 이 시는 담고 있다. "萬樹長林에 雲霧"라는 결미의 표현은 이러한 시적 주체의 막막함과 두려움을 허무의 정조 속에 압축적으로 담아낸다.

3.

일제강점말기에 씌어진 지용 시의 특징 중 하나는 시적 주체의 내면을 매우 제한하는 방식으로 구성되어 있다는 점이다. 이 점은 그의 후기시의 문학사적 의의라고 할 수 있는 동양적 정조를 환기하는 언어의 발견과 연관되어 있지만, 한편으로는 당대적 현실에 대한 시적 대응의 일환으로도 볼 수 있다. 물론 이 두 가지 맥락을 긍정적으로, 혹은 부정적으로 관련지어 해석할 수도 있을 것이고 각각을 나누어

평가할 수도 있을 것이다. 긍정적으로 본다면 동양적 정조를 드러내는 시의 언어들을 은일(隱逸)의 정서로, 그리고 이를 견인(堅忍)의 정신과 연관하여 해석할 수 있을 것이고, 반대로 이를 도피와 은둔의 언어라는 부정적 관점에서 볼 수도 있을 것이다. 물론 지용의 후기시를 평가할 때 당대의 문학 현실과 정황을 섬세하게 살펴야 하는 것은 당연한 일이지만, 이것을 차치하고라도 그의 후기시를 단일한 범주로 묶을 수 없음을 인정할 필요가 있다. 이를테면 「毘盧峯」, 「九城洞」, 「비」 등의 시와 「長壽山」, 「禮裝」, 「나븨」, 「盜掘」 등의 작품을 분리하여 살필 필요가 있으며, 이들 작품을 평가할 때 과도한 의미부여를 재고해야 한다는 것이다.

> ①풀도 떨지 않는 돌산이오　돌도 한덩이로　열두골을 고비 고비 돌았세라　찬 하눌이 골마다　따로 씨우었고　어름이 굳이 얼어　드딤돌이 믿음즉 하이　②꿩이 긔고 곰이 밟은 자옥에　나의 발도 노히노니　물소리　귀또리처럼 喞喞하놋다　③피라 마락하는 햇살에　눈우에 눈이 가리어 앉다 흰시울 알에 흰시울이　눌리워 숨쉬는다　온산중 나려앉는 휙진 시울들이　다치지 않이!　④나도 내던져 앉다　일즉이 진달레 꽃그림자에 붉었던　絶壁 보이한 자리 우에!
>
> —「長壽山2」 전문(①②③④ 인용자 표시)

1939년에 발표된 이 작품은 장수산의 자연을 그리고 있다. 지용의 시, 특히 후기시의 일반적인 특징처럼 이 작품 속에는 시적 주체의 흔적이 매우 약하게 담겨 있다. 그것은 이 시의 형상에서 동양의 수묵화의 정취를 느끼게 하는 중요한 원인이면서, 동시에 이러한 형상의 궁극적 지향이나 의미와 긴밀하게 관련되어 있다. ①은 시의 공간이 깊고 견고한 세계임을 단적으로 보여준다. "풀도 떨지 않"고 "돌도 한덩이로" "열두골을 고비 고비 돌아"있는 산이라는 것은 이곳이 하나의 자족적인 공간임을 뜻한다. ②는 장수산을 오르면서 자연스럽게 동화된 시적 주체의 모습과 산의 생명력에 합일된 화자의 정서를 담고 있다. ③은 파문을 일으키는 부분으로 장수산의 자연, 정확히 말하자면 석벽 단층에 켜켜이 쌓여 있는 적설층에서 생명의 원리를 발견하는 화자의 의식이 드러나는 대목이다. "눌리워" 쌓여있지만 "다치지" 않고 편안히 숨쉬는 "흰시울"에서 화자는 등산 과정을 통해 자연스럽게 동화되었던 장수산의 생명 질서를 깨닫는다. "눈우에 눈이 가리어 앉"은 '흰시울의 자연 풍경'에 시인은 "곰이 밟은 자옥에" 놓인 "나의 발"의 형상을 겹쳐놓고 있는 것이다. 이 시가 발견한 풍경은 객관적인 자연 세계를 하나의 상징의 공간으로 전환하는 시적 주체의 정신을 보여준다. 화자가 동사(凍死)의 계절인 겨울에 켜켜이 쌓여있는 "휙진 시울들"에서 "붉은" "진달레 꽃그림자"를 보고 있는 것은 장수산의 겨울 풍경을 생명의 원리로 감수하기 때문일 것이다. 그러한 점에서 느닷없이 등장한 ④의 "나도 내던져 앉다"는 구절은 그러한 자연의 질서를 자신의 것으로 수락하는 화자의 내면을 보여주는 것이다. 장수산의 적설의 풍경은 겨울을 통과하는 방법, 나아가 현실에의 태도를 상징적으로 함축하고 있는 형상이라고 할 수 있다. 문제는 저 "휙진 시울들" 사이에서 눌린 채 숨을 쉬며 봄을 기다리는 행위를 어떻게 평가할 것인가 하는 점이다.

1941년에 발표한 「禮裝」은 「長壽山2」의 이러한 태도를 '투신의 서사' 속에 형상화하고 있다.

> 모오닝코오트에 禮裝을 가추고 大萬物相에 들어간 한 壯年紳士가 있었다. 舊萬物 우에서 알로 나려뛰었다. 웃저고리는 나려 가다가 중간 솔가지에 걸리여 벗겨진채 와이셔츠 바람에 넥타이가 다칠세라 납죡

이 업드렸다　한겨울 내 -- 흰손바닥 같은 눈이 나려와 덮어 주곤 주곤 하였다　壯年이 생각하기를 「숨도아이에 쉬지 않어야 춥지 않으리라」 고 주검다운 儀式을 가추어 三冬내 -- 俯伏하였다　눈도 희기가 겹겹 히 禮裝같이　봄이 짙어서 사라지다.

—「禮裝」 전문

「長壽山2」가 "눈우에 눈이 가리어 앉"은 "휙진 시울들"의 형상에서 진달래가 만개했던 봄을 생각한 시적 주체를 보여주었다고 한다면, 이 작품은 "壯年紳士"의 '자살의 서사'를 통해 "휙진 시울들"의 겨울 풍경을 보다 구체적으로 그려낸다. 다시 말해 이 시에 묘사된 "壯年紳士"의 모습은 "주검"의 겨울에 부합하는 "禮裝"의 형식인 셈이다. "壯年紳士"는 "납족이 업드린" 채 "흰시울"이 되어 있다. 「長壽山2」에서 겹겹이 쌓인 "흰눈시울"에 "나도 내던져 앉"겠다는 화자의 발화를 이 시의 신사는 "주검의 儀式"으로 실현한다. "한겨울 내 - 흰손바닥 같은 눈이 나려와 덮어 주곤 주곤 하였다"는 적설의 풍경은 겨울이 매우 깊었음을 보여주는 시간의 형상이자, 적설이 상징하는 고통의 무게를 무화시키려는 의지의 반영이라고 할 수 있다. 위무의 정서를 환기하는 "흰손바닥"의 이미지로 그려낸 적설의 형상과 "三冬내 俯伏한" 채로 "숨도아이에 쉬지 않어야 춥지 않으리라"는 신사의 고백은 역설적으로 "禮裝"의 겨울이 얼마나 고통스러운 것인가를 암시해준다. 지용은 고통스러운 상황을 "흰시울"의 형상으로 전환함으로써 무화(無化)시키고자 하였으며 이를 한겨울에 속한 자신의 내면으로 삼으려 했다. '숨쉬지 않고' '俯伏함으로써' 겨울을 지우고자 하는 장년신사의 모습에서 우리는 일제강점말기를 통과하는 지용의 내면을 목격하게 된다. 고통스러운 상황 자체를 무화시키고자 한 이러한 욕망은 지용의 일제강점말기의 시편들이 보여주는 견인(堅忍)의 실체를 다시 생각하게 한다. 이러한 〈텅 빈 견인〉은 궁극적으로 고통스러운 상황 자체를 무화시키려는 욕망이자, 무화시키려는 의식을 지속하려는 무의식적 의지였던 것이다. 구체적인 현실의 차원에서 보면 지용의 이러한 태도는 현실도피적인 것이지만 그것은 결코 고통에서 벗어난 것은 아니며, 이는 역설적으로 지용이 경험했을 고통의 하중을 암시한다.[7] 그러한 점에서 덧붙여 생각할 것은 「長壽山2」의 결미에서 그려진 봄의 풍경이 과거의 형상이라는 점, 아울러 과거진행형으로 기술된 「禮裝」의 언술들 중에서 유일하게 봄과 관련된 결미 부분만이 소망과 의지를 배제한 무시제 서술어로 씌어 있다는 점, 이는 봄의 전망을 지용 스스로가 자신의 것으로 수락하지 못하고 있다는 사실을 시사한다.

일제강점말기, 그리고 해방 정국의 지용의 작품들은 혼란한 한국현대사의 격랑 속에서 우리 문인들이 경험한 현실과 내면의 양상들을 매우 생생하게 형상화한다. 시적 상황 속에 자신의 내면을 흔적처럼 부려놓은 그의 해방 전후 시편들에서 우리는 현실의 막막함과 자기-환멸을 처리하는 한 영혼의 맨얼굴을 보게 된다. "안으로 熱하고 겉으로 서늘"할 것을 주문했던 지용의 시학은 해방 전후 시편들 속에 보다 중층적인 방식으로 가로놓여 있으며, 이는 그의 기질과 좀더 깊이 연관되어 있는 것으로 보인다. 지용의 문학과 내면에 대한 좀더 섬세하고 치밀한 접근이 필요한 이유가 여기에 있을 것이다.

---

7 김문주, 『형상과 전통』, 월인, 2006, 170쪽.

현실로 열린 심미적 비전

— 〈군말〉로서 『님의 침묵』 다시 읽기 —

1. 〈군말〉 다시 읽기

"乙丑八月二十九日 밤 끗"이라고 탈고시점을 밝힌 『님의 침묵』(1926.5)은 하나의 전체로서 기획된 시집이다. 〈군말〉과 〈讀者에게〉를 제외하고 모두 88편의 작품으로 구성된 시집은 이별을 둘러싼 여성 화자의 내면이 불가의 사유 구조와 결합된, '한국시사의 독보적인 형이상적 높이'로서 평가되고 있다. 이 시집을 탈고할 당시 한용운의 나이는 47세였으며, 이는 당대 활동하던 시인들보다 무려 20년 이상 많은 것이었다. 1920년대 시단을 지배하던 감정의 과잉은 한용운에게서 거의 발견되지 않는다. '님'과 이별한 여성을 화자로 내세우고 있음에도 불구하고 『님의 침묵』은 전체적으로 '이떤 정념'에 의해서 잘 통어되어 있고, 그 세계는 표면적으로는 재회에 대한 강한 믿음과 여성적 헌신에 의해 부양(浮揚)되고 있다.

시집을 마무리하기 2개월 전인 6월 7일에 완성했다는 『십현담주해(十玄談註解)』가 시집에 끼친 영향은 몇 사람의 연구자[1]에 의해

---

1 손종호, 「『님의 침묵』의 시세계 연구–『십현담주해』와의 상관성을 중심으로」, 『어문연구』14, 충남대학교 문리과대학, 1985. 서준섭, 「한용운의 『십현담주해』 읽기」, 『한국현대문학연구』13, 한국현대문학회, 2003. 「한용운 『님의 침묵』과 『십현담』·『십현담주해』의 상호텍스트성」, 『한국현대문학연구』42, 한국현대문학회, 2014. 박현수, 「『십현담주해』의 언어관과 한용운의 시론」, 『한국현대문학연구』38, 한국현대문학회, 2012. 「번역과 초월언어, 그리고 문학적 사유의 방향–한용운의 주해와 창작의 의미를 중심으

밝혀진바 있고, 당대 폭발적인 관심을 끌었던 타고르 시와의 연관성도 주요한의 언급(1926) 이후 여러 연구[2]들을 통해 해명된바 있다. 이별의 상황을 통해 사랑의 내면을 드러내는 『님의 침묵』의 방법론이 1920년대 유행했던 연애서간집의 차용일 것이라는 견해[3]도 제기된바 있다. 『님의 침묵』을 둘러싼 이러한 안팎의 영향들은 시집 자체의 독자적 가치를 폄훼하는 이유가 될 수 없다. 『십현담주해』의 경우, 『님의 침묵』을 떠받치는 사유를 헤아릴 수 있다는 점에서, 그리고 타고르나 당대 연애서간집 등의 경우, 대중들을 유인할 만한 문화적 요인들을 만해가 의도적으로 활용했을 가능성이 높다는 점에서,

---

로」, 『인문논총』69, 서울대인문학연구원, 2013.

2 주요한, 「愛」의 祈禱, 祈禱의 愛」, 〈동아일보〉, 1926.6.22, 김윤식, 「한국 신문학에 있어서의 타골의 영향에 대하여」, 『진단학보』32, 진단학회, 1969, 김용직, 『한국현대시연구』, 일지사, 1974, 이수정, 「『님의 침묵』에 나타난 R.타고르의 영향관계 연구」, 『관악어문연구』28, 서울대국문과, 2003, 하재연, 「'조선'의 언어로 한용운에게 찾아온 '생각'-『기탄잘리』와의 비교분석을 통해 본 한용운의 『님의 침묵』」, 『한국근대문학연구』20, 한국근대문학회, 2009. 이은구, 「『님의 침묵』에 나타난 타고르의 사상적 영향 고찰」, 『한민족문화연구』32, 한민족문화학회, 2010,

3 권보드래는 노자영의 『사랑의 불꽃』이 1920년대 최고의 베스트셀러가 된 이유를 당대의 연애편지 열풍에서 찾았다. 이 시기에 간행된 연애서간집으로는 『청탑의 사랑』(경성서관, 1923), 『泰西名家 연애서간』(조선도서주식회사, 1923), 『진주의 품』(광문서포, 1924), 『낙원의 春』(박문서관, 1924), 『新體美文 학생서한』(홍문원, 1924), 『이성의 선물』(영창서관, 1925), 『청춘의 꽃동산』(삼광서림, 1926) 등이 있다(권보드래, 『연애의 시대』, 현실문화연구, 2003). 이선이는 권보드래의 논의를 참조하여 『님의 침묵』의 발화 조건이나 방식이 '연애'를 둘러싼 당대적 환경과 관련 있을 것으로 추정하고, 당시 유행한 연애서간집이 고백적 글쓰기의 일환으로서의 서간체 글쓰기 양식이 정착되는 데 크게 기여하였다고 보았다(이선이, 「'사랑'을 통해 본 萬海의 近代意識」, 『민족문화논총』45, 영남대민족문화연구소, 2010).

시집 기획의 전략의 일환으로서 긍정적으로 평가해야 할 것이다. 그것은 이 시집이 대중독자들을 상대로 한 어떤 계몽적 의도 속에 기획되었으되 관념적인 형이상적 사유들을 당대의 문화적 환경들을 반영한 구체적인 발화 상황으로 조직하고 구체화한 것이라고 판단되기 때문이다. 『님의 침묵』의 기획 의도가 당시 대중들이 열광하였던 서구의 근대적 정념이었음을, 그래서 그 열광의 한 소산이기도 한 형식을 방법적으로 차용하여 넘어서고자 했음을 기억할 필요가 있다는 것이다. 그러한 점에서 그동안 간헐적으로 다루었던 『님의 침묵』의 몇 지점들을 다시 한번 검토하고자 한다. 우선, 이 시집의 전체적인 대의를 담고 있는 〈군말〉을 살펴보자.

> ① 「님」만님이아니라 긔룬것은 다님이다 / 衆生이 釋迦의님이라면 哲學은 칸트의님이다 薔薇花의님이 봄비라면 마시니의님은 伊太利다 / 님은 내가 사랑할쌘아니라 나를사랑하나니라
>
> ② 戀愛가自由라면 님도自由일것이다 / 그러나 너희는 이름조은 自由에 알뜰한拘束을 밧지안너냐 / 너에게도 님이잇더냐 잇다면 님이아니라 너의그림자니라
>
> ③ 나는 해저문벌판에서 도러가는길을일코 헤매는 어린羊이 긔루어서 이詩를쓴다 著者
>
> —〈군말〉 전문(①②③과 '/'는 인용자)

시집의 전체적인 의미와 의도가 담긴 〈군말〉은 크게 세 부분으로 나누어져 있고, 물론 각 부분은 서로 긴밀하게 관련되어 있다. 이 글 역시 만해의 독특한 사유 구조를 반영하는 전위(轉位)의 문형이 변주·반복되고 있다. 언술 구조의 기본적인 방향은 독자들의 편견과 제한을 해소하기 위한 것으로써 이러한 의도가 '~이 아니라 ~이다'

'~라면 ~이다' 등의 부정/전제형 문장, 나아가 '~할 뿐아니라 ~하다'의 추가형 문장으로 표현되어 있다. 인식의 교정과 의식의 개방을 목적으로 한 문형들이라고 할 수 있다. ①은 '님'의 범주와 속성에 관한 내용이다. ①을 구성하고 있는 세 개의 의미 마디에서 첫 번째가 편견을 교정하는 문장이라면, 두 번째는 부연, 그리고 세 번째 마디는 소결이다. 물론 세 개의 마디 사이에는 논리적 간극이 있다. 첫 번째 마디는 '님'이 특정한 존재, 즉 하나만이 아니라 복수로 존재할 수 있다는 것, 이는 전통적인 사랑과 낭만적 사랑의 전제인 '님의 유일성'을 해소한다. 이 확장된 님의 범위를 결정하는 유일한 조건은 "긔룬것"이고, 이 '긔룹다'의 성격이 서로 전치된 두 개의 문장으로 구성된 두 번째 마디에 기술되어 있다. 물론 이 둘은 예시라는 점에서 무한한 사례 중에 하나일 뿐이고, 그 점을 고려하면 '님'의 범위는 무한인 셈이다. 그런데 이 두 번째 마디는 세 번째 마디와 관련하여 하나의 의미를 더 품고 있는데, "긔룬" 주체와 대상의 관계가 일방적인 게 아니라 쌍방적이라는 사실이다. 두 번째 마디의 문장들이 전치되어 있는 이유가 여기에 있다. 석가가 중생을 긔루어했다는 점에서 중생은 석가의 님이지만, 중생도 석가를 긔루어한다는 점에서 석가는 중생의 님이다. 이러한 관점에서 보자면 '봄비'와 '薔薇花' 사이의 관계도 일방적인 것으로만 볼 수 없다. 봄비는 '장미화'를 통해 아름다운 것으로서 감수되고 그 생명력을 발현하게 된다는 점에서 장미화의 님이기도 하다. 물론 "긔룬" 이유는 지극히 다양할 것이다.

②는 자유연애의 열풍이 불었던 당시의 상황이 반영되어 있는 내용이다. 네 개의 문장으로 이루어진 세 개의 의미 마디는 '너의 님'은 "님이 아니라 너의 그림자"라는 언명으로 귀결된다. 연애는 '자유연애'이다. 자유가 연애의 성격을 규정한다는 뜻일 것이다. 자유가 연애의 핵심 속성이라면 님을 규정하는 핵심도 자유에 있다. 이때의 자

유는 행위로써 드러나는 의사와 의지로서, 이는 명사나 수식어가 아니라 '동사'이다. "님도 自由"라는 ②의 이 핵심 언명은, '자유'가 "알뜰한구속을" 받는 어떤 상태가 아니라 규정되지 않는 행위 자체에 있음을 뜻한다. 이를 세 번째 마디와 관련시킨다면, '님'은 '님'을 향한 '너'의 자유 행위 속에 있다는 것, 다시 말해 '님'을 긔루어하는 너의 행위 속에 님이 실현된다는 의미이다. 물론 이 두 번째 마디는 이름 속에 구속된 '너희'의 의사(擬似)-자유를 유비해서 성찰하면, '님'은 특정한 규정으로 가두어 둘 수 없다는 뜻을 함축하고 있다. 이러한 두 가지 논리의 길을 따라가면 ②의 마지막 의미 마디는 '너의 님'은 '행위로서의 자유' 속에 있다는 것이기도 하고, 너의 관념이라는 뜻이기도 하다. 이러한 관점에서 님은 결국 '너'에게로 귀결되고, 앞의 ①과 ②를 종합하면, '님'은 사랑의 주체이자 목적이고 행위로서의 '자유' 속에 실현되는 존재이다. ③은 이 시집을 집필하게 된 목적이다. 앞에서 "긔룬것"이 님이라고 했으니 '나'의 님은 "어린羊"일 테고, 그 "어린양"은 "해저문벌판에서 도러가는길을 일코 헤매는" 중이며, 그래서 시를 쓰는 행위는 사랑을 드러내는 자유의 일환인 것이다.

2. 님의 동성적(同性的) 형상과 그림자로서의 '나'

주지하듯이, 『님의 침묵』은 님과 이별한 화자의 내면을 담은 시집이다. 그동안 많은 연구들이 '님'의 정체와 화자의 내면을 해명하는 데 바쳐졌다. 님이 누구냐에 따라 화자의 내면은 다르게 해석될 수 있어서 이 시집은 철학적·정치적·사적 정념의 내용 등으로 감수되어 왔다. 〈군말〉의 언명처럼, 시인이 '님'을 유일무이한 존재로서 제한하지 않고 형상화함으로써 작품에 따라 '님'의 정체는 충분히 다르게 해석될 수 있다. 이러한 관점에서 보자면, '님'이 누구인가는 시집에서 중요한 문제가 아닌 것이다. 한편 '님'이나 '님과 나' 사이의 관계를 살필 수 있는 정보가 시집에는 극히 제한적으로 나타난다.

> 님은갓슴니다 아아 사랑하는나의님은 갓슴니다 / 푸른산빗을깨치고 단풍나무숩을향하야난 적은길을 거러서 참어떨치고 갓슴니다 / 黃金의꼿가티 굿고빗나든 옛盟誓는 차듸찬띄끌이되야서 한숨의微風에 나러갓슴니다 / 날카로은 첫「키쓰」의追憶은 나의 運命의指針을 돌너노코 뒤ㅅ거름처서 사러젓슴니다 / 나는 향긔로운 님의말소리에 귀먹고 꼿다은 님의얼골에 눈머럿슴니다 / 사랑도 사람의일이라 맛날때에 미리 떠날것을 염녀하고 경계하지 아니한것은아니지만 리별은 뜻밧긔일이되고 놀난가슴은 새로은슯음에 터짐니다 / 그러나 리별을 쓸데업는 눈물의源泉을만들고 마는것은 스스로 사랑을깨치는것인줄 아는까닭에 것잡을수업는 슯음의힘을 옴겨서 새希望의정수박이에 드러부엇슴니다 / 우리는 맛날때에 떠날것을염녀하는것과가티 떠날때에 다시맛날것을 밋슴니다 / 아아 님은갓지마는 나는 님을보내지 아니하얏슴니다 / 제곡조를못이기는 사랑의노래는 님의沈黙을 휩싸고돔니다
>
> —「님의 沈黙」 전문

시집에 첫 번째로 수록되어 있는 위의 시는 『님의 침묵』의 전체를 관통하는 주요 내용들이 잘 형상화되어 있다. 시의 전반부는 이별을 전후로 한 상황을 한편의 서사처럼 구성하고 있고, 후반부는 화자의 내면(의 변화)을 그려놓고 있는데, 시에서 핵심은 화자가 이별의 고통을 어떻게 받아들이고 대처하게 되었는지 하는 변화의 과정일 것이다. 이 시의 언술이 고백의 발화 형식을 취하고 있는 것도 이 때문일 것이다. 이별의 시이지만, 이 작품에는 이별의 경위가 전혀 기술

되어 있지 않다. 이별의 한쪽 주체인 '님'에 관해서 별다른 정보가 없을 뿐만 아니라 이별의 상황이 어떻게 벌어졌는지, 그에 대한 님의 반응과 태도가 어떠한지는 전혀 알 수 없다. 이별의 상황에서 님에 대한 모습은 "참어썰치고 갓"다는 대목뿐이고, 게다가 그 태도를 수식하는 '애틋하고 안타깝다'는 의미의 "참어"라는 감정의 부사어의 주체가 '님'인지 '나'인지조차 확정할 수 없다. 다만 님에 대한 나의 절대적인 사모의 태도만 기술되어 있다. 시집의 서시격에 해당하는 이 작품의 형상화 방식은 『님의 沈黙』의 집필 의도와 의미를 단적으로 드러내고 있지만, 〈군말〉의 언명대로 님이 "나의 그림자"라는 점에서 님의 형상에 관한 이질적인 면들은 다시 살필 필요가 있어 보인다.

> ① 내가 당신을사랑하는것은 까닭이업는것이 아닙니다 / 다른사람들은 나의紅顔만을 사랑하지마는 당신은 나의白髮도 사랑하는 까닭입니다 // (중략) 내가 당신을기다리는것은 까닭이업는것이 아닙니다 / 다른사람들은 나의健康만을 사랑하지마는 당신은 나의죽엄도 사랑하는 까닭입니다
>
> —「사랑하는 까닭」 1,3연

> ② 그는간다 그가가고십허서 가는것도 아니오 내가보내고십허서 보내는것도 아니지만 그는간다 / 그의 붉은입설 흰니 간은눈ㅅ섭이 어엽분줄만 아럿더니 구름가튼 뒤ㅅ머리 실버들가튼허리 구슬가튼발꿈치가 보다도 아름답습니다
>
> —「그를 보내며」 1연

> ③ 님의입설가튼 蓮꼿이 어데잇서요 님의살빗가튼 白玉이 어데잇서요 / 봄湖水에서 님의눈ㅅ가튼 잔물ㅅ결을 보앗슴닛가 아츰볏에서 님

의微笑가튼 芳香을 드렷슴닛가 // 아아 나는 님의그림자여요 / 님은 님의그림자밧게는 비길만한것이 업습니다 / 님의얼골을 어엽부다고하는 말은 適當한말이아닙니다

—「님의 얼골」3,4연

④ 아츰에 이러나서 세수하랴고 대야에 물을떠다노으면 당신은 대야안의 간은물ㅅ결이 되야서 나의얼골그림자를 불상한아기처럼 얼너줌니다

—「어데라도」부분

⑤ 당신은 흙발로 나를 짓밟음니다 / 나는 당신을 안ㅅ고 물을건너감니다 / 나는 당신을 안으면 깁흐나 엿흐나 급한여울이나 건너감니다

—「나루ㅅ배와 行人」2연

님과 관련된 내용들을 담고 있는 시편들의 일부분이다. 『님의 침묵』의 화자인 '나'처럼 일관된 모습이나 태도를 보여주는 것은 아니지만 '님'에 관한 몇 가지 특징들을 추출할 수 있다. ①에 형상화된 님은 '나'를 진정으로 사랑하는 존재이다. 님은 나의 외모나 상태와 무관하게 나를 조건 없이 사랑하는 자이다. 내가 당신을 기다리고 사랑하는 까닭은 이와 관련 있다. 그러한 점에서 님과 나의 사랑은 같은 태도와 열도를 지닌 쌍방의 절대적 사랑이다. ②에는 님과의 이별이 불가피한 외부적 상황에 의해 벌어진 것임이 전제되어 있다. 흥미로운 점은 님의 모습이 여성적 존재로서 형상화되어 있다는 사실, 이와 같은 님의 형상은 ③에서도 반복된다. 님의 붉은 입술은 연꽃 같고 살빛은 백옥 같고 눈썹은 가늘고 눈은 잔물결 같다. 어조나 태도로 볼 때 화자가 여성임에도 불구하고, '님'의 형상은 전형적인 여성상이다. 돌아서서 가는 님의 모습은 남성성을 환기시키지만, 화자가

그리는 구체적인 님의 존재는 여성이다. ③은 그 "님의얼골"을 "인간의것이라고 할 수 업"다고 말하고 있다. 그리고 뜬금없이 "나는 님의그림자"라는 진술이 등장한다. 그렇다면 '나'가 '긔루어하는' 님은 나의 본체이자 이상적 형상이라고 할 수 있다. 님과 "비길만한것"이 "님의그림자"(나)라는 것은 님과 내가 분리된 존재가 아님을 의미한다. ④는 이를 확인시켜준다. 여기에서 님은 나의 모습을 되비추고 위로하는 존재로서, "나의마음에 숨엇다가 나의감은눈에 입마추"는, 내 속에 잠복한 '또다른 나'이다. '님'의 정체성과 관련하여 자주 인용되는 ⑤는 부처나 불법(佛法)의 "긔룬 것"이라고 할 수 있는 '중생'을 님으로 삼고 있다고 평가되는 작품이다. '나'를 짓밟는다는 점에서 '님'은 부지하고 폭력적인 존재로서 환기된다. 그런데 눈여겨보아야 할 대목은 이러한 님이 어떤 기능을 하느냐이다. 이 시의 언술들은 당신이 무엇을 하고 어떤 존재인가 하는 점이 아니라 당신이 나를 어떻게 만드는가에 집중되어 있다. "당신을 안으면 깁흐나 엿흐나 급한여울이나 선너삼니나". 다시 말해 나에게 '님'은 부정적 조건들을 극복하게 하는 동력이다. 이러한 관점에서 위의 시편들의 주체는 〈'나'를 바라보는 '또하나의 나'〉라는 나르시즘적 존재성을 극복한다. 이 시에서 '님'은 '나'를 상실하게 하는 매몰의 수성(水性)이 아니라 '나'를 자각하고 불러일으켜서 부정적인 조건들을 넘어서게 하는 화성적(火性的) 존재인 것이다.

> 나려오서요 나의마음이 자릿자릿하여요 곳나려오서요
> 사랑하는님이어 엇지 그러케놉고간은 나무가지위에서 춤을추서요
> 두손으로 나무가지를 단단히붓들고 고히고히나려오서요
> 에그 저나무닙새가 련꼿봉오리가튼 입설을 슬치것네 어서나려오서요
> 「네 네 나려가고십흔마음이 잠자거나 죽은 것은 아닙니다마는 나는아

시는바와가티 여러사람의님인때문이여요 향긔로운 부르심을 거스르고자하는것은 아닙니다」고 버들가지에걸닌 반달은 해쭉해쭉우스면서 이러케말하는듯 하얏습니다

나는 적은풀닙만치도 가림이업는 발게버슨 부끄럼을 두손으로 움켜쥐고 빠른거름으로 잠ㅅ자리에 드러가서 눈을감고누엇습니다
나려오지안는다든 반달이 삽분삽분거러와서 창밧게숨어서 나의눈을 엿봄니다
부끄럽든마음이 갑작히 무서워서 떨녀짐니다

—「錯認」 전문

모두 3연으로 구성된 이 시편은 표면적으로 달로 형상화된 님과의 대화 형식을 취하고 있다. "놉고간은 나무가지위에서 춤을 추"는 님을 내려오라고 부르는 '나'와 본인은 다수의 님이기 때문에 내려갈 수 없다는 '님'과 이 말에 감정의 변화를 겪는 나의 내면 경험이 각각 하나의 연에 형상화되어 있다. 표면적으로 님의 말을 담고 있는 듯한 2연은 실제로는 나의 말이다. 그렇다면 3연에 기술된 부끄러움은 내발적인 자기각성이고, 이 부끄러움의 내용은 님을 고정된 존재로서 생각한 자신의 그릇된 인식[錯認]이다. 3연은 이러한 각성된 부끄러움 때문에 잠자리에 들어가 눈을 감고 있는 나를 "나려오지안는다는 반달이 삽분삽분 걸어"내려와 "창밧게숨어서 나의눈을 엿본"다는 내용이다. 반달이 내려와 나의 모습도 아니고 "나의눈을 엿본"다는 상상은, 전적으로 화자의 내면 풍경이다.[4] 외부의 존재

4 이러한 내면 풍경은 삼위일체의 신 가운데 하나인 성령이 마음에 내주(內住)하여 신자들을 깨우치고 길을 인도한다는 기독교의 상상력을 연상시킨다. 기독교의 신과 신

로서의 '님'이 아니라 '나의 눈'을 들여다보는 이 내부의 시선(주체)은 님에 대한 그릇된 인식으로 인해 생긴 부끄러움을 더 강렬한 정서인 '두려움'으로 바꾸어놓는다. 이 시의 최종적인 감정이 두려움이고, 이것이 나를 들여다보는 시선의 인식으로부터 기인한다는 점에서 시의 제목에 해당하는 '錯認'의 궁극적인 각성 내용은 결국 '나'의 발견인 것이다. "무서워서 떨녀진"다는 화자의 이 두려움은, 결국 나의 존재를 추동하는 것이 저 천상에서 춤추는 외적 존재로서의 '님'이 아니라 "숨어서 나의눈을 엿보"는 '또다른 나'라는 생생한 자각에서 비롯된 것이다.

3. '自由貞操', 근대성의 비판적 갱신

1910년대 중반에서 1920년대는 우리 사회에서 자유연애에 관한 담론이 가상 활발하게 세기된 시기였으며[5] 많은 매체들이 자유연애와 결혼을 학습해야 할 근대적 내용으로서 제시한 시기였다. 연애는 사랑의 대상에 대한 자유로운 선택권과 동등한 주체로서의 평등권을 실현하는 문화적 학습의 장이었으며, 사회적 제도로서의 연애는 근

자들의 관계를 『님의 침묵』의 '님'과 '나'의 관계로서 치환·해석하는 것도 매우 그럴듯한 설명이 된다. 실제로 만해의 시를 기독교의 영향 관계 속에서 해석한 연구들도 있다. 정정호, 「만해 한용운의 『님의 침묵』에 나타난 기독교적 요소」(『문학과종교』13, 한국문학과종교학회, 2008), 권영빈, 「만해문학에 나타난 기독교적 표현 고찰」(연세대교육대학원석사논문, 2011), 배호남, 「한용운의 『님의 침묵』에서 '님'의 의미 연구」(『한민족어문학』68, 2014),

5 권보드래, 앞의 책, 213쪽.

대적 정념의 핵심인 자유와 평등의 관념을 개인의 감정 속에 투사해냄으로써 근대적 주체를 생산하는 사회적 기제가 되었다.[6] 만해가 『님의 침묵』을 쓰고 이 시집이 간행될 1920년대 중반은 계몽의 기획으로서 도입된 자유연애가 새로운 사회적 풍속으로서 자리를 잡아가고 있던 시기였다. 조선의 청춘들에게 근대(近代)는 연애의 정념으로서 경험되었으며, 이 자유연애의 정념과 서사야말로 조선의 근대문학이 독자대중을 형성하고 본격화되는 핵심 거점이었다. 이광수의 소설이 부재하는 사회적 정서로서의 연애감정을 학습시키고 유통시킨 장이었다면, 한용운의 『님의 침묵』은 근대적 정념으로서의 사랑을 주제로 삼은 최초의 시집이었다.

> 내가 당신을기다리고잇는것은 기다리고자하는것이아니라 기다려지는것입니다
> 말하자면 당신을기다리는것은 貞操보다도 사랑입니다
>
> 남들은 나더러 時代에뒤진 낡은 女性이라고 삐죽거립니다 區區한貞操를지킨다고
> 그러나 나는 時代性을 理解하지못하는것도 아닙니다
> 人生과貞操의 深刻한批判을 하야보기도 한두번이 아닙니다
> 自由戀愛의神聖(?)을 덥허노코 否定하는것도 아닙니다
> 大自然을따러서 超然生活을할생각도 하야보앗습니다
> 그러나 究竟, 萬事가 다 저의조아하는대로 말한것이오 행한것입니다
> 나는님을기다리면서 괴로음을먹고 살이짐니다 어려음을입고 킈가큼니다

6　이선이, 앞의 글, 75쪽.

나의 貞操는「自由貞操」입니다

—「自由貞操」 전문

자기준거적 사랑으로서의 자유연애, 그것은 당대인들에게 가장 구체적으로 근대를 경험할 수 있는 장이었다. 이광수의 말[7]마따나 "사랑으로 만나본 일이 없는" 조선의 남녀에게 연애는 사회적 관습과 도덕에 묶여 있던 개인의 내발적 본능과 감정을 해방하는 기제였다. 가족적 자아로서 혼인의 의무만 있었던 조선인에게 연애는 개인의 사적 감성에 기초한 자유가 구체적으로 향유되는 지대였다. 만해는 『님의 침묵』을 통해 새로운 풍속도의 진원인 근대적 가치로서의 '사랑'을 본격적으로 다룬다. 그의 시집에 "키스" 등의 성적 어휘들이 자주 등장함에도 불구하고 그의 시편들에서 관능성이 온전히 향유되지 않고 그러한 표현들이 다소 이질적으로 느껴지는 것은, 사랑을 둘러싼 감각의 자유로운 육체성과 보수적 정념이 이 시집에서 충돌하고 있음을 시시하는 것이다. '自由'와 '貞操'를 한자리에 마주 놓은 위의 시편은 그것의 한 사례이다.

시인은 "時代에뒤진 낡은 女性이라고 삐죽거리"는 주위의 시선을 자각하고 있는 여성 화자를 내세우고 있다. 그녀가 취하고 있는 '당신'에 대한 사랑은 봉건적 사회의 여성들이 보여준 '정조'와 유사하다. 그러나 그 '貞操'는 '시대성'으로 표현된 자유연애의 가치를 이해하고 그것에 대해 깊은 성찰을 거친 뒤에 이른 '나'의 자발적인 선택

---

7 조선에 어찌 남녀가 없사오리까마는 조선 남녀는 아직 사랑으로 만나본 일이 없나이다. 조선인의 흉중에 어찌 애정이 없사오리까마는 조선인의 애정은 두 잎도 피기 전에 사회의 관습과 도덕이라는 바위로 눌러 그만 말라 죽고 말았나이다. 조선인은 과연 사랑이라는 것을 모르는 국민이리로소이다(이광수, 「어린 벗에게」, 『청춘』 9, 1919, 105쪽).

이다. 그것은 사회적 관습에 의해 강요된 타자의 정념이 아니라 '나'의 내발적인 정념이란 점에서 '갱신된 정조'이다. 자각된 개인의 성찰과 자유의지를 경유하여 도착한 이 "자유정조"야말로 (시대적 유행에 춤추는) 가짜—자유, 의사(擬似)—사랑을 넘어선, 진정한 근대적 인권에 바탕을 둔 사랑의 표현이라고 할 수 있다. "님을기다리면서 괴로음을먹고 살이지"고 "어려음을입고 킈가큰"다는 고백의 결미는 화자의 '정조'가 한 개인을 가두는 강제된 구속이 아니라 개인을 굳건한 주체로서 성장시키는 진정한 정념임을 의미한다. 만해는 여성 화자를 통해 자유연애로 상징되는 근대성에 대한 비판과 극복의 전망을 제시하고 있는 것이다.

> 남들은 自由를사랑한다지마는 나는 服從을조아하야요
> 自由를모르는것은 아니지만 당신에게는 服從만하고십허요
> 服從하고십흔대 服從하는것은 아름다은自由보다도 달금합니다 그것이 나의 幸福임니다
>
> 그러나 당신이 나더러 다른사람을服從하라면 그것만은 服從할 수가 업습니다
> 다른사람을 服從하랴면 당신에게 服從할수가업는 까닭임니다
>
> —「服從」 전문

한용운의 대표작 중의 하나인 위의 시는 「자유정조」의 이념을 보다 선명하게 강조한다. '貞操'가 어떤 것을 '지키는', 보수적이고 소극적인 의지라면, '복종'은 무엇인가를 '따르는', 적극적인 태도이다. 「자유정조」의 '정조'가 전적으로 나의 자유의지에 기초한 정념이라면, 이 시의 '복종'은 나의 사랑에서 기인한 열렬한 내발적(內發的)

행위이다. 복종이 "아름다은自由"를 넘어서는 가치가 될 수 있는 이유는, 복종이 수행해야 할 의사나 명령이 바로 '내'가 사랑하는 '당신'의 것이기 때문이다. 당신은 의식적인 자유를 넘어, 나의 전-존재가 온몸으로 지향하는 존재이다. 복종이 자유로운 '나'의 선택이라는 사실은, "당신이 나더러 다른사람을服從하라면 그것만은 服從할 수가 업"다는 화자의 발언이 반증한다. 그러한 점에서 복종은 자아 상실이나 몰-주체가 아닌, 당신을 향한 나의 전(全)-존재적인 사랑의 표현인 것이다. 만해는 '정조'와 '복종'이라는 봉건적 가치를 평등과 자유에 기초한 개인의 정념으로서 갱신한다. 이는 여성 화자를 통해 사랑의 주제를 본격적으로 다루고 있는 『님의 침묵』이 겨냥하고 있는 중요한 핵심이다.

4. 사랑의 노동과 비밀

우울과 절망의 감성이 지배적이었던 1920년대 시단에 『님의 침묵』이 보여주었던 역설의 미학은 경이로운 진경이었다. 고통과 슬픔을 형이상적 비전으로 전환시킨 만해의 시학은 개인의 감성에 취해 있던 한국시단에 견인(堅忍)의 정신과 사유를 새겨 넣음으로써 근대적 감각에 높이를 더해주었다. 개인의 자유로운 감정의 분출이 주를 이루던 시기에 그의 시편들이 펼쳐낸 부정(否定)의 시학은, 시가 어떻게 궁핍한 시대의 비전이 될 수 있는지를 웅변해준 탁월한 사례였다. 동시에 서구적 근대성을 비판적으로 갱신할 수 있는 가능성을 형상화한 것이었다. 당대의 시편들과 유사한 감정들을 재료로 하고 있음에도 불구하고 그의 시는 봉쇄된 세계에 길을 내었으며, 부정성이 출구 없는 현실에서 전복의 동력이 될 수 있음을 보여주었다. 당대의 시인들과 달리 이렇게 새로운 시적 비전을 제시할 수 있었던 것은, 그가 부정적 상황을 과정적 현실로서 상상하고 사유할 수 있었기 때문이었다.

나는 당신의옷을 다지어노앗슴니다
심의도지코 도포도지코 자리옷도지엇슴니다
지치아니한것은 적은주머니에 수놋는것뿐입니다

그 주머니는 나의손때가 많이무덧슴니다
짓다가노아두고 짓다가노아두고한 까닭입니다
다른사람들은 나의바느질솜씨가 업는줄로 알지마는 그러한비밀은 나밧게는 아는사람이 업슴니다
나는 마음이 압흐고쓰린때에 주머니에 수를노흐라면 나의마음은 수놋는금실을따러서 바늘구녕으로 드러나고 주머니속에서 맑은노래가 나와서 나의마음이됨니다
그러고 아즉 이세상에는 그주머니에널만한 무슨보물이 업슴니다
이적은주머니는 지키시려서 지치못하는것이 아니라 지코십허서 다지치안는것입니다

—「繡의 秘密」 전문

'당신'의 옷을 짓는 여성화자의 내면을 기록하고 있는 작품이다. 옷을 거의 지었지만 완성하지 않는 이유에 관해 적고 있는 이 시는 현실을 살아내는 시인의 삶의 태도를 우의적으로 형상화한다. 화자에게 수를 놓는 작업은 고통과 슬픔을 "맑은노래"로 전환하는 일이다. "금실을따러서" "구녕"으로 바늘을 한땀 한땀 넣다보면 부정적인 내면의 감정이 드러나는데, 이것이 긍정적으로 바뀌는 것은 "주머니속

에서" 흘러나온 "맑은노래" 때문이다. 그 노래가 나의 "압흐고쓰린" 마음을 아름다운 것으로 변화시킨다. 이 주머니의 신통력은 그 속에 담겨질 '보물'에서 기인한다. 보물을 담게 될 주머니의 비전, 아직 마련되지 않은 보물의 가능성이 "맑은노래"를 흐르게 하여 '나'의 부정적인 감정들을 해소시킨 것이다. 옷을 마무리하지 않은 이유, 좀더 정확히 말해 주머니를 짓지 않은 까닭은 "주머니에널만한 무슨보물"을 아직 현실에서 찾지 못했기 때문이다. 화자는 보물이 보이지 않는 현실을 보지 않고, 보물을 담을 주머니를 생각하며 천천히 주머니에 수를 놓고 있다. 화자에게 수를 놓는 작업은 "맑은노래"를 듣는 일이며, 주머니에 담길 보물을 상상하는 일이다. "압흐고쓰린" 상황이 수를 놓게 만들었지만, 수를 놓는 과정을 통해 마음은 오히려 아름다운 심미적 세계로 전환된 것이다. 부정적 계기를 품고 있는 수-놓기 작업 속에 현실의 심미성이 내장되어 있는 셈이다. 옷을 완성하지 않은 채 주머니에 천천히 수를 놓는 여성화자의 작업은 현실을 견디는 일이며, 자신의 부정적인 내면을 심미적으로 전환하는 일인 것이다.

만해의 시에 지속적으로 반복되는 부정의 심미성, 이를 테면 "리별의美는 아츰의 바탕(質)업는 黃金과 밤의 올(糸)업는 검은비단과 죽엄업는 永遠의生命과 시들지안는 하늘의푸른쏫에도 업"(「리별은 美의創造」)다는 부정성을 내장한 아름다움이 여성화자의 수놓기에도 반복되고 있는 것이다. 만해의 시-쓰기도 이 수놓기의 일환일 것이다. 그의 시작(詩作) 역시 보물이 담길 주머니에 수를 놓는 저 여성화자의 노동처럼, 도래할 어떤 현실을 준비하는 심미적 작업이라고 할 수 있다.

> 한숨의봄바람과 눈물의水晶은 써난님을긔루어하는 情의秋收입니다 / 저리고쓰린 슯음은 힘이되고 熱이되야서 어린羊과가튼 적은목숨

을 사러움지기게함니다 / 님이주시는 한숨과눈물은 아름다은 生의藝術임니다

—「生의 藝術」 2연

당신의마음은 틔업는 숫玉이여요 그러나 곱기도 밝기도 굿기도 보석가튼 마음이 업는것이아님니다 / 만일 아름다은마음만을 사랑한다면 웨 나의반지를 보석으로아니하고옥으로만드러요

—「「사랑」을 사랑하야요」 2연

그들은 나의사랑을볼수는 업슴니다 / 사랑의神聖은 表現에잇지안코 秘密에잇슴니다

—「七夕」 부분

만해 시학의 역설적 구도는 부정성을 한층 더 높은 긍정성의 발전적 계기로서 사유한 데 있다. 여러 논자들이 지적했던 부정의 변증법, 그의 시에 내장된 이러한 변증적 사유는 고통과 절망을 심미성의 역동점(力動點)으로 추동해낸다. 그리고 이 시적 비전은 작품 내의 심미적 구도로서만 작동하지 않고 작품을 넘어 암담한 현실을 극복하는 현실적 전망으로서 형상화된 것이다. 〈군말〉이 웅변적으로 드러내고 있는 것처럼, 『님의 침묵』은 시집 바깥을 겨냥한 세계라는 점에서, 그의 시편들을 구성하는 심미적 비전은 현실의 전망과 분리되지 않는다.

"저리고쓰린 슯음은 힘이되고 熱이되야서 어린羊과가튼 적은목숨을 사러움지기게"하고, 그래서 "한숨과눈물"이 "生의藝術"이라는 언명은 그의 시적 비전이 현실과 생을 예술화하는 데 바쳐진 것임을 웅변해준다. 현실의 고통과 슬픔은 생을 기운생동(氣運生動)

하게 하는 심미적 핵(核)이다. '곱고 밝고 굳은 보석'보다 "티없는 숫玉"이 아름다운 것은 "숫玉" 속에 "목숨을 사러웁지게하"는 생동력이 있기 때문이다. "저리고쓰린 싊음"이 "힘이되고 熱이되야서" "적은목숨을 사러웁지게한"다는 이 만해의 통찰력은, 현실을 결과가 아닌 과정으로서, 정적인 것이 아닌 동적인 세계로서 사유하는 전망, 그래서 "압흐고쓰린때" 한땀 한땀 "수를 놓는" 노동에서 비롯된 것이다. 그것이 "사랑의神聖"의 "秘密"이다.

5부

의학과 시(詩)가 만나는 자리

1.

드라마(Drama)는 대중의 현실과 꿈을 형상화한다. 드라마가 다루는 가장 흔한 소재는 일반인들의 사랑과 성취의 서사로서, 대중은 자신들의 지리멸렬한 삶에서 겪을 수 없는 환희를 이들 드라마에서 경험한다. 그러한 점에서 드라마는 대중의 삶의 결여를 대리-보충하는 자리이며, TV드라마의 대표격이라고 할 수 있는 이른바 '멜로드라마'의 감상성은 이 대리-보충의 과정을 자신의 것으로 생생하게 겪고 견인할 수 있게 하는 내면의 자양인 셈이다. 가장 흔하게 볼 수 있는 드라마의 플롯, 이를테면 재벌가 2세와 순수한 젊은 여성 사이에서 벌어지는 사랑과 그로 인한 우여곡절(迂餘曲折)은 이러한 멜로드라마의 구조와 효과를 가장 전형적으로 보여주는 서사라고 할 수 있다. 이와 조금 다른 자리에 전문직 인물을 주인공으로 하는 드라마가 놓인다. 물론 이들 드라마 역시 본질적으로 멜로물(物)의 성격을 띠고 있지만 여기에는 자신들의 욕망을 투영·해소하는 향유 구조와는 다소 상이한 대중들의 의식이 반영되어 있다.

전문직 가운데 대중 드라마가 즐겨 다루는 직종은 법조/의료 분야, 그 중에 대중적 관심의 대상은 주로 검사와 의사(대학병원)이다. 법조계와 의료계는 대중매체를 유인할 수 있는 다양한 서사가 상존하는 분야인데다 대중들에게 노출되지 않은 미지의 영역이다. 법원과 검찰청, 그리고 수술실 안쪽에서 벌어지는 일들은 일반인들이 알 수 없는 너머의 세계이다. 여러 전문직종이 있음에도 불구하고 방송이 드라마의 소재로 이들을 자주 다루는 것은 법과 의료 영역이 대중들의 삶과 밀접하게 닿아 있기 때문이다. 특히 의료 분야의 경우 이와 무관한 사람은 없는데 반해 관련 내용에 관해서는 아는 바가 없는 탓에 메디컬드라마의 대중적 유인 지수는 꽤 높다고 할 수 있다. 실제로 대개의 메디컬드라마는 생사를 다투는 긴급 상황과 수시로 쏟아지는 전문용어들을 엮어 박진감 넘치면서도 호기심을 자아내는 장(場)을 펼쳐낸다. 물론 메디컬드라마 역시 일반적인 드라마처럼 사회구조를 바탕으로 하고 여러 층위의 권력 투쟁과 갈등이 벌어지는 공간이지만, 이들 드라마는 기본적으로 핵심 대상인 의사의 이미지를 형상화하는 데 역점을 둔다. 이 형상들에는 의사를 향한 대중들의 시선과 이미지가 투영되어 있는데, 대중매체들은 의사의 상(像)을 대체로 냉철하게 자신의 직업적 소명에 충실한 자들로 그려낸다. 자신의 전문 지식과 경험을 바탕으로 집념을 가지고 질병과 싸우는 사람, 그는 근대 전문직의 대표적 표상이라고 할 수 있다. 우리 시대 의료인의 상에는 더 이상 인술(仁術)을 베푸는 자로서의 선량한 이미지가 담겨있지 않다.

우리 시대 의사의 상(像)은 과학으로서의 근대의학의 성격과 부합한다. 현대 의학은 몸에서 마음을 배제하고 인간의 육체를 순수한 물질적 존재로서 상정한다. 이는 인간의 신체를 정량화하고 객체화함으로써 궁극적으로는 "몸을 이론체계로 재정리화하는 과정"[1]이다. 이와 같은 과정은 인간의 육체뿐만 아니라 이 육체를 상하게 하는 질병의 요인까지도 객관적으로 체계화하는 작업을 동반함으로써 인간의 몸을 '신체–기계'로서, 질병은 '기계–고장'으로 다루게 한다. 그것은 과학이론에 바탕을 둔 기초의학과 이 위에 기반한 실천행위로서의 임상의학의 분리, 즉 이론과 임상의 분리를 통해 명시적으

1 최종덕, 「의료/의학의 인문학적 통찰」『의철학연구』 1, 한국의철학회, 2006. 16쪽.

로 뒷받침되었다. 과학의 발전과 함께 진행된 현대의학의 개진은 오랫동안 서구의학의 모범적 거점이었던, 환자와 관찰을 중시한 히포크라테스의 의학적 전통과의 결별을 뜻하는 것이었다.

현대의학의 메커니즘은 병원의 거대 자본시스템과 결합하여 진료 과정에서 대중이 겪는 경험과 느낌으로 고스란히 환원된다. 신체-기계로서의 나의 몸의 상태가 의학적 지식 위에서 일정한 기계-증상으로 귀결·진단되고 이에 따라 일반적 처치 과정을 경험하는 일은 '나'가 아니라 내 몸에 들어온 '질병'의 해소과정을 확인하는 과정이다. 여기에서 환자들이 겪는 것은 '나'의 소외이다. 거대한 진료시스템 하에 질병-기계로 취급·처리되는 과정 속에서 '나'의 개별적인 상황이나 상태는 거의 고려되지 않은 채 내 몸은 일반화되어 진단되고 특정 약리작용 속에 편입, 처치된다. 인간의 질병을 범주화하고 일반화하여 "동일한 징후에는 동일한 처방을 내리는 의료시스템 속에서 생명의 개별적 징후들은 소통될 수 없"[2]으며, 개별성 위에 구성되는 생명의 존엄은 삭제될 수밖에 없다. 이는 전문적 지식을 가진 의사와 자신의 육체에서 일어난 일에 무지한 환자의 관계 양상에서 보다 웅변적으로 드러난다.

2.

과학주의를 표방하고 있는 의학의 내용과 의료 현장을 생각하면, 의학과 문학을 한 자리에 놓는 것은 별로 유의미하거나 유용한 일로 보이지 않는다. 앞에서도 언급한 것처럼 생명의 개별성을 하나의 범주로 일반화하여 징후-처방을 묶는 의학의 관점과 개별 존재의 구체

2 김훈, 「질병의 개별성과 의사」, 『의학과 문학』, 마종기 외, 문학과지성사, 2004, 150쪽.

적인 고통·아픔에 집중하는 문학의 태도는 사실상 정반대의 입장을 취하고 있는 셈이니, 둘 사이의 연대나 교환의 가능성이 있다면 거기에는 어떤 선회가 전제되어야 할 듯하다. 문학은 일반화의 욕망과 폭력에 대한 본원적인 저항의 본성을 지니고 있으며, 문학하는 이는 고통 받는 얼굴에 자발적으로 사로잡힌 자이다. 문학이 경청하는 슬픔은 범주나 일반으로 환원될 수 없는 개별자의 정념이며, 아니 좀더 정확하게 말하자면 문학은 개인의 고통을 일반화의 범주로 편입시키지 않는다는 점에서 생생한 구체를 고집하는 자이다. 물론 진료의 기본을 환자의 각종 증상과 징후를 잘 관찰하는 것에 두었던 히포크라테스의 의학 전통이 환자와 그의 개별성을 가장 중시하였다는 점은 꼭 상기할 필요가 있을 것이다.

의학과 문학은 인간의 고통에 주목·관여한다는 점에서 공통적이다. 고통은 의학과 문학의 발원지점으로, 의학은 고통의 해결을 위해 존재하고 문학은 그러한 개별자들의 고통을 구체화함으로써 타자와 인간을 이해하도록 도우며 삶을 성찰하게 한다. 이렇게 정리해 놓고 보면, 의학은 인간의 육체적 고통에 작용하고 문학은 인간 내면의 고통에 관여한다. 의학이 고통의 치유를 직접적인 목적으로 하는데 반해, 문학에서 고통은 인간의 삶을 이해하는 중요한 기지이다. 인간은 고통 속에서 생의 민낯을 보고 고통을 통해 현상적 삶을 넘어선다. 문학이 고통을 이해하는 태도이다. 의학과 문학이 고통에서 발원하고 있음에도 불구하고 매우 상이한 것으로 생각되는 것은, 인간 존재를 구성하는 요소들을 하나의 유기적 연관 속에서 사유하는 문학과 달리, 현대의학은 육체의 질병을 삶에서 분리하여 다루고 처리하기 때문일 것이다. 생의학 모델에서의 질병은 그것을 앓고 있는 개별 인간의 삶과는 분리된 독립적인 실체로서 파악된다.[3] 그러한 점에서 의학에서 질병을 치유하는 과정은 부정적인 대상이나 상태를 육체에서 해소하는 과정이 되는 것인데, 이와 같은 의학에 대한 언명은 경험적인 측면에서 절반은 맞고 절반은 틀리다고 할 수 있다.

진료시스템 속에 들어가면 환자의 육체는 그의 삶이나 마음과 분리된 물질적 객체로서 다루어지는 데 반해, 의사의 진료 과정에서는 틈틈이 이와 다른 층위의 '스트레스'가 진단과 당부의 형식으로 출현한다. 물론 그때의 스트레스는 개인의 삶의 구체에 기초하지 않은 텅 빈 수사적 발언인 경우가 대부분이다. 이 대목은 매우 중요하다. 의학이 인문학을 호명(呼名)한다면, 그것이 실제적인 것이 되기 위해서는 환자의 개별성이 의사에 의해 존중되고 의료시스템 속에서 반영되는 과정이 전제되어야 한다. 스트레스를 줄여야 한다는 수사적 요청은 환자의 질병을 둘러싼 개별적 상황을 경청하지 않을 때 공소한 발언이 될 뿐이다.

B.C 4세기, 아리스토텔레스는 최초의 서구문학이론서인 〈詩學 poetics〉에서 비극의 구성에 관해 설명하며 극이 불러일으키는 공포와 연민의 감정이 사건의 역전과정에서 경악을 유발하고 이를 통해 부정적 감정이 해소(catharsis, 정화/배설)[4] 된다고 극의 효용을 정리한바 있다. 극의 구성과 효능을 관객의 심리과정을 통해 설명한 〈시학〉의 관점은 작품의 구조와 문학의 주요 가치들을 논리적으로 해명한 탁견이었으며, 이러한 그의 시각은 문학의 가장 유서 깊은 전통으

---

3 황임경, 「질병과 이야기」 『서강인문논총』 40, 서강대인문과학연구소, 2014, 117쪽.

4 아리스토텔레스의 아버지 니코마코스는 알렉산드로스 대왕의 할아버지인 아민타스3세의 시의(侍醫)였으며, 당대 전통과 그의 저작(생물학 등) 등을 통해 미루어 볼 때 아리스토텔레스 역시 가업(家業)인 의학에 관해 상당한 이해가 있었던 것으로 추정된다.

로 이어져 왔다. 공포와 연민의 감정이 경악을 경험하며 정화/배설된다는 견해 속에는 문학의 핵심적 가치들이 내장되어 있다. 독자는 작품 속 인물의 삶에서 벌어지는 비극적 숙명을 공포 속에서 간접 경험하며 인물에게 한없는 연민을 느끼게 된다. 이는 타자의 고통과 교감하는 일이며 나의 삶에도 동일하게 찾아올 수 있는 생의 비극성을 발견하는 일이다. 인물의 삶에 깊이 공감하는 과정에서 발견하게 되는 생의 비극성 앞에서 독자는 자신의 삶에 도래할, 혹은 이미 기숙하고 있는 고통을 목도하고 이를 수용할 수 있는 내면의 힘을 얻게 된다. 아리스토텔레스는 극의 감상 과정에서 타자와의 교감, 공포를 통한 발견과 성찰, 그리고 감정의 정화 등, 문학의 주요 가치와 기능을 갈파해낸다. 〈시학〉이 정리하고 있는 극의 효능에서 우리는 문학이 자연스럽게 수행하는 치료적 기능을 확인하게 된다. 교감과 성찰, 그리고 부정적 감정의 해소, 이 모든 것을 통해 얻게 되는 정신적 면역력은, 문학의 창작과 일련의 감상 과정이, 궁극적으로 내면의 힘을 기르고 고통을 다스리는 지유의 경로임을 생각하게 한다.

의학이 인문학을 호명하는 이유는 크게 두 가지 차원일 것이다. 하나는 예비 의사들을 교육하기 위한 것이고, 다른 하나는 의료 행위에서 문학적 방법을 참고·활용하는 것이다.[5] 그런데 이 둘은 별개의 것이 아니다. 의료교육 과정에서 문학 교육을 한다는 것은 타자와 교감하는 능력을 키우는 것이고 이는 경청과 존중의 태도를 내면화하

5 이병훈은 미국의 사례를 들어 의학교육에서 문학이 할 수 있는 역할을 크게 넷으로 나누었다. 첫째 의료윤리교육에서 문학의 윤리성을 참조하는 것, 둘째 실제 의료행위 과정에서 문학적 방법들들 활용하는 것, 셋째 문학작품을 실제 임상과정에서 '치료의 수단'으로 활용하는 것, 넷째 의대생의 심미적 교육에 문학작품을 활용하는 것. 이병훈, 「의학과 문학의 접점들」(『의학과 문학』, 19~28쪽)을 참조할 것.

는 일이다. 이러한 능력과 내면이 형성된다면 자연스럽게 문학의 방법들이 의료행위 현장에서 활용될 것이다. 인성이 바뀌면 자신에 적합한 방법을 찾으려 할 것이고, 이는 의료 현장을 바꾸는 요인으로 작용할 것이다. 내용과 방법이 맞물려 있듯이 의료인의 인성과 임상실천 역시 떼어놓고 생각할 수는 없는 것이다.[6] 물론 이 모든 것은 진료시스템의 변화가 동반될 때 제대로 된 실천이 가능해질 것이다.

3.

의과대학에 인문학 관련 학과/강좌가 개설된 것은 미국에서는 1960년대 후반, 한국에서는 1990년대 중반부터 의학교육에 인문학을 접목하자는 주장이 제기되었고, 2000년대 후반부터는 문학을 비롯한 철학, 심리학, 미술, 음악, 연극, 영화, 드라마 등을 의학교육에 활용하는 방안이 논의/추진되기 시작하여 2010년을 전후로 서울의 주요 의대를 중심으로 관련 강좌들이 개설되었다. 영남대 의대에서 〈의학과 문화〉 프로그램이 시작된 것도 이 무렵이었다. 미국에서부터 시작된 의학교육의 개혁과 변화는 '환자중심의 의료 서비스'라는 대중적 욕구의 확산과 필요성에서 시작되었는데, 한국의 경우 그것의 실

---

6 이와 관련하여 참조할만한 흥미로운 설문조사 결과가 있어 정리하면 다음과 같다. 임상실습을 전후로 '좋은 의사'에 대한 의전원 학생들의 인식의 차이를 조사한 이 설문에서 실습 여부와 상관없이 가장 중요한 키워드는 '환자'였으며, 임상실습 전에는 '좋은 의사'와 관련된 어휘들로 '신뢰' '진심' '아픔'과 같은 추상적·정서적 표현의 단어들이 사용된 데 반해, 임상실습 후에는 '진단' '기본' '가족' '치료' 등과 같은 어휘들이 새롭게 부상되었다는 점에서 임상현장의 경험이 '좋은 의사'에 대한 인식을 바꾸었다고 볼 수 있다(「의학전문대학원생의 '좋은 의사'에 대한 인식 구조 분석」, 『한국콘텐츠학회논문지』 15(9), 한국콘텐츠학회, 2015). 이와 같은 결과는 의료인문학의 교육이 실제적인 효과를 얻기 위해서 어떠한 노력이 동반되어야 할지를 생각게 한다.

제적인 효과는 아직 본격화되지 않은 것으로 생각된다.

〈의학과 문화〉라는 강좌로 개설된 영남대 의대의 인문학 프로그램은 곧 시행 10년을 맞이하게 된다. 아마도 지역 의대에서는 꽤 이른 시기에 개설된 것으로 생각되는 강좌에 대한 실제적인 점검이 필요한 시점으로 보이는바, 그간 〈의학과 문화〉에서 진행되었던 수업의 제목을 대략 정리해보면 다음과 같다.

> 의학과 대중가요 / 서양고전음악의 이해 / 오페라의 이해 / 음악치료로서의 민요 / 대중음악과 현대사 / 의사생활과 클래식음악 / 풍속화 감상 / 서양화의 이해 / 영화 속 의학 그리고 생명 / 미디어로 본 의료 / 몸 그 건너 사람이야기 / 시와 인이와 인간, 그리고 마음 / 몸, 그 건너 사람이야기 / 의학, 인문 사회 속의 날개를 달다 / 다음 세대에 고수 의사로 살아남는 법 / 소통의 미학 / 우리는 누구와 지내고 있는가 / 와인의 이해

대체로 음악이나 미술, 영화 등의 예술 관련 강의들이 주를 이루고 있는 편이다. 전체 강의 내용을 보면 〈의학과 문화〉는 학생들의 심미적 능력의 함양과 정서적 이완을 목적으로 운영되는 것으로 보이며, 강사는 테너가수, 재즈평론가, 음악과 미술 분야 교수, 국문학 관련 교수, 의료인문학 담당교수, 현직의사 등으로 구성되어 있다. 〈의학과 문화〉는 대체로 의료인문학의 핵심 취지인 공/교감 능력의 신장과는 달리, 학생들의 예술 감상 능력이나 심미적 쉼에 초점이 놓여 운영되는 듯하며, 부분적으로 일반 대학의 교양 강좌의 기능을 담당하고 있는 것으로 생각된다. 예비의사들의 정신건강과 인간다운 삶[7]을

7 이병훈, 앞의 글, 27쪽.

확보하는 것도 의료인문학의 중요한 영역이라는 점에서 예술작품의 감상을 중심으로 한 강좌 운영도 의미가 있겠지만, 강좌가 운영된 지 10년 가까이 되었으니 강좌에 대한 반성적 성찰과 방향 전환도 시도해볼 만하다.

필자가 경험한 〈의학과 문화〉의 강의실은 실제로 교수자가 원하는 수업 진행이 쉽지 않은 환경으로 이루어져 있다. 책상 위에 놓인 커다란 독서대와 책상을 가득 채운 의학 서적들, 그 사이에 머리를 파묻은 학생들의 풍경과 마주하며 시작되는 강의는 어지간한 내공 없이는 제대로 진행하기가 쉽지 않다. 강도 높은 의학 수업들 사이에서 이미 브레이크 타임(break time)처럼 생각하며 수업에 참여하는 학생들에게 진지한 자기 성찰과 타자에 대한 공감을 경험하는 내면을 끌어내기란 사실상 어렵다. 어찌 보면 인문학 강좌를 기획하는 단계에서 이미 인문학 수업은 쉬어가는 시간 정도로 구성된 것은 아닐까 하는 생각도 하게 된다. 이는 역으로 치유의 목적을 가진 문학 개설 과목의 분위기나 긴장도와 매우 상이하다.

필자가 학생들의 상호교감과 치유를 목적으로 개설한 전공 수업 〈현대시와 공존의 윤리〉라는 과목의 수업 몰입도는 문학에 관한 지식 전달이나 이해를 위주로 한 교과목보다 훨씬 높다. 강의를 준비하고 진행하는 교수자의 긴장의 강도 또한 당연히 높을 수밖에 없다. 수업에서 학생들은 다른 학우들의 이야기를 경청하며 진지하게 반응한다. 가끔 뜻밖의 고백이 나오기도 하고 때때로 울고 웃는 과정을 통해 학생들은 자신과 타자의 삶을 생각하고, 그리하여 강의실은 치유와 교감의 장이 된다. 수업이 끝난 뒤에도 쉽게 자리를 뜨지 않는 학생들, 다른 친구의 곁에 가서 안거나 어깨를 감싸 안는, 혹은 창밖을 바라보거나 보드를 지우는 모습들이 강의가 끝난 뒤에 자주 목격하게 되는 풍경들이다.

4.

'3시간 기다려서 3분 진료 받는다'는 말은 예약시스템이 잘 이루어진 오늘날에는 맞지 않는 말이지만 '3분 진료' 현실은 별로 바뀌지 않은 듯하다. 약을 받기 위해 병원을 찾는 것처럼 생각되는 이유도 여기에 있을 것이다. 그래서 질병은 의사가 아니라 약에 의해 치료된다는 느낌이 드는 것은 진료 과정에서 의사의 역할이 극히 제한적인 것으로 생각되기 때문이다.

> 살구나무 그늘로 얼굴을 가리고 병원 뒤뜰에 누워, 젊은 여자가 흰 옷 아래로 하얀 다리를 드러내 놓고 일광욕을 한다. 한나절이 기울도록 가슴을 앓는다는 여자를 찾아오는 이, 나비 한 마리도 없다. 슬프지도 않은 살구나무 가지에는 바람조차 없다.
>
> 나도 모를 아픔을 오래 참다 처음으로 이곳에 찾아왔다. 그러나 나의 늙은 의사는 젊은이의 병을 모른다. 나한테는 병이 없다고 한다. 이 지나친 시련, 이 지나친 피로, 나는 성내서는 안 된다.
>
> 여자는 자리에서 일어나 옷깃을 여미고 화단에서 금잔화 한 포기를 따 가슴에 꽂고 병실 안으로 사라진다. 나는 그 여자의 건강이-아니 내 건강도 속히 회복되기를 바라며 그녀가 누웠던 자리에 누워본다.
>
> —윤동주, 「병원」 전문

1941년 연희전문을 졸업하고 일본 유학을 앞둔 윤동주가 발간하고자 했던 시집[8]의 표제작으로 삼으려 했던 작품이다. 시집을 준비하면서 그가 가졌던 생각이 가장 단적으로 담긴 작품이라고 할 수 있겠다. 시에서 화자의 감정은 둘로 나뉜다. 화자는 "찾아오는 이" 하나 없는 "가슴을 앓는다는 여자"에게 깊은 공감과 연민을 보이고 있는데 반해 자신을 진료한 의사에게는 분노의 감정을 드러내고 있다. 여자의 행동을 섬세하게 따라가고 있는 시선은 시의 결미에 이르러 "그녀가 누웠던 자리에 누워보는" 행위로서 동화된다. 여자와 '나'는 아프다는 것과 젊다는 점을 공유하고 있는 존재들이다. "나도 모를 아픔을 오래 참다 처음으로" 찾아왔지만 "나한테는 병이 없다고 하는" "나의 늙은 의사", 시인은 이 의사의 진단 앞에서 깊은 절망을 느끼고 있다. 윤동주의 시에 거의 등장하지 않는 '피로'와 '시련'과 '성내다'라는 표현들이 집중된 2연의 결미는 당대를 통과하는 시인의 고뇌를 잘 보여준다. 화자가 시련과 피로와 분노를 느끼는 이유는 현실 때문이 아니라 '나'의 상태를 제대로 진단하지 못하는 "늙은 의사" 때문이다. 연륜으로 인해 충분히 알아낼 것이라 생각했던 나의 질병 앞에 "늙은 의사"는 무력하다. 그의 '늙음'은 젊은이의 상태에 공감할 수 없는 경화(硬化)의 징표인 셈이다. 이 시에서 늙음의 속성은 청춘들의 아픔에 통하지 못하는 불감의 처소가 되고 있는 것이다. "나도 모를 아픔을 오래 앓다가" 찾아간 의사에게서 듣는 "병이 없다"는 진단은 더 이상 나의 고통이 받아들여질 가능성이 없음을 뜻하는 것이다.

---

8 육필원고 상태로 갈무리된 이 시집에는 총 19편의 작품이 정리되어 있었으며, 1948년 1월에 간행된 시집 『하늘과 바람과 별과 시』에는 유작 31편, 그리고 1955년 2월에 간행된 10주기 기념 증보판시집에는 총 66편의 작품이 수록되어 있다.

「병원」은 치유의 불가능성, 당대적 고통의 출구 없음에 대한 절망을 형상화한 작품이지만, 이 시에 서술된 상황은 상징성을 걷어내고 읽더라도 그 자체로 하나의 현실로서 읽힌다. 예민한 청춘의 아픔을 읽기 위해서는 육체의 배후에 작용하고 있는 마음과 감성을 읽을 수 있어야 한다. 육체에 드리워진 마음의 그림자를 섬세하게 살피지 않고서는 진단될 수 없는 병통이 있는 법이다. 생명은 자연 속에서 존재하고, 몸과 마음은 긴밀하게 연관되어 있으며, 개인은 공동체와의 관계 속에서 삶을 영위해 가는 것, 이는 인문학이 인간을 인식하는 가장 기본적인 전제이다. 의학이 인문학을 호명한다면 그것은 인간에 대한 인문학의 이해를 존중하는 데서 시작되어야 할 것이다. 이는 방식이어야 할 것이다. 의학을 단순히 육체적 존재로서의 인간만을 돌보는 것이 아니라 정신적, 사회적 차원을 포괄하여 인간의 문제를 총체적으로 돌보는 것[9]으로 정의하거나 자연의학/사회의학/인문의학의 세 차원에서 설명하고자 하는 노력[10]은 모두 이러한 인문학의 전제가 수용된 의학의 관점이라고 할 수 있다.

> 이 말이 그 말로 들릴 때 있지요 그 말도 이 말로 들리지요 그게 마음이지요 왜 아니겠어요 몸피는 하나인데 결이 여럿인 것처럼 이 사람을 귀신이라 믿어 세월을 이겨야 할 때도 있는 거지요 사람 참 마음대로지요 사람 맘 참 쉽지요 궤짝 속 없어지지 않는 비린내여서 가늠이 불가하지요 두 개의 달걀을 섞어놓고 섞어놓고 이게 내 맘이요 저것이 내 맘이요

---

9 여인석, 「히포크라테스와 19세기 프랑스의학」 『의사학』 12(2). 대한의사학회, 2003, 170쪽.

10 강신익, 「의학의 세 차원 : 자연의학, 사회의학, 그리고 인문의학」, 『의철학연구』 6. 한국의철학회, 2008.

두 세계가 구르며 다투는 형국이지요 길이가 맞지 않는 두 개의 자(杍) 이기도, 새벽 두 시와 네 시 사이이기도 하지요 써먹을 데 없어 심연에 도 못 데리고 가지요 가두고 단속해봤자 팽팽히 와글대는 흉부의 소란 들이어서 마음은 그 무엇하고도 무촌(無寸)이지요

—이병률, 「마음의 내과」 전문

이 시는 마음에 대한 진단을 보여주는 작품이다. "이 말이 그 말로 들릴 때"도 있고 "그 말도 이 말로 들리"기도 하는 것, 그게 마음이다. 이러기도 하고 저러기도 할 수 있음을 인정하는 화자의 말법은 마음의 속성을 진단하는 내과의의 화법을 구현하고 있다. "몸피는 하나인데 결이 여럿인 것", 하나의 몸에 여러 결의 마음이 있으니, 그러한 관점에서 보자면 몸의 증상만으로 처방을 할 수는 없는 것이다. 문학은 인간에 대한 다면적이고 중층적인 이해 위에서 성립한다. 의학이 인문학의 관점에 접속하겠다는 것은 몸에 내장된 '여러 결'의 소리들을 경청하려는 시도여야 하고, 저 "와글대는 흉부의 소란"을 적어도 외면하지 않겠다는 의지여야 한다. 이는 생명의 개별성을 존중하려는 노력이자, 다른 것을 다르게 보고 이를 개별 생명의 육체성에 실제적으로 기입·반영하는 실천이어야 할 것이다.

창문 없는 방에 누워 있으면 어느 순간 이마에 고인 미열이 참 따뜻하다
무릎 나온 바지를 입고 잠든 엄마 뱃속
여기는 얇은 주름이 잡힌 호수의 밑바닥
손톱으로 긁어 보면
이곳에 살다 간 사람들 살냄새가 바스스 일어나 말을 건네고
기침이 많은 밤을 나는 소름 돋는 눈빛으로 느낀다
낯선 구름을 데리고 온 계절 앞에서

내 얼굴은 곰팡이 슬어가는 벽이 되었다가 깊은 우물이 되었다가 하얗고 동그란 달이 되었다가
다시 들여다보면 아무것도 끌어 담지 못하는 그물
나는 한 날에 한 번 사라지는 그늘
어제는 이곳에 나를 뚝 떼어 놓은 배꼽이 간지러워 바닥을 뒹굴거리다
목이 말랐고
목매달고 싶었다
그러나 식물처럼 가만히
내 안에서 흐르는 물소리를 들을 때
몇 겹으로 덧바른 꽃무늬 벽지에선 시간의 뒷모습 냄새가 났다
가끔 얼굴을 씻고 저녁을 만나도
저기 저 북극에서 보내온 편지에는 차갑고 무거운 글자들이 떠다닐 것만 같고 그 편지의 두 번째 혹은 네 번째 줄에는
누군가 흘리고 간 웃음이 얼어 있을지 모른다, 는 생각
오늘은 내 뒷모습이 보고 싶다, 라고 쓴다
식어 가는 이마에 금방이라도 부서질 것 같은 유리병에
지구의 기울기를 느끼는 이 순간에
푸른 나뭇가지 끝에 걸려 점점 일그러지는
얼굴, 나는 한 달에 한 번 추억되는 구름

—김지녀, 「루나틱 구름에 휩싸인 얼굴」 전문

여성의 생리 중에 일어나는 다양한 증상들을 형상화한 작품이다. 남성들에게는 사실 외계(外界)라고 할 수 있는 생리 중의 육체적·심리적 증상은 전혀 이해할 수 없었던 여성의 내면에 대해 재삼 생각하게 한다. 이를테면 "이곳에 살다 간 사람들 살냄새가 바스스 일어나 말을 건네고/기침이 많은 밤을 나는 소름 돋는 눈빛으로 느낀다"는

표현에서 우리는 남성성에 기반한 감각에서는 도저히 상상할 수 없는 낯선 이질성을 목도하게 된다. 이 생리 중에 발현되는 경이로운 감각은 몸에 속한 것이지만, 그것은 육체만의 것이 아닌 내면에 속한 감각이기도 하다. 얼굴에의 지각에서 목마름으로, 목마름에서 물소리로, 그리고 현기증으로 이어지는 이 시의 감각을 어찌 육체의 것으로만 규정할 수 있겠는가. 몸과 마음은 서로에게 깃들어 있고 그들의 관여로 구성되는 존재는 자신의 안과 밖의 자연(自然)을 사는 것이다.

문학은 타자의 이질성에 귀 기울이는 경청의 감각이다. 그것은 육체의 구체성을 통해 타자와의 교감의 기반을 마련하되 존재들 사이의 서로 다른 지점에 각별한 관심을 기울이는 활동이다. 여기에서 인간의 몸은 공감과 소통의 기지이자 동시에 이질성이 발원하는 둥지라고 할 수 있다. 의학이 인문학과 소통할 수 있다면, 그것은 인간 존재의 다양한 증상들이 본질적으로 몸으로부터 발원하고 몸을 매개로 한 현상이라는 점, 아울러 육체에 대한 이해 없이 인간에 대한 총체적 이해는 불가능하다는 것, 하여 의학은 문학이 그러한 것처럼 육체의 구체성 위에서 이루어진다는 사실에 있다. 여성 화자의 생리 중 감각을 형상화한 위의 시에서 우리는 한 존재에 대한 이해에 있어 육체의 물질성의 중요성에 대해 재삼 생각하게 된다. 타자에 대한 이해는 몸의 감각과 몸에 새겨진 내면의 결에 대한 경청 없이는 불가능하다.

여든넷의 아버지는 관장중이시다
늙은 간호사에게 엉덩이를 내맡긴 채
손가락 두 매듭이 들어갈 정도로
깊숙이 밀어넣어야 한다며 당부중이시다
벗겨진 아버지 엉덩이 나 애써 외면했으나
항문 밑으로 늘어진 귀두 다 보아버렸으니

어린 딸 항문에 관장약을 밀어넣듯
아버지 낡은 항문에 손가락 두 매듭을
깊숙이 밀어넣을 수 있을 때
그제서야 나는 여자가 될 수 있고
날 낳은 몸을 내가 낳은 몸처럼 관장할 수 있을 때
비로소 나는 어미가 될 수 있을 텐데

모든 사랑은 항문에서 완성되는 것이라서
내 깊은 항문을 누군가에게 내맡길 때
그제서야 내 사랑도 완성될 것이고
오므렸다로 시작해 벌렸다로 끝이 나는
이 사랑의 기록을, 괄약하고 괄약했던
뒤창자 끝을, 쏟아낼 수 있을 텐데

—정끝별, 「항문의 역사」 전문

"여든넷의 아버지가 관장하는" 모습에서 생의 민낯과 사랑의 완성을 발견해가는 시를 통해 우리는 육체야말로 생에 대한 깊은 성찰의 진원지임을 거듭 생각하게 된다. 화자의 발견처럼 생은 "오므렸던" 항문이 벌어짐으로써 "끝이 난"다. 그것은 부모에게 맡긴 항문을 다시 또 누군가에게 맡기는 과정으로, 이렇게 처음과 끝으로 요약된 항문의 삶은 결국 사랑을 완성해가는 과정이라 할 수 있다. 시인은 관장의 경험에서 발견한 생의 비의(秘義)를 항문의 삶을 통해 부려놓는다. 항문이라는 육체의 작은 기관에서 생의 뒷모습, 그 진실과 슬픔을 그려내는 시의 시선은 우리에게 생의 민낯을 목도하게 한다. 몸의 문제를 떠나 시가 무엇을 이야기할 수 있으랴.

○○○

의학은 몸의 고통을 치유하는 인간 정신의 위대한 총체이다. 그때의 몸은 인간의 감각과 감정, 그리고 마음이 서로 작용하고 깃드는 거소(居所)이다. 몸을 구성하고 몸과 얽혀 있는 이러한 요소들을 제외하고 육체의 물질성에만 의학이 관여한다면, 그때의 의학은 지극히 제한적인 과학에 불과할 것이며, 그러한 관점에서 다루어지는 인간의 몸은 범주 속에 묶이는 객체일 수밖에 없다. 또한 그러한 의과학으로써 인간의 질병은 제거될 수 있을지 몰라도 인간의 아픈 몸은 치유될 수 없을 것이다.

인문학이 말하는 인간은 육체성에 기반한 존재이며, 몸에 바탕을 두지 않는 인문학은 공소할 수밖에 없다. 인문학이 발견하는 생의 진실은 몸에 대한 성찰로부터 오고, 그러한 성찰은 타자와 교감하고 타자를 이해하는 거점이 된다. 의학과 인문학은 인간을 이해하고 그 이해에 기초하여 고통을 치유하는 활동이다. 몸은 육체와 마음이 상호작용하는 장소이다. 육체와 마음이 분리된 독립체가 아닐진대 인간의 몸을 치유하려는 의학이 마음의 여러 결들을 존중하지 않는다는 것은 결코 온당하지 않다. 그러한 점에서 의료인문학이란 새로운 융합의 학제적 관점이 아니라 의학 속에 원래 내재되어 있던 영역의 복원인 것이다.

인유, 통(通)과 변(變)의 가교

"여우의 겨드랑이 밑에서 얻은 한 조각의 모피로는 우리를 따뜻하게 하지 못할 것이며, 닭의 발꿈치살은 수천 마리의 것을 모아서 먹어야 배가 부르게 될 것이다." 유협(劉勰)은 『문심조룡(文心雕龍)』의 「사류(事類)」에서 이와 같은 비유를 통해 학식과 인유의 필요성을 설명한다. 따뜻하게 하고 배부르게 할 수 있는 좋은 글은 풍부한 식견을 바탕으로 한다는 것이다. 여기에서 '事類'는 용사(用事), 전고(典故), 용전(用典), 전거(典據) 등과 유사한 용어로서, 인유의 근거로서의 사건이나 고전의 내용을 총칭하는 표현이다. 글쓰기에 역사나 고전의 일부를 인용하는 것은 과거의 선례에 비추어 현재의 일을 판단하였던 동아시아 한자문화권의 전통의 일환으로서, 유협은 이러한 상고주의 전통을 개인의 창조성을 온전히 실현하기 위한 바탕으로서 규정하였다. "생강과 계피는 땅 위에서 생장하지만, 그것들의 쓴맛은 그 본성에서 유래한다". 문장은 학식을 필요로 하지만, 그 구성 능력은 개인의 천성적·창조적인 자질로부터 비롯된다는 그의 견해는 글쓰기를 전고의 인용의 장(場)으로 전락시켰던 전대의 폐단에서 벗어나 식견을 시문의 폭을 넓히고 시인의 정서를 드러내기 위한 기능으로 사유한 것이었다. 물론 '생강과 계피가 땅 위에서 생장한다'는 것은 글쓰기란 문학적 전통 위에서 이루어진다는 분명한 의식의 표현이지만, 그때의 전통이란 개성의 발현을 위한 토양으로 제한된다는 점에서 유협의 용사론은 문학적 글쓰기에 관한 오늘날의 관점과 크게 다르지 않음을 보여준다. "재능은 맹주(盟主)의 역할을 하게 되고 학식은 그 보좌의 역할을 하게 된다"는 인유에 관한 『문심

조룡(文心雕龍)』의 결론은 '고대의 모범을 참조함으로써 창작의 방법을 정립하고 당대를 바라보는 눈을 지님으로 새로운 것을 창조한다'는 통변론(通變論)의 큰 틀 속에 있는 것이라고 할 수 있다. 문학적 글쓰기란 당대인들의 사회·역사적 의식의 맥락 속에서 이루어지고 구체적인 문학작품의 전통 위에서 씌어진다는 점을 고려할 때, 인유는 문학작품을 특정한 개인의 소산을 넘어 한 시대와 개인이 역사·사회와 만나는 장(場)임을 웅변하는 주요 입점인 것이다. 물론 그것은 문학이 교양주의와 전통주의의 산물이라는 점, 그래서 인유는 방법론적 측면에서 향유자들의 인식의 유대 위에서 개진되는 경제주의의 소산임을 뜻한다.

> 안녕히 계세요 / 도련님 // 지난 오월 단오ㅅ날, 처음 만나던 날 / 우리 둘이어 그늘밑에 서 있던 / 그 무성하고 푸르던 나무같이 / 늘 안녕히 안녕히 계세요 / 저승이 어딘지는 똑똑히 모르지만 / 춘향의 사랑보단 오히려 더 먼 / 딴나라는 아마 아닐 것입니다 // 천길 땅밑을 검은 물로 흐르거나 / 도솔천의 하늘을 구름으로 날드래도 / 그건 결국 도련님 곁 아니어요? / 더구나 그 구름이 쏘내기되어 퍼부을 때 / 춘향은 틀림없이 거기 있을 거여요?
>
> —서정주, 「춘향유문」 전문

현재 중학교 교과서에 수록되어 있는 위의 작품은 한국의 대표적인 고전 「춘향전」의 서사를 바탕으로 한 작품이지만, 시는 원전에 없는 부분을 상상한 내용으로 이루어져 있다. 이도령을 수신자로 설정한 춘향의 이 유문(遺文)은 이도령을 향한 그녀의 사랑의 마음을 담고 있는바, '一片丹心'의 정절을 보여주었던 원전 속 춘향의 내면을 죽음 너머로까지 확장한 것이어서 원전의 내용을 정서적으로 새롭게 충전하고 고양시킨 것이라고 할 수 있다. 여기에서 인유는 〈춘향전〉에서 온 것이지만, 이 작품은 '춘향-이야기'를 넘어 한국인의 전통적인 서사와 그것의 배후를 구성하는 어떤 마음에까지 닿아 있어서, 이 작품의 인유는 광범위한 문화·역사적 맥락까지를 배경으로 하고 있는 셈이다. 이 시에서 사랑의 영원성은 불가적 연기론을 포괄하는 우주적 상상력으로 확대되어 있지만 그것이 자연스러운 감동을 주는 것은 이 시의 상상력이 한국인들의 심성에 낯설지 않기 때문이다. 「춘향유문」은 한국적 정한과 상상력, 그리고 춘향의 내면과 창조적으로 교호함으로써 우리의 전통적인 마음을 새롭게 구성·형상화하고 있다. 그러한 점에서 이 시와 이 작품의 근거가 된 '춘향 이야기', 그리고 춘향을 둘러싼 한국의 문화·심성은 서로를 역동적으로 구성하고 활성화시키는 상호텍스트로 작용하고 있는 셈이다.

한편 다음의 시는 시상(詩想)의 근간을 특정 종교의 경전에 둔 작품이다.

> 더러는 / ①沃土에 떨어지는 작은 생명이고저……. // 흠도 티도, / 금가지 않은 / 나의 전체는 오직 이뿐! // 더욱 값진 것으로 / 드리라 하올 제, // 나의 가장 나중 지닌 것도 오직 이뿐! / 아름다운 나무의 꽃이 시듦을 보시고 / 열매를 맺게 하신 당신은, // ②나의 웃음을 만드신 후에 / 새로이 나의 눈물을 지어 주시다.(①②와 밑줄은 인용자)
>
> —김현승, 「눈물」 전문

이 시는 기본적으로 나무의 '꽃과 열매'를 '웃음과 눈물'이라는 관계로 보는 유비 구조로 이루어져 있지만, 그러한 사유의 구조는 본질적으로 성서(聖書)에서 기원한 것이다. ①은 마태·마가·누가 복음에 함께 등장하는 '씨 뿌리는 자의 비유'에서 온 표현으로, 이는 '천국의 복음(福音)'은 그것을 접하는 이의 마음의 상태에 따라 큰 차이를 가져오는데 마음이 준비된 자는 마치 '옥토에 떨어진' 씨(생명)처럼 엄청난 결실을 얻게 된다는 것이다. ①은 이러한 성서의 가르침을 자신의 것으로 받아들이고자 하는 시인의 내면, 혹은 기원이라고 할 수 있다. 물론 이러한 기원은 언술의 표현상 여러 의미를 내포한 형태를 띠고 있다. 이는 ②의 '웃음'과 관련되어 있다. ②는 창세기의 아브라함의 일화에 바탕을 둔 것으로, 아브라함은 폐경을 맞은 아내와 100세가 된 자신 사이에 아들을 줄 것이라는 신의 말씀을 듣게 된다. 이 말을 듣고 아브라함의 아내는 웃는다. 그리고서 낳은 아들이 '웃음'이라는 뜻을 지닌 '이삭'이다. 문제는 이렇게 태어난 이삭이 성장하자, 신은 아브라함의 신앙을 시험하기 위해 아들 이삭을 제물로 바칠 것을 요구한다. 아브라함은 이를 받아들여 신의 시험을 통과하고 신의 무한한 축복을 받아 기독교 신앙의 비조(鼻祖)가 된다. 이 아브라함의 '웃음'을 김현승 시인이 자신의 것으로 삼고 있는 것, 다시 말해 아브라함의 '웃음'을 ②의 '나의 웃음'으로 고쳐 부르는 것은, 이 시의 창작 배경이 되었던 (시인 김현승의) 아들의 죽음을 신의 전적인 섭리로 받아들이겠다는 의지의 표현이다. 웃음도 죽음도 모두 신의 섭리 안에 있다는 고백, 그래서 '내'가 겪고 있는 슬픔을 전적으로 신에게 귀속시킨다는 고백을 이 표현은 함의하고 있는 것이다. 그러한 점에서 눈물을 "흠도 티고 금가지 않은" "전체"라고 한 것은 신 앞에서의 자신을 '아무 것도 아닌 자', 'Nothing'으로 규정하는 고백인 것이다. 그것은 신에 대한 전적인 순복(順服)이자 자신을 온전히 비운다는 포기 선언이다. 이 눈물을 열매에 비유한 것은 자신이 겪고 있는 현재의 슬픔이 훗날의 어떤 결실이 될 것이라는 신앙을 담고 있는 것이다. 그러한 점에서 발상의 순으로 보자면 가장 나중에 표현되어야 할 ①이 시의 서두에 배치된 것은, 신의 섭리에 대한 시인의 순복의 내면을 드러내는 한 방식이라고 할 수 있다. 일체의 수사를 배제한 이 시의 어휘들은 삶과 세계에 대한 시인의 시선과 태도를 함축하고 있다. 이 시의 어휘들이 거느리고 있는 이러한 문맥을 알지 못하고 이 작품에 대한 깊이 읽기는 불가능하다.

앞에서 살펴본 두 편의 사례는 일반인들에게 널리 알려진 고전이나 전거를 바탕으로 한 인유들이지만, 현대 시인들의 시에서는 이보다 광범위한 형태의 인유, 다양하면서도 한편으로는 전문적인 인유가 빈번하게 발견된다. 최근의 젊은 시인의 작품에 나타난 인유의 한 사례를 보자.

앙리 미쇼와 젓갈이라
……
괜찮군
봄이 가는 것도
해가 지는 것도
다
괜찮군
시시한 행갈이도
깜짝 놀랄 과격도

—이준규, 「김춘수」 전문

위의 시는 선배 시인을 제목으로 한 작품이다. 시의 대상이 된 김춘수 역시 김종삼을 비롯한 다양한 인물들을 시의 제목으로 삼은바 있는데, 이준규 역시 '김춘수'를 통째로 인유의 대상으로 삼고 있다. 여기에서 '김춘수'라는 이름은 김춘수 시인의 작품 세계를 대표하는 제유적 표현으로서, 이 시는 김춘수의 작품 일부와 특징을 시의 내용으로 하고 있다. 앞의 작품들이 일반인들에게 널리 알려진 경전의 내용이나 이른바 '국민-고전'의 인물 등을 인유의 대상으로 삼고 있는데 반해 이 시는 특정 시인의 문학 세계와 그 세부 내용을 인유의 근거로 삼고 있다. 8행으로 구성된 위의 시는 모두 김춘수 시의 내용과 특징에 기반하고 있는데—구문의 반복과 한 행에 하나의 어휘 배치하기, 행갈이의 중시와 과감한 병치 등—위의 시가 형식과 내용으로 보여주는 표현들은 모두 김춘수 시의 특징과 관련된 것들이다. 뿐만 아니라 첫 행의 "앙리 미쇼와 젓갈"은 김춘수의 「바꿈노래 : 젓갈」의 일부로서, 이 시를 좀더 구체적으로 알기 위해서는 인유의 대상 작품을 확인할 필요가 있다.

> 언젠가 김동리 씨에게 / 내 고향 젓갈을 권했더니 / 한입 입에 넣어 보고는 / 심각한 맛!이라고 했다. / 썩어 가는 어물을 / 그 창자를 / 소금은 나트리움의 짜디짠 / 연옥이 되게 하지만 / 보라, 이젠 / 네 이마 위 천당이 없고 / 네 발 아래 지옥이 없다. / 앙리 미쇼의 시를 읽으며 나는 가끔 / 비공(鼻孔) 깊숙이 스미는 / 뭔가 탕쳐 버린 듯한 소금의 / 쓸슬한 그 냄새를 맡고 / 그 맛을 본다.
>
> —김춘수, 「바꿈노래 : 젓갈」 전문

흥미로운 것은 이 작품 역시 "앙리 미쇼의 시"의 일부를 따오고 있다는 점이다. "네 이마 위 천당이 없고 / 네 발 아래 지옥이 없다"는 시구와 "썩어가는 어물"인 젓갈 냄새 사이에서 시인은 삶과 죽음, 천당과 지옥을 함께 품고 있는 생의 이미지를 경험한다. 여기에서 '앙리 미쇼'는 이 작품의 시의식을 구성하는 데 중요한 요소로 참여하고 있다. 시의 핵심적인 의미를 이루고 있는 '앙리 미쇼'와 '젓갈'이 이준규의 시에 고스란히 인용되고 있는데, 그의 시의 맥락을 소상하게 이해하기 위해서는 위의 인용시를 살펴야 할 것이며, 나아가 김춘수의 시세계와 작법에 대한 깊이 있는 인식이 동반되어야 할 것이다. 이는 비단 「김춘수」라는 시에 관한 이해를 넘어 이준규의 시가 보여주고 있는 다양한 시적 모색들을 섬섬하는 데 김춘수의 시세계가 매우 중요한 참조점이기 때문이다.[1]

이준규의 사례는 우리 시단에서 인유의 양상이 점차 문학의 내적 전통에 대한 깊은 연관 속에서 개진되고 있으며, 이는 여러 '문학들' 사이의 상호텍스트성이 보다 다양한 방식으로 강화되고 긴밀해지고 있음을 의미하는 것이다. 인유의 강한 동기가 되었던 뜻의 경제주의

1　2000년에 등단하여 세 권의 시집을 출간한 이준규의 최근 작업—『토마토가 익어가는 계절』(2010), 『삼척』(2011)—은 도저한 시적 실험들을 개진하고 있는바, 이와 같은 그의 모색들은 김춘수의 시로부터 상당한 영향을 받은 것으로 판단된다. 김춘수의 시에 등장하는 주요 표현들이 이준규의 시에 매우 빈번하게 출현·변주되고 있을 뿐만 아니라 김춘수 시의 다양한 시적 탐색이 이준규의 열렬한 언어 실험에 중요한 영감과 동력을 제공한 것으로 보인다. 이를테면 『토마토가 익어가는 계절』에 수록된 「문」은 100쪽에 가까운 역작인데, 이 시에서도 김춘수 시인의 영향력은 여러 곳에서 확인된다.

"선생님, 사보텐을 가지고 왔어요, 젓갈도 좀 있지요, 통영은 여전하더군요, 그 짠내가 느껴지지 않나요, 제 시에서는 이제 지린내가 나요, 다 선생님 탓이에요, 탕쳐버린 생이니 함께 소주를 마시고 울어요. 처용은 나를 물끄러미 바라보았다. 처용은 말이 없었다. 나는 처용을 죽이고 싶었으나 시의 전부인 처용을 죽이면 나는 시를 쓸 수 없겠다라는 생각을 했다. 나는 다시 책상 위에 엎드려 흐느끼기 시작하는 처용을 뒤로 하고 문을 열고 밖으로 나왔다. 밖은 안이었다. 나는 곧 처용을 잊었다. 나는 그의 좁은 어깨를 기억한다. 좁은 어깨는 영원히 흔들릴 것만 같았다. 어쩌면 아직도 흔들리고 있는지도 모른다. 아마 그 방은 눈물로 가득 차게 될 것이다. 나는 문을 열고 밖으로, 아니, 안으로 나갔다. 바람이 불었고 낙엽이 쏟아졌다. 하얀 구름은 파란 하늘 아래서 바른 속도로 지나가고 있었고 길은 끝이 없었다. 어디선가 VOU, 하고 소리가 났다. 나는 어쩔 수 없이 자색의 아네모네가 되었다. 나는 잊을 것이다."(「문」 끝부분)

가 최근 시단에서는 다양한 양상으로 변주되고 있는 셈인데, 문제는 이러한 인유들이 문학에 대한 어지간한 식견을 갖추지 않고서는 온전히 감수되지 않는다는 점이다. 다시 말해 인유의 핵심 동기였던 뜻의 경제성이 지극히 제한된 이에게만 유효하고, 그 바깥을 소외시킬 수 있는 방식으로 작용할 수 있다는 것이다. 문학들 사이의 상호텍스트성의 밀도는 보다 다양해지고 깊어진 반면, 문학에 관한 전문적 소양을 갖춘 내부와 그 바깥의 경계는 보다 뚜렷해지고 있다는 사실, 인유의 이러한 변화 양상은 우리 시단의 현재를 보여주는 의미 있는 척도로 볼 수 있다. 물론 그것은 그 자체로서 부정적인 일만도, 혹은 긍정적인 일만도 아닐 것이다. 문제는 그러한 경향이 얼마나 강한 내적 필연성을 갖추고 있는가 하는 점일 것이다.

불혹(不惑)의 심미성과 생태시학의 가능성

1.

2000년을 전후로 한국의 시단은 서정 속에서 자연을 호출하는, 이른바 자연서정시들이 대거 출현하는 시대를 맞이한다. 어느 시대이건 우리 시의 주요 대상에서 자연이 배제된 적은 없지만 1990년대 후반을 통과하면서 한국의 시들이 보여준 '서정적 자연'은 이전의 시들과 달리, 자연 자체를 정서적으로 누릴 수 있는 호사(?)를 제공하였다. 일제강점과 분단, 전쟁과 빈곤, 가파른 경제발전과 어두운 군부독재의 과정은 한국 문학을 현실에 동여매는 숙명적인 터널 같은 것이었다. 그리고 현실사회주의의 붕괴로 인한 대안사회의 실종과 수많은 희생으로 구축된 절차적 민주주의 제도의 마련은 현실사회에 대한 응전으로서의 문학의 동력을 약화시키는 간접적인 요인이 되었다. 이러한 이념적 현실 환경의 변화와 더불어 본격화된 진지구적 자본주의 체제의 정착은 현실 지형의 거대한 변환을 예고하는 것이었다. 아울러 90년대 말 한반도에 불어닥친 금융위기는 경제적 실존에 대한 인식을 얻는 대가로 큰 사회적 상처를 남긴 채 삶에 대한 감각을 통째로 뒤흔든 계기가 되었다. 우리 시가 자연을 고단하고 피로한 시대의 한 출구로 삼은 것은 어찌 보면 지극히 자연스러운 심미적 선택이었을 것이다.

자연은 한국시의 가장 유구한 테마이자 심미성의 변화를 형상하는 소재였다. 소월은 「山有花」에서 유가적 이념의 대상이었던 자연을 인간으로부터 독립적으로 존재하는 물질적 질서로서의 세계로 형상화하였으며, 지용은 시적 주체의 감각을 돌올하게 드러내는 물질적 타자로서의 자연을 생생하게 그려내었다. 물질과 정신을 독립된 두 영역으로 분리하는 근대적 사유와 물질성으로써 자신의 실존을 경험하는 근대 감각의 출현이 자연을 매개로 하여 개진된 것이었다. 서정적인 장르의 특질로 볼 때 자연은 시적 사유와 정서가 깃들고 발효하기에 매우 유용한 기지라고 할 수 있다. 특히 90년대를 지나면서 사회적 이념이 퇴조하고 개인의 내면이 부상하는 과정에서 자연은 더욱 웅숭깊은 심미적 세계로 확대·재생산된다.

> 어치 울음에 깨는 날이 잦아졌다 / 눈 부비며 쌀을 씻는 동안 / 어치는 새끼들에게 나는 법을 가르친다 // 어미새가 소나무에서 단풍나무로 내려앉자 / 허공 속의 길을 따라 / 여남은 새끼들이 푸르르 단풍나무로 내려온다 / 어미새가 다시 소나무로 날아오르자 / 새끼들이 푸르르 날아올라 소나무 가지가 꽉 찬다 / 큰 날개가 한 획 그으면 / 模畫하듯 날아오르는 작은 날개들, / 그러나 그 길을 필요로 하지 않을 때가 곧 오리라 // 저 텃새처럼 살 수 있다고, / 이렇게 새끼들을 기르며 살고 있다고, / 쌀 씻다가 우두커니 서 있는 내게 / 창밖의 날개 소리가 시간을 가르치는 아침 // 소나무와 단풍나무 사이에서 한 생애가 가리라
>
> —나희덕, 「겨울 아침」 전문

> 어물전 개조개 한마리가 움막 같은 몸 바깥으로 맨발을 내밀어 보이고 있다 / 죽은 부처가 슬피 우는 제자를 위해 관 밖으로 잠깐 발을 내밀어 보이듯이 맨발을 내밀어 보이고 있다 / 펄과 물속에 오래 담겨 있어 부르튼 맨발 / 내가 조문하듯 그 맨발을 건드리자 개조개는 / 최초의 궁리인 듯 가장 오래하는 궁리인 듯 천천히 발을 거두어갔다 / 저 속도로 시간도 길도 흘러왔을 것이다 / 누군가를 만나러 가고 또 헤어져서는 저렇게 천천히 돌아왔을 것이다 / 늘 맨발이었을 것이다 / 사랑을 잃고서는 새가 부리를 가슴에 묻고 밤을 견디듯이 맨발을 가슴에 묻고 슬픔을

견디었으리라 / 아-- 하고 집이 울 때 / 부르튼 맨발로 양식을 탁발하러 거리로 나왔을 것이다 / 맨발로 하루 종일 길거리에 나섰다가 / 가난의 냄새가 벌벌벌벌 풍기는 움막 같은 집으로 돌아오면 / 아-- 하고 울던 것들이 배를 채워 / 저렇게 캄캄하게 울음도 멎었으리라

—문태준, 「맨발」 전문

위의 작품들 속의 자연은 1인칭 장르로서의 시가 대상을 수용하고 형상화하는 방식을 가장 전형적으로 보여준다. 자연 현상에 의미를 부여하고 이 과정 속에 삶의 내용을 사유화하는 '인간 자연학' 혹은 '자연 해석학'이 정갈한 시어와 형식을 통해 잘 그려져 있다. 자연 현상에 대한 관찰, 그것은 물론 발견의 형식이자 성찰의 과정으로서 배치되어 있으며, 여기에 삶의 보편적 주제 중의 하나를 밀고가는 시적 주체의 사유와 정서가 그 자체로서 향유됨으로써 '자연으로서의 삶'이 그야말로 자연스럽게 경험된다. "소나무와 단풍나무 사이에서" 갈 "한 생애"와 "맨발을 가슴에 묻고 슬픔을 견디"는 '탁발의 풍경'은 오래된 문학의 주제인 삶의 우수와 비애를 구체적인 자연의 형상을 빌어 재삼 확인시켜 준다. 시적 화자의 어조(-리라)에 이미 내포된 깊숙이 체득한 삶의 내용들을 배후에 가라앉히고서 시인은 자연 현상들을 선회하는 과정 자체를 지속시킴으로써 독자들에게 강력한 정서적 충전의 상태를 경험하게 한다. 그러한 점에서 이 시편들의 자연은 발견과 깨달음의 형식을 띠고 있지만 실제로는 삶의 내용들에 대한 거듭된 확인이며, 그 성취는 회감(回感)의 수준과 밀도에 속한 것이라고 할 수 있다. 이 작품들 속에 자리 잡고 있는 발화의 욕망은 가장 약한 수준의 형태를 취함으로써 심미적 감흥과 몰입의 상태를 유지하는 데 기여하지만, 발화의 내면은 본질적으로 깨달음의 개진이라는 유구한 시적 전통의 그늘 속에 있음을 부인할 수는 없다.

전언의 강도를 극도로 낮춘 채 삶의 보편적 주제로 귀환하는 위의 시편들은 발화의 형식과 정조 덕에 익숙한 주제들을 심미적으로 추체험하게 하는 계기를 제공한다. 독자들은 시의 언술이 생성하는 내면 공간 속에서 생의 의미와 고단함을 정서적으로 되살게 된다. 이러한 경험은 궁극적으로는 삶의 성격을 재확인하는 과정이지만, 그 과정이 강한 정서적 충전력 속에 휩싸여 진행됨으로써 미적 쾌감을 주게 된다. 이러한 시편들이 대거 등장하는 시단의 현실에 대해 평론가 김수이가 '자연의 매트릭스'라고 비판한 것은, 자연 현상을 삶의 보편적 주제로 환원하는 이러한 자연서정시들이 본질적으로 "막연한 감동과 상실감"에 기초한 "낭만적 환상"이라는 점을 겨눈 것이었다. 다시 말해 이들 자연서정시는 '지금-이곳'의 구체적 사회 현실에 눈감는, "텅 빈 실재"라는 것이다. 그럼에도 불구하고 시의 전언을 충만하게 정서화하는 내발적인 힘에 의해 이러한 작품들은 여전히 매력적인 세계로써 수용되고 있다.

2.

같은 자연을 소재로 하고 있더라도 생태학적 시편들 속에는 자연서정시들이 지닌 내적 충전력이 약하거나 결여되어 있는 것으로 보인다. 이는 생태시들의 토대가 이들 자연서정시와 다른 양상으로 건설되어 있기 때문이며, 생태학적 위기가 고조되고 있는 상황에서도 시단의 대응이 미미한 주요 이유일 것이다. 자연서정시들의 전언이 사실상 새로운 것이 없음에도 불구하고 그 속에서 심미적 쾌감을 느끼는 것은, 앞서 말했던 '감동과 상실감을 동반한 낭만적 환상'이 심미적 주체들의 내면에 의해 지지되고 있기 때문이다. 반면 생태학적 상상력과 사유를 보여주는 시편들은 본질적으로 보다 투명한 이성 위에 기초한다.

너를 보고 있는데
너는 나를 향해 눈을 끔뻑이고
그러나 나를 보고 있지는 않다

나를 보고 있는 중에도 나만 보지 않고
내 옆과 뒤를 통째로 보면서(오, 질긴 냄새의 눈동자!)
아무것도 안 보는 척 멀뚱한 소눈

찬바람 일어 사골국 소뼈를 고다가
자기의 뼈로 담인 은하 물에서
소가 처음으로 정면의 나를 보았다

한 그릇…… 한 그릇 ……
사골국 은하에 밥 말아 네 눈동자 후루룩 삼키고
내 몸속에 들앉아 속속들이 나를 바라볼
너에게 기꺼이 나를 들키겠다

내가 사랑하는 너의, 몸속의 소

—김선우, 「사골국 끓이는 저녁」 전문

자본주의 문명과 삶을 직설적으로 고발하고 비판하는 생태 시편들은 본질적으로 이성적 인식과 각성에 기초한다. 삶에 대한 생태학적 성찰은 무비판적인 사고에 충격을 주어 자본주의 현실과 일상을 반성하게 하고, 궁극적으로는 그러한 삶으로부터 돌이키게 하는 실천을 사유하게 한다. 그것은 반성적 행위를 추동하려는 실천적 이성이라는 점에서 앞의 자연서정시들과는 다소 이질적인 기원을 갖는다.

인용한 「사골국 끓이는 저녁」은 몸과 생태학적 상상력의 경계쯤에 걸쳐 있는 작품이다. 해석자의 관점에 따라 다른 방향에서 접근할 수 있기도 하고, 혹은 이 둘을 함께 아울러 설명할 수도 있는 작품이다. 몸으로 들어온 다른 생명을 느끼는 이 시의 온-생명적 감수성을 조금 비틀어보면 전방위에서 오는 소의 시선은 섬뜩한 풍경이 된다. 이를 그러한 형상으로만 읽지 못하게 하는 것은 시의 결말 부분이다. 시인은 소의 시선을 합체의 상상력으로 귀결시킴으로써 시를 비판의 시학으로 해석하는 것에 제동을 걸고 있는 셈이다. 해석의 가능성을 개방하여 사유의 입체성을 보존하는 방식을 취하고 있는 것이다(물론 이를 에로틱한 몸의 상상력으로 현실의 문제를 환원하는 김선우 시의 결절 지점으로 비판할 수도 있겠다). 여기에서 조금 방향을 틀면 어떠한가.

> 술자리가 끝나고 집으로 가는 길 / 한 시간이 넘도록 / 내 몸에서 고기냄새가 지워지지 않는다. / 불에 익은 피, 연기가 된 살이 / 내 땀구멍마다 주름과 지문마다 가득 차 있다. / 배고플 때 허겁지겁 먹었던 / 고소한 향은 사라지고 / 도살 직전의 독한 노린내만 남아 / 배부른 내 콧구멍을 솜뭉치처럼 틀어막고 있다. / 고기냄새를 성인(聖人)의 후광처럼 쓰고 / 나는 지하철에서 내린다. / 지하철 안, 내가 서 있던 자리에는 / 내 모습의 허공을 덮고 있는 고기냄새의 거푸집이 / 아직도 손잡이를 잡은 채 / 계단으로 빠져나가는 나를 차창으로 내다보고 있다. / 지상으로 올라오자 / 상쾌한 바람이 한꺼번에 고기냄새를 날려보낸다. / 시원한 공기를 크게 들이쉬는 사이 / 고기냄새는 잠깐 파리떼처럼 날아올랐다가 / 바로 끈적끈적한 발을 내 몸에 찰싹 붙인다. / 제 몸을 지글지글 지진 손을 / 제 몸을 짓이긴 이빨을 붙들고 놓지 않는다. / 아직도 비명과 발악이 남아 있는 비린내가 / 제 시신이 묻혀 있는 내 몸속으로 / 끈질기게 스며들고 있다.
>
> —김기택, 「삼겹살」 전문

정밀한 시선으로 현대인의 일상을 해체해온 김기택의 시학은 건조한 언술의 집요함으로 시적 전언의 계몽성을 심미적인 것으로 전환한다. 끈질긴 언술들로써 현대적 육식의 문제를 그리고 있는 이 시는 몸에서 떨어지지 않는 냄새의 악착같음을 시적 인이의 집요함을 통해 효과적으로 그려낸다. 언술의 힘을 통해 시인은 현대인의 육식에 담긴 살풍경을 탁월하게 형상화한다. "비명과 발악이 남아 있는 비린내가 제 시신이 묻혀 있는 내 몸속으로 끈질기게 스며들고 있다"는 작품의 결미 부분은 우리가 섭취하는 음식물에 대해 깊이 반성하게 만든다. 위의 시가 취하고 있는 집요와 충격의 언어 전략은 '인간들은 시체들로 가득한 들판의 왕'이라고 말한 문화역사가 엘리아스 카네티(Elias Canetti)의 비판을 매우 효과적으로 넘어선다. 무시무시한 죽음의 환영으로 가득한 냄새의 풍경은 우리의 육식문화, 아니 내가 먹고 있는 음식들을 곰곰이 생각하게 한다. 그것은 실로 불편한 진실이다. 생태적 상상력이 겨냥하는 것은 이러한 불편한 진실과의 대면이다. 그러한 점에서 생태학적 상상력은 궁극적으로 실천적 비판이성과 반성적 자기실천 위에 건설된다고 할 수 있다. 여기에는 어떠한 낭만적 환상이나 심미적 도취도 개입되지 않는다. 오히려 애써 망각하려는 일상의 국면들, 일상의 맨얼굴을 생생하게 마주해야 하는 윤리가 가로놓여 있는 것이다. 생태학적 사유가 윤리의 문제라는 것, 그것도 그 윤리가 근본적이면서도 광범위한 성격을 지니고 있다는 것은, 생태학적 상상력이 우리 일상의 전영역에 걸쳐 있는 구조적인 문제이면서 동시에 어떤 식으로든 반성적 실천을 요구하는 것이기 때문이다.

2009년에 있었던 미국산 쇠고기 수입과 관련한 광우병 파동이 매우 웅변적으로 보여주는바, 생태학적 실천은 매우 고도의 윤리 의식이 작동할 때 비로소 현실화될 수 있는 것이다. 물론 당대 사안은 여러 문제들이 복합적으로 얽힌 것이었지만, 쇠고기 파동이 육식 문화에 대한 전면적인 성찰로 전개되지 못하고 끝난 것은 생태적 사유의 현실적 한계를 분명하게 보여준 것이었다. 이와 같은 한계는 최근 진행되고 있는 4대강 사업에 대한 우리 사회의 무관심에서도 확인된다. 이러한 사회 현상에 대한 심미적 무관심의 심층에는 "내 죽은 뒤 세상이야 망하든 말든 내 알 바 아니다(Après nous, le deluge)"라는 의식이 자리 잡고 있다. '소비하고 즐긴 자들과 대가를 치르는 이들의 분리'는 생태적 문제의식이 봉착한 결정적 딜레마이다. 내 행위의 결과가 내(가족)게 돌아오지 않을 것이라는 생각은 생태학적 문제를 급선무로 인식하지 않는 주된 심리적 원인이다. 지금 돌아다니는 자동차만으로도 2030년이면 오존층이 붕괴된다는 경고를 우리 모두는 한마음으로 두려워하지 않는다. 환경 문제도 결국에는 과학기술이 해결해줄 수 있다는 막연한 신념을 차치하고서라도 2030년은 너무 멀리 있는 미래로 인식된다. 우리 시대의 시인들 역시 자기중심적이고 근시적인 이러한 욕망의 바깥에 존재하지 않는다.

3.

앞에서 생태학적 상상력을 광범위한 윤리의 문제라고 한 것은, 생태학적 사유란 나와 인간 종, 그리고 지금-이곳을 넘어서는 근본주의적 통찰이기 때문이다. 시의 폭발적 개화를 목격한 2000년대 우리 시단에서 생태학적 사유에 대한 새로운 개진을 젊은 시들에서 찾아볼 수 없는 것, 아울러 최근의 생태학적 상상력이 종교적 영성이나 마르크시즘에서 이념적 대안을 모색하려는 것도 이와 무관하지 않아 보인다.

> 헛간채 하나 타는 불인데도 / 작은 야산의 불인데도 / 그만한 일로도 내 집의 불이 아닌 일에도 / 가슴이 마구 뛰고 몸이 떨리는 / 재앙의 기억이

우리 몸 어딘가에서 불쑥 / 종말 예언의 공포처럼 음습하는데, // 새만금에 가서 보네 / 숨막히게 펼쳐진 광활한 갯벌 / 그 갯벌 속에 몸짓하던 무수한 무수한 목숨들 / 물막이공사 끝나 이제 숨을 거두는 시간 // 그 무수한 입들 숨구멍들 똥구멍들 귓구멍들 / 구멍들 구멍들 하늘 향하여 하늘 향하여 / 가쁜 숨 토하며 말라가던 진흙 진흙 그 진흙의 기억 / 생명을 길어오리던 아득한 날의 기억 / 바로 그 냄새 / 살의 냄새, // 이제야 왔습니다 / 저 이제야 왔습니다 늙은 어미 껴안고 / 목놓아 울던 자식 몇 내 안에 있었는지 / 가르릉가르릉 가쁜 숨 몰아쉬며 누운 / 쭈글쭈글한 늙은 몸에서 / 울컥울컥 토해내는 피의 냄새 아, / 몸 떨리게 하는 저 비릿한 살의 냄새 / 그때 그 양수의 냄새에 / 얼굴 묻고 욕처럼 욕처럼 울컥 울음이 나네 / 울음이 나네

—백무산, 「새만금에서」 전문

자본주의와 사회주의가 근대의 쌍생아였다는 통찰은 현실사회주의의 붕괴 이후 많은 근대화 논의의 공통적인 인식으로 판단된다. 생산수단의 공유화와 생산의 사회적 통제라는 점에서 자본주의와 변별되지만 사회주의 역시 직선적인 역사의 단계적 진보를 믿고 기술에 의한 양적 팽창을 추구하였다는 점에서는 자본주의와 동질적이었다고 할 수 있다. 근대적 산업화, 산업화를 통한 근대화를 지향했다는 점에서 자본주의와 사회주의는 모두 동질적 산업주의의 쌍생아인 셈이다. 현실사회주의 붕괴 이후 드러난 구소련과 동구의 파괴된 자연환경의 적나라한 현실은 사회주의 체제 역시 자연에 대한 착취를 기반으로 한 발전모델이었음을 입증해주었다. 1990년대 이후 이른바 운동권 문단이 보여준 자연생명에 관한 관심과 성찰은, 결국 20세기 서구적 근대에 대한 비판적 반성이라고 할 수 있다. 김지하, 박노해, 백무산을 비롯한 많은 시인들은 자연 생명, 혹은 우주적 생명

자체에 대한 가치를 노래하고 있다.

백무산의 경우, 우리 사회의 노동 계급을 비롯한 사회적 약자들의 삶을 변함없이 주목하면서 이를 생태적 관점과 접목하는 시편들을 제출하고 있다. 인용 작품은 세계에서 가장 긴 네덜란드 자위더르 방조제(32.5㎞)보다 500미터 길어 종전의 세계기록을 갈아치운 새만금 방조제, 이로 인한 갯벌 생명들의 괴멸을 절절한 슬픔의 어조로 탄식하고 있다. 이 탄식의 심층에는 북미인디언을 비롯해 여러 원시 부족들에게서 발견되는 자연생명 자체에 대한 원초적 외경과 존중이 자리 잡고 있다. 새만금 방조제로 인해서 사라질 저 "무수한 입들 숨구멍들 똥구멍들"에 대한 시인의 자각과 이 대규모 살상을 '녹색성장'이나 '청정생태환경' 사업으로 명명하는 성장지상주의 시선은 전혀 다른 행성의 언어처럼 이질적이다. 그래서 새만금에서 "종말 예언의 공포"와 "울컥울컥 토해내는 피의 냄새"를 느끼는 이 시의 감수성은 저편의 사람들에게는 감정 과잉의 작위로, 나아가 지겨운 상투적 계몽의 언어로 받아들여질 수 있다. 바로 이 점이 생태적 사유를 담고 있는 시편들에 내재한 심미적 난관인 셈이다. 앞에서 언급했던 자연서정시들이 삶의 보편적 속성들에 대한 정서적 충전과 감흥을 성취하는데 반해, 생태적 시편들은 본질적으로 삶의 시각에 대한 어떠한 교정—실천을 추동하는—을 배후로 삼는다는 점에서 결코 미학적으로 유리해 보이지 않는다. 현재로서 생태적 시편들은 세계관이나 가치관의 문제로 여겨진다. 저 수많은 죽음들의 "가쁜 숨" 소리는 '나' 바깥의 존재들을 나와 동등한 생명으로 감수할 때만이 들을 수 있는 내면의 소리라는 점에서 생태적 사유는 생명 세계 전체에 대한 예민한 자발적인 내면의 윤리이다. 생태적 윤리는 자기 확대의 욕망을 끊고 자기를 줄이며 자기 바깥의 존재들을 향해 얼굴을 드는 태도에서 비롯된다. 이는 인간 욕망의 확대와 소비의 관성을 무한

증식하는 자본주의 삶을 거스르는 실천이다. 그러한 점에서 '성장'은 '녹색'과 결코 나란히 놓을 수 있는 대상이 아니다. 하여, 생태적 상상력은 근대문명으로부터 자발적으로 격리되려는 다양한 실천을 감행하게 되는 것이다.

4.

장작불 잦아들고
몇 걸음씩 뒤로 물러나 있던
어둠이 성큼 다가와 있다
잣나무숲에 닿아 멈춘
어둠의 끝은 은하 저쪽 끝까지
곧바로 연결되어 있다

잣나무숲 속에는
전원이 없다
핸드폰을 끄고
침낭 속으로 들어가
얼굴을 내민다
내 얼굴과 어둠 사이에
아무것도 없다

마침내 언플러그드
빈틈없는 어둠
꿈 없는 잠
나는 탈주에 성공한 것이다

—이문재, 「비박」 전문

위의 시에서 시도하는 야영은 문명적인 것과의 단절을 의미한다. 원래 비상야영을 뜻하는 '비박'은 텐트 없이 바위 밑이나 나무 그늘, 눈구덩이 등을 이용하는 야영의 한 방식으로써, 이 작품에서는 '斷電' 즉 '언플러그드'의 상징으로 사용되고 있다. 시인은 모든 전원을 차단하여 "빈틈없는 어둠" 속으로 '탈주'한다. 이 상태를 시인은 "꿈 없는 잠"으로 호명한다. 여기서 꿈은 잠을 방해하는 문명적인 것 혹은 문명의 욕망일 것인데, 문제는 자연 상태인 '잠'에 들기 위해 '탈주'를 감행해야 한다는 사실이다. 이는 비상야영을 뜻하는 '비박'이 현대인의 등산 방식의 하나가 되어 버린 아이러니와 통한다. 이제 "언플러그드" "꿈 없는 잠"에 이르는 길은 매우 적극적인 의지와 실천으로써 간신히 경험할 수 있는 양식이 되어버렸다. 플러그와 접속되어 있으면서 "꿈 없는 잠"에 도달하는 것은, 이를테면 녹색과 성장을 결합할 수 있다는 상상력처럼 기만적이다. 생태적 사유란 궁극적으로 문명에 대한 근본주의적 성찰이자, 필연적으로 실천이 동반되는 실천적 이성이다. 생태적 상상력이 문학주의에 포섭될 수 없는 이유가 바로 여기에 있으며, 이 대목이 우리 시단의 생태적 상상력이 한계를 보이는 결절지점이라고 할 수 있다. 위의 시편에서 "전원이 없"는 "잣나무 숲속"에서 "핸드폰을 끄고 침낭 속으로 들어가"는 행위는 표면적으로는 "언플러그드"를 실현하는 것처럼 보이지만, 그러한 행위에 담긴 퍼포먼스적 요소는 결코 "탈주에 성공"할 수 없는 현대인의 초상을 해프닝처럼 드러낸다. 이러한 시적 언술 자체를 생태적 상상력으로 호명하는 것은 이를테면 시티콤의 잉여에 진중한 의미를 부여하는 것처럼 우스꽝스러운 일이 될 것이다. 그러한 점에서 탈주의 삶을 직접 실천하는 시인들의 시적 기록은 생태적 상상력의 방향에 관해 많은 것을 생각하게 한다.

불쏘시개로 쓰던 잔 나뭇가지들이며 소나무잎들 다 떨어진 지도 십여 일에 가깝다 나무청의 나무들은 한 사흘은 버틸 수 있을까 새벽부터 구들장이 한기를 느끼게 한다 새우처럼 웅크린 채 미적거린다 새들이 또 흉을 보고 있겠지 갈퀴와 큰 사루를 챙이 들고 앞산에 오른다
노란 소나무잎들 어느새 저렇게 수북하게도 떨어져 내렸구나 나 여기 숲에 살며 그간 나무 한 그루 심지 않은 채 나뭇잎들 긁어가거나 새파랗게 살아 있는 나무들 베어 오지 않았던가 내 한 몸 따뜻한 잠자리를 얻고자 그 나무들 깜깜한 아궁이 속에 들이밀고 불을 때며 살아왔는데
갈퀴를 내려놓고 한동안 우두망찰로 앉아 있었다 해가 뉘엿거린다 너 뭐 하니 저만큼에서 직박구리가 꾸짖음처럼 날카로운 비명을 지른다
그래 나무하러 왔었지 갈퀴나무 한 짐을 지고 서둘러 내려온다

툇마루에 앉아 담배 한 대 불을 댕긴다
뜰 앞에 무성하던 지난 여름의 풀들이,
나무들의 낙엽들이 경배를 하듯 낮게 엎드린 채
다시 돌아올 거름으로 돌아가고 있다
언젠가는 나도 그 길을 갈 수 있겠지
무엇에게인가의 거름이 되어 돌아갈 수 있겠지
하루해가 진다
해들이 돌아간 겨울 저녁 숲에 적막처럼 어둠이 깃든다
되뇌어본다
이 겨울 나의 오늘이 참되지 않고 어찌 내일의 참됨을 바라랴

—박남준, 「겨울 편지를 쓰는 밤」 부분

최근 우리 사회는 도시적 삶을 정리하고 귀농하는 이들이 많아지는 추세이고, 그러한 삶의 기록들이 많은 이들에게 삶에 대한 의미

있는 전환을 추동하는 계기를 제공하고 있다. 이문재의 시에서 느껴지는 퍼포먼스적 역설과 어색함, 그리고 간결한 언술에 내재된 의미의 잉여는 탈주의 내면을 옹색하게 만든다. 반면 박남준의 시는 이문재가 성취하고자 한 탈주의 삶을 사유의 동선을 통해 실현한다. 이 시의 언술과 행간을 가로지르는 무용(無用)의 사유는 그 자체로서 '언플러그드'의 삶을 형상한다. 이것저것 돌이키고 생각하고 주변을 살피는 행위는 이미 '언플러그드' 속에 있다. 이 시의 사유와 행위를 따라가는 산문적 언술은 그 자체로서 자연을 실현한다. "내 얼굴과 어둠 사이에 아무것도 없다"는 「비박」의 언술을 「겨울 편지를 쓰는 밤」은 자연스럽게 보여준다. 여기에서 구태여 최소한의 생존을 위해 나무를 베는 행위를 반성하거나 낙엽에서 생명의 본원적인 의미를 생각하는 모습이 생태적 상상력에 닿아있다는 내용을 거론할 필요는 없어 보인다. 문제는 이러한 사유를 가능하게 하는 조건들이다. 다시 말해 "얼굴과 어둠"을 직접 만나게 하는 실천이 생태적 상상력을 보다 풍요롭고 자연스럽게 실현할 수 있다. 이것이 답보 상태에 빠진 생태시학의 한 출구가 될 수 있을 것이다.

5.

그리스 로마 시대의 3대 문예비평서의 하나로 평가받는 『숭고에 관하여』의 저자 롱기누스는 "뇌물 받고 재판하는 자는 정당하고 아름다운 것에 관하여 결코 자유롭고 건전한 재판관이 될 수 없다"면서 당대 문학이 쇠퇴하는 이유를 당대인들의 생활을 점거하고 있는 금전욕과 향락욕이라고 규정하고, "무한한 부를 그렇게 존중하고도, 아니 신격화하고도 어떻게 거기에 수반되는 악들이 우리 마음속으로 들어오는 것을 막을 수 있을 것인지 알 수 없"다며 당대인들의 욕망을 격렬하게 비판한다. 롱기누스의 어법대로 말한다면, 자본주의 욕망에 충실하게 따라 살면서 다양한 생태적 상상력과 사유를 펼쳐 보이는 것은 어불성설이다. 그것이 우리 시대의 생태적 상상력이 빈약하고 빈곤한 이유일 것이다. 1990년대 등장하였던 문명비판적 시편들을 반복·확대하는 것은 이성적 전언의 태생적 계몽성과 상투성의 한계로 더 이상 새로운 심미적 효과를 유발할 수 없다. 이를테면 다음과 같은 비판적 상상력은 더 이상 생태적 사유의 비전이라고 보기 어렵다는 것이다.

> 먼 산이 보기엔 밤에 엘리베이터는 내려올 줄 모른다
> 같은 시각 같은 위치, 주방에 서서 수천 명의 여자가 밥상을 차리고
> 같은 시각 같은 위치, 양변기에 쪼그리고 수천 명의 남자가 똥을 눈다
> 먼 산이 보기엔 밤에 엘리베이터는 내려올 줄 모른다
> 같은 시각 같은 위치, 소파에 앉아 수천 쌍의 부부가 티브이를 보고
> 같은 시각 같은 위치, 침대에 누워 수천 쌍의 부부가 성교를 한다
> 먼 산은 끔찍해져서 자신도 그런가 싶어 살펴보면
> 산자락에는 작은 나무들이 있고 산꼭대기에는 큰 나무들이 있고
> 나무들은 서로 피하여 다른 쪽으로 가지들을 뻗어 있는데
> 새들은 저마다 다른 날개를 접을 수 있는 크고 작은 집에 들어 있다
> 어떤 산은 치솟아 있기도 하고 어떤 산은 펑퍼짐하게 있기도 하고
> 또 어떤 산은 아예 딴전을 피우며 동그마니 있기도 한다
> 먼 산이 보기엔 아침에 수천 명의 아이들을 부려놓은 엘리베이터는
> 간밤 엎치락뒤치락하던 수천 명의 남녀들의 오르가슴을 싣고
> 낮에는 위로 위로만 솟구쳐 올라간다
> 먼 산은 그들을 보면서도 상대적으로 낮아지는 자신은 못 본다
>
> —하종오, 「고층아파트」 전문

위의 작품은 산의 다양한 형상과 아파트의 획일적 삶을 대비적으로 열거하여 묘사함으로써 현대인의 삶을 비판적으로 그린다. 최근 현대문명에 대한 비판적 상상력을 보여주는 이와 같은 하종오의 시들은 현대인의 삶의 불모성을 집중적으로 형상화하고 있는데, 문제는 이와 같은 시적 언술의 심미적 효과가 어느 정도인가 하는 점이다. 산과 아파트를 대비하고 있지만 그것은 대체로 평면적이며, 각 대상들의 형상도 낯설지 않다. 계몽성을 배후로 삼고 있는 이와 같은 전언은 그것이 묘사하고 있는 대상처럼 지루하고 상투적이다. 이러한 삶과 전언에 우리는 오래 전부터 익숙해져 있고, 이것의 위기나 출구에 대한 매력적인 제언을 별로 접하지 못한 게 사실이다. 아파트의 삶이 획일적이라는 사실은 우리 모두가 알고 있지만, 그래서 어쩌란 말인가. 편리한 아파트 생활이 도대체 무엇이 문제인가. 여기에 응답하지 못하는 비판은 심미적으로 효과적이지 못하다. 자본주의적 욕망의 식민지로서 충실하게 살아가는 이들이, 또한 그렇게 살아가는 이들에게 현실적이며 심미적인 생태적 사유에 관해서 얼마나 매혹적으로 이야기할 수 있겠는가. 롱기누스의 말대로, 뇌물 받고 재판하는 자는 정당한 것에 관하여 자유로운 재판관이 될 수 없는 법이다. 시인들의 상투적인 문명비판보다 귀농한 이들의 소박한 삶과 그 삶에서 자연스럽게 배어나오는 어찌해볼 수 없는 미소가 사람들을 그리로 기울게 한다.

생태시학은 비판적 이성과 실천력, 그리고 심미성이 함께 요청되는 문학지대이다. 단순한 비판적 상상력만으로 생태적 사유를 추동하는 것은 분명한 한계가 있어 보인다. 생태적 실천 없이 새로운 상상력이나 심미성은 솟아오르지 않을 것이다. 2000년대 우리 시단에 매력적인 생태적 상상력이 별로 발견되지 않는 것은, 그러한 상상력이 제안하는 삶에 매력을 느끼지 못해서이기도 할 테고, 롱기누스의 말대로 현대적 욕망에 시인들이나 우리 모두가 몸을 깊이 담그고 있기 때문일지도 모른다. 최근 우리 사회에 4대강 문제를 제기하는 세력이 종교인들이라는 점은 시사하는 바가 많아 보인다. 광장에 모였던 수많은 촛불들은 온통 파헤쳐진 4내강에 관해 왜 침묵하는 것일까.

"모든 짐승들이 사라져버린다면 인간은 영혼의 외로움으로 죽게 될 것이다. 짐승들에게 일어난 일은 인간들에게도 일어나게도 마련이다. 만물은 서로 맺어져 있다." 150여 년 전 땅을 팔라는 미합중대통령 피어스의 요구에 이렇게 대답했던 시애틀 추장의 말은 오늘날 인류문명의 생태적 위기를 재삼 생각게 한다. 문제는, 현재의 생태적 상황이 개인과 사회의 삶을 수정할 수 있을 만한 위기로 인식되는가 하는 점, 아울러 그러한 위기를 부른 자본주의적 생활양식을 심각한 상황으로 생각하며, 이를 대체할 생활양식을 얼마나 매력적이며 설득력 있게 제시할 수 있는가 하는 점일 것이다. 어쨌든 핵심은 위기와 매혹일 것인데, 위기는 전면적이고 거대한 침몰 상태이면서도 천천히 진행되고 있는 것으로 인식되고, 매혹은 눈에 잘 들어오지 않는다는 것, 아마도 이 점이 생태적 상상력의 관건이 될 것이다. 생태적 위기를 거대한 동물의 종언 과정으로 그린 송찬호의 「코끼리」는 감지되지 않는 지구의 자전처럼 우리 시대의 자연의 위기를 실감나게 형상화하고 있다. 이 시대의 생태적 상상력, 생태시학이 고민할 지점을 저 "천천히 먹고 잠자고 천천히 이동하는" 코끼리의 삶은 웅변적으로 시사한다.

> 나는 거대하다
> 나는 천천히 먹고 잠자고 천천히 이동한다
> 벌써 나는 삼만 년째 석상(石像)이 되어가고 있다

나는 이미 오래전 사냥꾼들에게 그림자를 빼앗겼다
그들은 내 몸을 마구 파헤쳤다 내 눈앞에서
초원은 시들고 강과 호수는 사라져버렸다
그들의 배로 열차로 군대로
내 살과 피를 조각내 운반해 갔다

그들은 내 몸을 쇠사슬로 묶었다
내 등에 그들의 의자가 놓여 있다
그들의 식탁과 사무실과 침대가 올라타 있다

그러나 보아라, 그들이 아무리 채찍을
휘둘러 재촉해도 나는 굳세게
천천히 먹고 잠자고 천천히 이동한다
나는 삼만 년째 석상이 되어가고 있다
나는 거대하게 사라져간다

—송찬호, 「코끼리」 전문

넓고 깊어지는 서정, 그 오래된 미래

— 동인지 『미래서정』의 첫 걸음에 부쳐 —

1.

근대문학 형성기에 동인지는 문학적 관념의 구체를 실험하고 확인하는 주요한 거점이었다. 문학이 어떠한 것인지, 아니 어떤 것이 될 수 있으며 무엇일 수 있는지를 탐색하는 기지로서 동인(지)은 문학에 관한 생각들을 포획하고 구성해가는 그물코였다. 그것은 마치 들뢰즈와 가타리의 '리좀(Rhizome)'처럼 비선형적/비평형적 방식으로 생성·구성되며, 이동함으로써 진화를 이루어가는 문학 관념의 역사적 자원들이었다. 포섭할 수 없고 확정할 수 없지만 다양한 구체적 발화(parole)들을 통해 구성되는 추상적 체계로서의 랑그(langue)처럼, 문학은 그러한 역사적 동인(지)들의 실현태들을 통해 '그 어떤 것'으로서 자리 잡을 수 있었다. 문학은 한 개인을 발착(發着)의 장(場)으로 삼아 운동하는 나선형의 체계이지만 그 거점이 개인을 넘어선 집단일 경우, 그 집단의 밀도와 운동력이 강할수록 좀더 강한 자장을 형성하게 된다. 근대문학 형성기의 동인(지)은 안과 밖을 추동하는 거점으로서 문학 관념을 구성해가는 당대 문단에 새로운 문학적 내용과 경향을 개진(開進)하는 중요한 장이었다.

그로부터 100년이 지난 오늘의 한국근대문학은 그야말로 바깥이 없는 카오스모스(Chaomos)의 시대를 겪고 있다. 수많은 시적 개성과 다양한 문학 집단들의 운동 속에서 한국 시단은 이전에 접하지 못했던 변화를 안팎으로 경험하고 있다. 시문학의 장르적 전통이라고 생각했던 요소들에 대한 광범위한 이반과 더불어 문학의 대(對) 사회적 성격의 변화가 일상의 시스템과 감각을 바꿔놓는 테크놀러지의 급격한 발전 속에서 진행되고 있다. 삶과 세계에 대한 감각의 변화만큼 문학의 성격과 위상이 달라지고 있는 것은 확실한 듯하다. 문학은 세상의 많은 일들 중에 하나일 뿐이라는 사실을 전적으로, 그리고 온전히 수락하는 자들이 문학을 하는 시대, 그러한 감각의 도래가 오늘의 문학적 현상을 가로지르고 있는 듯 보인다.

한국문학 100년 동안 어떤 시대도 우리만큼 많은 잡지—특히 시의 경우—를 가져본 적은 없다. 물론 그러한 양적 확대는 물적 토대의 발전에 기인한 바 크지만, 이를 전적으로 물적 토대에만 기대어 설명할 수는 없을 것이다. 수많은 문예지들과 문학 단체들, 우후죽순처럼 생겨나는 문학상과 문학 관련 행사들, 해마다 쏟아지는 신인들과 시집들, 이러한 경이로운 문학 외연의 확장은 우리와 비슷한 사회경제적 수준을 보이는 나라들과 비교해서도 매우 이례적이다. 특기할 점은 문학 외연의 확산에도 불구하고 우리 시대 문학에 대한 비평적 전망이 어느 때보다 암울하다는 점이다. 문학의 사회적 영향력을 사회적 이슈 개입의 역량으로 한정한다면 우리 시대 문학은 변혁에 대한 욕망이 강했던 과거에 비해 현격하게 그 영향력이 약화되었다. 예전보다 훨씬 많은 사람들이 문학에 관여하고 있음에도 불구하고 사회적 영향력은 지극히 제한적이며. '동호회 집단'이라고 불릴 만큼 우리 시대 문학은 자족적인 성격을 띠고 있다.

그런데 이러한 문단의 변화는 비단 문학 내부의 문제만이 아니라 우리 사회의 전체적 환경 변화와 맞물려 있기 때문에 문학의 위상을 특정한 관점만으로 단순 비교하는 것은 온당치 않아 보인다. 어찌 보면 우리 시대 문학에 대한 암울한 전망은 그러한 비평적 관점의 쇠퇴와 맞물려 있을 것이다. 문제는 특정한 비평적 관점이 새롭게 길을 열 만한 개성적인 작품이 드물다는 것, 나아가 문단 인구의 확산과 지면 확대에도 불구하고 자신의 세계를 천착하는 이질적 문학 개성들, 다시 말해 생생한 문학 생태적 다양성이 부족해 보인다는 점이다. 개성적인 듯 보이면서도 전체적으로 닮아 있어서 마치 어떤 시적 트렌드가 형성되어 있는 듯하다는 비판이 이미 일부 비평가들에 의해 제기된바 있지만, 여전히 우리 문단은 문학적 참신함과 개성이라는 미명하에 일정한 시편들에 대한 집중적인 조명이 진행되고 있다. 이러한 상황에서 지면의 풍요로움은 결코 한국시단의 발전에 생산적으로 기여하는 조건일 수 없다. 일부 잡지의 논의와 흐름을 대부분의 문예지들이 되받아 쓰고 일부 시인들의 작품에 편중되어 지면이 할애되는 것은 집중적인 조명을 받는 시인들을 포함하여 한국시단 진체에 결코 유익하지 않다. 그것은 유망한 시인들을 조로(早老)하게 만들 뿐만 아니라 시단에 유행과 모방의 욕망을 만연하게 하는 일이다. 한 해에 일부 시인, 특히 젊은 시인들이 3,40편의 작품을 발표하는 상황은 결코 이로운 일일 수 없다. 관성은 예술의 최대의 적이지만, 그렇다고 새로움만이 예술적 환대의 주빈(主賓)일 수는 없다. 시인과 더불어 나이 들어가는 일을 생각하고, 그들의 작품에서 늙어가는 일의 내면에 관해 사유할 수 있을 때, 시는 삶의 전체를 보는 예술일 수 있다. 문학은 예능이 아니며, 패션과 유행이 장르 자체의 매력이 될 수 있는 분야도 아니다. 시인들이 자기-개성과 사유의 언어를 천착해갈 수 있도록 문학 생태계의 다양성이 보존될 수 있는 비평적 모색이 필요해 보인다.

수십 종의 문예지가 발간되고 해마다 수십 명의 시인이 등단하는 상황, 외형적 풍요에도 불구하고 이른바 '동호회 문단'이라고 불리는 우리 시대 문학 현실에서 같은 잡지로 등단한 문인들이 작품집을 발간하는 것은 어떤 의미가 있을까. 문단이 문학을 하는 사람들의 '동호회'여서 안 될 이유가 없다는 주장의 근본 취지는 온전한 자유를 위해 문학의 권위나 무게, 나아가 사회적 영향력에 관한 강박을 버리자는 것인데, 여기에는 문학의 난해성과 효용에 대한 어떤 입장이 간접적으로 담겨 있다. 이러한 논의는 문학의 역사만큼이나 오래된 것으로서 전혀 새로울 게 없다. 창작의 순간과 심성은 본질적으로 독자를 향해 있지 않기 때문에 난해성과 소통의 문제는 문학 동네에서는 상존해온 쟁점이었다. 오히려 문학의 경계를 지워나가는 낯선 실험과 시도는 문학의 영역과 방법을 확장하는 중요한 동력이었다. 이러한 관점에서 보자면 '동호회로서의 문단'은 새삼스러울 것이 없다. 문제는, 이러한 시도들이 문단의 트렌드를 형성하면서 종전의 시학적 작업들을 급속히 변방화하고 문학 생태학의 다양성을 위축시키는 문학 환경을 구축해가고 있다는 사실, 그러한 점에서 바깥을 사유하지 않은 '동호회로서의 문단'은 위태롭고 문제적이다. 시가 일반 대중에게 눈높이를 맞추어야 한다는 것이 아니라 다양한 시적 작업들이 개진될 수 있는 상황이 마련될 필요가 있다는 점이다. 『미래서정』의 발간이 의미 있는 작업이 되기 위해서는 이러한 문제적 상황을 넘어서는 작업이 작품집 간행을 계기로 하여 촉발되어야 할 것이다. 단순히 같은 잡지로 등단한 회원들의 자기 확인을 목적으로 하는 것이라면, 그것은 유사 취미를 가진 동호인 집단의 자족적 성과물에 불과할 것이다. 『미래서정』의 미래는 우리 시단이 열어가지 못한 서정의 심화와 갱신을 일련의 작품집을 통해서 얼마나 확인할 수 있는가에 달려 있을 것이다.

이제 그 첫 걸음을 내딛는 〈미래서정〉의 현재 속으로 떠나보자.

2.

'물신주의에 대한 비판과 극복을 포괄하는 인문정신의 문학적 실천', 이는 『서정시학』의 모태가 되었던 '김달진문학상'의 제정이유로서, 여기에서 '인문정신의 문학적 실천'이란 체험의 깊이와 사유의 심화를 절제된 언어를 통해 형상화하는 행위라고 할 수 있다. 시류를 넘어서는 역사의식과 균형 감각 위에 문학의 전통을 존중하면서 자기 사유와 개성의 심화를 지향하는 『서정시학』의 편집방향은 '신인추천' 과정에서도 유지되었던바, 『미래서정』 창간호에 수록된 작품들 역시 전체적으로 이러한 기조 위에 있는 듯 하다. 잡지의 표제어이기도 한 '서정'의 한 축이 '자기-성찰'이라고 한다면, 여러 시인들이 이 오래된 서정의 문법에 충실한 글쓰기를 보여주고 있다.

> 글쎄, 직접 만나야 좋은 것은 아닐 듯 / 석양, 저 햇살을 오래 응시할 수 있는 것은 / 눈부시지 않으니까 / 다만 안으로 타들어가니까 / 어둠에 섞여 타는 빛 / 눈물 바람이 들춰낸 숯불의 내연 / 군고구마 불탄 껍질 벗기면 피어날 / 누런 엄니 젖무덤 / 그 너머 빈 들녘 먼 산이 자꾸 오르내리니까 / 그걸 멀리 보고 있으면 / 달궈진 자갈밭에 맨발 물 자국들이 지워져가고 / 물억새 밭에서 참새 떼가 서녘 하늘로 씨 뿌려지고 / 그걸 가만히 보고 있으면 / 어쩐지 저건 내게 곧바로 오지 않고 / 몇 번은 스쳐가고 몇 번은 망설이다가 / 이젠 따져 확인할 것도 / 마음 안에 가둬 둘 것도 다 잊은 듯 / 마냥 바라보다가 그저 물 한잔 건네려는 듯 / 없다가 있다가 없다가 / 어느새 함께 걸어가는 누군가로 / 혹은 내 안의 그 사람의 그림자로 / 왜 석양은 내게 저 햇살로 오는 걸까? / 낯익은 필체의 엽서가 성큼 도착한 오늘
>
> —양균원, 「석양 저 햇살로」 전문

'서정', 혹은 '서정적인 것'이 자신과 마주한 주체의 내면에 관한 기록이라고 한다면, 이 시는 석양의 풍경에서 자기 생의 정서적 이력을 보고 있는 시적 주체를 그리고 있다. "어둠에 섞여 타는" 저 "숯불의 내연"에서 시인은 "스쳐가고" "망설이다가" 마침내 "마음 안에 가

뒤 두"는 내성(內性)의 생을 발견한다. 자신의 삶 전체를 우수의 정서 속으로 소환하는 석양의 풍경은 시인으로 하여금 자신 안에 기숙하고 있는, "곧바로 오지 않"아서 오히려 오래도록 "안으로 타들어가고 있는" 그리운 존재들을 응시하게 한다. 저 우주적 세계를 단박에 존재의 현상학으로 만드는 경이로운 이 시의 정서적 운동력에서 우리는 자기의 전 존재를 대상 속에서 그윽하게 향유하는 오래된 서정의 전통을 보게 된다. 주체와 세계, 과거와 현재가 하나의 풍경 속에서 공서(共棲)하는 황홀한 연금술은 시 장르의 매력을 잘 보여준다. 가만 가만 말을 건네는 이 시의 언어는 시인의 내면을 돌아 시를 읽는 이들까지 그 내성의 현상학을 함께 살게 한다.

대상을 통해 자기-존재의 내면을 복기해가는 이러한 작품과 달리, 다음의 시편에서 대상은 타자(他者)의 존재를 소환하는 지점으로서 기능한다.

> 얘야, 창밖이 보고 싶구나 / 앞이 자꾸 어두워져……바람을 만지고 싶구나 / 끊임없이 나를 부르는 흰 소리들 / 손을 잡아 보고 싶구나 // 뭉그러진 자리마다 / 바글거리는 비명 / 겨울 내내 들썩이다 / 고요한 눈인사로 / 숨을 내려놓는다, 물큰하다 // 한 생(生)을 살아낸다는 것은 / 숨들이 지나가는 자리들마다 콕콕 / 씨앗을 심는 것 / 마침내 / 손톱 밑 / 발톱 밑 / 검은 꽃들로 피어나는 것
>
> —노승은, 「저승꽃」 부분

모과의 썩어가는 자리에서 주검과 꽃의 이미지를 본 시인은 부패의 형상을 "저승꽃"으로 호명한다. 검버섯을 흔히 '저승꽃'이라고 부르니까 모과와 노인을 병치하는 것은 지극히 자연스러운 연상의 경로여서 새삼스러울 게 없다. 이 작품에서 시적 도약이 이루어지는 대

목은 서술의 언어들 속에 "한 생을 살아낸" 자의 목소리가 느닷없이 흘러나오는 지점이다. "납작하게 누운 모과"에서 진행되는 주검이 노인의 생생한 숨/소리와 나란히 놓이면서 시는 향과 소리가 수런거리는 웅숭깊은 공간이 된다. 모과의 썩어가는 사리에서 들려오는 생명을 향한 마지막 말들은 저승꽃의 형상에서 생의 경이를 생생하게 겪게 하면서, "한 생을 살아낸" 자에 대한 화자의 그리움과 생에 대한 성찰을 경험하게 한다. 이렇게 느닷없는 타자의 말들이 서로에게 깃드는 세계, 그 곳이 시의 자리이자 시의 몸이다. "창밖"을 "보고 싶구" "바람을 만지고 싶"은 저 바깥, 저 타자들을 향한 간절한 숨결이야말로 시의 욕망이다. '너'를 경유하여 '나'에게 돌아오고 '나'를 사유하는 과정 속에 '너'에게 이르는 말의 생(生), 그래서 시는 함께 경험할 만한 '우리의 삶'이 되는 것이다.

타자에 가닿고자 하는 욕망은 시뿐만 아니라 모든 문학적 글쓰기의 핵심적인 동력이다. 아버지를 향한 남편의 기억과 그리움에 관해 적고 있는 엄봉애의 수필은 문학적 글쓰기에 내재한 이러한 욕망을 소박한 언어로 보여준다.

> 아버지는 마루 끝 처마 밑에 달아두는 호롱등 안의 그을음을 꼭 내게 닦게 하셨어. 불을 밝힌 호롱등 안의 유리가 맑게 반짝이지 않으면 게으른 놈이라고 꾸지람을 하셨지. 지푸라기를 뭉쳐 호롱 안의 그을음을 깨끗이 닦는 거야. 아마 등 안에 주먹 쥔 손이 들어가기론 어린 내가 적격이라고 생각하셨을 테고 나중에 생각해보니까 아마도 무언가에 대한 책임감을 갖게 하고 싶으셨던 것 같다. / 꿈꾸듯 눈을 멀리 둔 그가 말했다. (중략) 그는 외롭거나 힘에 겨울 때마다 지난날의 따뜻한 이야기 속으로 들어가 거기서 위안을 받고 새로운 힘을 얻어 돌아오는 것 같았다. / 추억할 게 많은 사람은 행복하다. / 마음이 따스했던 어린 날을 많

이 가지고 있을 테니… / 지난 밤, 그의 이야기가 꽤 길었던 걸로 보아 아마 그가 또 외로운가 보다.

—엄봉애, 「아마 그가 또 외로운가 보다」에서

중년의 남편이 잠자리에 들어서 다시 꺼내놓는 유년기의 일화들은 부성에 대한 그리움의 발로이며, 이는 정서적으로 포만했던 세계에 대한 동경의 감정에서 기인한다. 유년기에는 알지 못했던 아버지의 마음이 헤아려지는 것은, 대상에 대한 그리움과 부성의 자리가 주는 쓸쓸함을 이제 알기 때문이며, 여기에서 기원하는 자기-위안의 감정이 있기 때문이다. 이해와 그리움은 그렇게 자신을 기지로 삼아 타자를 선회하며 넓어진다. 중년에 이르러 아버지의 마음과 지혜를 헤아리고 그리워하는 남편, 그 남편을 곁에서 지켜보는 글쓴이, 이들 모두를 관통하는 것은 외로움이다. 외로움이 마음을 읽게 한다. 남편의 그리움을 헤아리는 글쓴이의 연민의 시선이 어찌 외로움에서 발원하지 않았겠는가.

상이한 관계의 결을 타고 전해지는 정서적 연관과 연대의 감정이, 존재를 깊게 하고 넓게 한다. 글쓰기는 마음을 찬찬히 복기하는 과정이고, 글은 이해와 연민의 능력이 자라는 자리이다. 이심전심(以心傳心)이 한 마음을 통해 또 하나의 마음에 이르는 것이라고 한다면, 문학은 이심전심이 깊어지고 넓어지는 자리이며 시는 이를 가장 근접하게 실현하는 자리이다. 이것이 시와 문학에 내재된 윤리적 동력의 근거인 셈이다.

문학의 세계가 바깥과 교통하는 내밀한 과정임을 김승일은 매우 섬세한 내면의 감각과 집요한 성찰의 능력으로 탁월하게 형상화한다.

그들은 독서실에서 여자랑 잔 이야기를 늘어놓거나 / V로 시작하는 오토바이를 타고 다니는 애들이었다 / 그들은 삼년 내내 집합과 행렬 밖으로 나가지 못했다 / 친구가 친구에게 끌려가 맞을 때 // 나는 책장과 책장 사이로 집합과 행렬만을 바라보았다 / 그 너머가 없었다 / 언젠가 그 두꺼운 책 속에서 숫자를 모조리 뺀 글자들을 모아 / 죄송합니다 미안합니다 라는 말로 바꾸어버렸다 / 그들은 모여 있다 저희들끼리 키득거리고 어디론가 흩어진다 // 원주율처럼 끊어지지 않는 게 무엇인가 / 나이를 먹을수록 둥글어지는 사람들과 머리를 맞대고 조용히 / 뜨거운 국물을 후루룩 후루룩 마시고 있다 // 무엇을 생각할 때는 왜 눈을 치켜뜨게 되는 걸까 / 사람들이 나를 떠나 어딘가를 보는 것처럼 / 나도 먼 곳을 보고 있는데 / 시간을 다 건너가 버리는 것 아닌가 / 이런 사과의 구절이 창밖으로 흘러가는 것 같다

—김승일, 「수학의 정석」 전문

이 시의 시적 능력은 단순히 진솔한 자기-반성에 있지 않고, "집합과 행렬"로 상징되는 허위의 세계 바깥으로 나가지 못한 채 파편화된 일상의 삶을 집요한 내면의 감각으로 응시하는 그 도저함에서 비롯된다. "손가락 끝이 붉어지도록 / 스위치를 껐다 켜보는 사람이 있을 것이다" "흑연이 닳고 있는 소리만 들려오는 저녁이 있다", 혹은 "어디로든 가려 하는 마음과 / 모든 저항이 / 回路 위에 있는 것처럼 // 무엇을 더하거나 뺄 수 없어서 후렴은 생겨나는 것이다"(「백색소음」) 등의 표현들에 내재된 지독한 유폐의 감각은 바깥으로 길을 열고 싶은 자의 절실한 욕망을 역설적으로 드러낸다. "집합과 행렬"이 상징하는 집단적 삶의 기율과 "나이를 먹을수록 둥글어지는 사람들"의 허위의 처세학은 진정한 인간적 삶을 영위하지 못하는 현대적 일상을 단적으로 보여준다. 이러한 현실에 대응하여 "두꺼운 책 속

에서 숫자를 모조리 뺀 글자들을 모아 / 죄송합니다 미안합니다 라는 말로 바꾸어버리는" 화자의 행위는 수학적 정석(定石)의 세계에 대한 부정을 자폐적 감각으로 드러냄으로써 유폐된 현대인들의 내면과 탈주의 방식을 충격적으로 형상화한다.

김승일이 '정석의 일상'에 온전히 길들여질 수 없는 인간의 정신을 집요한 내면의 감각으로 실현하고 있다면, 백남오의 수필은 일상의 욕망과 더께들을 지리산의 자연을 통해 해소하는 글쓰기를 실천한다. 김승일의 도저한 내면 감각과 백남오의 부단한 산행은 매우 상이하지만 일상의 현실에 대한 저항과 견인의 방식이라는 점에서 상통한다.

> 천왕봉에서 노고단까지, 광활한 푸른 바다의 물결처럼 출렁이는 백리 주능, 반야봉을 주봉으로 섬진강까지 현란하게 뻗은 불무장등, 머리 위를 지나가는 지리산의 기둥 남부능선, 지리산 어느 곳에서 바라보아도 멀리서 아물거리기만 하던 호남 땅 백운산은 사천왕이 되어 눈앞에 우뚝 선다. 이승의 영욕들이 바람처럼 스러지고, 새로운 피안의 세계로 녹아드는 듯하다. 지금 눈앞에 펼쳐지는 이 풍광이야말로 청학동의 모습이라고, 나는 생각하는 것이다.
>
> —백남오, 「청학동 가는 길」에서

지리산은 원망(遠望)의 산이다. 높이 오르면 멀리 보이고, 멀리 보는 일은 전체 속에서 '나'와 내가 있는 지점을 바라보는 행위이다. 그것은 유폐된 '지금-이곳'으로부터 비상하는 일이며 일상의 너머를 바라보는 일이다. 그러한 점에서 원망과 비상은 정신의 행위이다. 산행을 하는 일, 그것도 동과 서, 남과 북이 모두 바라보이는 지리산을 걷는 행위는 "이승의 영욕"을 멀리서 보는 일이다. 글쓴이가 지리산의 형상에서 불교적 이미지를 떠올리고 청학동(青鶴洞)을 생각하는 것은, 그의 산행이 일상의 욕망을 견인(牽引)하는 일종의 정신적 수행에 속하기 때문이다.

3.

고통과 슬픔은 문학의 가장 오래된 자원이다. 그것은 기쁨의 감정보다 깊고 멀리 간다. 기쁨은 누리고 휘발되는 감정이지만, 슬픔은 겪는 것이고 뼈에 새겨지는 감정이다. 그래서 서정(抒情/敍情)의 정(情)은 통각(痛覺)의 정에 더 가깝다. 그것은 보편적이고 강렬해서 여전한 문학의 주요 자원이지만, 한편으로는 오래되고 익숙한 것이어서 다스리고 형상하는 방법이 더욱 중요한 자원이기도 하다. 시적 절제와 방법으로서의 언어는 이러한 부정의 정서를 어떻게 다룰 것인가의 문제이기도 한 것이다.

지정애는 고통의 격렬함 그 자체의 힘으로서 시의 집을 이루고 있는 경우인데, 우리는 그녀에게서 슬픔이 얼마나 전-존재적이고 우주적인가를 확인하게 된다.

> 너 떠나고 난 뒤 / 연둣빛 부리의 새가 놀곤 했던 창문 앞엔 / 툭 부러진 하루의 관절이 쌓이고 / 잠의 주술에 걸린 정오는 / 새우처럼 꼬부라진다
>
> —지정애, 「내 마음의 감옥」 3연

> 보아라, 손 없이 손잡는 저 꽃들, 풀들 / 저 여린 것이 끝내 열매가 되는 순서를 / 아가의 숨결같이 피어나는 너를 바라보며 / 나 이제 이 세상에 없는 마음의 / 집 한 채 짓고 / 그 고요 속 소슬한 난간에 / 나를 눕힌다
>
> —지정애, 「마흔 여섯 채의 슬픔」 4연

이 시편들은 부재와 상실의 슬픔이 존재의 망각과 소멸에의 충동으로 전환하는 과정을 보여준다. "잠의 주술에 걸린 정오"가 "새우처럼 꼬부라지"는 일상의 모습은 생의 시간으로부터 스스로 유폐되고 격절되고자 하는 암전(暗轉/Blackout)에의 의식을 그리고 있다. 이 짙은 타나토스의 충동은 "저 여린" 꽃들과 풀들을 부르는 간절한 생명에의 열망으로 몸을 바꾸었다가 "이 세상에 없는" 적멸의 세계로 몸을 눕힌다. "내 몸은 집채만한 바람의 서식지"(「내 마음의 감옥」)라는 표현이 단적으로 드러내는 강렬한 상실과 허무의 정서는 시적 주체의 생명력을 꺼버림으로써 대상 세계를 폐허로 만든다. 지정애의 시가 보여주는 이 자발적 폐허에의 의지는 그 순도(純度)에 힘입어 읽는 이들의 내면으로 육박한다. 상실의 슬픔을 자기-침잠과 유폐 의식으로 드러내는 이들 시편과 달리, 배성희는 자신에게 기숙하고 있는 삶의 고통을 독기(毒氣)와 탈주에의 욕망을 통해 해소한다.

> 산 채로 깃털을 뜯어내, 회쳐먹는 닭고기 맛이 기막히다는 / 주모 너스레에 닭살이 / 돋아 낮술을 마셨다 / 오늘밤 예정된 개기월식은 11년만의 우주 쇼라는데 / 시간은 늘 우리의 선택과 함께 흐르고 / 달에게는 선택권이 없다 〔…〕 매일 당신이 쓰다듬는 페르시안 고양이털 담요를 / 머리까지 끌어당겨 덮어본다 온기 없는 방에서 / 하얀 입김을 내뿜는 아르테미스 불면증에 시달리는 / 달의 여신을 안고 아득한 꿈에 잠기면 // 서서히 지워지는 달이 조금씩 부푸는 달이 / 담요 안에서 우주 쇼를 펼친다 // 견디기 어려운 추위에도 은밀한 근육은 뜨거워 / 온 몸이 떨리는 사랑이라면, 몬도가네 미식가를 위해 / 산 채로 털이 뜯겨나가는 닭의 살처럼 / 그림자가 지나간 달의 구멍마다 왜 피가 맺혀있는지 / 소름끼치는 불치병을 왜 끙끙 앓고 살아야하는지 / 오래 눈을 맞추고 물어봐야겠다
>
> —배성희, 「닭살과 달의 우주쇼」 부분

달이 지구의 그림자에 가려 태양의 빛을 받지 못하고 어둡게 보이는 개기월식을 소재로 한 위의 시는 여성성의 내면과 그늘에 숨겨진 고통을 형상화하고 있다. 달의 상징에 내재된 수동성과 어둠에 기초한 여성성이 "산 채로 깃털이 뜯겨나가는 닭의 살"과 함께 놓이면서, 시는 자학적 살기(殺氣)와 독기, 그리고 벌거벗긴 야생적 생명력이 묘하게 혼재하는 섬뜩한 공간이 된다. 그 속에는 "선택권이 없"는 시간을 견인(堅韌)하며 살아가는 시적 화자의 고통과 생에 대한 공격적인 사랑의 열망이 잠복해 있다. 이질적 정서들이 함께 뒤섞인 이러한 형국은 그 자체가 고통의 흔적이자 동시에 그것에 대응하는 방식임을 시사한다. '달의 구멍'의 형상을 "산 채로 털이 뜯겨나간 닭살"의 이미지와 병치하는 상상력 속에는 세계에 대한 부정의 의시를 자학적인 생명력으로 전환하는 훼손된 욕망이 가로놓여 있다. 살의(殺意)와 사랑에 대한 열망이 한몸을 이루고 있는 이 고요한 열도는 불안하고 위태롭지만, 새로울 만큼 위험하지는 않다.

위의 작품들이 시적 주체의 고통과 내면을 그리고 있는네 반해, 다음의 시편들은 대상 세계의 현실을 개성적인 시각으로 그려낸다.

> 왼쪽으로 저었다가 오른쪽으로 저었다가 / 내연녀와 짜고 아내 죽인 남편이 쏟아지고 / 도덕이 쏟아지고 애인이 쏟아지고 / 주상복합단지가 쏟아지고 콘도가 쏟아지고 / 바다가 보이는 카페 『오후 3시』 / 통유리 위로 나른한 평화가 쏟아진다 / 저마다 속내 하나씩 지퍼 안에 감추고 / 벌어진 지퍼를 닫을 줄 모르는 지퍼들 / 에스프레소를 삼키며 재개발이 쏟아지고 / 아이스 마끼아또를 저으며 주식이 쏟아지고 / 창밖엔 지퍼를 열어 / 오늘의 갈매기들을 날려 보내는 수평선 / 원피스 속, 어제보다 뚱뚱해진 욕망을 감춘 채 / 오후 3시의 지퍼를 열고 / 우아하게 걸어 나가는 지퍼들의 뒷굽
>
> —배옥주, 「오후의 지퍼들」 부분

타다 남은 셔츠가 한쪽 팔을 펄럭인다 / 뒤로 물러선 사구타워 불빛이 / 혼자만의 스카이라인을 그린다 / 자정이란 그런 것이다 / 한쪽으로도 다른 쪽으로도 기울기 어려운 시간 / 불은 쓰레기 야적장에서 시작되었다 / 왜 마법의 모자는 꼭 토끼를 끄집어내는 걸까, / 비닐집에서 혼자 노는 아이가 / 라이터를 켜는 순간이었다 / 소방차는 지연되었다 / 골목은 겹치고 어긋나 있었다 / 두 시간 만에 불은 꺼졌다 / 두 시간 만에 마을은 사라졌다 / 어디로 갔을까 / 앵두나무 아래 우는 아가 소리를 내던 고양이 / 앵두의 붉은 빛깔은 / 가끔은 해도 뜨던 마을 / 고층건물의 폐지를 먹고 자란 어둠이 / 잠의 목덜미를 물어뜯는다 / 겹치고 어긋나며 이어지던 이야기는 / 혹이 아흔 아홉인 낙타를 타고 이동 중이다

—한영수, 「가로등은 안녕하다」 부분

위의 시에 형상화된 도시적 일상과 현실은 실제로 낯설지 않은 세계이다. 그것은 도시적 일상이 자리를 잡기 시작한 1980년대 이후, 이른바 '도시시' 혹은 '일상시'로 호명되는 작품들에서 다루어졌을 법한 소재이다. 도시적 삶을 지배하는 자본주의적 욕망과 비극적 사연은 2010년대를 사는 현대인들에게는 별로 주목받을 만한 내용이 아니다. 어찌 보면 우리 시대는 뉴스(News)의 세기말, 더 이상의 뉴스가 가능하지 않은 뉴스 홍수의 시대라고 할 수 있다. 충격적인 사건과 사고가 일상화되고 상상이 현실로 쉽게 자리를 바꾸는 세상을 목도한 이들에게 소재 자체의 힘으로서 예술적 관심을 얻는 것은 쉽지 않다. 그러한 점에서 방법과 태도의 문제는 예술성의 매우 중요한 관건이 된다.

그러한 점에서 「오후의 지퍼들」의 반복적인 언술과 이에 따른 속도감은 물신(物神)과 거품 같은 욕망에 영혼을 빼앗긴 '참을 수 없는 존재의 가벼움'을 웅변해 준다. 이 작품이 구현하는 속도의 언술

은 욕망의 푸대가 된 인간 존재의 물질성을 생생하게 실현하는데, 시를 지배하는 이러한 물질적 상상력은 수평선이 “지퍼를 열어” “갈매기를 날려 보낸”다는 종결부에 이르러 절정을 이룬다. 주체의 시선과 태도가 대상과 언술들을 관통함으로써 시는 우리 시대의 도저한 물질성을 성공적으로 형상화해 낸다. 「오후의 지퍼들」이 자본의 전면을 그리고 있다면, 「가로등은 안녕하다」는 자본의 그늘을 지극히 담담한 시선으로 서술한다. 대도시의 빈민촌에서 일어난 비극적 화재사건을 시는 “마법의 모자”에서 “끄집어내진” “토끼”에 비유한다. 비극적 서사를 마술사의 깜짝쇼로 처리하는 이러한 태도는 참극(慘劇)을 사건으로 수용하는 도시적 시선, CCTV적 비정(非情)을 그려낸다. 이러한 시선의 배후에는 마치 토끼를 담고 있는 “마법의 모자” 처럼, 도시의 어둠 역시 이러한 비극적 서사를 언제든 꺼내놓을 수 있다는 인식이 내재되어 있다. ‘사연’과 감정을 휘발시켜 참극을 사건으로 처리하는 이 시의 제3자적 시선은 사막을 통과하면서도 무연한 ‘낙타의 표정’ 같은, 감(感)이 동(動)하지 않는 뉴스의 시내를 보여준다.

시적 주체의 내면과 현실 세계에 대한 인식을 보여주는 위의 시편들과 달리, 다음의 작품들은 유희적 충동과 해체적 상상력으로 삶과 현실에 대한 새로운 사유의 가능성을 펼쳐 보인다.

> 성이 봉씨인 만년대리 같은 봉대리 / 성이 봉씨인 대리운전사 같은 봉대리 / 막 봉분을 끝낸 무덤 냄새가 날 것 같은 봉대리 / 천안 나들목 지나 병천 넘어 가는 길 / 봉대리에는 군립공원묘지가 있다 / 하급관리들이 모여 있을 것 같은 자그마한 공원묘지 / 버스 뒷자리에 앉아 봉대리 간다 / 앞쪽 운전석 주위에 몰려 있는 / 할머니들의 뒷머리만 보인다 / 묘지 가는 버스에 온통 노인들뿐인 이 우연 / 시골길 달리다가 / 자기 묻힐

자리에서 한 명씩 혹은 두 명씩 내린다 / 나는 지상의 마지막 손님

—강호정, 「봉대리 간다」 부분

늘 일상의 개펄 밭을 기다가 갑자기 쿡 찔러보는 물음, 아주 아프게 꽉 물음, 엄발의, 엄발에 의한 물음, 물음, 울음, 울음, 그러게 // 진리는 진리, 그런데 뭐가 진리지, 아주 질리는 진리, 질리도록 듣는 진리, 햇살처럼 손바닥을 쫙 펴고 손바닥을 이리로 저리로 뒤집어 보이는 진리, 좌도 우도 아니고 그저 앞과 뒤, 여반장(如反掌), 뭐가 진리지 끄덕끄덕 그득하게 알 수 없이 그러게.

—성선경, 「그러게」 부분

내 몸속에는 몇 개의 미토콘드리아가 있을까 대한민국에는 내가 사는 오창읍에는 몇 개의 필라멘트가 있을까 미토콘드리아는 미토콘드리아마다 사연이 있지 필라멘트가 끊어지면 필라멘트를 감싸고 있던 유리도 함께 버려지지 끊어진 필라멘트는 폐기되고 나는 미토콘드리아가 시키는 대로 살아가지 전구의 핵심은 필라멘트 유리는 필라멘트를 감싸고 있을 뿐 보호할 뿐 더욱 빛나게 할 뿐 내 몸속에는 우리가 사는 지구에는 몇 개의 미토콘드리아가 있을까 얼마나 많은 사연이 있을까

—박순원, 「필라멘트」 전문

위의 작품들에 공통된 것은 유머와 유희의 정신이다. 일반적인 서정시들이 고통과 각성의 내용을 감동과 깊이를 내재한 진지한 성찰의 언어로서 개진하는 데 반해, 위의 시편들은 수면을 건너가며 파문을 만드는 물수제비처럼 탈(脫)중력의 수평적 언어와 상상력을 통해 새로운 서정의 가능성을 실험해 보인다. 특히 이들의 언어는 시적 사유를 받아내는 그릇이라기보다 그것을 생성하는 기지로서, 혹

은 이를 구성하는 과정의 일부로서 시작(詩作)에 참여한다. 그래서 이들 작품은 시가 언어를 다루는 세계임을, 시적 성찰이 말과 더불어 진행되는 과정, 아니 말과 함께 사유가 구성되는 과정임을 경험하게 한다. 이는 수직적 깊이와 진지함에 기울어 있는 시적 관성을 타격하는 언어들이다.

공원묘지 마을의 이름에서 연상된 이미지를 서술하면서 시작되는 「봉대리 간다」는 무거울 수 있는 소재에 탄력을 불어넣음으로써 시적 공간이 주는 중력을 약화시켜 주검의 의미나 풍경을 새롭게 보게 한다. '만년대리' '대리운전사'로 이어지는 '봉대리'의 언어유희는 묘역에 서민의 이미지와 일상적 의미를 덧붙임으로써 주검을 삶의 세계와 구분하는 인식을 불식시킨다. 주검은 특별한 공간이 아니라 '봉대리'라는 이름이 주는 연상처럼 새삼스러울 게 없는 평범한 일상의 세계가 되는 것이다. 그러한 점에서 "할머니들의 뒷머리"로 가득한 "묘지 가는 버스"는 그 자체가 생생한 묘역이고, 봉분으로 가득한 버스 안은 서늘하면서도 유머러스한 현실의 풍경이 된다. 묘지를 찾아간 화자의 행동—"술한잔따르고,절하고,담배한대피우고, / 높은곳에있을때잘좀봐달라고청탁하는"—이 띄어쓰기를 생략한 채 기술되고 있는 것 역시, 행위 공간을 일상적 현실의 일부로 처리하는 시적 방법이라고 할 수 있다. 동작 사이에 여백을 지움으로써 행위와 행위 공간에 과도한 의미를 부여하지 않으려는 이러한 전략은 주검을 평범한 일상적 세계로 처리하는 이 시 전체의 시선에 닿아있다.

반면 「그러게」는 말들의 음운적 유사성을 동력으로 한 말놀이를 통해 일상의 고단함과 존재의 슬픔, 그리고 이중적인 현실에 대한 비판을 슬쩍슬쩍 내비친다. 이 시에서 말은 언어 행위의 목적이면서 동시에 속내를 드러내고 이동하는 임시 가교(架橋)의 기능을 수행함으로써 시의 제재인 저 '게'의 모양을 언어적으로 실현한다. 이 작품에서 시의 언어는 의미의 깊이를 심화하는 방식이 아니라 속내를 은닉하고 노출하며 옮겨가는, 게릴라적 방식으로 구사된다. 한편 박순원의 시는 대상 세계를 개성적인 시각으로 바라보게 하는 핵심 자질로서 유희적 본능이 작용하는 경우인데, 말놀이가 기본적으로 작은 단위의 말을 다루는 작업이라고 한다면 그의 시는 미시적(微視的) 시각을 통해 대상에 대한 관점을 전복하는 해체적 성격을 띠고 있다. 이를테면 「필라멘트」는 대상을 아주 작은 단위의 차원에서 접근하여 중심을 사유하는 '변죽 울리기'의 시학을 보여준다. 이 시는 인간을 '미토콘드리아'의 구성물로 사유함으로서 인간 존재의 권위를 추락시키고, 지구를 미토콘드리아가 지배하는 세계로 바꾸어놓는다. 「필라멘트」의 주제는 필라멘트도 아니고, 인간도 아니고, 궁극적으로 미토콘드리아인 셈이다. 이러한 방식으로 시인은 중심과 거대한 것을 분절시킴으로써 지상의 삶을 작은 단위의 집적물, 수많은 작은 사연들의 지층대로 사유한다. 그의 시가 지리멸렬과 지지부진의 인간사, 그리고 게릴라적 언어를 구사하는 이유가 여기에 있다. 그의 시는 인간과 존재의 삶을 미시적인 관점에서 해부함으로써 역설적으로 그것들로 이루어진 거대한 인간 사회를 고고학적 생활사, 일상사의 적층대로 읽게 한다.

유희와 유머 정신을 내재한 이러한 작품들은 강한 중력에 지배를 받아온 서정시의 관성을 창조적으로 해제하고 서정의 경계를 넓히는 새로운 가능성을 개진한다. 그것은 유희 속에 성찰을 구성하고 언어의 생성적 가능성을 확장하는 생산적인 계기가 될 수 있다.

4.

예술 발전의 가장 중추적인 두 동력은 형언할 수 없는 것에 형태를 부여하고자 하는 욕망, 그리고 남들과 다르게 표현하고 싶은 욕망이다.

이 두 욕망에 의해 예술의 경계는 이동하고 확장된다. 그러한 점에서 낯선 것과 난해성의 문제는 예술의 필연적인 속성이라고 할 수 있다. 소통과 공감을 아무리 요청하더라도 그것이 창작 과정에서 반영되기 어려운 것은, 창작의 욕망이란 본질적으로 그 자신을 위해 존재하기 때문이다. 창작 과정에 어떤 기준과 관점을 고려하라는 비평적 요청이 힘을 얻게 되면, 이는 심각한 억압과 검열로 작용할 수 있다. 그 점에서 우리 시대 문학의 문제는 다른 관점, 이를테면 창작을 둘러싼 문학 제도와 비평의 역할, 문학 에콜의 배타성 등의 관점에서 다시 검토될 필요가 있다. 낯선 개성이 문제가 아니라 아류(亞流)를 생산하는 문단 환경이 문제인 것이다. 『미래서정』의 작품들은 대체로 서정적 전통에 근거하고 있어서 실험적인 개성은 상대적으로 돋보이지 않는데, 눈에 띄는 자질들이 있다면 서사적인 충동과 기호적 상징성에 대한 시도 정도이다.

> 고생물의 변이에 정통한 화석병리학자 P 교수는 희귀하고 흥미로운 화석, 예를 들면 철갑으로 무장한 오징어, 네 다리를 갖춘 앵무조개 등을 발굴하여 명성을 얻었다. 어느 해부터 그는 실험실에 은둔하며 삼첩기에서 백악기까지 살았던 어떤 종의 특이한 기형에 골몰했는데, 먹이사슬에서 벗어나 오로지 물, 빛, 공기로만 살고자 원했던 작은 몸집의 공룡이 존재했음을 확신하였다. 무수한 퇴화를 반복한 후, 세포 안에 엽록소를 심어 식물이 된 이 파충류의 뇌가 호두열매로 살아남았음을. 사후 도서관에 기증된 식물도감 한 쪽, 호두나무 그림 곁에 라틴어로 급히 휘갈긴 P 교수의 기록은 그러나, 식물의 이빨에 사로잡힌 후대의 학자에 의해 발견된 후, 정원에 무성한 파리지옥 아래 조각조각 찢기어 묻혔다.
>
> ―이성렬, 「식물의 사생활2」 전문

처음 벽에서 아이들에게 발견되었을 때, 그것은 젖은 얼룩 같기도 했고
누군가 낙서를 해놓은 것 같기도 했다 아이들은 호기심이 동해 그것을
만져보고 냄새도 맡아보았다 그리고 그것이 죽은 그림자이며 여자라는
것을 알았다 아이들은 그림자를 떼어내 눈이나 아랫도리같이 구멍이
있는 곳마다 성냥개비를 집어넣고 불을 붙여보기도 하고 나뭇가지에
걸어 놓고 때려보기도 하며 놀았다

—박용진, 「너무나 아름답고 바람난 어머니 같은」 부분

이성렬과 박용진의 시편들은 공통적으로 강한 서술성을 띠고 있는데, 그것의 구성 양상과 효과는 상이하다. 전자의 경우, 이야기의 내용이 인물의 성격을 드러내는 데 반해, 후자는 서사를 구성하는 화소(話素)들이 선명한 이미지를 동반한 채 긴장 관계를 이루고 있다. 이야기의 요소를 품은 시의 서술성은 여러 시인들에 의해 다양하게 시도된바 있는데, 위의 시들에 형상화된 서술성은 서사의 신비로움을 조성하는 데 기여하고 있는 듯하다. 「식물의 사생활2」은 "화석병리학자 P교수"에 관한 서술로서 그 내용은 P교수의 연구 대상과 그에 관한 기록으로 이루어져 있다. 그의 연구 대상은 흔적으로서 존재를 입증하는 화석학의 대상들인데, 현재 지상에 생존하지 않는다는 점에서 현실에 적응하지 못한 존재들이다. 대상의 이러한 특징은 이들에게 몰입했던 P교수의 의식을 간접적으로 반영하는 것으로서, "오로지 물, 빛, 공기로만 살고자 원했던 작은 몸집의 공룡"은 P교수의 지향을 단적으로 보여준다. 이 "작은 몸집의 공룡"과 P교수는 자신의 존재를 남기지 못했다는 점에서 모두 퇴화한 자들이지만, 그것이 이들이 지향했던 식물적 삶의 결과라는 점에서 공통적이다. "무수한 퇴화를 반복한 후, 세포 안에 엽록소를 심어 식물이 된" 공룡과 화석학의 생명체에 몰입한 P교수는 모두 동물적 생존의 현실 바

깥을 지향한 상호반영적 존재들이다. 그러한 점에서 공룡의 자기-정신의 응축물인 "호두열매"와 자발적 퇴화나 "특이한 기형" 연구에 몰입한 P교수의 행위는 같은 의미를 지니고 있는 것이다. 이 작품의 서사가 보여주는 것은 동물적 현실에 대한 부정이자 그러한 현실 바깥에 대한 식물성의 꿈이다. 반면 「너무나 아름답고 바람난 어머니 같은」은 은닉된 지시대명사 '그것'의 서사를 따라가는 과정을 통해 '여성적인 것'이 불러일으키는 생명력을 경험하게 한다. 모호한 대상이 조성하는 성적 신비로움과 몽환적이며 광적인 생명력이 시의 서사를 둘러싸고 있어서, 시적 서사의 어떤 가능성을 생각하게 한다. 어찌 보면 핵심 대상을 베일에 가려둠으로써 서사 구성의 과정에서 대상을 둘러싼 수사—"너무나 아름다웠고 거대했으며 바람난 어머니 같"은—를 스스로 향유하는 내면 자체가 서사의 목적인 듯도 하다. 그러한 점에서 이 시의 서사는 시적 방법이자 목적인 셈이다.

> 텔레비전 속 a가 울고 있다 / 분장실 거울 앞, 비스듬히 의자에 앉은 b는 아랫도리를 벗은 채 젖은 머리를 감싸 쥔다 / 액자 속의 어린 c는 여전히 의젓하다 / 철자가 틀린 문신을 이마에 새긴 d의 앙다문 입이 천천히 열린다 / 나무십자가의 한 쪽을 분질러 내고 e가 벌거벗고 매달린다 / 상처에 솟은 피를 채 씻지도 않은 채 성당으로 걸어 들어간 f는 성호를 긋고 꿇어앉아 천정만 쳐다본다 / g가 앉았다 일어난 의자에 지방덩어리가 딱딱하게 굳어있다 그의 것인지 의자의 것인지 알 수 없다 / 파란 대문 뒤에서 h가 페인트칠을 하고 있다 / 오솔길에 놓인 흰색 벤치에 i가 부옇게 앉아 있다 / 오븐에서 갓 구워낸 빵을 j가 집어 먹으려 한다
> —최규승, 「아래의 문장을 읽고 거꾸로 다시 읽으시오 / 거꾸로 읽을 때는 소문자를 대문자로 바꿔 읽으시오 / 그래도 이미지가 떠오르지 않으면 무작위로 또 읽으시오 / 소리 내어 읽을 때에는 다른 사람에게 방해

가 되도록 읽으시오」 부분

> 당신 머릿속에 둥근 방 A가 있습니다 A에는 꽃병과 꽃병이 담고 있는 a의 생각이 활짝 피어 있습니다 타브로이드 신문냄새가 소파에 널브러져 있고 테이블에 삽입된 의자는 로댕의 생각하는 남자를 떠올립니다 째즈 음악이 벽면에 부딪칠 때마다 장미꽃덩굴 벽지에는 은밀한 욕망이 자라고 붉은색은 점점 짙어집니다 A는 고요하고 a는 충동으로 가득합니다 이 때 적막을 깨고 B가 노크도 없이 불쑥 당신의 방에 들어옵니다 꽃을 꺾습니다 꽃은 a입니다 몽유는 B가 a속으로 들어가는 현상입니다 깜깜한 땅속, 뿌리가 꿈틀거립니다 물관을 타고 올라갑니다 (a)가 숨쉴 때 기공 밀어젖히고 밖으로 나옵니다 몸에 날개가 펄럭입니다 잠자리가 되었습니다 (B)는 방이 없습니다 물속에 뛰어들기로 합니다 알을 숨겨둡니다 이제 (a)'로 돌아가야 합니다 공중에 누워 b가 되어 봅니다 깨어보니 테이블위의 꽃병이 보입니다 A는 사라지고 없습니다
>
> —권기덕, 「설득」 전문

위의 인용 시는 『미래서정』에서 가장 이질적으로 보이는 작품들이다. 두 편 모두 기호를 시적 언술에 중요한 장치로서 배치하고 있는데, 최규승의 경우(이하 「아래의 문장」)에는 기호 자체의 물질성을, 권기덕은 동적인 의식 현상의 기호화를 시도하고 있다. 이러한 작업은 시란 실체를 갖지 않은 언어의 세계임을 극명하게 보여주면서, 아울러 의미로 둘러싸인 대상 세계의 주관성을 최소화하려는 시도라고 할 수 있다. 알파벳의 기호에서 연상된 느낌을 형상화한 「아래의 문장」은 형상 세계를 하나의 의미의 세계로 읽어내려는 인간 의식을 보여주면서, 동시에 이를 역으로 이용하고 있는 작품이다. 시는 a부터 z까지 알파벳 기호의 형상적 의미를 자의적으로 적어놓

고 이를 순서대로 모아놓았는데, 작품을 읽는 과정에서 의식이 자연스럽게 언술들을 의미적 연관 관계로 구조화하려는 것을 경험하게 된다. 제목에서조차 이를 강조하고 있음에도 불구하고 기호로 구성된 세계를 인간적 의미의 세계로 읽으려는 완강한 의식의 관성이 작동하고 있는 것이다. 그러한 점에서 이 시의 난해성은 기호 세계를 특정한 의미의 세계로 수용하려는 의식의 관성에서 발생한다. 반면 「설득」은 의식의 현상과 과정을 기호와 기호들의 관계로 바꾸어놓음으로써 대상을 낯설게 한다. 이러한 시적 언술은 의식 현상을 분절하고 의식의 작용을 평면적 단면으로 만듦으로써 주관적 의미가 생성되기 위해 필요한 현상의 위계적 질서를 허물어 버린다. 그러한 점에서 기호 관계로 전환된 의식의 작용은 이를 구성하는 요소들이 수평적으로 참여하는 물질적 관계로 투명해지는 것이다. 이 작품에서 기호는 의식 현상을 평면화하기 위한 장치인 셈이다. 이러한 시의 의도는 제목에서 보다 분명하게 드러난다. 이 작품이 인간과 의식 내용 사이의 수평적 관계를 그린 '몽유'인데 반해 제목을 '설득'으로 삼은 것은 의식을 구성하는 요소 사이에 상호주관성을 역설적으로 강조하기 위한 전략인 것이다. 「설득」의 관점에서 본다면 인간의 의식 작용은 의식을 구성하는 인간과 사물들의 상호침투과정이다.

우리 시단의 현실을 진단하는 자리에서 나는 "실험이 없는 문학은 정체되고, 허망한 실험이 반복되면 문학은 고사한다. 자기 쇄신은 현실과 전통에 대한 깊이 있는 통찰 없이 이루어지지 않는다. 놀라운 다산성과 다양한 시적 언어들을 펼쳐 보여주는 오늘의 우리 시가 건강한 생명력을 이어가기 위해서는 시단에서 진행되고 있는 새로운 언어들이 무엇을 위한 것인지 찬찬히 되물어야 할 것이며, 아류(亞流)나 시적 유행, 그리고 새로움에 대한 맹목적인 옹호도 경계할 필요가 있다."고 강조한바 있다. 이와 같은 진단은 낯선 것에 대한 부단한 욕망이 문학의 핵심 동력이지만 그 자체가 문학의 가치일 수는 없다는 인식에서 비롯된 것이었다. 새로운 것에 대한 과도한 경사는 텅 빈 개성, 모방된 개성을 불러오는 법이며, 문학 생태계의 다양성을 훼손한다. 물론 과도한 '새것주의' 못지않게 미학적 상투와 관성도 문제적이다.

『미래서정』의 첫 작품집은 대체로 전통적인 서정의 문법에 기초한 작품들이 많았으며, 시적 유행으로부터 비교적 자유롭지만 실험적 개성이 부족한 것도 사실이다. 이제 첫 발을 내딛는 『미래서정』이 의미 있는 동인지가 되기 위해서는 자기 세계를 심화시키고 확장하려는 집요한 노력이 필요해 보인다. 익숙한 것은 편안하고, 편안해지면 상투가 된다. '시를 바꾸기 위해 삶을 바꾸었다'는 김수영의 시학적 태도가 어느 때보다 절실하게 요청되는 시대이다. 진정한 개성은 자기로부터 시작되며 자기-사유를 천착하는 과정에서 자신을 드러내는 법이다. 넓어지고 깊어지는 서정에서 '미래의 서정'은 도래할 것이다.